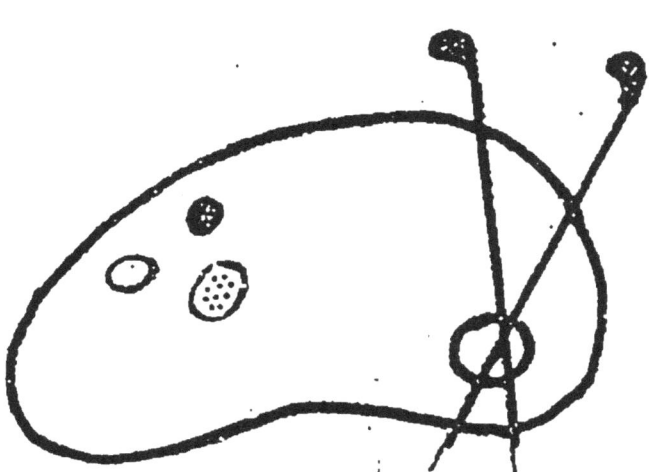

Couvertures supérieure et inférieure
en couleur

X. MARMIER

DE L'ACADÉMIE FRANÇAISE

LETTRES
SUR LE NORD

DANEMARK — SUÈDE — NORVÈGE — LAPONIE

SPITZBERG

SIXIÈME ÉDITION

PARIS

LIBRAIRIE HACHETTE ET Cie

79, BOULEVARD SAINT-GERMAIN, 79

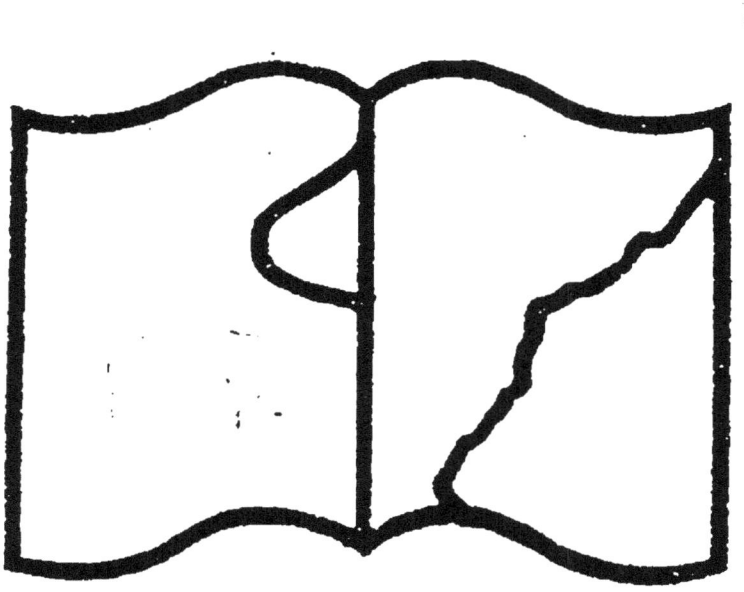

Texte détérioré — reliure défectueuse
NF Z 43-120-11

Librairie HACHETTE et Cⁱᵉ, boulevard Saint-Germain, 79, à Paris.

BIBLIOTHÈQUE VARIÉE, FORMAT IN-16
ROMANS ET NOUVELLES
PREMIÈRE SÉRIE, à 3 fr. 50 le volume

ABOUT (Ed.) : *Le turco.* 1 vol.
— *Madelon.* 1 vol.
— *Théâtre impossible.* 1 vol.
— *Les mariages de province*; 7ᵉ édition. 1 vol.
— *La vieille roche.*
— *Le mari imprévu.* 1 vol.
— *Les vacances de la comtesse.* 1 vol.
— *Le marquis de Lanrose.* 1 vol.
— *L'infâme.* 1 vol.
— *Le roman d'un brave homme.* 1 vol.
— *De Pontoise à Stamboul.* 1 vol.
— *Le Fellah.* 1 vol.
CHARNAY (D.) : *Une princesse indienne avant la conquête.* Roman historique. 1 vol.
— *A travers la forêt Vierge.* 1 vol.
CHERBULIEZ (V.), de l'Académie française :
— *Le comte Kostia.* 1 vol.
— *Prosper Randoce.* 1 vol.
— *Paule Méré.* 1 vol.
— *Le roman d'une honnête femme.* 1 vol.
— *Le grand œuvre.* 1 vol.
— *L'aventure de Ladislas Bolski.* 1 vol.
— *La revanche de Joseph Noirel.* 1 vol.
— *Meta Holdenis.* 1 vol.
— *Miss Rovel.* 1 vol.
— *Le fiancé de Mlle Saint-Maur.* 1 vol.
— *Samuel Brohl et Cⁱᵉ.* 1 vol.
— *L'idée de Jean Téterol.* 1 vol.
— *Amours fragiles.* 1 vol.
— *Noirs et Rouges.* 1 vol.
— *La ferme du Choquard.* 1 vol.
— *Olivier Maugant.* 1 vol.
— *La bête.* 1 vol.
— *La vocation du comte Ghislain.* 1 vol.
DURUY (G.) : *Andrée.* 1 vol.
— *Le garde du corps.* 1 vol.
— *L'unisson.* 1 vol.
— *Victoire d'âme.* 1 vol.
ENAULT (L.) : *Le châtiment.* 1 vol.
— *Valneige.* 1 vol.
— *Le château des anges.* 1 vol.

FERRY (G.) : *Le coureur des bois.* 1 vol.
— *Costal l'Indien.* 1 vol.
FILON (A.) : *Amours anglais.* 1 vol.
— *Contes du centenaire.* 1 vol.
MARMIER (X.), de l'Académie française : *En Alsace.* 1 vol.
— *Gazida,* fiction et réalité. 1 vol.
Ouvrage couronné par l'Académie française.
— *Hélène et Suzanne.* 1 vol.
— *Histoire d'un pauvre musicien.* 1 vol.
— *Le roman d'un héritier*; 2ᵉ édition. 1 vol.
— *Les fiancés du Spitzberg*; 4ᵉ édit. 1 vol.
Ouvrage couronné par l'Académie française.
— *Lettres sur le Nord*; 5ᵉ édition. 1 vol.
— *Mémoires d'un orphelin.* 1 vol.
— *Sous les sapins,* nouvelles du Nord. 1 v.
— *De l'est à l'ouest.* 1 vol.
— *Un été au bord de la Baltique*; 2ᵉ édi 1 vol.
— *Les voyages de Nils à la recherche de l'idéal.* 1 vol.
— *Robert Bruce*; comment on reconquiert un royaume; 3ᵉ édition. 1 vol.
— *Les âmes en peine,* contes d'un voyageur. 1 vol.
— *En pays lointains.* 1 vol.
— *Les hasards de la vie*; 2ᵉ édition. 1 vol.
— *Nouveaux récits de voyage.* 1 vol.
— *Contes populaires de différents pays,* recueillis et traduits. 2 vol.
— *Nouvelles du Nord.* 1 vol.
— *Légende des plantes et des oiseaux.* 1 v.
— *A la maison.* 1 vol.
— *A la ville et à la campagne.* 1 vol.
PORADOWSKA (Mme Marguerite) : *Demoiselle Micia.* 1 vol.
SAINTINE (X.) : *Le chemin des écoliers.* 1 vol.
— *Picciola.* 1 vol.
— *Seul!* 1 vol.

TROISIÈME SÉRIE, à 2 fr. le volume.

ABOUT (Ed.) : *Germaine.* 1 vol.
— *Le roi des montagnes.* 1 vol.
— *Les mariages de Paris.* 1 vol.
— *L'homme à l'oreille cassée.* 1 vol.
— *Maître Pierre.* 1 vol.
— *Tolla.* 1 vol.

— *Trente et quarante.* — *Sans dot.* — *Les parents de Bernard.* 1 vol.
ENAULT (L.) : *Histoire d'amour.* 1 vol.
ERCKMANN-CHATRIAN : *Contes fantastiques.* 1 vol.
WEY (Fr.) : *Trop heureux.* 1 vol.

Coulommiers. — Typ. PAUL BRODARD.

LETTRES
SUR LE NORD

OUVRAGES DU MÊME AUTEUR

PUBLIÉS DANS LA BIBLIOTHÈQUE VARIÉE

PAR LA LIBRAIRIE HACHETTE ET Cie

Alsace. 1 vol.
Gazida, fiction et réalité. 1 vol.
    Ouvrage couronné par l'Académie française.
Hélène et Suzanne. 1 vol.
Histoire d'un pauvre musicien. 1 vol.
Le roman d'un héritier, 2e édition. 1 vol.
Les fiancés du Spitzberg, 4e édition. 1 vol.
    Ouvrage couronné par l'Académie française.
Lettres sur le Nord, 5e édition. 1 vol.
Mémoires d'un orphelin. 1 vol.
Sous les sapins, nouvelles du Nord. 1 vol.
De l'est à l'ouest. 1 vol.
Un été au bord de la Baltique, 2e édition. 1 vol.
Les voyages de Nils à la recherche de l'idéal. 1 vol.
Robert Bruce. Comment on reconquiert un royaume, 3e édition, 1 vol.
Les âmes en peine, contes d'un voyageur. 1 vol.
En pays lointains. 1 vol.
Les hasards de la vie, 2e édition. 1 vol.
Nouveaux récits de voyage. 1 vol.
Contes populaires de différents pays, recueillis et traduits. 2 vol.
Nouvelles du Nord. 1 vol.
Légendes des plantes et des oiseaux. 1 vol.
A la maison. 1 vol.
A la ville et à la campagne. 1 vol.
Passé et Présent. 1 vol.
Voyages et littérature. 1 vol.
A travers les tropiques. 1 vol.
Au Nord et au Sud. 1 vol.

Prix de chaque volume, broché.... 3 fr. 50.

Coulommiers. — Imp. PAUL BRODARD.

X. MARMIER

DE L'ACADÉMIE FRANÇAISE

LETTRES
SUR LE NORD

DANEMARK — SUÈDE — NORVÈGE — LAPONIE

SPITZBERG

SIXIÈME ÉDITION

PARIS

LIBRAIRIE HACHETTE ET C⁰

79, BOULEVARD SAINT-GERMAIN, 79

1890

Droits de traduction et de reproduction réservés.

PRÉFACE

DE LA PREMIÈRE ÉDITION

Il n'a paru jusqu'à présent que bien peu d'ouvrages français sur l'histoire et les antiquités des royaumes scandinaves, moins encore sur la nature même et les mœurs de cette vaste contrée. Depuis Regnard, aucun de nos compatriotes, si l'on en excepte M. Ampère, n'a parlé des Lapons; depuis le bon et naïf et savant abbé Outhier, le compagnon de Maupertuis, personne parmi nous n'a publié de voyage en Suède, si ce n'est M. Daumon, éditeur d'un recueil de documents assez curieux qu'il a malheureusement noyés dans un style indigeste. Nous devons aux étrangers les meilleures notions qui aient jamais été publiées sur le Nord : à l'Italien Acerbi, un récit de voyage assez attrayant malgré sa forfanterie, et assez instructif malgré ses erreurs; au géologue allemand M. de Buch, un excellent livre traduit par M. Eyriès; à ses compatriotes Arndt et Schubert, des itinéraires un peu longs et monotones, mais pleins de détails précis et curieux; à M. Häring, deux petits volumes très spirituels ; au capitaine Parry, le journal de l'exploration la plus hardie et la plus septentrionale qui ait été faite jusqu'à présent ; à M. Laing, un ouvrage fort judicieux sur la Norvège ; à Capell Brook, une relation étendue, intéressante, mais mutilée dans l'*Abrégé des voyages* de M. Albert de Montémont ; à MM. Molbech, Keilhau, Blom, Zetterstedt, et plusieurs autres savants norvégiens et suédois, des narrations habiles, des renseignements précieux.

Tous ces ouvrages étant, pour la plupart, très peu connus en France, ou complètement ignorés, il en résulte qu'après les laborieuses explorations du siècle passé et du siècle actuel, nous en sommes encore, à l'égard des contrées septentrionales, à peu près au même point de vue que nos ancêtres. Je me rappelle bien que, lorsque j'ai commencé à parler des Lapons dans des termes moins rigoureux qu'on ne l'avait fait précédemment, j'ai surpris de côté et d'autre un regard d'incrédulité, et que, quand j'ai dépeint le Spitzberg comme une île de rocs et de neige sans habitants et sans arbres, j'ai vu plus d'une fois errer sur les lèvres de mes auditeurs ce sourire de la science satisfaite, qui veut dire : « C'est bien. Il vous plaît de gloser ainsi, mais nous savons à quoi nous en tenir. »

J'avais besoin de ce préliminaire pour justifier en quelque sorte l'apparition d'un nouveau livre dans un temps où le public demande tant de journaux et si peu de livres. Si une œuvre entreprise avec amour, préparée par des études spéciales, et achevée sur les lieux mêmes qui en font le sujet, a droit à quelque faveur, j'ose réclamer un tel droit pour celle-ci. En 1836, après avoir vu l'Allemagne, je m'embarquais sur *la Recherche* avec MM. Gaimard, Lotin, Mayer, Robert, Anglès et Bévalet, pour visiter l'Islande, cette terre curieuse qui a si bien conservé les mœurs, la langue, les traditions historiques des anciens hommes du Nord. En 1837, je parcourais le Danemark, une partie de la Suède et de la Norvège. En 1838, j'étais à Stockholm, quand M. le ministre de la marine voulut bien m'adjoindre à l'expédition scientifique chargée d'explorer les parages scandinaves. Je traversai toute la Norvège pour rejoindre la corvette à Drontheim; je m'arrêtai au cap Nord, et je revins en France avec mes compagnons de voyage par la Laponie, la Finlande, la Suède, que je parcourus alors dans toute sa longueur, et par l'Allemagne. Enfin, en 1839, j'obtins encore la permission de m'embarquer sur *la Recherche*. Cette fois nous visitâmes les Féröe, le Spitzberg, et nous franchîmes de nouveau les montagnes et les marais de la Laponie. Ma pensée constante depuis plusieurs années était de rapporter à mon pays une peinture de ces contrées si belles et si sauvages, si grandioses et si peu connues, un tableau de leur génie littéraire et de leur histoire. Si le talent m'a manqué pour décrire dans toute son étendue et sa variété cette immense arène où je m'élançais avec le fervent abandon de la jeunesse, au moins la volonté n'a pas failli. Je n'en suis encore qu'au début de ma tâche, je me sens la force de la continuer.

Quelques personnes, en lisant les différentes pages de cet ouvrage publié d'abord dans la *Revue des Deux Mondes* et dans la *Revue de Paris*, m'ont reproché de n'y avoir pas mis assez de faits étranges et d'aventures dramatiques. Selon leur opinion, j'aurais sans doute dû écrire un roman sur les contrées du Nord. Et moi, naïf, je ne pensais qu'à faire une fidèle relation de voyage! J'ai peut-être manqué là une belle occasion de m'illustrer par le récit pathétique de toutes sortes d'infortunes imaginaires, et je pourrais bien me repentir un jour de l'avoir négligée. Mais, en vérité, je n'ai pas eu le courage de me poser aux yeux du public comme un héros, quand je m'en allais au Spitzberg avec un excellent navire et d'excellents officiers. Je n'ai pas eu la pensée de m'apitoyer sur mon sort en Norvège quand je franchissais si facilement ses âpres montagnes, ni de gémir sur ma misère en Laponie quand nous traversions pour la deuxième fois ses longs marécages avec de vigoureux chevaux norvégiens, une large tente et des provisions de toute sorte.

J'ai dit ce que j'avais vu et éprouvé, rien de plus. Tout ce pays que j'ai parcouru pendant trois années, tantôt à pied, tantôt en voiture, un jour avec une barque de pêcheur, un autre jour avec une corvette de France, tout ce pays me semblait par lui-même si varié et si beau, que j'aurais cru commettre une profanation en employant, pour le rendre plus intéressant, des récits controuvés, des moyens artificiels. Dès mon arrivée sur les rives de la mer Baltique, je sentis s'éveiller en moi je ne sais quelle tendre et mélancolique sympathie pour ces contrées pittoresques que j'allais traverser, pour ces pauvres et honnêtes populations au milieu desquelles j'allais vivre. J'aimais ces grèves solitaires où les soupirs du vent, le murmure des flots, l'aspect d'un ciel sévère et d'un horizon sans fin, entretiennent dans le cœur de l'homme une rêverie muette et religieuse. J'aimais ces longues plaines de Suède avec leurs lacs d'azur, que l'on prendrait volontiers, comme dit Jean-Paul, pour les yeux de la terre, et ces hautes montagnes du Nord aux flancs nus, aux sommités couvertes de neiges perpétuelles, et ces chalets dispersés comme autant de riantes pensées le long de la côte sablonneuse, ou sur le flanc de la colline aride, et tous les habitants de la ville et des campagnes à l'âme franche, au regard candide, qui venaient à moi avec tant de cordialité, et semblaient si joyeux et si touchés en m'entendant parler leur langue. Pour pouvoir dire combien j'aimais cette terre scandinave, il faudrait que je pusse dire aussi avec quel amer regret je l'ai quittée, avec quelle tristesse, en voyant fuir derrière moi la côte d'Ystad, je répétais cet adieu du poète :

>Farväl, i fjällar,
>Der äran bor
>I blåa sjöar
>Jay känt så väl,
>I skär och öar
>Farväl, farväl.

Adieu, montagnes où l'honneur habite, lacs bleus que je connais bien, îles et rochers, adieu, adieu.

Ces lettres ne sont donc que l'expression d'une pensée sincère. Je les écrivais çà et là à mesure que j'entrais dans une nouvelle contrée, ou que je m'arrêtais dans un lieu intéressant, et je les adressais de loin à ceux qui, de loin, m'accordaient ou un affectueux ou un bienveillant souvenir : En les réimprimant, je n'ai point voulu changer la forme spontanée qu'elles ont reçue sous l'impression locale qui me les dictait, ni chercher à les renouer l'une à l'autre par un lien factice. Je ne les donne d'ailleurs au public que dans l'espoir de l'intéresser, par ce rapide tableau des contrées septentrionales, à une œuvre plus étendue et plus sérieuse, qui réunira aux dessins de MM. Mayer, Lauvergne, Giraud, les observations scientifiques des autres membres de notre expédition, et sera tout à la fois le pendant et le complément du voyage en Islande qui se publie en ce moment sous la direction de M. Gaimard.

En terminant cet avant-propos, j'éprouve le besoin de remercier encore M. le ministre de la marine, MM. de Salvandy, Tupinier et Guizot, dont la bienveillance m'a encouragé dans mes études et soutenu dans mes explorations.

Paris, avril 1840.

LETTRES
SUR LE NORD

LE MECKLEMBOURG

A ANTOINE DE LATOUR

I

Il y a trois ans que je traversais le Mecklembourg par un de ces mauvais jours d'avril qui n'ont ni la sévérité de l'hiver ni la gaieté du printemps. La neige était déjà fondue, mais nulle vallée n'avait encore reverdi et nulle fleur n'était éclose. Au bord des larges mares d'eau amassées dans le creux de la prairie, les vieux saules balançaient tristement leurs rameaux noirs et desséchés, et le ciel avait une teinte monotone et grise qui alourdissait la pensée et fatiguait le regard. Pourtant, en m'en allant le long de ma route silencieuse, au milieu de ces plaines ternes et jaunies, en me rappelant ce que j'avais lu sur cette province du Nord, sur cette province germanique, jadis défrichée et cultivée par une des nombreuses tribus de l'honnête race slave, j'éprouvais, pour cette contrée si distincte des autres États de l'Allemagne, pour cette terre peuplée de mythes guerriers et d'héroïques traditions, je ne sais quel mystérieux attrait. Je me disais : « J'y reviendrai »; et j'y suis revenu après avoir étudié de nouveau tout ce qui nous reste de son antique mythologie et de ses fables populaires. J'ai revu à loisir ces lieux où je n'avais fait que passer, et cette excursion s'est gravée profondément dans mon souvenir.

En traversant la partie du Mecklembourg située sur la grande route de Berlin à Hambourg, on n'aurait qu'une très fausse idée de ce pays. C'est une terre plate et monotone, couverte d'une épaisse couche de sable et parsemée de pins comme nos landes du Midi. Mais un peu plus loin, à l'est et au nord, commence un autre paysage qui console le voyageur de la monotonie du premier. Là sont les fertiles vallées où les épis de blé ondoient au souffle du matin comme les flots d'une mer dorée par le soleil. Là sont les verts enclos remplis d'arbres fruitiers comme ceux de Normandie, les lacs bleus et limpides comme ceux de la Suède, les riches métairies avec leur couronne de saules et leurs vastes granges comme celles de la Flandre, et les collines du haut desquelles l'étranger ne se lasse pas de voir ce panorama agreste et riant, pittoresque et varié. Là sont les vieilles villes dont le nom se retrouve souvent au milieu d'un récit de combat dans les sagas islandaises, au milieu d'une légende religieuse dans les chroniques du moyen âge : Rostock, forteresse terrible d'où le Viking [1] s'élançait avec sa hache et sa lance, comme un oiseau de proie altéré de sang, douce retraite où les lettres et les sciences trouvèrent de bonne heure un refuge; port superbe où l'on voyait arriver à la fois les navires du Nord et du Sud; Wismar, autre cité de commerce dont les fières corporations luttaient, comme celles de Gand, contre les princes et les rois; Doberan, où les flots de la mer baignent le tombeau des anciens ducs, et Schwerin, dont

---

1. « On a beaucoup disserté sur l'origine du nom de ces audacieux pirates. Il est probable qu'il vient du nom de Viking, une des baies du Nord d'où partirent les premières expéditions de ces hordes de forbans. » Petersen, *Gammel Nordiske geografi.*

l'imposante cathédrale et le château chargé de tourelles attestent encore l'antique splendeur.

Doberan était autrefois un lieu consacré par de pieuses traditions, et visité par une foule de pèlerins. Un des premiers princes chrétiens de cette contrée longtemps dévouée au paganisme, alla un jour à la chasse, disant qu'il fonderait un cloître à l'endroit où il abattrait un cerf. Au milieu d'une forêt épaisse, il aperçoit un cerf d'une blancheur éclatante, il le tue, et, sur l'herbe ensanglantée, pose la pierre fondamentale de l'édifice religieux. Mais le sol où ce cloître fut bâti était souvent inondé par les vagues de la mer. Un soir, après un de ces débordements qui ravageaient toute la vallée, les moines se mirent à genoux dans l'église, passèrent la nuit à invoquer la clémence de Dieu. Le lendemain matin, la mer, obéissant à la voix de son maître, s'était retirée à une longue distance, et, à la place de la grève aplatie où elle roulait la veille ses flots impétueux, on apercevait une digue de rochers qu'on appelle encore aujourd'hui la digue sainte (*der heilige Damm*). Un autre miracle donna à Doberan une plus grande célébrité. Un pauvre pâtre, nommé Steffen, était depuis longtemps victime d'un sort funeste. Chaque semaine il voyait son troupeau diminuer : tantôt c'était le loup qui lui enlevait ses brebis les plus grasses, tantôt l'épidémie qui faisait périr ses jeunes agneaux. Puis les pâturages mêmes semblaient avoir perdu leurs sucs nutritifs; l'herbe de la colline ne fortifiait plus son bétail languissant, et le ruisseau de la vallée ne le rafraîchissait plus. Un jour que Steffen était assis à l'écart, rêvant avec douleur à la misère qui le menaçait, il vit venir à lui un homme qu'à son manteau de drap noir, à sa barrette blanche, il pouvait prendre pour un digne échevin, et qui lui dit : « Tu ne me connais pas, Steffen, mais moi, je te connais depuis longtemps, je sais tout ce que tu as perdu depuis quelques années. J'ai pitié de toi, et je viens t'indiquer un moyen de faire cesser le fléau qui te poursuit. La première fois que tu iras communier, garde l'hostie que le prêtre te donnera, mets-la dans ton bâton de pâtre, et va-t'en bravement conduire ton troupeau dans la vallée; tu n'auras plus à craindre ni loups ni contagion. » Le pâtre frémit d'horreur à cette proposition, car il était bon chrétien, et il savait que ne pas recueillir pieusement sur ses lèvres l'hostie consacrée était un sacrilège. Puis cet homme qui lui parlait avait une figure étrange et un regard sous lequel le pauvre pâtre se sentit frissonner. Il le repoussa donc comme un méchant esprit, en faisant le signe de la croix et en invoquant le secours de son saint patron. Mais voilà que, le soir même, deux de ses plus beaux moutons périssent encore à ses pieds; le lendemain, un autre se noie dans l'étang, un quatrième devient la proie des bêtes féroces. Le désespoir s'empare de Steffen; l'idée fatale que le démon lui a jetée dans l'esprit le domine. Il va à l'église, garde l'hostie, la met dans son bâton, et voyez : à partir de ce moment-là, sa vie inquiète et misérable devint une vie de joie et de prospérité. Ses brebis languissantes reprirent en un instant toute leur force, et ses agneaux grandirent d'une façon merveilleuse. Partout où il promenait son bâton, l'herbe semblait reverdir, la source d'eau devenait plus limpide et plus belle; le rocher même, le rocher nu et sec, se couvrait de plantes salutaires, et, du plus loin que les loups apercevaient Steffen, ils prenaient la fuite. En peu de temps, le berger devint l'un des plus riches habitants du pays. Quand les autres bergers lui demandaient d'où lui venait tant de bonheur, il les regardait d'un air dédaigneux et ne leur disait pas son secret. Mais sa femme savait ce secret terrible, elle l'avait confié à une de ses voisines, et un jour la voisine, poursuivie par le cri de sa conscience, alla tout révéler à l'abbé du cloître de Doberan. A l'instant même, l'abbé, saisi d'une sainte horreur, revêtit son aube et son étole, et se dirigea, suivi de deux religieux, vers la demeure du pâtre. Au moment où il franchit le seuil de cette maison profanée par un sacrilège, elle parut tout à coup éblouissante de lumière. Le bâton qui renfermait l'hostie brillait comme un candélabre et semblait entouré d'une auréole céleste. Les religieux l'emportèrent dans le tabernacle de l'église et, dès ce jour, une foule innombrable de pèlerins accourut à Doberan pour adorer la sainte hostie. Quant à Steffen, on dit qu'il passa le reste de sa vie dans les jeûnes et les macérations, et qu'au dernier moment, le prieur du cloître, qui avait été témoin de son repentir et de sa pénitence, lui donna l'absolution de son crime.

La Réformation a dissipé le prestige de ces légendes de cloîtres. Le merveilleux bâton de Steffen a été enlevé à l'église de Doberan, et les pèlerinages de la mode ont succédé à ceux de la religion. Près de la digue consacrée par un miracle, on a bâti une maison de bains, une salle de bal. En été, une foule d'étrangers se réunissent dans cette ville, les danses joyeuses tourbillonnent à la place où l'on voyait autrefois passer les processions, et l'écho de la colline, qui s'ébranlait jadis au son plaintif des litanies, répète maintenant des mélodies d'opéra.

Schwerin, l'une des plus anciennes villes du Mecklembourg [1], avait été dépouillée pendant près d'un siècle de son titre et de ses privilèges de capitale. Le grand-duc actuel les lui a rendus, et le retour de la famille régnante dans cette antique cité, la réunion de tous les grands fonctionnaires de l'État, de tous les gens attachés au service des princes, de tous les riches et les nobles qui suivent les migrations de la cour, a donné à Schwerin une nouvelle vie et une nouvelle activité. Le grand-duc bâtit, les bourgeois bâtissent. La vieille partie de la ville, l'Altstadt, est un peu abandonnée; elle conserve ses maisons étroites, ses rues tortueuses, son plan irrégulier et son château

---

1. En l'an 1018, elle servait déjà de forteresse aux Vendes. Elle est désignée alors sous le nom de Zwerin, et dans les chroniques latines sous celui de Sucrinum.

construit au milieu d'une île, sombre comme un ancien chant de guerre, mystérieux et romantique comme une tradition du peuple. Mais la Neustadt se développe et s'épanouit comme une plante vigoureuse au souffle ardent de l'industrie, au soleil de la civilisation. Déjà une magnifique salle de spectacle s'élève dans son enceinte, et près de cette salle on posera bientôt les fondements d'un palais grandiose. J'ai rencontré, dans mon voyage, un architecte du Mecklembourg qui, pendant longtemps, avait vécu dans une inactivité désespérante, et qui, tout à coup, se trouvait plus affairé qu'un avocat de Normandie ou un usurier de Hambourg. C'était plaisir de l'entendre raconter naïvement ses œuvres, étaler ses projets, et dépeindre, avec un singulier mélange d'enthousiasme d'artiste et de précision mathématique, la demeure future du grand-duc.

Cette régénération de Schwerin n'a pu s'opérer, du reste, qu'au détriment de la bonne et aimable petite ville de Ludwigslust, dont l'étranger aimait à voir autrefois la gaieté sans orgueil, l'opulence sans faste, et qui languit à présent triste et abandonnée. Ludwigslust n'était encore, vers le milieu du siècle passé, qu'un rendez-vous de chasse. En 1756, le grand-duc Frédéric vint s'y établir avec sa cour. Il construisit un château, une église, une enceinte de maisons pour ses officiers, et plusieurs rues larges et élégantes. La situation de cette nouvelle résidence ne lui offrait pas, à beaucoup près, les mêmes beautés et les mêmes avantages que celle de son ancienne capitale. A la place des fraîches vallées, des champs féconds, des belles forêts qui entourent Schwerin, des ruisseaux qui sillonnent sa prairie comme des rubans d'argent, et des lacs limpides qui la décorent comme une couronne d'émeraudes, il ne trouva aux environs de son humble pavillon de chasse, qu'une terre plate, aride et sablonneuse, ombragée seulement çà et là par quelques pins amaigris, pareille à la pauvre contrée où s'élève aujourd'hui la ville de Potsdam. Mais le duc Frédéric éprouvait peut-être, comme les rois de Prusse, un généreux plaisir à recréer par l'art un sol disgracié par la nature, à faire d'une plaine silencieuse et déserte une demeure riante et animée. Cette création de Ludwigslust ne coûta, du reste, rien au pays. Le duc n'employa, dans la construction de cette ville, que l'argent qu'il avait amassé par de sages économies, et mérita, jusqu'au dernier moment, le surnom de *Bon*, que ses sujets lui avaient donné.

Le grand-duc Frédéric-François continua l'œuvre de son prédécesseur. Il décora le château, il embellit le parc. Il avait le goût des sciences naturelles et des arts, et il forma peu à peu une collection de tableaux, de minéralogie et de coquillages, qui mérite d'être visitée. Ludwigslust, ainsi favorisé par deux souverains, devint en peu de temps une ville remarquable entre toutes les jolies petites villes de l'Allemagne. Rien de plus frais et de plus riant que l'aspect de ces maisons bâties à la manière des maisons hollandaises, de ces rues bordées de deux larges trottoirs, et ombragées par une double haie de tilleuls. Rien de plus gracieux et de plus pittoresque que la vue du château, avec la magnifique cascade qui tombe sous ses fenêtres, et son préau couronné d'une enceinte d'élégantes habitations, et terminé par l'église. Ce château est, du reste, d'un très bon style, distribué avec art, et décoré avec une noble simplicité. La plupart de ses appartements n'ont encore rien perdu de leur fraîcheur, et la grande salle, qu'on nomme la salle d'Or, rappelle, par sa majestueuse construction et ses deux larges points de vue, l'imposante beauté de quelques salles de Versailles. Derrière le château s'étend le parc, coupé par des allées régulières, selon le goût du XVIIIe siècle; le jardin botanique, retraite favorite de la grande-duchesse douairière, qui en connaît toutes les plantes et en augmente souvent les richesses. Près de là, au milieu des fleurs et des charmilles, s'élève l'église catholique, véritable bijou gothique, miniature charmante. Un peu plus loin, au milieu d'une enceinte de hêtres, on aperçoit une chapelle d'une construction simple et élégante. On entre par un modeste portail, sous une voûte éclairée par un jour mystérieux. C'est là que reposent le père, la mère, le frère de Mme la duchesse d'Orléans. Une idée de joie et d'espérance se mêle ici de toutes parts à l'idée de deuil et de regret qu'éveille l'aspect de ces tombeaux. La voûte qui les couvre est bleue et parsemée d'étoiles, comme l'azur du ciel dans une belle nuit d'été. L'inscription placée au-dessus de la porte parle du bonheur de ceux qui, après s'être quittés dans cette vie, se réuniront dans un autre monde. Au printemps, les hêtres étendent sur cet asile de la mort leurs rameaux verts, symbole d'une régénération perpétuelle, et les oiseaux viennent faire leur nid et chanter leur chant d'amour près des cercueils silencieux.

Mais, à présent, il n'y a dans cette ville ni commerce ni industrie, et les champs qui l'entourent ne donnent que de maigres récoltes. La cour faisait la joie et la richesse de Ludwigslust, et la cour s'en est allée. Le château, naguère encore si brillant et si animé, est désert; les rues sont mornes et silencieuses; les ouvriers et les marchands ont émigré à la suite du grand-duc. Cependant il reste encore dans cette ville, si promptement bâtie et si vite dépeuplée, une demeure à la porte de laquelle le pauvre s'arrête avec joie, et que le peuple regarde comme une consolation : c'est celle de Mme la grande-duchesse douairière de Mecklembourg. La noble princesse n'a pu se décider à quitter le berceau de ses enfants et la tombe de son époux. Elle habite, entre l'église et le château, une modeste maison sans corps de garde et sans factionnaire. Les souvenirs du passé, les espérances de l'avenir charment sa solitude. L'étude des arts, des sciences naturelles, est l'une de ses plus chères occupations, et le bonheur de tendre la main à ceux qui souffrent est son orgueil. Auprès d'elle se groupent quelques fonctionnaires pensionnés, quelques familles nobles, qui préfèrent le calme de leur ancienne retraite au tumulte joyeux de la nouvelle capitale; et, dans ce cercle uni par les mêmes souvenirs et les mêmes affections, il est souvent question de la France. Depuis que Mme la duchesse d'Orléans a quitté Ludwigslust, toute la population de cette ville a les yeux tournés de notre côté. On s'est abonné aux journaux français, on attend les nouvelles de Paris avec plus d'impatience que celles d'Allemagne. Dès que le courrier arrive, la première feuille que l'on déploie avec empressement, la première colonne que l'on cherche est celle où l'on espère lire le nom de la jeune duchesse. Chacun la suit avec une tendre sollicitude dans son séjour à Paris, dans ses voyages, et chaque famille parle d'elle comme d'un enfant chéri qui est loin et que l'on voudrait bien revoir. Par suite de cet amour pour elle, que le temps n'a pas affaibli, que l'absence n'a pas altéré, on aime le pays qui l'a adoptée, on voudrait le voir toujours heureux, puissant, paisible; car, dans la pensée des bons habitants de Ludwigslust, les destinées de la France se lient à celle de leur jeune princesse. Nulle part on ne fait de vœux plus ardents pour la gloire et la prospérité de notre patrie, et nulle part celui qui vient de la France, ou celui qui y retourne, n'excite plus d'attention. J'ai dû à cet amour pour la France un accueil si bienveillant et si cordial que jamais je ne pourrai l'oublier, et j'inscris ici, avec un vrai sentiment d'affection et de reconnaissance, les noms de quelques-uns de ceux que j'ai eu le bonheur de connaître pendant mon trop rapide séjour à Ludwigslust, le nom de l'illustre maréchal de Rantzau, du savant baron Schmidt, et du brave et loyal général Both.

Si, de l'aspect des villes du Mecklembourg, le voyageur passe à celui des campagnes, il y trouve un vaste et curieux sujet d'observation. Ces campagnes sont belles, et surtout aux bords de la mer, belles à enchanter l'imagination de l'artiste, à faire rêver longtemps la muse du poète. Puis les souvenirs du passé, les monuments traditionnels, leur donnent encore un autre intérêt. Çà et là on aperçoit les ruines d'une forteresse qui jadis défendait l'indépendance du pays contre l'envahissement des Saxons. Dans les vallées, on découvre les tombeaux des Huns, espèces de pagodes en granit, comme l'a dit un écrivain qui a pu comparer leur structure avec celle des édifices religieux de l'Inde. Près de là sont les tombes arrondies, les *Kegelgraeber*, qui datent d'une époque plus récente, mais antérieure pourtant au christianisme, et, au milieu de ces monuments païens, sont les débris des édifices religieux et les monuments catholiques du moyen âge. Les trois époques se retrouvent ainsi à quelques pieds sous terre avec leur caractère distinctif. Là où la tradition vivante cesse, le passé appelle le savant dans la retraite de la mort et lui révèle ses secrets dans le tombeau. Auprès de Prischendorf, il existe une sépulture de Huns qui a trente pieds de long et quinze de large. Elle est entourée de quinze blocs de granit. Dans cette forte enceinte, à quatre pieds de profondeur, on a trouvé des urnes brisées, des couteaux et des haches en pierre comme on en voit maintenant un grand nombre au musée de Copenhague, et une parure d'ambre. Auprès de Ludwigslust, le grand-duc Frédéric-François fit fouiller un *Kegelgrab*, et on y trouva des bracelets et des armures en bronze. D'autres fouilles ont été faites dans les différentes parties de la contrée, et partout le sépulcre, fermé depuis des siècles, s'est ouvert comme un livre et a donné une nouvelle leçon à l'antiquaire. Le grand-duc actuel a publié tout récemment une ordonnance pour défendre contre l'aveugle dévastation du peuple ces monuments précieux. Les forgerons faisaient des socs de charrue avec le fer de ces vieilles lames qui jadis se baignaient dans le sang et les bergers jouaient avec ces têtes de Huns qui ont épouvanté le monde.

Les mœurs des paysans du Mecklembourg offrent aux regards de l'observateur un caractère marqué, que l'on chercherait vainement aujourd'hui dans d'autres parties de l'Allemagne. Ces paysans ne sont, pour la plupart, que des fermiers jouissant d'une position stable, qui transmettent pour héritage à leur fils un bail de cent ans. La nature de leur contrat les inféode en quelque sorte à la terre où ils sont établis, et plus ils y restent, plus il est difficile de les en déposséder ; car, pour commencer une exploitation de quelque importance, le fermier doit avoir au moins un capital de 20 000 à 30 000 francs. C'est lui-même qui doit acheter les bestiaux et les instruments d'agriculture nécessaires à l'exploitation de la ferme; c'est lui qui paye les impôts, et les constructions qu'il entreprend sur le sol de son maître lui appartiennent. Au bout de cent ou cent cinquante ans, il y a tant de toises de muraille qui sont à lui, tant de belles haies dont il a laborieusement planté chaque tige, tant de travaux de desséchement ou d'irrigation dont il demanderait un rigoureux inventaire, que personne ne songe plus à lui disputer la place où il s'est si fermement installé, où il a inscrit les droits de son œuvre à chaque borne et à chaque sentier. Ainsi, quand le bail expire, on le renouvelle avec quelques modifications pour cent autres années, et souvent le propriétaire s'en va, mais le fermier reste.

Les modes de la ville, les inventions de la coquetterie et du luxe moderne, ont déjà pénétré parmi ces honnêtes habitants de la campagne ; cependant, la plupart portent encore l'austère costume de leurs ancêtres. Les hommes ont des pantalons en laine ou en toile écrue, une longue redingote bleue sans collet, une ceinture en cuir et un chapeau rond à larges bords. Les femmes portent plusieurs robes l'une sur l'autre, des bas rouges et des souliers à hauts talons comme les Dalécarliennes. Elles ont généralement ce type de physionomie chaste et calme que l'on retrouve à partir de la Saxe jusqu'à l'extrémité de la Norvège : les yeux d'un bleu limpide, les cheveux blonds, le teint blanc et légèrement rosé. Les hommes sont robustes et vigoureux. Dès leur enfance, ils ont été exposés à toutes les intempéries des saisons ; dès leur jeunesse, ils ont pris l'habitude des travaux pénibles, et se sont endurcis à la fatigue. Comme les anciens guerriers du Nord, qui se glorifiaient surtout de la lourdeur de leurs épées et de la puissance de leur bras, ils attachent un grand prix à la force physique, et se plaisent à l'exercer par des luttes corps à corps comme les Bretons, ou par des courses à pied et à cheval. Quiconque ne s'est pas signalé au moins une fois dans ces rudes tournois n'obtiendra jamais parmi les héros de la commune qu'une mince considération, et quiconque ne peut pas charger lestement sur ses épaules un sac de six mesures de Rostock (environ trois cent soixante à trois cent quatre-vingts livres) passe, à vrai dire, pour un pauvre homme.

Ces fermiers du Mecklembourg sont généralement riches ou jouissent tout au moins d'une honnête aisance. Leurs champs leur donnent tout ce qui sert aux premiers besoins : le blé, les fruits, le chanvre. Les bestiaux sont pour eux un grand objet de commerce, et la chasse, la pêche, leur offrent encore une autre ressource. Ils ont, en général, une sorte d'intelligence innée des travaux mécaniques. Ils fabriquent eux-mêmes leurs instruments d'agriculture et une partie de leurs meubles. Il y en a qui cisellent le bois avec l'habileté des sculpteurs du moyen âge ; d'autres font des horloges comme dans la forêt Noire, et l'on a vu dernièrement un simple paysan des environs de Doberan qui, sans avoir jamais reçu une leçon de musique, en est venu à construire un très bon piano.

Leur demeure annonce l'ordre et l'aisance. C'est d'ordinaire une assez vaste maison en briques, partagée en deux parties. On entre par la grange, qui est large, haute, et toujours très proprement tenue. De chaque côté de la grange sont les chambres des domestiques gardiens des bestiaux et de la récolte. Au fond de la maison est la cuisine, où l'on fait des travaux d'hiver, puis la chambre du paysan, ornée de quelques meubles en noyer, d'une armoire qui renferme l'almanach, la bible, les livres de prières, et du lit nuptial, que l'on couvre de fleurs et de rubans aux grands jours de fête.

Jusqu'à présent, les terres du Mecklembourg ont été peu morcelées : elles ne se divisent que par grandes métairies, et chaque métairie forme une espèce de petite république dont les principaux ouvriers sont les sénateurs et dont le fermier est le président. Chaque domestique a ses attributions particulières, son titre, sa régence, et monte de grade en grade à mesure que l'âge développe ses forces et que le conseil de famille reconnaît la loyauté de ses services. Le premier de tous est celui auquel sont confiés les chevaux; il représente encore dans la demeure du paysan cet important fonctionnaire des anciennes maisons princières du Nord, ce *Mare-Schalck* d'où nous est venu notre grand titre de maréchal.

Toute cette colonie vit ainsi dans sa ruche, dévouée aux mêmes fatigues, partageant les mêmes travaux et goûtant les mêmes joies. Au mois d'avril ou de mai, quand on reconduit pour la première fois les bestiaux dans les champs, les religieux habitants de la ferme célèbrent comme des païens le retour du soleil, la beauté du printemps. En été, nouvelle fête quand on fauche les foins, et nouvelle fête encore quand la récolte est finie. Cette fois, ce sont des chants et des danses dans la vallée et des églogues vivantes qui commencent dès le matin et ne finissent que dans la nuit. Le faucheur offre cérémonieusement à la moissonneuse un râteau sculpté, enjolivé et entouré de rameaux verts; la moissonneuse reconnaissante lui tresse une couronne d'épis de blé et de bluets; puis les rondes bruyantes et joyeuses commencent : hommes et femmes, maîtres et valets, tout le monde entre dans la longue chaîne qui se déroule et tourbillonne autour du vert pommier. Si dans ce moment un passant oisif s'arrête sur le chemin, les moissonneurs vont le lier par les deux bras, comme on lie à bord des bâtiments le passager qui monte pour la première fois dans la hune; puis, la jeune fille vient, comme le gabier, lui demander sa rançon, et, une fois la rançon payée, il est admis dans le cercle des danseurs, il devient l'hôte de la famille.

En automne, on prépare sous le toit de la ferme, autour de l'âtre, les feuilles de tabac, en répétant les vieux refrains populaires et en contant des contes de fées. Puis arrive Noël, cette charmante fête de l'Allemagne. C'est le temps où parents et amis se réunissent, où tous les voisins vont l'un chez l'autre comme pour s'annoncer mutuellement la bonne nouvelle. Déjà la mère de famille a préparé la bière mousseuse, la tourte aux raisins secs que l'on ne voit apparaître que dans cette grave circonstance, et les présents destinés aux habitants de la maison et aux convives de la fête.

Le 24 décembre au soir, la famille est rassemblée dans la même salle, mais la chambre où sont déposés les trésors de Noël est encore fermée, et l'on devine, au mystère qui l'entoure, qu'il s'y prépare de grandes choses. Les enfants impatientés crient et trépignent; les jeunes filles rêvent à la nouvelle parure qu'elles vont recevoir, et les hommes, qui affectent une sorte d'orgueilleux stoïcisme, laissent pourtant échapper de temps à autre un léger mouvement d'impatience. Enfin la porte s'ouvre. L'arbre de Noël apparaît étincelant de lumière avec ses rameaux parsemés de petits cierges et chargés de fruits. De chaque côté de ce religieux symbole s'étend une table couverte d'une nappe blanche et portant les offrandes préparées depuis plusieurs semaines avec un soin ingénieux et une tendre sollicitude. Chacun court au lot qui lui est destiné, et ce sont des cris de surprise et des exclamations de joie, des transports et des remercîments qui ne se terminent que par un riant souper et de joyeuses chansons. Cette fête de Noël est la plus éclatante de toutes, la plus longue et la plus aimée. Il n'y en a qu'une qu'on

puisse lui comparer, celle qui accompagne le mariage
d'un des enfants de la ferme. Cette fois, la maison est
encore pleine de parents et de voisins, et la table est
couverte en permanence de cruches de bière et de quartiers de veau rôti. Plusieurs jours à l'avance, un des
amis de la maison, portant le titre de courrier du mariage,
monte à cheval et s'en va avec son chapeau galonné de
rubans, son habit orné de fleurs, faire à cinq ou six lieues
à la ronde les invitations. A l'heure dite, les invités arrivent à cheval, à pied, en voiture, et se logent comme ils
peuvent, ceux-ci dans la remise, ceux-là dans la grange,
dans la cuisine ou dans les greniers, et tous apportent,
comme en Finlande, quelque tribut aux fiancés. Cependant la femme du prêtre elle-même pare la jeune fille.
Elle lui donne un jupon noir, symbole de la vie sérieuse
dans laquelle elle va entrer, et un tablier blanc, emblème
d'innocence. Elle lui met, comme signe de richesse, des
chaînes d'or au cou; comme signe d'espoir, elle lui place
sur les épaules un collet blanc brodé de vert, des paillettes
d'or sur la poitrine, des fleurs dans les cheveux, et une
couronne en forme de nid d'oiseau sur la tête. Ainsi
revêtue de son costume symbolique, la fiancée s'avance
accompagnée de deux jeunes femmes et de huit cavaliers
d'honneur. Le fiancé vient après elle, escorté par ses
amis. Tous deux s'agenouillent devant le prêtre, et, quand
la cérémonie du mariage est terminée, on se met à table.
Mais bientôt l'orchestre du canton, debout sur ses tré-
teaux, appelle les convives indolents. Le bignou soupire,
le violon crie, la clarinette est en colère. On se hâte de
vider un dernier verre d'eau-de-vie, un dernier flacon de
bière, et l'on accourt dans la grange, qui sert de salle de
bal. Après les rondes, les valses habituelles, commence
une danse animée et intéressante, une sorte de jeu scéni-
que pareil à ceux que l'on désigne, en Finlande et en
Suède, sous le nom de *Lek*. Deux hommes entraînent la
mariée au milieu de l'enceinte, puis se placent de chaque

côté d'elle comme pour la garder. Les autres hommes se tiennent par la main et forment une grande chaine qui sans cesse tourne et se replie en plusieurs cercles autour de la captive. Il faut que le mari rompe cette barrière, pénètre à travers ces différents cercles et délivre sa femme. Alors la scène change : c'est le mari qui se tient debout auprès de celle qu'il vient d'arracher à ses ravisseurs. Les autres hommes forment une nouvelle chaîne et se groupent autour de lui pour le défendre. Les femmes s'élancent vers eux, et, après de longs assauts et une longue résistance, elles arrivent jusqu'à la jeune mariée, la saisissent, l'entraînent dans la chambre nuptiale, et remplacent sa couronne de fiancée par un bonnet noir.

Toutes les habitudes des paysans du Mecklembourg, leur vie intérieure, leurs réunions, leurs fêtes, portent à un haut degré l'indice de cette douce et touchante nature de cœur que nous ne pouvons exprimer que par une périphrase, et que les Allemands désignent par un seul mot, *Gemuth*. Il y a en eux un sentiment de religion qui se manifeste dans toutes les circonstances. S'ils rencontrent un ami, ils l'abordent en lui disant : « Que Dieu vous prenne sous sa sainte garde! » S'ils éprouvent un accident, un désastre, ils en parlent avec une résignation chrétienne. « Le malheur, s'écrient-ils, pouvait être pire; nous ne sommes pas tout à fait ruinés, et nous vivons encore. Que le ciel soit béni! » Ils sont fidèles à leurs affections, mais fidèles aussi à leurs haines et à leurs préjugés. Ils allient à une confiance, à un laisser-aller d'enfant, une ténacité de Corse. La preuve en est dans les souvenirs qu'ils ont encore conservés de la guerre de Sept ans. Il y a des villages entiers où l'histoire de cette guerre a implanté une sorte de haine héréditaire et des préventions ineffaçables contre les Prussiens, et souvent, dans les foires, on voit le paysan debout devant une boutique, regardant d'un air soupçonneux les marchandises qu'on lui offre, et répétant dans sa vieille rancune de

Mecklembourgeois : « Denrée prussienne, mauvaise denrée ».

Par suite de cette ténacité de caractère, ils ont gardé au milieu du développement des idées modernes les superstitions du moyen âge. Ils sont presque aussi crédules que l'étaient leurs pères il y a deux cents ans, aussi faciles à effrayer par l'idée d'une puissance mystérieuse contre laquelle toute force physique est vaine. A la fin du XVIIe siècle, on brûlait encore les sorciers dans ce pays [1]. On ne les brûle plus à présent, mais on n'en a pas moins peur. Ces sorciers sont les amis du diable. Ils ont reçu de lui un pouvoir surnaturel, et doivent un jour, en vertu de leur pacte impie, souffrir les tortures de l'enfer. Mais, en attendant, ils exercent toutes sortes de maléfices, et tourmentent cruellement les vrais chrétiens. Leur regard est envenimé, leur souffle porte la contagion. Leur approche seule fait frémir les chevaux et hurler les chiens. Si une vache tombe malade, si le lait s'aigrit, si la bière se gâte, si l'arbre nouvellement planté dépérit, c'est la faute des sorciers. Dans la nuit du dernier avril au premier mai, qu'on appelle la *Walpurgisnacht*, le paysan fait trois croix sur la porte de son étable, afin que les sorciers, en allant au sabbat, ne jettent pas un sort sur ses bestiaux. Quand un enfant vient au monde, on se hâte d'allumer une lampe, et, jusqu'au moment où le prêtre le baptise, cette lampe doit brûler toute la nuit près de son berceau, afin que les méchants esprits ne viennent pas le prendre.

Ces idées superstitieuses remontent bien haut dans le passé, embrassent le présent, et s'étendent sur l'avenir.

1. Une femme fut brûlée en 1669, une autre en 1697. On appliquait tout simplement à la torture les malheureux accusés de sorcellerie. La roue et les tenailles les forçaient à révéler un crime dont ils étaient parfaitement innocents, et une fois que leurs lèvres avaient prononcé le fatal aveu, on allumait le bûcher. Pour mettre fin à ces atroces exécutions, le duc Gustave-Adolphe établit un tribunal chargé d'instruire régulièrement les procès de sorcellerie.

Le paysan inquiet de ses récoltes, la jeune fille inquiète de son amour, consultent, comme les organes du destin, l'oiseau dans son vol, l'onde dans son murmure, les nuages de l'automne et les fleurs du printemps. Certain cri de corbeau annonce la guerre, certain sifflement du rouet prédit un mariage. Si le jour de la Saint-Valentin [1] la jeune fille verse du plomb fondu dans de l'eau, elle voit apparaître l'image de celui qui sera son époux. Si un membre de la famille doit mourir dans l'année, on peut voir dans la nuit du 1ᵉʳ janvier un cercueil noir sur la neige du toit.

Tous les éléments ont ici leurs bons et leurs mauvais génies. Le monde invisible et mystérieux touche de tous côtés au monde réel, et préoccupe chacun par ses harmonies indéfinissables et ses apparitions surnaturelles. Dans les eaux est le musicien magique qui fascine avec sa harpe d'argent l'oreille et l'âme du pêcheur; dans les bois, l'esprit rêveur de la solitude qui n'a que de doux regards et de doux soupirs; dans les airs, le vieil Odin condamné à poursuivre éternellement sur un cheval fougueux la proie qui fuit sans cesse devant lui, comme la pensée de l'homme qui, dans son orgueilleux essor et son insatiable ardeur, s'élance sans cesse vers l'infini. Les entrailles de la terre, les montagnes ont aussi leur monde à part, leurs génies laborieux et intelligents qui gardent les diamants et travaillent les métaux. Les vieux châteaux et les édifices en ruine ont leurs hôtes fidèles et mystérieux, pareils à ces saintes affections qui s'attachent au passé et jettent un dernier charme sur les lambeaux de la misère et les débris de l'infortune. Il y a, dans l'antique château de

---

[1]. Cette nuit de la Saint-Valentin, où la jeune fille fait ses rêves de mariage, est aussi celle où les oiseaux choisissent, dit-on, leur compagne. Les traditions anglaises rapportent qu'il tombe à cette époque trois gouttes du ciel. L'une se perd dans l'atmosphère, l'autre pénètre dans les entrailles de la terre, la troisième descend dans les flots. La première éveille dans l'atmosphère les forces productives de la nature; la seconde et la troisième éveillent la vie des plantes et des animaux.

Schwerin, un petit *Puck* comme il en faudrait un au palais des rois constitutionnels. Ce petit être invisible, alerte, lisant dans le cœur de l'homme comme Asmodée, veille jour et nuit sur le perron du château, facilite le passage à ceux qui s'approchent avec un loyal dévouement, et tourmente sans pitié ceux qui arrivent avec la flatterie sur les lèvres et la trahison dans le cœur.

Souvent aussi une idée de morale, un dogme évangélique, se mêlent dans l'esprit des Mecklembourgeois à ces fables populaires. Des enfants ont volé le pain d'un pauvre berger, et, au moment où ils se réjouissent de leur larcin, ils ont été changés en pierres, et sont restés debout dans la prairie comme un exemple de la vengeance céleste. Un pauvre est venu comme Lazare implorer vainement la compassion du riche. Au moment où il se retire, les mains vides, les yeux en pleurs, l'orage gronde, l'éclair luit, la maison inhospitalière, frappée par la foudre, est réduite en cendres. Le pauvre va chercher un refuge sous un chêne. Le riche accourt au même endroit, et le malheur réconcilie ceux que la fortune avait séparés. Dans ces traditions du Mecklembourg, le diable joue surtout un grand rôle. A chaque instant il apparaît, tantôt avec le manteau de velours, comme Méphistophélès, pour flatter les passions du jeune homme, tantôt sous une robe de magistrat pour dominer l'esprit du paysan. Tantôt on le voit passer dans l'air comme un dragon ailé, portant d'un lieu à l'autre des sacs d'argent et de pierres précieuses. Le désir de recruter de nouveaux sujets pour son empire lui donne une terrible besogne et lui coûte d'énormes sommes. On l'a vu tour à tour se faire architecte, maçon, charretier. Ici il a bâti une église, là il a jeté un pont. Ailleurs il a aidé le bûcheron à rapporter son fagot, et le laboureur à sillonner son champ. Bref, il n'est pas de sacrifice qu'il n'ait fait, pas d'humiliation à laquelle il ne se soit résigné par l'appât d'une pauvre âme, à demi livrée au désespoir, et le plus souvent il a été indignement trompé. Le paysan a profité de son secours et lui a échappé en se réfugiant dans l'église; le moine l'a mis en fuite en faisant le signe de la croix, et le pauvre diable, trahi, volé, bafoué, tâche de trouver ailleurs une proie plus facile. Dans toutes les traditions d'Allemagne, le diable apparaît, du reste, avec les mêmes déceptions, et la même lourde bonhomie. Il représente parfaitement la sensualité présomptueuse et grossière asservie par l'intelligence.

II

Les plus anciennes notions que l'on possède sur le Mecklembourg ne remontent pas au delà du VIIIe siècle. Antérieurement à cette époque, l'histoire de cette partie de l'Allemagne est enveloppée d'un nuage épais. On ose à peine l'aborder, car on n'a, pour la reconstruire, que de vagues et incertains récits, ou des hypothèses qu'aucun fait positif ne justifie; les savants disent que ce pays était primitivement habité par une race germanique. Mais quelle était cette race ? comment était-elle entrée dans le Mecklembourg ? comment en est-elle sortie ? C'est ce que nulle chronique ne raconte, ce que nul document n'explique. Peut-être était-ce une partie des Hérules, des Vandales, qui s'adjoignit, vers la fin du IVe siècle, aux migrations de la grande race, et quitta ses foyers pour envahir le monde. Quoi qu'il en soit, à l'époque où l'histoire du Mecklembourg commence à se dégager de ses voiles, nous trouvons ce pays occupé par les Slaves.

C'est une chose singulière que, dans un temps d'investigations comme le nôtre, au milieu de nos recherches érudites et de nos travaux excentriques, nous ayons encore si peu tourné les regards du côté de cette innombrable famille des Slaves, dont l'empire s'est étendu de la mer Adriatique à l'océan Glacial, du Kamtschatka à la mer Baltique. Il y a pourtant là une vaste et curieuse histoire qui tient à la nôtre par plusieurs points, une langue qui est encore parlée par des millions et des millions d'hommes, et une littérature originale.

Les premières traditions du Mecklembourg forment un chapitre de cette vaste histoire; peut-être nous saura-t-on gré d'en reproduire ici les traits les plus saillants. La tribu de Slaves qui avait envahi le nord de l'Allemagne, et s'étendait le long de la mer Baltique, était connue sous le nom de *Wendes* et se subdivisait en plusieurs peuplades. La plus puissante était celle des Obotrites, qui avait pour capitale Mikilembourg (grande ville), d'où est venu le nom de Mecklembourg, et celle des Wilze, qui occupait en grande partie le Brandebourg.

Tous les historiens s'accordent à représenter les Slaves comme une race d'hommes d'une nature douce, inoffensive, aimant le travail et la vie domestique. Dès que dans leurs migrations ils trouvaient un endroit convenable, ils se bâtissaient aussitôt une demeure, défrichaient le sol et se faisaient aimer de leurs voisins par leurs habitudes paisibles et leurs vertus hospitalières[1]. On raconte

---

1. M. Sainte-Beuve a écrit sur cette hospitalité des Slaves un sonnet que nous sommes heureux de joindre à notre récit :

Le vieux Slave est tout cœur, ouvert, hospitalier,
Accueillant l'étranger comme aux jours de la fable,
Lui servant l'abondance et le sourire affable,
Et même, s'il s'absente, il craint de l'oublier.

Il garnit en partant son bahut de noyer;
La jatte de lait pur et le miel délectable,
Près du seuil sans verrous, attendent sur la table,
Et le pain reste cuit aux cendres du foyer.

Soin touchant! doux génie! Ainsi fait le poète :
Son beau fruit le plus mûr, sa fleur la plus discrète,
Il l'abandonne à tous, il ouvre ses vergers;

Et souvent, lorsque ainsi vous savourez son âme,
Lorsqu'au foyer pieux vous retrouvez sa flamme,
Lui-même il est parti vers les lieux étrangers.

que, quand ils étaient forcés de quitter leur habitation pour entreprendre un voyage de quelques jours, ils avaient coutume de laisser la porte ouverte, de mettre du bois dans le foyer et des provisions sur la table, afin que, si un étranger venait à passer par là pendant leur absence, il pût tout à son aise entrer et prendre ce dont il avait besoin. A ces vertus du cœur, les Slaves joignaient les qualités physiques qui n'appartiennent qu'aux hommes de la nature. Ils étaient doués d'une grande force de tempérament. et d'une adresse prodigieuse à tous les exercices du corps; ils pouvaient, ainsi que les sauvages de l'Amérique, se rouler comme une pelote, se tapir comme des blaireaux sous une racine d'arbre, et attendre là des jours entiers que leur ennemi vînt à passer. Ils pouvaient se tenir cachés sous l'eau pendant de longues heures, au moyen d'un léger tuyau qui leur servait à reprendre haleine. Tout ce qui nous reste de leurs anciennes poésies populaires est un témoignage évident de leur admiration pour le courage et la force. Quel homme que ce Marco dont les chants serviens racontent les voyages aventureux et les combats [1]! Sa volonté est inébranlable, et sa vigueur sans bornes; nul ennemi ne l'effraye, nul obstacle ne l'arrête, et il vit trois cents ans. L'Hercule des Grecs n'est pas plus audacieux que lui, et le Sterkodder des Scandinaves n'est pas plus terrible. En même temps que ces chants énergiques et naïfs racontent les exploits des guerriers, les luttes des partis, ils célèbrent la grâce modeste, la timidité virginale des jeunes filles qui apparaissent dans les fêtes, les yeux baissés et le visage couvert d'une pudique rougeur. La tradition scandinave d'Ottar et Sigride raconte que, quand la jeune fille conduisit le soir son fiancé au lit nuptial, elle ne leva les yeux sur lui qu'au moment où la torche enflammée qu'elle tenait à la main

---

1. J'ai publié une analyse détaillée de l'héroïque épopée de Marco Kralievitch dans les *Lettres sur l'Adriatique*.

vint à lui brûler les doigts. Il y a dans les poésies serviennes plusieurs images virginales du même genre. Telle est entre autres celle de Militza, dont son amant n'a pas même pu, pendant trois longues années, obtenir un regard.

« De longs sourcils s'abaissent sur les joues roses de Militza, sur ses joues roses et sur son doux visage. Pendant trois ans j'ai contemplé la jeune fille, et je n'ai pu voir ni ses yeux chéris, ni son front de lis. Je l'ai conduite à la danse, j'ai conduit Militza à la danse, et j'espérais voir ses yeux.

« Tandis que les cercles se forment sur le gazon, tout à coup le soleil s'obscurcit, l'éclair brille à travers les nuages. Les jeunes filles lèvent les yeux au ciel. Mais Militza ne lève pas les siens, elle regarde le gazon et ne tremble pas. Ses compagnes lui disent :

« O Militza, quelle témérité ou quelle folie! Pourquoi
« restes-tu ainsi les yeux baissés sur le gazon, au lieu
« d'observer ces nuages que la foudre enflamme? »

« Et Militza répond avec calme : « Ce n'est ni de la
« témérité ni de la folie. Je ne suis pas la sorcière qui
« ramasse les nuages. Je suis une jeune fille, et je
« regarde devant moi. »

Le peu qui nous reste des traditions wendes rappelle, par certains détails d'une énergie presque sauvage et par certaines idées aventureuses, les traditions d'Islande. Telle est, par exemple, cette histoire d'un roi fabuleux nommé Anthyre, compagnon d'armes d'Alexandre le Grand. Après la mort du héros, Anthyre quitta l'Asie et s'empara des provinces du Nord. C'est lui qui bâtit la ville de Mikilembourg, et la fortifia par trois châteaux qui avaient douze lieues de circonférence; c'est lui que les chroniques du peuple désignent comme le chef de la maison régnante de Mecklembourg. Si le fait était vrai, il n'y aurait point de maison aussi ancienne dans le monde, car elle remonterait à plus de trois cents ans avant la naissance de Jésus-Christ. Lorsque les troupes de Walleinstein envahirent le Mecklembourg, pendant la guerre de Trente ans, on trouva, dit-on, dans une armoire secrète du cloître de Doberan, un panégyrique en vers de ce soldat aventureux. C'est une composition d'une nature primitive et d'une expression farouche comme les pages les plus rudes des *Niebelungen* ou les chants anciens de Dietrich, ou certains passages du poème d'*Antar*, ce héros arabe, dont le nom offre, du reste, une singulière similitude avec celui du héros mecklembourgeois.

« La bravoure, dit l'auteur inconnu de ce poème, n'a point de repos. Elle ne dort pas dans un lit. Elle s'abreuve de sang. C'est ce que l'on peut facilement voir par les valeureuses actions de ces guerriers qui s'élançaient intrépidement sur le champ de bataille et domptaient leurs ennemis les plus braves.

« Il y eut autrefois sur cette noble terre, sur cette terre des Wendes, un roi chanté par les poètes. Il s'appelait Anthyre. C'était un homme d'une merveilleuse audace, qui s'est acquis un grand renom.

« Il aimait les louanges que l'on accorde aux combats violents, aux actes de courage. Il était si brave et si fort que jamais homme n'a pu le dépouiller de sa lourde armure.

« Pour défendre un ami, il s'élançait en riant au-devant des troupes ennemies. Pour ceux qu'il protégeait, il n'avait que de douces paroles; mais quand il allait au combat, son regard avait une expression sauvage, et le feu sortait de sa bouche.

« Il portait une épée tranchante qui faisait jaillir des flots de sang, et celui qu'elle avait atteint ne guérissait plus. Cette épée était si forte que jamais on ne put la rompre. Malheur à qui s'exposerait à ses coups! Si elle venait seulement à rencontrer son corps, c'était fait de lui.

« L'armure d'Anthyre était toute noire, et son casque d'une blancheur étincelante; son bouclier était si pesant que mille cavaliers n'auraient pu le lui enlever. Il portait au doigt un petit anneau qui lui donnait la force de cinquante hommes. C'est avec cet anneau qu'il a fait tant d'actions étonnantes.

« Son cheval s'appelait Bukranos. C'était un animal monstrueux, aussi dur que la pierre, qui avait une tête de taureau, et du bout de ses pieds faisait jaillir des étincelles de feu sur la route. Le héros était ferme comme un rocher; on ne pouvait ni le dompter ni l'ébranler, et ceux qui s'attaquaient à lui tombaient sous ses coups. »

Une autre tradition du Mecklembourg mérite d'être citée, car elle se rattache à l'histoire d'un grand empire. Au VIIIe siècle de notre ère, la tribu des Obotrites était gouvernée par un roi nommé *Godlav*, père de trois jeunes hommes également forts, courageux et avides de gloire. Le premier s'appelait Rurick (paisible), le second Siwar (victorieux), le troisième Truwar (fidèle). Les trois frères, n'ayant aucune occasion d'exercer leur bravoure dans le paisible royaume de leur père, résolurent d'aller chercher ailleurs les combats et les aventures. Ils se dirigèrent à l'est, et se rendirent célèbres dans les diverses contrées où ils passaient. Partout où ils découvraient un opprimé, ils accouraient à son secours; partout où une guerre éclatait entre deux souverains, ils tâchaient de reconnaître lequel des deux avait raison, et se rangeaient de son côté. Après plus d'une généreuse entreprise, et plus d'un combat terrible, où ils se firent admirer et bénir, ils arrivèrent en Russie. Le peuple de cette contrée gémissait sous le poids d'une longue tyrannie, contre laquelle il n'osait même plus se révolter. Les trois frères, touchés de son infortune, réveillèrent son courage assoupi, assemblèrent une armée, et, marchant eux-mêmes à sa tête, renversèrent le pouvoir des oppresseurs. Quand ils eurent rétabli l'ordre et la paix dans le pays, ils résolurent de se mettre en route pour rejoindre leur vieux père; mais le peuple reconnaissant les conjura de ne pas partir et de prendre la place de ses anciens rois. Rurik reçut alors la principauté de Nowoghorod, Siwar celle de Pleskow, Truwar celle de Bile-Jezoro. Quelque temps après, les deux frères cadets étant morts sans enfants, Rurik adjoignit leurs principautés à la sienne, et devint chef de la famille des czars qui régna jusqu'en 1598.

Il y a tout lieu de croire que les Wendes, en arrivant dans le Nord, y apportèrent le goût des travaux agricoles et des habitudes paisibles qui distinguait la race slave. Mais les guerres continuelles qu'ils eurent à soutenir contre leurs voisins, les agressions violentes dont ils furent souvent victimes, changèrent complètement la nature de leur caractère. Arrachés à tout instant à leurs travaux par le bruit des armes, par l'aspect de la torche incendiaire, obligés de se défendre tantôt contre les Saxons et tantôt contre les Danois, d'avoir un champ de bataille dans leurs sillons et un autre sur les flots de la mer, ils mirent le soc de leur charrue sur l'enclume et s'en firent une épée; ils arrachèrent les lambris de leur grange et construisirent des bateaux; ils abandonnèrent le sol qu'ils avaient défriché, l'enclos qui les avait nourris, et s'en allèrent chercher leur fortune dans les aventures et leur moisson dans les combats. Bientôt ils jetèrent, comme les Vikinger, l'inquiétude dans le cœur de leurs ennemis et l'effroi dans celui des marchands. Ils devinrent haineux, fourbes et cruels. Souvent on les vit poursuivre, les armes à la main, le marchand avec lequel ils venaient de conclure un traité, et lui reprendre de vive force les denrées qui leur avaient été loyalement payées. Souvent, après une bataille, ils se rassemblaient comme des sauvages autour d'un malheureux captif pour le torturer et jouir de ses convulsions et de ses cris de douleur. On eût dit qu'ils voulaient venger en un instant leurs défaites et leurs désastres, et effacer dans le sang jusqu'à la dernière trace de ces vertus paisibles et compatissantes qui leur avaient été enseignées par leurs pères.

La femme était pour eux un être d'une nature très inférieure ; on la vendait comme une marchandise, on la traitait comme une esclave. Il était permis à l'homme d'en avoir plusieurs, de les employer aux travaux les plus rudes, de les faire coucher sur le sol nu, tandis que lui se reposait dans un lit ; et quand ce fier pacha venait à mourir, toutes les femmes qu'il avait épousées devaient s'égorger ou se laisser brûler sur sa tombe. Cette horrible coutume ne cessa en Pologne qu'au xe siècle ; elle existait encore au xie en Russie.

La vie de l'homme avait une valeur, celle de la femme n'en avait aucune. On raconte que des mères égorgeaient leurs filles au moment où elles venaient au monde, comme des êtres indignes de vivre. Peut-être aussi les malheureuses se sentaient-elles émues d'une si grande pitié à la vue de ces faibles créatures condamnées, dès leur naissance, à subir le poids d'une tyrannie honteuse, qu'elles croyaient faire un acte d'amour maternel en leur ôtant la vie.

Si à ces notions éparses et décousues que les annalistes du Nord nous ont léguées sur les Wendes, nous pouvions joindre un système de mythologie complet, nous y trouverions sans doute des documents précieux sur le caractère de ce peuple, sur son origine, sur sa parenté et ses relations avec les autres nations originaires, comme lui, de l'Orient. Malheureusement il ne nous reste de cette mythologie que des lambeaux à l'aide desquels on ne peut reconstituer ni une cosmogonie ni une théogonie entière. Nous empruntons à un mémoire publié récemment par la Société des antiquaires du Nord [1], et aux historiens du Mecklembourg [2], quelques notions sur cette vieille reli-

---

1. *Die züge der Dänen nach Wenden*, par M. Petersen, Copenhague, 1839.
2. Franck, *Ancien et Nouveau Mecklembourg*. — Klüver, Dehn Hempel. — Studemund, *Description, histoire, statistique et traditions du Mecklembourg*.

gion des Wendes, contre laquelle les missionnaires chrétiens luttèrent vainement pendant plusieurs siècles, et qui depuis s'est perdue comme un livre dont le vent disperse au loin les feuillets.

Cette religion des Wendes, dit M. Petersen, a toute la rude empreinte que l'on remarque dans la mythologie des anciens peuples chez lesquels le sentiment de l'art ne s'est pas encore développé. Car l'art et la mythologie sont toujours étroitement unis l'un à l'autre. On y trouve quelques rapports avec celle des Scandinaves, soit que le contact des deux peuples ait produit le mélange des deux mythologies, soit qu'elles proviennent primitivement d'une même source.

Les Wendes reconnaissaient un Être suprême éternel, incommensurable, indéfini. On ne lui élevait point d'autel, on ne lui donnait point de nom. C'était le principe créateur de toutes choses, la loi organique du monde, la destinée sombre et terrible cachée dans les voiles de l'avenir, une idée plutôt qu'un personnage réel, un symbole plutôt qu'une image vivante et palpable. D'autres dieux présidaient au mouvement des éléments et aux différentes actions de la vie humaine, mais ils étaient subordonnés à cet être premier, à cet être sans nom. Plusieurs savants prétendent qu'il était représenté par une image à trois têtes, une sorte de trimurti indienne qui existait dans plusieurs temples wendes. Cette opinion est maintenant admise comme la plus rationnelle.

Au-dessous de cette sphère sans fin où plane l'Être suprême, l'Être mystérieux et invisible, apparaissent les dieux subalternes qui agissent directement sur l'homme. Ici l'on retrouve, comme dans toutes les mythologies, le principe du bien et du mal, de l'ordre et du bouleversement, de la fécondité et de la destruction. Le dieu du mal s'appelle *Zcernebog* (dieu noir); on le représente tantôt sous la forme d'un loup furieux, tantôt sous celle d'un homme tenant un tison enflammé à la main.

On lui offrait pour prévenir sa colère des sacrifices sanglants.

Le dieu du bien a le front pur, le visage radieux. Il s'appelle *Belbog* (dieu blanc). A la manière dont on le dépeint, il ressemble au bon Balder, le dieu chéri des anciens Islandais. On croit, du reste, que c'est le même dieu que celui qui était adoré par toutes les tribus slaves sous le nom de Zvantewith. Un de ses temples les plus célèbres était celui d'Arcona dans l'île de Rugen. Saxo le grammairien nous en a conservé la description. C'était un vaste édifice bâti au milieu de la ville et entouré de deux enceintes. La statue du dieu avait quatre têtes tournées des quatre côtés du monde. Elle portait une épée à la ceinture, et à la main droite une corne que le prêtre remplissait de vin à certain jour solennel, pour voir quelle serait la récolte de l'année. La veille de la fête des moissons, il entrait dans le temple pour le balayer et le nettoyer. Aucun autre ne pouvait remplir cette fonction, et lui-même n'osait pas respirer dans le sanctuaire. Il fallait qu'il vînt à la porte du temple chaque fois qu'il avait besoin de reprendre haleine. Le jour de la fête, le peuple s'assemblait autour de l'édifice religieux. Le prêtre regardait la corne : si le vin qu'elle renfermait n'avait pas diminué, c'était un signe certain de bonne récolte. Cette épreuve faite, il répandait un peu de vin devant le dieu, remplissait la coupe, la buvait en faisant une prière pour la prospérité du peuple, puis la remplissait encore, et la remettait dans la main de l'idole. Dans ce moment-là, on offrait au dieu un gâteau de miel de la taille et de l'épaisseur d'un homme. Pour l'entretien du temple, les prêtres prélevaient sur chaque individu un impôt particulier. Ils recevaient, en outre, le tiers du butin que les pirates rapportaient de leurs expéditions. Trois cents chevaliers formaient en quelque sorte la garde d'honneur du dieu. Lui-même devait avoir un cheval blanc, vigoureux et sans tache, que le prêtre seul pouvait monter. On croyait que

Belbog s'en servait pendant la nuit, car parfois le superbe coursier apparaissait le matin, haletant et baigné de sueur, comme s'il venait de faire une longue route. Quand le peuple projetait une expédition de guerre, on apportait devant le temple six piques que l'on plantait deux par deux dans le sol. Puis le prêtre amenait le cheval sacré, et le faisait sauter sur ces piques. S'il levait le pied droit le premier, c'était un bon augure; si, au contraire, il levait le pied gauche, la campagne était ajournée. Dans cette même île de Rugen, on voyait une autre idole qui avait sept figures réunies dans une seule tête. A sa ceinture pendaient sept épées, et elle en tenait une huitième à la main droite. Saxo cite encore une divinité nommée Porcnut, qui avait quatre figures sur les épaules et une cinquième sur la poitrine.

Dans la province de Redarier (aujourd'hui duché de Mecklembourg-Strelitz), au milieu d'une forêt sacrée, où personne n'aurait osé couper un rameau d'arbre, on voyait une ville étrange, bâtie en forme de triangle, avec une large porte à chaque angle. Deux de ces portes étaient ouvertes tout le jour; mais la troisième, qui était la plus petite, restait presque constamment fermée. C'était par là qu'il fallait passer pour arriver au bord de la mer. Sur la grève triste et déserte s'élevait un temple d'idoles soutenu par une quantité de piliers qui ressemblaient à des cornes d'animaux. Les murailles de cet édifice étaient couvertes d'un grand nombre de sculptures représentant les dieux et les déesses. Dans l'intérieur du temple on voyait les statues de ces mêmes divinités revêtues de leur armure et portant le casque sur la tête. C'était là que les prêtres gardaient la bannière des troupes. Les prêtres seuls avaient le droit d'offrir un sacrifice aux dieux, et le privilège de s'asseoir dans le temple, tandis que l'assemblée restait debout. Dans les circonstances graves, ils se jetaient la face contre terre en prononçant des paroles inintelligibles. Ils posaient leurs lèvres sur une ouverture pratiquée dans le sol, et adressaient tout bas des questions à un mystérieux oracle, puis ils recouvraient l'ouverture avec une motte de gazon vert et racontaient au peuple ce qu'ils venaient d'apprendre [1].

Une autre tradition rapporte que la capitale de la province de Redarier était Rhetra. Cette ville avait neuf portes. On y voyait un temple magnifique, et dans ce temple était la statue de Radigart en or, couverte d'une peau de buffle et portant une hallebarde à la main. C'était le dieu de la force et de l'honneur.

Siwa était la déesse de la fécondité et de l'amour. On la représentait sous la figure d'une jeune fille toute nue, à demi voilée seulement par une longue chevelure qui descendait jusqu'aux genoux. Dans sa main droite elle tenait une pomme, dans sa main gauche une grappe de raisin.

Prowe, le dieu de la justice, résidait au milieu d'une majestueuse enceinte d'arbres. Le roi venait là s'asseoir, comme saint Louis au pied du vieux chêne, pour rendre ses jugements; mais le prêtre avait seul le droit de pénétrer dans l'enceinte sacrée, et si un criminel, condamné à mort, parvenait à s'y introduire, c'était pour lui un inviolable refuge.

Les Wendes adoraient encore Podaga, le dieu des saisons, et Flins, le dieu de la mort. On le représentait sous la forme d'un squelette; mais ce squelette portait un lion sur ses épaules.

A ce culte des divinités bienfaisantes et redoutables, les Wendes joignaient celui de la nature. Ils s'approchaient avec un saint respect des sources d'eau et des forêts. Dans les flots du lac limpide, ils croyaient entrevoir des génies mystérieux; dans l'ombre solitaire des bois, ils entendaient, comme les Grecs, résonner à leurs oreilles des paroles prophétiques. Le chêne était pour eux un em-

---

1. Chronique de Dithmar de Mersebourg.

blème des forces créatrices de la nature et du principe organique qui la régit. Le vieux tronc, noirci par le temps, dépouillé de feuillage et couvert de mousse, était la cellule silencieuse d'une divinité. A Oldenbourg, les chênes sacrés étaient renfermés dans l'enceinte du temple. A Stettin, on portait des présents à un devin qui consultait une source d'eau et rendait des oracles. Dans plusieurs endroits, on suspendait aux arbres des images de dieux ou des figures symboliques. Le temple était ordinairement bâti dans une île : on y arrivait par un pont, et ceux qui voulaient offrir un sacrifice avaient seuls le droit de passer ce pont.

On immolait aux dieux des bœufs et des brebis. Les prêtres prenaient la meilleure part de l'holocauste; le reste était abandonné au peuple. Parfois on immola des chrétiens. Les Wendes croyaient que ce sacrifice devait être particulièrement agréable à leurs idoles. Dans une de ces luttes sanglantes qui éclatèrent fréquemment entre les sectateurs du paganisme et les néophytes de l'Évangile, un évêque fut tué et sa tête offerte à Radigart, le dieu de la force. A la suite de l'holocauste, on interrogeait le sort, on jetait en l'air des morceaux de bois noirs d'un côté et blancs de l'autre. S'ils retombaient du côté blanc, c'était un bon augure; sinon, un signe de malheur.

Chaque fois qu'un homme voulait consulter l'oracle ou se concilier la faveur des dieux, il offrait un sacrifice. Les dieux présidaient à toutes les actions importantes de la vie humaine; les dieux bénissaient les mariages et les serments d'amitié; ils sanctionnaient les traités de paix, et prêtaient leur appui aux déclarations de guerre. Il y avait dans chaque temple national un étendard sacré, espèce de palladium que le peuple considérait avec un religieux respect, et que les prêtres allaient chercher cérémonieusement et dans les grandes circonstances. Certaines tribus des Wendes avaient pour bannière un dragon avec une tête de femme et des bras couverts de fer. Les habitants de l'île de Rugen en avaient une autre qu'ils appelaient *Stanitia*, et pour laquelle ils professaient presque autant de vénération que pour leurs dieux mêmes. Indépendamment de ces circonstances accidentelles où la porte du temple s'ouvrait pour celui qui venait immoler une brebis et implorer une faveur, il y avait chaque année trois grandes fêtes, que le peuple entier célébrait par des chants, des danses et des holocaustes nombreux. La première était celle de l'hiver ; elle se trouvait précisément placée à la même époque que le *Jul* des Scandinaves et la *Noël* des chrétiens. La seconde était celle du printemps ; les Wendes l'avaient consacrée à la mémoire des morts. La troisième était celle des moissons.

Dans un pays où le sentiment religieux s'associait ainsi à toutes les actions de la vie, les prêtres devaient nécessairement avoir une grande influence. Ils étaient tout à la fois, dans les temps anciens, juges, législateurs, arbitres suprêmes du peuple. Plus tard, les Obotrites se choisirent un roi, ou plutôt un général chargé de les conduire au combat. Son autorité était extrêmement restreinte. Dans les circonstances graves, on attendait une décision des dieux, et cette décision, c'étaient les prêtres qui la prononçaient ; c'étaient eux aussi qui gardaient dans le temple le trésor de l'État, qui recevaient les offrandes des soldats et les tributs des marchands étrangers. Le roi élu par le peuple montait sur une pierre, mettait sa main dans celle d'un paysan, et jurait de rester fidèle à la religion du pays, de protéger les veuves et les orphelins, et de respecter les lois. Mais les mêmes hommes qui l'avaient investi de la dignité suprême pouvaient facilement l'en dépouiller. Sa couronne était entre leurs mains, ainsi que sa vie. Si un désastre, une mauvaise récolte, une défaite sanglante survenait dans la contrée, le roi en était responsable. On le regardait comme un être livré à une malheureuse fatalité, et, pour prévenir de nouvelles infortunes, on l'immolait aux dieux. Le même usage existait en Suède. Les Suédois égorgèrent un jour leur roi Domald, et arrosèrent avec son sang les autels de leurs idoles pour faire cesser la disette. Les habitants de l'île de Rugen avaient un roi; mais, dans la plupart des districts occupés par des tribus slaves, il portait le titre de *waïwoda* (chef dans la guerre). Les étymologistes croient reconnaître dans ce mot de *woda*, le nom d'Odin, dieu des Scandinaves.

Toute l'histoire des Wendes, depuis l'époque où elle se révèle à nous, c'est-à-dire depuis le temps de Charlemagne, n'est qu'un triste tableau de dissensions civiles et de guerres perpétuelles. Les Obotrites luttent contre les Wilzes, contre les Saxons, contre les Danois. Quand le combat cesse d'un côté, il recommence de l'autre; quand l'orage ne gronde plus au dehors, il éclate au dedans. Les chefs de la peuplade mecklembourgeoise se disputent le pouvoir, se trahissent, s'égorgent; les inimitiés particulières se mêlent aux haines nationales. Les paysans se pillent, et les pirates vont comme des oiseaux de proie attendre leur victime sur les vagues lointaines. Enfin, cette tribu slave n'apparaît que comme une société confuse et violente, dont nulle loi n'arrête les emportements, et à laquelle la religion même n'impose aucun frein régulier. Au commencement du IX⁰ siècle, un moine de Picardie alla prêcher le christianisme dans le Nord, et fit en peu de temps assez de progrès pour qu'en 833 le pape crût devoir fonder l'évêché de Hambourg. Mais cette douce et pacifique loi de l'Évangile, qui avait déjà tempéré tant de passions ardentes et adouci tant de nations farouches, ne fit que jeter parmi les Wendes de nouveaux germes de discorde; ceux qui cédèrent à la voix des missionnaires furent signalés comme des traîtres et des hommes indignes de toute pitié. De là des haines profondes, des actes de violence et des guerres sans fin. Les païens croyaient faire une œuvre agréable à leurs idoles en poursuivant avec acharnement les néophytes de l'Évangile. Pour se concilier la faveur de leur terrible Zcernebog, ou de leur dieu Radigart, ils incendiaient une chapelle, ils massacraient une famille chrétienne.

Plusieurs fois les Saxons essayèrent de convertir par la force ces rudes peuplades que la parole éloquente des missionnaires ne pouvait émouvoir. Quand ils gagnaient une bataille, la loi de l'Évangile devenait toute-puissante; les princes acceptaient le baptême pour obtenir la paix, et le peuple promettait de bâtir des églises; puis, à peine l'armée ennemie avait-elle quitté la frontière, à peine l'heure de la crise était-elle passée, que les idées de conversion étaient aussitôt anéanties; le chef de la tribu se hâtait d'abjurer ses promesses religieuses, les soldats démolissaient l'église commencée, et les prêtres rapportaient en grande pompe la statue de l'idole dans son temple. Cette lutte des croyances religieuses dura trois siècles; peu à peu, enfin, elle s'amortit : la persévérance des prédicateurs chrétiens l'emporta sur l'opiniâtreté des païens. En 1168, on brisait la dernière idole dans l'île de Rugen, et trois années après il y avait un évêché à Schwerin. En introduisant dans cette contrée un nouveau dogme, les missionnaires y introduisirent aussi une autre langue. L'Allemagne fit la conquête morale et intellectuelle du Mecklembourg; un grand nombre de familles wendes s'étaient éteintes dans les longues guerres qui ravagèrent leur pays; elles furent remplacées par des familles allemandes. Les missionnaires en amenèrent d'autres encore, et les premiers princes chrétiens, qui trouvaient en elles un appui, les favorisèrent de tout leur pouvoir. L'élément slave, combattu ainsi de tout côté par le glaive du soldat et le dogme du missionnaire, s'affaiblit graduellement, l'élément germanique grandit. Au dehors, l'Allemagne cernait la terre des Wendes; au dedans, elle y jetait sans cesse de nouvelles racines; elle agissait sur cette contrée à demi barbare par sa puissance politique, par sa religion, par un premier développement d'idées morales qui apparaissent alors comme l'aurore de la civilisation. La lutte n'était pas égale : les Wendes furent vaincus, et la langue allemande remplaça dans le Mecklembourg l'idiome slave [1]. Mais la population étrangère qui vint s'adjoindre à la tribu des Wendes n'empêcha pas le pays d'être de nouveau envahi par les Danois. Canut VI s'en empara en 1202, et ses successeurs le gouvernèrent pendant vingt-cinq ans. Les descendants de Niclot, prince des Obotrites, les délivrèrent enfin de l'oppression; mais à peine l'avaient-ils affranchi qu'ils l'affaiblirent en le partageant. Les quatre fils de Borovin II formèrent quatre États de l'antique principauté. L'aîné des frères, Jean, obtint la plus grande partie de ce duché : c'est de lui que descendent les princes actuels du Mecklembourg; les trois autres formèrent la ligue de Richenberg, Werle et Rostock. Plus tard, on vit se former la branche des seigneurs de Boizembourg, des comtes de Schwerin et des princes de Mecklembourg-Stargard. On comprend tout ce qu'un État déjà si restreint devait perdre en se divisant en plusieurs parcelles. Cependant il lutta glorieusement encore contre des voisins ambitieux, contre les villes hanséatiques, contre les Danois et les Suédois; puis il eut des princes hardis et intelligents qui l'illustrèrent par leur courage, ou le fortifièrent par de sages institutions. Tel était, entre autres, Jean Ier, le chef de la branche du Mecklembourg. Il avait étudié à l'Université de Paris, et sa science lui fit donner le surnom de Théo-

---

[1]. Il existe cependant encore dans le Mecklembourg un grand nombre de paysans et plusieurs familles nobles dont l'origine est incontestablement slave. Telle est, entre autres, celle des Bassewitz, Bülow, Derwitz, Flotow, Lutzow, Lewetzow, etc.

logien. Il fonda plusieurs établissements utiles, détruisit un repaire de pirates, et sut maintenir, par sa sagesse autant que par sa valeur, l'ordre et la prospérité dans son pays. Son fils, Henri Ier, surnommé le Pèlerin, était un de ces hommes au cœur chevaleresque, à l'esprit aventureux, que les poètes du moyen âge se plaisaient à chanter, et dont le peuple inscrivait avec amour le nom dans ses légendes. Le désir de s'illustrer par de grandes actions l'entraîna hors des limites de son étroit domaine. Il partit pour la Terre sainte, laissant à sa femme le soin de régir le duché. Pendant quinze ans, la noble princesse remplit cette tâche difficile avec une rare prudence et une admirable énergie : obligée tantôt de se mettre en garde contre des projets d'invasion, tantôt de résister, comme la Pénélope antique, à des offres de mariage, elle sut tour à tour éviter chaque écueil et prévenir chaque danger. Lorsque ses fils furent en âge de régner, elle leur abandonna le pouvoir qui lui avait été confié, et se retira dans la solitude.

Depuis que le vaillant Henri était éloigné de l'Allemagne, on n'avait eu aucune nouvelle de lui ; chacun le croyait mort, et sa noble femme faisait prier pour lui et portait des vêtements de deuil. Mais voilà qu'un beau jour le bruit se répand que le pèlerin aventureux n'est pas mort, qu'il revient. La nouvelle court de village en village. La fidèle Anastasie sort de sa retraite pour embrasser celui qu'elle n'espérait plus jamais revoir, et Henri apparaît, les cheveux blancs, le visage amaigri par les souffrances. Ce n'était plus ce beau chevalier à la tête haute, au regard fier, que l'on avait vu partir avec les rêves audacieux de la jeunesse. Hélas ! non, c'était l'homme trompé dans son espoir, vaincu par le temps, qui s'en revient le front penché, le cœur malade, après avoir expérimenté la vie et les choses, et qui, debout sur les lieux témoins de sa première ardeur, leur redemande un reste des songes passés, et ne trouve plus rien. Henri n'avait pas même pu aborder sur le champ de bataille où il espérait exercer son courage. Au moment où il sortait de Marseille, des corsaires le prirent et le gardèrent vingt-cinq ans captif au Caire. Dans ce moment, le récit de ses malheurs lui donnait un nouveau prestige. Les cloches des églises sonnaient sur sa route, les prêtres chantaient un chant de joie, et le peuple accourait au-devant de lui. Ses deux fils lui remirent humblement le sceptre qu'ils avaient reçu de leur mère. Mais Henri ne le garda pas longtemps. Il mourut en 1301, et l'Allemagne le célébra longtemps dans ses ballades et ses traditions.

Bientôt son fils donna un nouvel éclat au Mecklembourg par sa hardiesse et ses exploits. Son règne ne fut qu'une longue guerre souvent difficile et souvent glorieuse. Il dompta l'orgueil des villes hanséatiques, fit peur au Danemark et combattit noblement pour le roi de Suède. Ses ambitieux voisins, qui d'abord avaient osé attenter à ses droits, lui demandèrent la paix, et le peuple le nomma avec orgueil Henri le Lion.

Au xve siècle, trois des maisons princières formées par le partage des fils de Borovin étaient éteintes ; celle de Mecklembourg reprit leur héritage. Les fils d'Albert le Beau la divisèrent encore en deux branches, et diminuèrent ainsi son pouvoir. Puis arriva la Réformation, ce temps des grandes idées et des grandes luttes, puis la guerre de Trente ans qui ravagea toute l'Allemagne. Le Mecklembourg fut envahi par des troupes catholiques, ses deux souverains légitimes furent détrônés, et Wallenstein posa sur sa tête la couronne de leurs duchés. Quand la guerre cessa, le trésor était vide, le pays dévasté. Partout la main cruelle du soldat avait porté le fer et le feu ; partout des maisons en ruine, des villages déserts, des champs incultes. Le règne de Charles-Léopold ne fit qu'aggraver cette misère. Le malheureux pays, ravagé, dépeuplé, endetté, ne reprit un peu de force et d'espoir que sous l'autorité bienfaisante de

Chrétien-Louis II. A ce prince vertueux et éclairé succéda Frédéric le Bon qui, par ses sages institutions, par ses intelligentes économies, rétablit l'ordre dans les finances et adoucit les malheurs du peuple. Son successeur, Frédéric-François, acheva cette œuvre salutaire. Son long règne, son règne de cinquante ans, fut menacé de plus d'un désastre et troublé par plus d'un orage : il vit éclater la Révolution française qui ébranla le monde entier; il vit le vieil empire germanique se dissoudre; il vit l'étoile des grandes puissances pâlir, l'Autriche courbant la tête sous le glaive étranger, et la Prusse morcelée par la main de celui qui faisait et défaisait les rois. Malgré le système de neutralité qu'il essaya de garder au milieu de ce choc des armées et de cette lutte des royaumes, il ne put échapper à la tempête qui agitait toute l'Europe. Des troupes françaises envahirent ses États. Un général français s'installa dans son château comme gouverneur. Le noble prince fut obligé de quitter le domaine de ses pères, avec la douleur de voir ses sujets subjugués par de nouveaux maîtres et condamnés à de rudes impôts. Mais plus leurs souffrances avaient été grandes pendant une partie des guerres de l'Empire, plus il s'efforça de les adoucir quand les jours de calme revinrent. Le Mecklembourg lui doit une foule de réformes habilement conçues, des règlements utiles sur le commerce, sur la justice, sur l'administration, sur l'instruction publique; car en même temps qu'il travaillait à assurer le bien-être matériel de son peuple, il essayait de donner une nouvelle extension à son développement moral. En 1835, il reçut de l'affection de ses sujets un éclatant témoignage du succès obtenu par ses efforts. Il y avait cinquante ans qu'il régnait. Tous les habitants du duché, jeunes et vieux, riches et pauvres, se réunirent spontanément pour fêter l'anniversaire de son avènement au trône, et dans cette fête, inspirée par la reconnaissance, animée par l'amour, il n'y avait rien de faux et rien de fardé. Le paysan la célébrait avec la même joie que le grand seigneur. Les lambris de la ferme et ceux du château entendaient répéter les mêmes vœux, et tout haut on disait : Le chef de la maison de Mecklembourg a le premier donné l'exemple du savoir; Henri le Pèlerin, celui de la noblesse chevaleresque; Henri le Lion, celui de l'ardeur et de la persévérance; Frédéric le Bon, celui de la justice et de l'humanité; Frédéric-François nous donne l'exemple de la sagesse, de l'intelligence, des douces vertus et des nobles pensées. — L'excellent prince ne survécut pas longtemps à ce touchant hommage. Il est mort en 1837, laissant comme une bénédiction le souvenir de son règne dans le cœur de ses sujets, et le souvenir de ses vertus dans le cœur de ses enfants.

Le Mecklembourg est divisé en deux duchés : celui de Schwerin, qui est le plus important et le plus étendu, et celui de Strelitz. La surface du pays est de 280 milles (560 lieues) carrés, dont 228 appartiennent au duché de Schwerin et 52 à celui de Strelitz. La population du premier s'élève à 2071 habitants par 22 milles carrés, celle du second à 1710. Il y a dans le duché de Schwerin 40 villes, 9 bourgs, 308 grands villages, 2200 petits villages et métairies; dans celui de Strelitz, 9 villes, 2 bourgs et 522 villages et métairies.

Dans ces deux duchés, les impôts sont très également répartis et très minimes, comparés à ceux de plusieurs autres contrées de l'Allemagne. Ils ne s'élèvent, dans le pays de Schwerin, qu'à 1 florin 29 schellings (environ 4 francs) par tête [1]. Dans le pays de Strelitz, ils sont encore plus minimes. A part les droits d'entrée, il n'y a point d'impôt indirect. Le propriétaire paye une taxe régulière pour son domaine, le fermier pour sa ferme, et le fisc ne leur demande plus rien.

1. Dans le duché de Bade, les impôts s'élèvent à 5 florins et demi par tête; dans la Saxe, à 5 florins 50 kreutzer; dans la Prusse et la Hesse, à 6 florins.

Les deux duchés, gouvernés séparément par deux princes indépendants l'un de l'autre, sont réunis par la même constitution. Leurs députés s'assemblent au même lieu et délibèrent sur les mêmes propositions. Le principe constitutionnel qui forme une des bases du gouvernement mecklembourgeois remonte très haut. Dès le XIVe siècle, on voit que les nobles et les grands propriétaires du pays prenaient une part directe aux affaires. Plus tard, les villes et ensuite les prélats eurent le même droit. Au XVIe siècle, la première charte du pays fut rédigée ; au XVIIe siècle, les assemblées nationales furent convoquées chaque année. La constitution actuelle a été faite d'après celles de 1523, 1572, 1621 et 1755.

Chaque année les grands-ducs convoquent les états et les réunissent tour à tour dans la principauté de Schwerin et dans celle de Strelitz. Les deux princes sont représentés auprès de l'assemblée par trois commissaires qu'ils nomment eux-mêmes. Trois maréchaux héréditaires (deux pour le duché de Schwerin, un pour celui de Strelitz) sont chargés de recevoir les propositions des commissaires et d'y répondre au nom de l'assemblée. C'est à cette assemblée qu'il appartient de voter de nouveaux impôts et de faire de nouvelles lois. Elle ne possède pas elle-même le droit d'initiative en matière de législation, mais elle a le pouvoir du *veto*. Les sessions de la diète durent ordinairement six semaines. Les commissaires qui l'ont ouverte au nom des princes la ferment avec les mêmes formalités.

Les députés appelés à faire partie de la diète sont divisés en deux classes. La première se compose des propriétaires de biens nobles et de biens de chevalerie (*Rittergüter*) ; la seconde, des représentants de la bourgeoisie élus par les villes. Les biens nobles donnent à la diète 572 envoyés ; la bourgeoisie n'en donne que 40. Au premier abord, on est étonné de cette disproportion. Mais une grande partie des propriétés de chevalerie a déjà passé entre les mains de la bourgeoisie, et, comme le droit de représentation est attaché au sol, il s'ensuit que le nombre des députés de la bourgeoisie augmente toujours, tandis que celui des députés de la noblesse diminue. Des 572 biens auxquels est attaché le droit de représentation, 256 appartiennent à des bourgeois. Si on ajoute à ce nombre les 40 députés des villes, on voit que les représentants de la bourgeoisie sont en majorité, et si les nobles continuent à se dessaisir de leurs propriétés, la constitution aristocratique du Mecklembourg deviendra bientôt passablement démocratique.

HAMBOURG[1]

A PAUL GAIMARD

Hambourg n'est pas une belle ville, tant s'en faut; mais c'est une ville étrange, plus curieuse à voir que toutes celles dont on vante les édifices. Un grand nombre de ses rues datent du XIIe siècle, et alors personne ne songeait à élever des constructions symétriques, à leur donner un alignement. Toutes les maisons ont été jetées l'une à côté de l'autre, qui de-ci, qui de-là, selon le caprice ou la fortune de celui qui les bâtissait. Ainsi, au centre de la cité, autour du Berg et de la Pauli Kirche, on ne trouve que ces anciennes rues étroites, obscures, tortueuses, traversées par des ruelles plus étroites et plus tortueuses encore. C'est, pour l'étranger qui s'y aventure sans guide, un vrai labyrinthe, d'où il ne sort qu'en mettant à l'épreuve la complaisance des passants. Là sont les archives de la république, la Banque, providence des négociants, et la Bourse, espèce de halle grossière bâtie sur l'eau. Là sont les plus grands canaux; là est la vie de Hambourg, la vie commerciale et industrielle. Toutes

---

1. L'effroyable incendie de 1842 a transformé la vieille cité hanséatique. Nous dépeignons ici Hambourg tel qu'il nous est apparu en 1836. Nous l'avons revu, dans sa régénération, et nous avons essayé de le décrire dans le livre que nous avons publié récemment : *Un été au bord de la Baltique*.

les maisons de cette partie de la ville sont hautes, et l'espace y est mesuré au poids de l'or. Du rez-de-chaussée jusqu'au pignon, le marchand envahit tout. Il a là ses magasins, ses comptoirs ; il sait ce que lui coûte chaque pied de parquet qu'il occupe, il rêve jour et nuit à le faire fructifier. Mais sous le seuil du rez-de-chaussée on aperçoit une porte souterraine, qui s'ouvre à moitié au-dessus du pavé ; c'est là que les vrais buveurs viennent, dans un doux mystère, encenser le dieu qu'ils se sont choisi. Un tonneau d'or élevé au-dessus de la fenêtre est le signe sacré devant lequel ils s'inclinent, et des amas de coquilles d'huitres, des débris de verres annoncent le lendemain aux passants quel a été le sacrifice. Dans les carrefours et les ruelles, ces demeures souterraines sont habitées par les ouvriers et les familles du peuple. C'est une triste chose que de voir ces pauvres gens entassés dans ces retraites humides, où jamais l'air salubre ne pénètre, où jamais leurs regards ne peuvent se réjouir d'un rayon de soleil. Pendant l'hiver, le ruisseau grossi par la neige les inonde ; pendant l'été, chaque passant les éclabousse, et le char doré qui s'arrête à la porte leur ôte le peu de jour qui leur reste. Ces malheureux sont placés là comme ils le sont dans le monde : l'édifice qu'ils habitent pèse sur eux comme l'échelle sociale. La famille du riche danse sur leur tête, le riche chante en passant devant leur prison. Ils se courbent sous le poids de leur misère, et ils subissent le bruit de toutes les fêtes, le retentissement de tous les éclats de joie. Ce sont les parias de la bourgeoisie, les ilotes d'une république de commerce.

Mais quand on a quitté ces quartiers où la misère se montre ainsi dans toutes ses souffrances, il est beau de voir Hambourg avec les riches campagnes qui l'environnent, les canaux qui la traversent, et les deux fleuves qui forment sa ceinture. Les vieux remparts qui protégeaient la ville libre ont été détruits, et sur ces noires murailles du moyen âge on a dessiné des allées, on a planté des arbustes. L'enfant joue sur les créneaux gardés autrefois par l'arquebuse, et des buissons de fleurs s'épanouissent sur les tours tombées en ruine. Au nord et au sud, la ville s'est agrandie. De nouvelles rues ont été construites avec élégance. Le *Neuerwall* est couvert de riches magasins où l'on voit étalé tout le luxe des denrées européennes. L'*Esplanade* ressemble à une double haie d'hôtels aristocratiques au milieu d'une campagne, et le *Jungfernstieg* s'élève en face du bassin de l'Alster, comme les riantes maisons de Genève au bord du lac. Ici est le monde élégant, ici les étrangers, les bourgeois, les flâneurs qui restent une partie de la journée assis sous la tente du pavillon suisse, fumant d'un air très méditatif leur cigare, en contemplant les jeunes femmes qui passent. Traversez quelques rues; vous voilà au milieu des matelots. Voyez : les deux rades sont pleines, les bâtiments se serrent l'un contre l'autre, et ceux qui sont arrivés trop tard restent en dehors de la palissade. Nulle part en France il n'existe un port aussi simple, aussi dénué de toute espèce de constructions que celui de Hambourg, et nulle part on ne voit aborder tant de navires de tous les pays, tant de pavillons de toutes couleurs J'ai descendu l'Elbe jusqu'à Blankenes. C'est une charmante excursion. A gauche, on aperçoit le pays de Hanovre, plat, mais couvert de verdure et parsemé de villages; à droite, la cité danoise, où tour à tour s'élève le hameau du pêcheur, l'atelier de construction avec ses navires sur les chantiers, ou la riche habitation du marchand avec ses jardins. C'était un dimanche. Les enfants couraient sur la grève. Les jeunes filles, portant leurs plus belles robes et leurs plus beaux bonnets de velours, se rendaient à l'église. Les fenêtres étincelaient aux rayons du soleil; et les vieillards, assis sur le banc de pierre, devant leur porte, semblaient attendre le voyageur pour lui offrir l'hospitalité. Au-dessus d'une de ces habitations j'aperçus une demi-douzaine d'étendards danois. C'était un signe de mariage. Les habitants de la côte invitent ainsi les étrangers qui passent devant leur demeure à s'associer à leurs impressions de joie ou de tristesse. Le pavillon blanc, surmonté de la croix de Danemark, annonce qu'une fiancée vient d'entrer dans la famille. Le pavillon rose annonce la naissance d'un enfant. Si le pavillon, au lieu de flotter joyeusement au-dessus de l'habitation du pêcheur, est attaché plus bas que de coutume, si ses longs plis se penchent vers la terre, on sait que la mort s'est arrêtée dans cette demeure. Ainsi, quand le matelot passe au pied de la côte, il reconnait ces signaux de famille, et il peut adresser un souhait de bonheur ou un regret d'ami à ceux qu'il a plusieurs fois rencontrés sur mer.

Ce jour-là, les vagues étaient calmes, le vent était bon. Le fleuve était couvert de bricks, de sloops, de bâtiments à deux mâts et de barques de toutes sortes, voguant à pleine voile, et laissant derrière elles un long sillon. Quelques instants après, ces bâtiments entraient dans le port d'Altona, dans le port de Hambourg, ou se répandaient dans les divers canaux de la ville.

Depuis le moyen âge, combien de villes célèbres ont été déshéritées de leur gloire et privées de leur couronne! Combien de provinces républicaines ont courbé la tête sous le sceptre monarchique! Mais Hambourg a gardé les bases de son ancienne constitution et ses privilèges de ville libre. Même dans ses solennités gouvernementales, elle a conservé les anciens usages, et dans ses actes les anciennes formules. Son bourgmestre porte encore le titre de *Magnifique*, et ses sénateurs celui de *Sagesse*. Elle a passé par mainte phase pénible; elle a eu des rivalités à combattre, des guerres à soutenir, et toujours elle a surmonté les dangers qui la menaçaient; toujours les trois tours de la vieille ville ont reparu sur l'étendard national avec un nouvel éclat. Sa richesse s'est accrue à chaque siècle, et son commerce tend sans cesse à se développer davantage. Mais aussi quel zèle dans ses spéculations et quelle ardeur pour le travail! Il faut voir comme les maisons sont ouvertes dès le matin, comme les marchands se hâtent d'arriver au comptoir, et comme la foule se presse et se coudoie dans les rues! Il y a là une langue particulière qu'on entend bourdonner tout le jour, une langue qui court d'un bout de la ville à l'autre : c'est la langue du commerce, c'est le mot *argent*! Les Hambourgeois apprennent à la parler en venant au monde, et les vieillards s'en souviennent en s'endormant du dernier sommeil. Tout porte ici l'empreinte du caractère marchand, tout se réduit à une valeur numérique, tout s'escompte. Il existe à Hambourg une espèce d'impôt qu'on ne retrouve peut-être nulle part. Passé quatre heures du soir en hiver, et huit heures en été, les portes de la ville sont censées closes, et personne n'entre sans payer un tribut de quatre schellings (huit sous); un peu plus tard, le tribut augmente. A dix heures il est le double, et à minuit on est obligé de s'en rapporter à la commisération des gardiens. Au moment où la taxation commence, on doit sonner la cloche au moins pendant un quart d'heure; mais les percepteurs de l'impôt font toujours en sorte d'abréger le signal de quelques minutes, et alors c'est un étrange spectacle que de voir les ouvriers et les pauvres gens de la campagne se presser en foule pour éviter l'impôt qui les menace. On raconte que, lorsque les Français occupaient Hambourg, ils avaient perfectionné ce moyen d'enrichir leur caisse. La veille des dimanches et des grandes fêtes, c'est-à-dire la veille des jours où toute la ville émigre à la campagne, ils sonnaient pendant une heure entière. Le lendemain, les dignes pères de famille qui se promenaient dans les champs ne se pressaient pas en entendant les premiers sons de la cloche. Ils s'en revenaient fort à leur aise, persuadés qu'ils avaient encore une heure à eux, et vantant la galanterie des Français ; mais, au bout de quelques minutes, la cloche restait muette, la porte était fermée, et des piles de schellings s'entassaient au bureau de l'octroi.

Quand on a vécu quelques jours parmi les Hambourgeois, on sent qu'il ne faut leur parler ni d'art ni de poésie. Leur livre de poésie, c'est le registre de recettes et de dépenses ouvert sur le pupitre ; leur plus belle musique, c'est le son argentin des thalers qui tombent dans la caisse de fer ; et pas un tableau de grand maître ne vaut pour eux l'effigie d'un *species* [1]. Ils n'ignorent pas cependant tout à fait ce que signifie le mot de littérature ; ils le prononcent même quelquefois. Mais on sent que la littérature est pour eux un objet de luxe, comme une plante exotique qu'ils apportent dans leur demeure. Ils ont une bibliothèque nombreuse, mais personne ne la fréquente ; ils fondent des écoles, mais une fois qu'ils ont pénétré dans le magnétisme des chiffres, ils n'étudient plus ; ils ont un vaste établissement où ils se réunissent chaque jour : c'est la Börsenhalle, dirigée par M. Hosstrup. On reçoit là un grand nombre de journaux politiques, industriels, littéraires, et la plupart des livres nouveaux. Les journaux littéraires sont abandonnés aux novices de la communauté qui n'ont point encore renoncé aux erreurs de ce monde, et les journaux industriels, les plus pratiques et les plus secs, sont envahis par les grands penseurs de la Banque. Ici, le plus charmant feuilleton ne vaut pas une demi-ligne du tarif de douane, et les annales scientifiques d'Allemagne, les revues de Londres ou de Paris, sont placées, dans l'estime des habitants de la Börsenhalle,

---

1. Ecu de six francs.

bien après la feuille d'annonces d'un des plus petits ports de Hollande ou de Norvège.

Peu de poètes sont nés ici, mais quelques-uns y ont vécu : Hagedorn, Lessing, Klopstock, et dernièrement Veit-Weber. Maintenant, quelques hommes encore s'y distinguent par leur amour de l'étude et par leurs travaux. C'est pour moi un vrai plaisir de citer ici M. Siveking, l'un des syndics, et M. Lappenberg, l'un des jeunes savants les plus distingués de l'Allemagne. Mais ce ne sont là que des exceptions, et le reste de la ville garde une profonde apathie littéraire.

Dans un tel état de choses, quelques jeunes gens n'ont pas craint de publier des journaux d'art et de critique. Je ne sais si la vie commerciale de Hambourg a influé sur eux, si l'air que l'on respire ici a paralysé leur verve ; mais assurément l'œuvre qu'ils ont produite n'a pas répondu à leur témérité. Ainsi, il y a une feuille littéraire qui a pris le titre d'*Originalien*, et qui n'est rien moins qu'originale, je vous assure. Une autre porte un nom de planète et rampe terre à terre. Une troisième s'appelle *Argus* ; c'est la feuille la plus aveugle qui existe. Je ne parle pas des *Lesefrüchte* et des *Litterarische Blatter*, où l'on ne fait que charpenter et habiller assez maladroitement à l'allemande les articles empruntés aux journaux français et anglais.

Quant à la politique, je ne crois pas qu'elle trouve nulle part un sol aussi ingrat que celui-ci. Elle a contre elle l'indifférence des marchands, les préventions des censeurs, qui, de leur nature, ne sont pas très amis de la politique, et les susceptibilités extrêmes des consuls de tous les pays. Si le journaliste veut faire passer un article de théorie gouvernementale, le syndic, chargé de maintenir les bonnes traditions, va lui démontrer qu'il y a dans son travail une foule d'hérésies ; si un article d'industrie, il faut prendre garde de blesser les opinions d'un riche négociant, sénateur et peut-être bourgmestre ; si un article de faits sur quelque contrée de l'Europe, voici le consul qui arrive aussitôt, prend l'article, réprouve la manière dont le fait est raconté, demande qu'on efface une phrase, qu'on change des épithètes; et le censeur, qui n'a aucun ménagement à garder envers le pauvre journaliste et qui tient beaucoup à ne pas se mettre mal avec les représentants du pouvoir, prend la plume ou les ciseaux, et exécute la sentence. Voulez-vous savoir comme la censure s'exerce à Hambourg? En voici deux exemples. Dernièrement le rédacteur d'une feuille politique apporte au censeur un article d'industrie, dans lequel il avait eu la hardiesse de dire que la poudre fabriquée en France valait mieux que celle de Prusse. Toute cette phrase fut biffée d'un seul trait, attendu que la Prusse ne peut être, sous aucun rapport, inférieure à la France. Un autre journaliste avait traduit un discours du roi de Suède, dans lequel il était parlé du *choléra asiatique*. Il fallut supprimer le mot *asiatique*, parce que la Russie aurait pu en être choquée [1].

Avec de telles entraves, que peuvent faire les journalistes, si ce n'est d'enregistrer les nouvelles politiques de chaque jour? C'est ce qu'ils font. Cependant il leur est permis de publier des extraits de polémique traduits des journaux français. Quand cette polémique ne répond pas entièrement à leurs idées, ils en fabriquent une eux-mêmes, et trompent la sévérité du censeur en mettant au bas de leur article le nom de quelque feuille parisienne. Que Dieu leur pardonne! C'est bien le moindre péché qu'ils puissent commettre dans l'état d'abstinence perpétuelle auquel ils sont condamnés.

Du reste, une fois ce fait admis, que les négociants de Hambourg ont très peu de libéralisme politique, une fois qu'on s'est résigné à ne leur parler ni de poème épique, ni de drame, ni d'histoire, ni de sculpture, on

---

1. Historique.

peut avoir avec eux des relations très sûres et très agréables. Ils sont honnêtes, prévenants, hospitaliers, et ils savent faire honneur à une lettre de recommandation comme à une lettre de change.

A un quart de lieue de Hambourg s'élève Altona. Le drapeau danois sépare les deux cités, mais les relations de commerce les réunissent. Il n'y a entre elles ni douane ni octroi. Elles sont liées par l'intérêt, elles se rapprochent chaque année par la construction de quelque nouvel édifice. Elles se touchent presque maintenant, et l'une ne sera bientôt que la continuation de l'autre. Les négociants d'Altona n'ont point de Bourse à eux : ils viennent à Hambourg traiter leurs affaires, ils sont membres de la Börsenhalle; on les regarde ici comme des concitoyens; n'était leur titre de Danois, on en ferait volontiers des sénateurs, voire même des syndics. Altona est bâtie au bord de l'Elbe; les navires s'arrêtent au pied des maisons le long de la côte : quelques faisceaux de poutres les protègent; c'est un port formé naturellement, et pour lequel la science de l'architecte n'a rien fait. Il en est de même à Hambourg : il n'y a là ni bassin de pierre, ni quai, ni digue; seulement quelques piliers de bois, une palissade en planches, et des milliers de navires y affluent toute l'année.

Altona, la capitale du Holstein, la seconde ville du royaume de Danemark, renferme environ trente mille habitants. On ne trouve pas là le même mouvement, la même agitation commerciale qu'à Hambourg; mais c'est une ville attrayante, bien bâtie, habitée par de riches négociants. La rue de *Pallmail* peut être comparée aux plus beaux quartiers de nos plus belles villes de France. Elle a été construite en grande partie par un riche amateur, M. Bauer, qui par ses vastes relations a beaucoup contribué à la prospérité de sa ville natale.

A côté d'Altona est le village d'Ottensen. Ceux qui aiment la poésie vont là en pèlerinage saluer le tombeau de Klopstock; le chantre de la *Messiade* est enterré au pied de l'église. Sa femme lui a fait élever un monument, puis elle est venue se placer à côté de lui, et son frère et ses neveux reposent dans la même enceinte. Quelques fleurs décorent le dernier asile du poëte, et un tilleul majestueux l'entoure de ses longs rameaux. Je visitais cette tombe dans les premiers jours de mai. Le gazon qui la recouvre avait reverdi : les marguerites blanches, les violettes des champs qui la parsèment commençaient à s'épanouir. Le vieux tilleul avait repris son feuillage, et le long de ses rameaux quelques bourgeons pareils à ceux des orangers s'ouvraient déjà au vent du matin. Un rayon de soleil éclairait la belle figure de vierge qui s'élève au-dessus du monument de Klopstock. L'hirondelle, rasant le sol, s'en allait chercher un peu de terre pour bâtir son nid, et à quelques pas de là une linotte chantait sur une croix. J'étais seul, je me penchai avec recueillement sur la balustrade qui entoure la tombe du poëte, et dans ce réveil de la nature, dans ce printemps épanoui sur une tombe, dans ces rayons de soleil éclairant un grand nom, il me semblait voir une image de l'éternelle jeunesse, de l'éternelle gloire de la poésie, c'est-à-dire de la pensée humaine dans son plus haut essor et sa plus noble expression. Un homme s'approcha de moi, un vieillard; il me parla de Klopstock, de sa famille qu'il avait connue, de ses vers qu'il avait appris par cœur. Puis il me tendit la main, et je lui donnai quelques schellings, heureux de payer ce dernier tribut à la mémoire de celui dont les œuvres m'avaient souvent causé tant de joie, heureux de trouver dans ce village du Nord un homme qui demandait un acte de bienfaisance au nom de la poésie, comme ailleurs on le demande au nom d'une sainte.

LUBECK

A JULES MICHELET

Les jours de la grandeur et de la poésie du commerce sont passés; le temps n'est plus où Lubeck combattait glorieusement pour sa liberté, où tous ses bourgeois étaient soldats, où ses bourgmestres marchaient en tête des corporations avec la lourde pique à la main et l'armure de fer sur la poitrine. Le temps n'est plus où les princes fugitifs venaient implorer l'appui de cette république [1], où les arts ornaient les œuvres de l'industrie, où la main patiente de l'architecte ciselait les murs de la Bourse, où, comme monument d'un jour de victoire, on voyait la flèche de l'église gothique s'élancer dans les airs. Ce temps de jeunesse, de vie aventureuse, de vie d'artiste, est bien loin, et cependant les voyageurs ne doivent pas dédaigner de la voir, cette vieille reine des cités marchandes du Nord, et ceux qui l'auront vue avec sa couronne mutilée par le temps et ses lambeaux d'histoire écrits au front de ses édifices ne l'oublieront pas.

C'était au commencement du XIIᵉ siècle; le christianisme, nouvellement implanté dans le Nord, n'avait pas encore anéanti toutes les coutumes païennes, ni tempéré l'humeur sauvage des populations scandinaves. Une

---

1. Gustave Wasa, entre autres, en 1519.

partie des bords de la Trave et l'ile de Rügen étaient encore occupées par des tribus slaves qui répandaient le sang humain sur la face de leurs idoles, et leur rapportaient le fruit de leurs pirateries comme une offrande digne d'elles.

Un comte de Holstein jeta les fondements de Lubeck, qui devait être dans ces contrées un des foyers de la civilisation, un des remparts du christianisme. La Trave déroulait ses larges flots au pied de cette ville, la mer Baltique s'ouvrait devant elle. La nature elle-même lui indiquait la route qu'elle devait suivre pour s'agrandir. Elle lança ses bateaux de pêcheurs sur les flots, puis ses bâtiments de transport, et conquit le commerce du Nord. Mais quand elle se fut enrichie, elle attira sur elle les regards envieux des États voisins, et fut forcée de prendre les armes pour résister à leur ambition. Les comtes de Holstein la gouvernèrent longtemps en maîtres absolus, puis elle fut attaquée par Canut, roi de Danemark, et subjuguée par Valdemar, son frère. Mais les Danois, qui l'avaient maîtrisée par la force, la révoltèrent par leur oppression. Après vingt années de souffrances, Lubeck résolut de secouer le joug qui pesait sur elle. Un jour, au mois de mai, pendant cette fête solennelle du printemps que l'on célèbre encore dans plusieurs provinces d'Allemagne, une troupe de bourgeois, cachant leurs armes sous leurs habits de bal, entrent dans la salle où le chef des troupes danoises présidait à la fête, s'emparent de lui et de ses officiers, puis courent à la forteresse, et le tocsin sonne, et toute la population, réunie par la même pensée, entraînée par la même colère et le même besoin de liberté, s'élance sur les remparts, attaque ses ennemis, les enchaîne, les massacre, et démolit en quelques instants la forteresse et les cachots. Le soir, les habitants de la ville dansaient sur les ruines de leur bastille. Mais ils n'avaient encore accompli que le premier acte d'un drame sanglant. A peine Valdemar a-t-il appris le massacre de ses soldats, qu'il rassemble son armée et se met en route pour punir les rebelles. Les Lubeckois implorent l'appui de l'empereur Frédéric Ier, qui donne à leur cité le titre de ville libre impériale, et appelle les princes voisins à la défendre.

Le 27 juillet 1227, les deux partis se rencontrèrent dans la plaine de Bornhœvet. A la tête des alliés accourus au secours de Lubeck se trouvait Adolphe IV, comte de Schaumbourg. L'aile gauche était commandée par le valeureux bourgmestre Alexandre de Sottwedel, l'aile droite par le duc Albert de Saxe, le centre par l'archevêque de Brême.

L'armée danoise, dix fois plus nombreuse que celle des confédérés, avait pour chefs Valdemar, roi de Danemark; Othon, duc de Lunebourg; Abel, duc de Schlesvig. Le combat s'engage. Les confédérés s'élancent intrépidement contre leurs ennemis; mais ils avaient pris une position fatale. Des tourbillons de poussière flottent devant eux, et les rayons d'un soleil ardent les aveuglent. En vain ils cherchent à surmonter par leur courage le danger qui les menace; la nature elle-même lutte contre eux. La situation du terrain, l'éclat de la lumière trompent leurs efforts, et pendant ce temps les Danois, usant de tout leur avantage, combattent sans relâche. Harassées de fatigue, abattues, découragées, les troupes de Lubeck commencent à lâcher pied. Le comte Adolphe s'élance avec colère au milieu de leurs rangs, les rappelle à leur devoir, et cherche à les rallier. Mais déjà sa voix n'est plus écoutée, ses soldats se débandent et font volte-face. Déjà les Danois s'avancent serrés l'un contre l'autre, et poussent des cris de victoire. Désespéré de voir son armée fuir ainsi devant l'ennemi, le comte Adolphe se jette à genoux et invoque, avec des larmes, le secours de Marie-Madeleine, dont on célébrait la fête ce jour-là. Au même instant, disent les chroniques, un nuage épais cache les rayons du soleil. Le valeureux Adolphe le montre à ses soldats comme un miracle. Le sentiment de la foi relève les courages abattus; la bataille recommence; les Danois soutiennent vaillamment cette nouvelle attaque. Mais les confédérés ont recouvré leur énergie, et nul obstacle ne les arrête. Bientôt on emporte hors du champ de bataille Valdemar blessé; le duc Othon est fait prisonnier; les Danois sont mis en déroute, et le soir les habitants de Lubeck pouvaient chanter leur chant de gloire. L'armée ennemie avait fui devant eux : la ville était libre.

En 1241, elle consolida cette liberté par un traité d'alliance avec Hambourg. Quelques années après, Brême et Brunswick, puis une soixantaine de villes, souscrivirent au même traité. Ainsi se forma la Hanse [1]. Lubeck garda, dans cette vaste association des cités du Nord, le premier rang. C'était elle qui indiquait le jour et le lieu des réunions, qui gardait en dépôt la caisse et les archives. C'était elle qui donnait la première sa voix dans les délibérations, et qui scellait de son sceau les actes officiels, les lettres et proclamations. L'influence qu'elle exerçait sur ses confédérés, le secours qu'ils lui prêtèrent, la mirent en état de soutenir ses nombreuses guerres, d'équiper des flottes, et de prendre, comme une autre Carthage, des troupes à sa solde.

Souvent la force de ses armes l'emporta sur celle de ses voisins; souvent ses vaisseaux rentrèrent triomphalement dans le port, rarement avec eux les dépouilles de l'ennemi. Mais à peine avait-elle terminé une guerre, qu'elle en voyait surgir une autre. Il fallait lever un nouvel impôt et prendre les armes, tantôt contre le Danemark, tantôt contre la Suède, contre le Holstein et le Mecklembourg, ou contre les pirates qui infestaient

---

1. *Hansa* est un vieux mot qui signifie alliance.

les mers du Nord. Quelquefois aussi la discorde entrait dans la ville. Le peuple se révoltait contre l'évêque ou contre les patriciens, et les partis en venaient aux mains dans l'enceinte des remparts. Puis, quand tout était pacifié au dehors et au dedans, quand le sénat parlait de remettre l'ordre dans les finances, il arrivait un prince ou un roi que l'on voulait traiter avec distinction, et c'était une nouvelle cause de ruine.

En 1375, l'empereur Charles IV, avec l'impératrice Isabelle, vint passer dix jours à Lubeck. Ce fut un événement qui mit en émoi toute la cité, et dont les chroniqueurs ont fidèlement raconté les détails. D'abord on vit venir le duc de Lunebourg et l'un des sénateurs de la république, portant les clefs de la ville, puis le duc de Saxe, l'épée nue à la main, et le comte de Brandebourg, avec le sceptre de l'empire. Après eux venait l'empereur, revêtu de ses ornements impériaux, monté sur un cheval richement caparaçonné, dont deux bourgmestres tenaient la bride, marchant sous un dais brodé pour cette circonstance par les femmes de Lubeck, et porté par quatre patriciens. A quelque distance de l'empereur était l'archevêque de Cologne avec le globe de l'empire. A peine ce premier cortège était-il passé, que l'on vit venir celui de l'impératrice. Deux sénateurs conduisaient son cheval, et quatre patriciens portaient un baldaquin qui était fait de la plus fine étoffe que l'on pût voir, et tout brodé d'or et d'argent. Derrière l'impératrice on voyait le duc Albert de Mecklembourg caracolant sur un coursier fougueux, le margrave de Meissen, le comte de Holstein et une quantité de chevaliers, de pages et de dames de cour. Le clergé et les bourgeois de Lubeck, tous armés, fermaient la marche du cortège. Les deux nobles voyageurs furent reçus, à leur entrée à Lubeck, par les plus nobles dames de la ville, qui les attendaient debout sur une estrade. On les conduisit dans deux maisons voisines l'une de l'autre, réunies par une galerie transversale couverte de guirlandes de fleurs. Pendant dix jours toutes les rues furent illuminées, on n'entendit parler que de festins, de jeux et de tournois, et lorsque l'empereur partit avec sa suite, on mura la porte de la ville par laquelle il avait passé.

C'était alors une des belles, une des grandes époques de Lubeck. Son commerce avait pris, depuis la formation de la Hanse, un immense accroissement. Favorisé en Danemark et en Suède par plusieurs privilèges, protégé contre les pirates, il s'étendait depuis la Trave jusqu'au golfe de Finlande; puis il redescendait vers l'Elbe par le canal de Stecknitz, et se répandait à travers la mer du Nord.

Au XVe siècle, les Hollandais tentèrent le même commerce et y firent des progrès rapides. Les villes du Nord, en se développant, devinrent autant de villes redoutables pour Lubeck. Au XVIe siècle, ses bâtiments s'étendaient encore au loin; mais, sur tous les points qu'ils avaient autrefois explorés seuls, ils rencontraient maintenant une concurrence active. Peu à peu le commerce de l'intérieur de l'Allemagne, de la mer du Nord, lui échappa, et ses entreprises se dirigèrent du côté de la mer Baltique. Ses nombreuses guerres l'avaient d'ailleurs considérablement affaiblie, et lorsqu'en 1630, la Hanse fut dissoute, la capitale des républiques marchandes avait déjà perdu sa puissance, sa hardiesse, son ascendant. Il lui restait encore le commerce de Russie et de Finlande. Dans les dernières années, Hambourg s'en est emparé. Les négociants du Nord préfèrent venir dans cette grande ville, où ils trouvent en abondance et les œuvres de l'industrie et les produits du monde entier. Lubeck n'a plus avec eux que des relations secondaires. Un grand nombre de ses négociants sont riches encore, mais ils ont perdu le goût des entreprises hardies, et chaque année ceux de Hambourg font de nouvelles tentatives et obtiennent de nouveaux succès.

Ainsi s'est éteinte peu à peu la gloire commerciale de Lubeck, et sa population a diminué avec sa fortune. Au xv⁰ siècle, elle avait 90 000 habitants ; elle n'en a plus aujourd'hui que 26 000. Au xv⁰ siècle, elle avait 300 bâtiments ; elle n'en possède plus aujourd'hui que la moitié. Ses revenus annuels s'élèvent à 1 400 000 francs. Sa dette est de 10 millions. Il y aurait pour elle un immense avantage à pouvoir agrandir ses relations avec Hambourg, mais le canal de Stecknitz qui réunit la Trave à l'Elbe, et par là même la mer Baltique à la mer du Nord, n'est accessible qu'aux petits bâtiments de transport, et le chemin de terre est quelque chose de monstrueux. Le duché de Lauenbourg, qui appartient au Danemark, est situé entre les deux villes. Le gouvernement danois, pour favoriser le passage du Sund et le commerce du Holstein, a pris à tâche de rendre les communications entre Lubeck et Hambourg aussi peu praticables que possible. Cette route est comme une mer de boue et de sable. La pauvre charrette chargée de marchandises, qui s'aventure là dans la saison des pluies, court grand risque d'échouer, et le voyageur, qui paye très cher un mauvais cabriolet, doit s'estimer heureux lorsque, après avoir cheminé depuis le matin sur ce sol mouvant, il entrevoit, vers le soir, les réverbères de Hambourg. Pour comble de magnanimité, le gouvernement danois parle d'établir l'année prochaine un droit de barrière et une douane au beau milieu de cette route, et les deux villes, pour échapper à ces misères, parlent de tourner le duché du Lauenbourg, et d'établir un chemin de fer. Ce serait un détour de quelque vingt lieues, mais, dans un pays plat comme celui-ci, il n'entraînerait pas des dépenses excessives.

Dans cet état de demi-décadence où Lubeck est tombée aux yeux du négociant, cette ville n'offre plus le puissant intérêt qu'elle offrait au moyen âge ; mais, aux yeux du voyageur, de l'artiste, c'est toujours une grande, belle et curieuse cité, qui a conservé d'admirables monuments d'art et de magnifiques pages de poésie.

Il y a une certaine saison, une certaine heure, où les scènes de la nature, les monuments de l'art sont mieux vus et mieux appréciés. Le tableau reste le même, mais il a son vrai cadre et il est placé à son vrai jour. Quand j'ai gravi la cime escarpée du cap Nord, j'ai regretté de ne pas voir éclater autour de moi une tempête; car il me semblait que la tempête pourrait seule donner à ce promontoire de roc toute sa magnificence et sa majesté sauvage. Si j'étais à Rome, je voudrais voir le Colisée une nuit d'été par un beau clair de lune, et si je retournais à Nuremberg, je voudrais que ce fût dans une silencieuse soirée d'automne.

Dans cette mélancolique saison de l'année, je visitais Lubeck pour la première fois. Je venais de quitter le bateau à vapeur de Stockholm, qui nous avait ballottés avec le vent d'orage sur la mer Baltique. Pendant six jours, je n'avais vu que les vagues fougueuses et le ciel chargé de nuages, et depuis plus d'un an je n'avais voyagé qu'à travers les sapins du Nord. Le soir, nos matelots jettent l'ancre dans la rade de Travemunde. Le lendemain au matin, nous voyons se dérouler devant nous une large plaine coupée par des haies de charmille et d'aubépine, des enclos de verdure au milieu des champs nouvellement moissonnés, et des allées de saules dont le vent essuie les longues branches humides. Çà et là on aperçoit une ferme couverte en paille, un berger qui s'en va à pas lents, au milieu du pâturage, suivi de son chien et de ses moutons; et, sur le bord des étangs, une troupe de cigognes qui se lève à notre approche et s'enfuit vers le sud. Tout cela était pour moi comme un rêve. La dernière terre que j'avais vue était la côte sablonneuse de la mer Baltique, le sol scandinave; tout d'un coup l'aspect du paysage avait changé. Il me semblait voir devant moi les champs de blé et les fermes agrestes de la Picardie.

Deux heures après je distinguais des remparts transformés en promenades, des maisons de campagne tapissées de liserons, entourées de jardins, et un peu plus loin quatre grands clochers aigus qui s'élevaient comme des pyramides dans les airs. C'était Lubeck.

L'aspect de cette ville a un caractère grave et imposant. Les vieilles portes sont encore là profondes et massives, surmontées de tourelles sillonnées par des meurtrières, comme au temps où elles devaient servir de sauvegarde contre les bandes de lansquenets étrangers. Puis, quand on a franchi cette enceinte de briques, le présent disparaît, et la pensée flotte au milieu des souvenirs du moyen âge. Voici, comme à Nuremberg et à Augsbourg, les hautes façades des maisons, avec leur toit coupé par degrés semblables aux degrés de la fortune que le digne marchand gravissait peu à peu dans le cours de la vie. Voici les avant-soliers avec leurs guirlandes de fruits, symbole d'abondance, leurs têtes d'anges sortant d'une couronne de fleurs et leurs inscriptions pieuses en vieux vers latins ou allemands. Voici l'hôtel de ville avec ses tourelles, symbole de guerre et de vigilance, ses larges salles revêtues de magnifiques boiseries, et son balcon ciselé comme s'il eût dû soutenir la main légère d'une jeune femme. Voyez-vous, à l'extrémité de la ville, cette vieille église sombre dont les deux clochers s'élancent vers le ciel comme deux aiguilles de fer? c'est la cathédrale, l'un des plus anciens édifices religieux de l'Allemagne. Elle fut construite en 1170, dix ans après la création de l'évêché de Lubeck. Comme dans ce temps-là toutes les fondations pieuses entraînaient avec elles un miracle, celle-ci eut le sien. On raconte qu'un jour Charlemagne, après une chasse opiniâtre atteignit, sur les bords de la Trave, un cerf d'une beauté remarquable. Il lui mit un collier d'or au cou et le laissa retourner dans les forêts. Près de quatre cents ans plus tard, Henri le Lion retrouva sur le même sol le même cerf avec un collier d'or et une croix qui avait grandi entre ses cornes. Il donna la croix à la jeune église, et la légende du cerf, répandue à travers la contrée, attira un grand nombre de pèlerins à Lubeck, les uns apportant une offrande d'argent, d'autres demandant à ciseler le bois, à tailler la pierre, persuadés qu'en travaillant à cet édifice, déjà illustré par un miracle, ils obtiendraient le pardon d'un grand nombre de péchés et abrégeraient d'autant les terribles années du purgatoire.

Plus tard, cette cathédrale devint la sépulture des grands seigneurs du pays et des hauts dignitaires de l'Église. Là, chaque pilier porte encore une armoirie, chaque chapelle cache sous ses dalles un tombeau, et la nef est couverte de pierres sépulcrales et de figures en relief. Il en est une qui représente un chanoine avec une massue. La tradition populaire rapporte qu'autrefois chaque chanoine de cette église avait un singulier privilège, celui d'être averti du jour de sa mort par une rose blanche qu'une main invisible déposait sur la stalle qu'il occupait dans le chœur. Un matin, le chanoine Rabundus se rend à l'office, joyeux et tranquille, ne songeant à rien qu'à l'avenir de sa verte jeunesse, et qu'aperçoit-il? la rose blanche au beau milieu de la stalle. Comme il n'avait encore nulle envie de mourir, il prend du bout des doigts la rose malencontreuse et la met à la place d'un de ses voisins, qui, à la vue de ce signe fatal, tombe à la renverse et meurt de frayeur. Tout cela ne faisait pas le compte de la Mort, qui avait décidé que Rabundus s'en irait à l'autre monde, et qui vint lui dire de se préparer. Il finit par se résigner à son triste voyage, et, pour prévenir désormais les espiègleries qui pouvaient arriver avec la rose, il promit d'annoncer à ses collègues l'heure de leur mort en frappant à leur porte avec une massue un jour d'avance. On dit que pendant plusieurs années il accomplit fidèlement sa promesse; puis la Réformation arriva, qui fit cesser les miracles.

Ne manquez pas d'aller à cette cathédrale, ne fût-ce que pour y voir le chef-d'œuvre d'un maître inconnu. C'est un grand tableau d'autel, ou plutôt une armoire à neuf compartiments, fermée par deux portes. A l'intérieur est représentée l'Annonciation de la Vierge, peinte en gris; à l'extérieur les images de saint Jean, saint Jérôme, saint Basile et saint Philippe, et dans le fond de l'armoire la passion de Jésus-Christ, en trois parties. Il y a dans ce tableau des fautes grossières de perspective et de dessin; mais il est extrêmement remarquable par l'expression des physionomies, la composition des groupes, les effets de couleur et le fini des détails. Il porte la date de 1451, mais point de monogramme. Un critique distingué, M. Rumohr, qui a écrit plusieurs dissertations sur les monuments de Lubeck, pense que ce tableau est de Hemmelin.

Si vous voulez faire grand plaisir aux bons bourgeois de cette ville, allez aussi, dans la même église, voir l'horloge merveilleuse où deux yeux s'ouvrent à chaque mouvement de pendule; où, tandis que la figure de la Mort frappe les heures de sa main cadavéreuse, celle du Temps renverse un sablier. Et si vous voulez que le marchand vous regarde vraiment comme un homme de goût, et que le sacristain éprouve pour vous une profonde vénération, parlez-leur de cette autre horloge de Sainte-Marie, plus merveilleuse encore, où, lorsque midi sonne, on voit l'empereur et les sept électeurs d'Allemagne sortir par une petite porte et s'incliner en passant devant la figure du Christ. Cette horloge est, du reste, un chef-d'œuvre de mécanique pour le temps où elle fut faite [1]. Elle renferme encore un calendrier complet, depuis 1753 jusqu'en 1785, avec tous les jours de la semaine, les signes du zodiaque, le cours du soleil. Elle indique toutes les

---

1. Elle date de 1405; elle a été réparée et probablement agrandie en 1562, 1629, 1753, 1809.

éclipses de lune et de soleil visibles à Lubeck depuis 1815 jusqu'en 1860, le cours de la lune et celui des planètes.

L'église qui possède cette œuvre de patience est plus large et plus imposante encore que la cathédrale. Par la date de sa construction, elle se trouve là placée comme un second chapitre dans l'histoire de l'art. La cathédrale, bâtie au XIIe siècle, porte encore en divers endroits le cachet d'un style de transition. L'église Sainte-Marie, fondée deux cents ans plus tard, est bâtie dans ce beau et pur style gothique qui s'épanouissait au souffle de la foi comme une fleur, qui s'élançait dans les airs avec ses aiguilles dentelées, ses colonnettes portées par des têtes de chérubins, et semblait n'avoir jamais assez de place pour dérouler le feuillage de ses arabesques et le fil de ses fuseaux.

On sait que la plupart de ces anciennes églises, que nous admirons fort chrétiennement, ont été élevées par le diable. C'est une chose curieuse que ce diable, dont nous nous faisons une si terrible idée, ait été si souvent et si facilement berné; mais le fait est irrécusable. Voyez plutôt ce qu'en disent les légendes du Nord. Or, le diable de Lubeck était, comme celui de Cologne, de Lund et d'autres lieux, un bon diable. Quand il vit poser les pierres fondamentales de l'église Sainte-Marie, il se figura (Dieu sait comment cette idée lui vint en tête!) qu'on allait bâtir une auberge, ou, pour me servir de l'expression du pays, une cave (une *Keller*). C'était là pour lui une œuvre pie, et, de peur qu'elle ne fût pas assez tôt achevée, il prit le marteau de maçon, il apporta des pierres, les tailla, les cimenta. Bref, il fit si bien que dans l'espace de quelques jours l'édifice grandit d'une façon prodigieuse. Mais ne voilà-t-il pas qu'un beau matin l'habile ouvrier, en jetant les yeux sur le plan qu'il a suivi, s'aperçoit que cet édifice ne ressemble pas le moins du monde à une cave, mais bien à une belle et bonne église, capable de servir de sauvegarde au christianisme pendant des milliers d'années ! Je vous laisse à penser quelle déception et quelle colère ! D'abord le diable essaya de renverser avec les pieds et avec les mains les murailles qu'il venait de construire, mais il les avait faites trop larges et trop fortes. Alors il alla chercher dans le Holstein un roc énorme, qu'il s'apprêtait à lancer du haut des airs sur les pilastres de l'église, quand un bon bourgeois, voyant ce qui allait arriver, monta sur une borne et le harangua de la sorte : « Écoutez, maître diable ; ne nous tourmentons pas ainsi mutuellement ; vous n'y gagnerez rien, ni nous non plus. Voilà que l'église est achevée. A quoi vous servirait de la détruire, puisque nous en rebâtirions immédiatement une autre ? Laissez-la telle qu'elle est, et pour vivre avec vous en bonne intelligence, nous construirons une cave. » Ainsi dit, ainsi fait. Satan, en homme consciencieux, remporta son rocher là où il l'avait pris, et les bourgeois, pour ne pas se montrer moins consciencieux que lui, bâtirent près de l'église une magnifique cave, qui subsiste encore. Dans l'une on récita des sermons, des prières, dans l'autre on chanta des chansons profanes, si bien qu'au bout du compte le diable gagna encore quelques âmes.

Si, d'après cette légende, c'est lui qui a taillé les pierres du chœur de l'église Sainte-Marie, en vérité, on a tort de ne pas inscrire dans les biographies son nom parmi ceux des sculpteurs les plus distingués. Ce chœur est fermé par une galerie gothique d'une légèreté de travail et d'une grâce admirables. Le haut de la galerie est couvert de peintures sur fond d'or qui ne dépareraient pas la riche collection des frères Boisserée, transportée à Munich, et la nef du milieu est d'une grande majesté.

C'est dans cette église que l'on trouve la fameuse Danse des morts, peinte aussi à Bâle et à Berne. Celle-ci est la plus ancienne de toutes. Il en est déjà fait mention dans une chronique de 1463 ; mais on ignore le nom du peintre. A cette époque, tous les esprits étaient encore sous le poids de cette terrible peste noire qui, au XIVᵉ et au XVᵉ siècle, ravagea le Nord entier. Boccace, avec son charmant esprit de poète italien, écrivit, sous cette impression de la peste, son *Décaméron*. Les hommes du Nord, tristes et pensifs, firent la Danse des morts. Ce fut leur Décaméron; il occupe à Lubeck tout le contour d'une chapelle. D'abord vient la Mort seule, tenant un fifre à la bouche, sautant sur un pied, joyeuse de voir arriver derrière elle son brillant cortège; puis vient une autre Mort, tirant après elle le pape, qui porte le manteau pontifical et la tiare, et semble n'entrer qu'à regret dans cette malheureuse danse. Une troisième Mort apparaît ensuite, poussant d'un côté le pape qui refuse d'avancer, et de l'autre entraînant l'empereur qui n'a guère envie de la suivre; puis une autre qui conduit l'impératrice et le cardinal, et le roi et tous les membres de la hiérarchie sociale, depuis le chef de l'empire jusqu'au bourgeois, depuis le vieillard jusqu'à l'enfant. Alors la Mort s'arrête et pose sa faux par terre. Le monde est moissonné. Le bal est fini.

Tous les personnages représentés dans cette galerie portent le costume doré ou diapré appartenant à leur condition. Celui-ci a sa couronne et son sceptre, celui-là son manteau de soie. La Mort n'est qu'un squelette peint en gris, nu et cadavéreux, mais vif, léger et gambadant d'un pied joyeux, tandis que ses victimes montrent, sous le bandeau royal ou le chapeau de feutre, un visage triste et des yeux pleins de larmes.

Au bas de chaque groupe, un poète dont on ignore le nom avait écrit des quatrains en bas allemand. Ils ont été remplacés, en 1703, par des quatrains en haut allemand; il n'y en a pas un qui mérite d'être traduit. C'est la Mort qui engage chacun de ses conviés à la suivre, et chacun d'eux qui dit en quatre mauvais vers son dernier hélas! Le poète n'a fait ici que se traîner servilement à la remorque du peintre; il n'a eu ni verve ni élan.

Autrefois, on avait coutume de baptiser les enfants

dans cette chapelle des Morts. C'était une institution très philosophique, mais trop philosophique pour le cœur des mères ; le baptistère a été transporté ailleurs, et la chapelle, fermée par une grille en fer, ne s'ouvre plus qu'aux regards curieux de l'étranger.

En quittant cette scène de deuil, on aime à reposer sa pensée dans l'aspect d'une autre œuvre plus jeune et plus belle, qui appartient aussi à cette église ; je veux parler de l'Entrée du Christ à Jérusalem par Overbeck. Je n'essayerai pas de décrire cette charmante page de poésie, ces groupes de jeunes filles d'une grâce angélique, ce mouvement d'une foule enthousiaste qui se précipite avec des branches de palmier au-devant de son maître, cette joie d'une ville ravivée par la lumière du Messie, et cette adorable tête du Christ, si calme, si douce et si belle, que l'œil ne se lasse pas de la contempler. Il y a des scènes devant lesquelles on ne peut qu'admirer et se taire : celle-ci est du nombre ; je crois du reste que ce tableau a été gravé, et la plus mauvaise gravure en donnera toujours une idée plus exacte que tout ce que je pourrais en dire.

Overbeck est le fils d'un bourgmestre de Lubeck. Dans cette cité de protestantisme, il a aspiré à lui tout le parfum des souvenirs catholiques. Dans cette ville de marchands, il n'a connu que la majesté des vieilles cathédrales et le langage des saintes images debout encore dans leur niche de pierre ; il a vécu dans un autre monde et dans un autre âge : c'est l'enfant des légendes pieuses, le descendant des Van Eyck et des Lucas de Cranach, le peintre de la foi.

Hors de ces monuments du moyen âge, il y a peu d'art et de poésie à chercher dans les rues de Lubeck. Quoique le commerce y soit en décadence, chacun ici ne parle que de commerce. C'est le veau d'or qui a bien souvent trompé ses adorateurs, mais qui fascine encore les regards ; la voix de l'industrie ne fatigue pas ici l'oreille comme à Hambourg, mais elle bourdonne assez haut pour que l'étranger qui la redoute abandonne le salon où elle est applaudie et se retire à l'écart. Cependant, comme il ne peut pas toujours être question du cours de la rente, de la cargaison des navires et de la taxe des denrées, les marchands veulent bien parfois quitter la sphère de leurs spéculations pour descendre dans l'humble domaine des lettres. On a formé, dans l'ancienne église des franciscains, une bibliothèque qui est ouverte très scrupuleusement aux amis de l'étude, une heure par jour, et dirigée par un bibliothécaire avec lequel, je crois, il est permis de s'entretenir face à face, si l'on est fils de sénateur ou proche parent d'un bourgmestre; autrement on ne le voit pas. Les beaux esprits lisent les romans français dans des contrefaçons de Bruxelles, et prennent des fautes d'impression pour des caprices d'auteur; les négociants, après avoir fermé leur caisse et arrêté la balance du jour, se réunissent dans un casino. Là, quand il n'y a pas trop de fumée de tabac, on a la joie d'apercevoir, au delà d'un triple rempart de pots de bière et de jeux de cartes, le *Conversations-Lexicon*, les *Voyages du capitaine Cook* et quelques journaux.

De savants peu, de poètes point. Mais Overbeck! Et pour ce nom-là et pour les belles églises que vous avez si bien gardées, ô heureuse reine de la Hanse, tous vos péchés antilittéraires vous seront remis.

KIEL

TRADITIONS DE LA MER BALTIQUE

A EDGARD QUINET

Il y a chaque semaine, dans la vie des habitants de la petite ville de Kiel, un jour qui fait époque. C'est le samedi. Ce jour-là, le bateau à vapeur arrive de Copenhague à quatre heures du matin, et part à sept heures du soir [1]. Ce jour-là, on voit dans les rues de la paisible cité des figures que personne ne connait, et l'on entend des idiomes que les plus intrépides philologues de l'Université essayent en vain de comprendre. Ce jour-là, les femmes de la *Probstey* aiment à venir au marché, car elles remportent des nouvelles à leurs voisines. Quant aux bourgeois de Kiel, ils se lèvent deux heures plus tôt que de coutume, et n'ont pas un moment à perdre. Dès le matin, l'aubergiste de la *Ville de Hambourg* revêt sa plus belle redingote, et sa femme prépare un énorme rôti de veau. Le professeur, enfermé dans sa robe de chambre, attend d'un air grave les lettres de recommandation et les visites qui ne manquent pas de lui arriver par chaque bateau ; le marchand regarde par la fenêtre

---

[1]. Le port et la ville de Kiel ont maintenant une tout autre importance. Le chemin de fer d'Altona les relie à l'Allemagne.

et maudit le sort qui, pendant de telles solennités, l'attache impitoyablement à son comptoir. Le rédacteur de la *Wochenblatt* emploie l'esprit de deux collaborateurs à écrire distinctement les noms de ceux qui débarquent, de ceux qui s'en vont; et les commissionnaires de roulage, qui ont besoin de soutenir leurs forces, boivent trois fois plus d'eau-de-vie que de coutume.

A deux heures, quand la famille allemande se met à table, il y a de longues et importantes conversations sur celui-ci, sur celui-là, sur cette *dame* que l'on a vue passer dans la rue avec des manches plates, sur ce *monsieur* qui porte une canne à pomme d'or et une épingle de diamant. Que s'il se trouve parmi les passagers un personnage important, un écuyer de quelque prince par exemple, un conseiller aulique ou un baron, je vous laisse à penser ce qu'il se fait de commentaires sur lui, sur son voyage, sur les personnes qu'il a vues, sur le pays d'où il vient et le but qu'on lui suppose.

Toute la journée se passe ainsi dans une heureuse agitation. Chaque heure apporte sa nouvelle, et chaque nouvelle peut être brodée de manière à durer longtemps. Puis voici venir le soir. Le moment du départ approche. Déjà la fumée monte au-dessus de la machine à vapeur, et le drapeau danois flotte dans les airs. Les habitants de Kiel se rassemblent sur le port. Ils se rangent le long du quai, ils regardent et ils écoutent. Il faut qu'ils aient, dans ce dernier moment, l'œil ouvert et l'oreille attentive. Bientôt tout aura disparu, et il ne leur restera que le souvenir de cette riche et féconde journée.

Sept heures sonnent. Le canon salue la ville. Le bâtiment vire de bord. Bien des mouchoirs blancs s'agitent alors en signe d'adieu; bien des yeux bleus versent de douces larmes que l'on voudrait recueillir dans une coupe d'or, tant elles sont belles à voir tombant comme des perles sur un visage rose. Hélas! heureux encore sont ceux qui pleurent! Celui qui est loin de son pays ne pleure pas. Il quitte sans regret une terre étrangère. Pas un ami n'est là pour lui serrer une dernière fois la main, pour lui dire un dernier adieu. Ses amis sont ailleurs, et qui sait si, dans ce moment-là, ils pensent à lui ?

Mais la machine industrielle est en mouvement. L'onde jaillit autour des deux roues qui la fatiguent; le navire vole sur les flots avec la rapidité de l'oiseau, et bientôt l'on n'entrevoit plus que les clochers de Kiel et les sommités des maisons à demi perdues dans l'ombre. La mer est calme, le ciel est pur. Le soleil se cache derrière les arbres dépouillés de feuilles du Dusternbrook, et colore d'un dernier rayon les côtes de la baie, les vagues de la mer. Tout est repos et silence. La mouette s'assoupit sur le flot qui la berce, et le bruit de la terre n'arrive plus jusqu'à nous. Que ne suis-je poète ! je saluerais avec un hymne enthousiaste cette heure de recueillement, cette heure imposante où toute trace d'habitation humaine a disparu, où l'on n'entrevoit plus que le ciel privé de son soleil et la plaine immense où le navire cherche sa route. Je saluerais cette mer Baltique, cette mer chantée par les scaldes et traversée tant de fois par les vikings. Mais, d'un côté, je ne suis pas poète, et de l'autre, l'aspect d'un bateau à vapeur, même au milieu de l'Océan, est essentiellement prosaïque. Voyez cette colonne de fumée qui s'élève dans l'air, cette machine qui fonctionne par des procédés mathématiques, cette chaudière qui tient lieu de vent, et ces deux roues de moulin qui remplacent la rame antique; ce n'est plus le vague de la pensée, c'est la réalité de l'industrie. Avec le bateau à vapeur, c'en est fait de la poésie de mer; c'en est fait de ce tableau des matelots qui courent dans les huniers, des mousses suspendus comme des goélands au bout d'une vergue, des voiles qui s'élèvent l'une sur l'autre, et s'enflent avec orgueil ou retombent le long du mât en gémissant.

Vous figurez-vous Byron écrivant, en face d'une cheminée de fer goudronnée, ces vers de *Childe-Harold* :

> He that has sail'd upon the dark blue sea
> Has view'd at times, I ween, a full fair sight? etc.

Non, le bateau à vapeur est un navire de marchand. On y vit comme dans un comptoir. Tout y est propre, ciré, verni, distribué avec économie, rangé avec ordre. Les passagers payent d'avance. Ils partent à heure juste, et ils savent qu'ils arriveront à heure juste. Le long de la route, il faut qu'ils se montrent hommes aimables et de bonne compagnie. Personne ici n'a le droit de se tenir à l'écart et de rêver. On s'approche de vous, on veut apprendre qui vous êtes, d'où vous venez. On cause, on se raconte son histoire, ses projets, on se dit bonsoir très tendrement; on se retrouve le lendemain comme de vieux amis.

Ceux qui essayeraient d'échapper à cette intimité de voyage sont vaincus par le mal de mer. Le mal de mer est le plus grand des démocrates; il efface toutes les distances, il attiédit toutes les vanités humaines. Le grand seigneur qui se sent pris par le mal de mer ne songe plus ni à ses titres ni à ses châteaux. Il se couche sur le pont, à côté du pauvre ouvrier comme à côté d'un camarade, et la grande dame oublie son aristocratie à chaque vague qui heurte le navire. Mais les propriétaires du bateau aiment le mal de mer; ils comptent sur lui, et il est juste de dire que le mal de mer ne les trompe pas. Quand on va de Kiel à Copenhague, bon gré mal gré, il faut payer son dîner d'avance. C'est de la part de ceux qui ont imaginé ce surcroît d'addition un acte de haute prudence. Le dîner est servi quand on arrive au Kiöge, c'est-à-dire à l'endroit où le vent a le plus de prise, où la mer est le plus orageuse. Les passagers alors font une horrible grimace quand on leur montre une assiette; le bifteck se promène sur une table comme un conquérant, sans rencontrer personne qui lui réponde, et les schellings des voyageurs entrent joyeusement dans la caisse de l'administration. Les directeurs du bateau ont encore une autre invention non moins ingénieuse, c'est de ne mettre le soir dans le lit des pauvres passagers qu'une couverture en laine et un seul drap. On travaille la moitié de la nuit à s'envelopper dans ce drap, dont les deux bouts ont juré de ne jamais se rejoindre, et l'autre moitié à relever la couverture que rien ne retient et qui glisse sans cesse sur le parquet. A la fin, comme le drap refuse obstinément de s'élargir et comme la couverture a une antipathie prononcée pour les couchettes de l'administration, dès que le premier rayon du matin paraît à travers les vitraux, chacun se lève en bénissant le ciel de n'avoir qu'une nuit à passer dans cette retraite de douleur.

Heureusement qu'au sortir de là on se retrouve en plein air, en face d'une nature poétique, car la nature n'a point fait de pacte avec les négociants de Copenhague pour mesurer au voyageur chaque jouissance au prix de quelques schellings. Au lever du soleil, le bateau double la pointe de Falster, on passe entre la Séeland et les petites îles éparses de côté et d'autre, pauvres îles élevées à fleur d'eau, couvertes d'un peu d'herbe et de quelques cabanes. Le paysan qui les habite est là comme dans une barque. Les flots emportés par le vent jaillissent jusque sur sa cabane. La mer gronde le jour près de la table où il s'assied avec sa famille, la nuit sous son chevet. La mer est son élément, sa joie et sa douleur, son monde immense et sa barrière. C'est là que ses enfants courent dès qu'ils grandissent, comme l'alouette dans les champs, comme le pluvier sur la grève. C'est là qu'il va chaque jour jeter ses filets, chercher sa moisson. Quelquefois elle l'appelle en riant sur ses vagues limpides; elle s'assouplit sous la rame qui la traverse, et le ciel n'est pas plus pur que cette grande plaine où tout orage a cessé, et le murmure du vent dans la forêt n'est pas plus doux que celui de ces vagues qui se courbent autour de la barque aventureuse, et fuient en laissant derrière elles un long sillon d'écume pareil à un ruban d'argent. C'est alors que l'esprit des eaux chante dans sa grotte; c'est alors que la *Meermaid* monte à la surface des flots avec sa lyre d'or et appelle les voyageurs. Puis tout à coup cette mer si calme s'irrite, s'emporte et mugit autour de l'île isolée, et l'enchaîne entre ses vagues comme une amante jalouse. Alors le pêcheur rentre chez lui et attend que la tempête soit passée. Il connaît les caprices de cette mer inquiète. Il l'aime dans son repos, il l'aime dans ses colères. Tandis que je regardais ces pauvres retraites, jetées si loin du monde où nous vivons, j'entendis un homme s'écrier à côté de moi : « Oh! heureux ceux qui sont là tout seuls sous ces toits de gazon, entre le ciel et l'eau ! » Il était jeune et déjà vieux. Peut-être avait-il raison.

Le peuple dit que quelques-unes de ces îles ont été faites par les enchanteurs, qui voulaient s'en aller plus facilement d'un lieu à l'autre, et qui établissaient ainsi des stations sur leur route. Dans certains endroits elles sont si rapprochées l'une de l'autre, que la mer alors ne ressemble plus à la mer, mais à un grand fleuve comme le Rhin et l'Escaut. De chaque côté on aperçoit le rivage, on peut compter les maisons qui y sont bâties, et le dimanche, quand le bateau passe en face de Falster, on entend le son des cloches, on peut répondre aux chants religieux qui se chantent dans l'église. Un peu plus loin, les habitants du pays vous conduisent sur le devant du navire, et vous montrent avec orgueil une grande masse de roc, toute blanche, taillée à pic, surmontée de quelques flèches aiguës et couronnées d'arbustes. Mais voyez : ce que le géologue appelle la pierre calcaire, ce n'est pas de la pierre calcaire; et ce qui s'élève au haut de cette montagne sous la forme d'un massif d'arbres, ce n'est pas un massif d'arbres. Il y a là une jeune fée très belle qui règne sur les eaux et sur l'île. Ce roc nu, c'est sa robe blanche qui tombe à longs replis dans les vagues, et se diapre aux rayons du soleil; cette pyramide aiguë qui le surmonte, c'est son sceptre; et ces rameaux de chêne, c'est sa couronne. Elle est assise au haut du pic qu'on appelle le *Dronnings Stol* (le Siège de la Reine). De là, elle veille sur son empire, elle protège la barque du pêcheur et le navire du marchand. Souvent la nuit on a entendu sur cette côte des voix harmonieuses, des voix étranges, qui ne ressemblent pas à celles de notre monde vulgaire. Ce sont les jeunes fées qui chantent et dansent autour de leur reine, et la reine est là qui les regarde et leur sourit. Oh! le peuple est le plus grand de tous les poètes. Là où la science analyse et discute, il invente, il donne la vie à la nature inanimée, il divinise les êtres que le physicien regarde comme une matière brute. Il passe le long d'un lac, et il y voit des esprits; il passe au pied d'un roc de craie, et il y voit une reine, et il l'appelle le *Mönsklint* (le Rocher de la Jeune Fille).

Au Mönsklint, la mer reprend son large espace. La côte de Kiöge semble fuir en arrière pour faire place à tous les bâtiments qui se croisent sans cesse sur ses bords. D'ici à Copenhague, la mer est couverte de navires, les uns fuyant avec le vent qui enfle leurs voiles, les autres sillonnant la vague rebelle qui lutte contre eux. Quelquefois on en aperçoit plusieurs réunis ensemble, et de loin, avec leur voile blanche, on les prendrait pour des cygnes qui se bercent paresseusement sur l'eau. Si le capitaine du bateau à vapeur est fier, c'est quand il passe en droite ligne au milieu de ces navires fatigués par le vent et obligés de louvoyer; c'est quand il laisse, en quelques minutes, bien loin de lui, et la goélette renommée pour sa vitesse, et le brick aux flancs évasés, et la frégate avec ses mâts superbes et son armée de matelots. Bientôt on approche de terre, on voit à droite la côte de Suède et la pointe des clochers de Lund; à gauche, la côte danoise, la forteresse qui défend la capitale, et la rade remplie de vaisseaux. A midi, le matelot s'est incliné devant le Mönsklint; à deux heures, il amarre le bateau dans le port de Copenhague.

Toutes ces côtes de la mer Baltique sont peuplées de traditions, les unes empreintes d'un vrai sentiment religieux, les autres portant encore le caractère du paganisme; celles-ci simples et touchantes comme une élégie, celles-là parées et embellies comme un conte de fées. Le marin est crédule et superstitieux; la vie aventureuse à laquelle il se voue, les vicissitudes qu'il doit subir, les dangers qu'il traverse, entretiennent dans son esprit l'amour du merveilleux. Souvent la tempête le surprend tout à coup au milieu de ses plus belles espérances; et comme la science ne lui donne sur ces variations d'atmosphère aucune solution, il attribue ce qui lui arrive d'étrange à d'étranges influences. Il croit aux mauvais génies, aux jours sinistres, à la fatalité et aux expiations dans ce monde. Dans les îles du Nord, ces traditions se conservent par l'isolement des individus. Elles prennent racine sur le sol; elles se transmettent d'une génération à l'autre. Le marin les apprend dans son enfance, il les raconte dans ses voyages, et il les rapporte, après de longues années, au foyer de famille. Dans ces îles, comme dans les contrées septentrionales de l'Allemagne, chacun sait l'histoire des elfes et des géants, des épées magiques et des trésors gardés par des dragons. Il y a là des hommes de mer qui ont la barbe verte, les cheveux tombant sur les épaules comme des tiges de nénufar, et qui chantent le soir au bord des vagues pour appeler la jeune fille et la conduire dans leur grotte de cristal. Il y a des sorciers qui, par la force des enchantements, attirent la tempête, soulèvent les flots et font chavirer la barque du pêcheur. Il y a, comme dans la plupart des contrées montagneuses de l'Europe, des chasseurs condamnés, pour leurs méfaits, à courir éternellement à travers les marais et les taillis. Les habitants du Sternsklint entendent souvent, le soir, les aboiements des chiens de Grönjette. Ils voient passer dans la vallée le Grönjette, la pique à la main, et ils déposent devant leur porte un peu d'avoine pour son cheval, afin que, dans ses courses, il ne foule pas aux pieds leur moisson. Là aussi on croit qu'il y a un roi des elfes qui règne à la fois sur l'île de Sterne, sur celle de Mö et sur celle de Rügen. Il a un char attelé de quatre étalons noirs. Il va d'une île à l'autre, en traversant les airs, et alors on distingue très bien le hennissement de ses chevaux, et la mer est toute noire. Ce roi a une grande armée à ses ordres, et ses soldats ne sont autre chose que les grands chênes qui parsèment l'île. Le jour, ils sont condamnés à vivre sous une écorce d'arbre; mais la nuit, ils reprennent leur casque et leur épée, et se promènent fièrement au clair de la lune. Dans les temps de guerre, le roi les rassemble autour de lui. On les voit errer au-dessus de la côte, et alors malheur à celui qui tenterait d'envahir le pays!

Quelques autres traditions sont d'une nature toute religieuse. C'est la loi de charité, c'est le dogme d'expiation, c'est le mysticisme du moyen âge, cachés sous une fiction, revêtus d'un symbole. Le nom de *Maribo* signifie demeure de Marie. La Vierge annonça, par une lumière céleste, qu'elle avait choisi cette île pour y habiter, et on lui bâtit une église. L'île du Prêtre rappelle une légende de saint. Il y avait là un prêtre nommé Anders, qui était vénéré de tout le monde pour ses vertus. Il était pauvre, il ne possédait qu'un denier. Mais quand il avait besoin de quelque chose, il envoyait son denier au marchand ou au laboureur, et toujours on le lui rapportait dévotement en y joignant ce qu'il désirait. L'île a gardé le nom d'île du Prêtre; mais le merveilleux denier est perdu.

Sur une autre côte de la mer Baltique, une église profanée par des impies s'est abimée dans l'eau. La nuit, on entend les malheureux chanter, avec des sanglots, les psaumes de la pénitence; et quand la mer est calme, on voit à travers les vagues briller les cierges qu'ils allument devant l'autel. Pour leurs péchés, ils sont condamnés à pleurer et à rester dans cette église jusqu'au jugement dernier.

Près du même rivage, plusieurs fois dans des heures de tempête, à la lueur des éclairs qui sillonnent le ciel, les matelots ont aperçu un vaisseau d'une forme étrange, un vaisseau dont on ne reconnait plus ni la couleur ni le pavillon. Le capitaine qui le commandait, et ses matelots, ont un jour commis une faute grave, et ils doivent errer sur les vagues, sans trêve et sans repos, jusqu'à la fin du monde. Quand ces pauvres Ahasvérus du monde maritime distinguent de loin un autre navire, ils lui envoient des lettres pour leurs parents et leurs amis; mais ces lettres sont adressées à des personnes qui n'existent plus depuis des siècles, et dans des rues dont nul être vivant ne sait le nom.

A Falster, il y avait autrefois une femme fort riche qui n'avait point d'enfants. Elle voulut faire un pieux usage de sa fortune, et elle bâtit une église. L'édifice achevé, elle le trouva si beau, qu'elle se crut en droit de demander à Dieu une récompense. Elle le pria donc de la laisser vivre aussi longtemps que son église subsisterait. Son vœu fut exaucé. La mort passa devant sa porte sans entrer; la mort frappa autour d'elle voisins, parents, amis, et ne lui montra pas seulement le bout de sa faux. Elle vécut au milieu des guerres, des pestes, des fléaux qui ravagèrent le pays. Elle vécut si longtemps, qu'elle ne trouva plus un ami avec qui elle pût s'entretenir; elle parlait toujours d'une époque si ancienne, que personne ne la comprenait. Elle avait bien demandé une vie perpétuelle, mais elle avait oublié de demander aussi la jeunesse; le ciel ne lui donna que juste ce qu'elle voulait avoir, et la pauvre femme vieillit; elle perdit ses forces, puis la vue, et l'ouïe, et la parole. Alors elle se fit enfermer dans une caisse de chêne et porter dans l'église. Chaque année, à Noël, elle recouvre pendant une heure l'usage de ses sens; à cette heure-là, le prêtre s'approche d'elle pour prendre ses ordres. La malheureuse se lève à demi dans son cercueil et s'écrie : « Mon église subsiste-t-elle encore? — Oui, répond le prêtre. — Hélas! dit-elle, plût à Dieu qu'elle fût anéantie! » Et elle s'affaisse en poussant un profond soupir, et le coffre de chêne se referme sur elle.

Voici une légende qui a été racontée par le poète Œhlenschläger. Ce n'est pas une légende, c'est un drame de la vie réelle. Un pauvre matelot a perdu son fils dans un naufrage, et la douleur l'a rendu fou. Chaque jour il monte sur sa barque et s'en va en pleine mer; là il frappe à grands coups sur un tambour, et il appelle son fils à haute voix : « Viens, lui dit-il, viens! sors de ta retraite! nage jusqu'ici! je te placerai à côté de moi dans mon bateau; et si tu es mort, je te donnerai une tombe dans le cimetière, une tombe entre des fleurs et des arbustes; tu dormiras mieux là que dans les vagues. »

Mais le malheureux appelle en vain et regarde en vain. Quand la nuit descend, il s'en retourne en disant : « J'irai demain plus loin, mon pauvre fils ne m'a pas entendu ».

COPENHAGUE

A SAINTE-BEUVE

Nous ne sommes généralement pas forts en connaissances géographiques, nous autres Français; les Allemands nous en font un reproche, et avec raison. Nous nous sommes habitués à voir les étrangers venir chez nous et à ne pas aller chez eux, à les regarder complaisamment étudier notre langue, nos mœurs, nos institutions, et à ne pas nous occuper des leurs. Du côté du Sud, je ne crois pas que notre savoir en géographie exacte et en statistique dépasse de beaucoup la latitude de Madrid. Du côté du Nord, nous ne sommes pas plus avancés. Nous nous représentons encore assez bien la situation de Hambourg, car le temps n'est pas loin où nos soldats mesuraient la largeur de cette ville avec leurs baïonnettes, et les bateaux à vapeur l'ont mise à la proximité du Havre. Mais, à partir de la mer Baltique, adieu notre science. Un rideau de brouillards enveloppe l'espace, et le Danemark, la Suède, la Norvège, la Laponie, le Spitzberg, la Finlande, la Russie même, nous apparaissent vaguement derrière ce brouillard et se confondent dans notre imagination. C'est là notre Thulé; c'est là cette contrée moitié fabuleuse, moitié historique des anciens, ce royaume nuageux dont nous ne pouvons déterminer d'une manière précise ni le caractère ni la position, et dont on nous raconte encore des choses étranges.

Holberg, le poète danois, rapporte dans sa biographie qu'une femme, en France, lui disait très sérieusement : « Il y a sans doute plusieurs milliers de lieues d'ici jusque dans votre pays. Pour y aller, ne passe-t-on pas par la Turquie? » Dernièrement, j'ai entendu raconter plusieurs anecdotes dignes d'être mises à côté de celle-là. « Comment, disait un jeune Parisien au comte V..., vous êtes Norvégien, et vous portez un habit comme nous, un chapeau comme nous, et vous allez, et vous venez, et vous parlez comme nous! En vérité, je ne l'aurais jamais cru. »
« De quel pays êtes-vous? demandait un honnête bourgeois de la rue Saint-Honoré à un voyageur du Nord? — De la Suède. — Ah! oui, de la Suisse, de Genève peut-être? — Non! de la Suède, vous dis-je. — Eh bien! sans doute; vous ne prononcez pas ce mot-là comme nous, mais c'est égal. Je connais parfaitement la Suisse. Un de mes oncles a voyagé dans ce pays-là. »

Grâce à cette science géographique, quand j'arrivai pour la première fois dans le Nord, j'étais peu préparé, je l'avoue, à l'aspect de ses magnifiques paysages, et quand j'entrai à Copenhague, je fus très surpris de voir, sur les bords de la mer Baltique, une ville de cent mille âmes, élégante, animée, et dotée d'excellentes institutions.

Les historiens ne peuvent indiquer au juste l'origine de cette cité. On sait seulement qu'au XIe siècle ce n'était encore qu'un très humble village de pêcheurs. Un siècle plus tard, le roi Valdemar le donna à Absalon, qui y fit bâtir une forteresse pour protéger la côte contre les invasions des pirates, et en mourant légua son œuvre à l'évêché de Roeskilde. Peu à peu le village grandit, sa situation favorable y attira des marchands[1], sa forteresse protégea les expéditions maritimes. A côté des cabanes de pêcheurs, on vit s'élever des maisons spacieuses, et des navires chargés de produits étrangers entrèrent dans le

---

[1]. De là vient son nom de Kiœbenhavn (port marchand).

port avec les pauvres barques chargées de filets. Les rois de Danemark, qui habitaient alors aux environs de Roeskilde, commencèrent à tourner les yeux de ce côté, et comprirent qu'ils seraient mieux là qu'à Leire. Mais plus la cité naissante prenait de développement, plus le chapitre métropolitain de Séeland tenait à la conserver. L'acte primitif qui la lui concédait était en très bonne forme; le pape lui-même l'avait sanctionné. Le moyen, dans ce temps, d'oser rompre un contrat visé par le pape! Les rois de Danemark n'eurent pas ce courage, mais ils en vinrent aux négociations. Ils offrirent, en échange de Copenhague, de l'argent et des terres. Le marché était accepté pour la durée d'un règne, puis, au règne suivant, l'évêque de Roeskilde reparaissait avec son acte de donation d'une main, sa bulle de l'autre, et il fallait de nouveau négocier et payer. En 1443, Christophe de Bavière établit définitivement sa résidence à Copenhague. On eût pu croire alors que la ville appartenait à la royauté; mais quand Chrétien Ier monta sur le trône, il subit encore les réclamations des chanoines de Roeskilde, et n'obtint la paix qu'en leur cédant l'île de Mö.

L'histoire de Copenhague, comme ville capitale, ne date donc que du XVe siècle; comme ville littéraire, elle ne remonte pas plus haut. En 1479, elle est dotée d'une université; en 1493, un Allemand y apporte l'imprimerie. Ce n'était encore, à cette époque, qu'une cité irrégulière, mal coupée et grossièrement bâtie. Chrétien IV se plut à l'embellir; il élargit les rues, ouvrit des canaux et construisit des ponts. Il bâtit l'hôtel de ville, la Bourse, dont la tour est formée par quatre dragons qui entrelacent leurs queues dans l'air, et le château de Rosenborg, charmante fantaisie de prince, joyau gothique qui renferme aujourd'hui les anciens joyaux de la couronne, le trône et les plateaux en argent massif, les magnifiques verreries de Venise, les bijoux en or et en diamants, restes d'une opulence royale qui n'est plus et qui ne renaîtra plus.

Deux événements désastreux servirent encore à embellir Copenhague. En 1728, un incendie consuma sept cent quarante maisons; en 1794, un autre incendie réduisit en cendres un quart de la ville. Les quartiers ravagés furent rebâtis avec plus d'élégance, les maisons en bois remplacées par des maisons en pierre, les rues élargies et alignées. Aujourd'hui on ne voit plus à Copenhague que deux genres d'architecture : l'un demi-gothique et demi-Renaissance, façade à pignon, fenêtres arrondies, portes enjolivées, assez semblable à la plupart des anciennes constructions d'Augsbourg ; l'autre tout récent, simple, régulier, confortable. Les maisons en général sont hautes et solidement bâties. Je leur voudrais seulement un étage de moins, l'étage souterrain, dont la porte s'ouvre au bord du trottoir comme une trappe perfide sous les pieds des passants. Mais c'est là que les bons bourgeois vont le soir savourer l'arome des vins de France et le parfum des saucissons de Lubeck. L'enseigne est placée là juste à la hauteur du rayon visuel. Impossible de passer sans être frappé de l'aspect de ces joyeuses figures de vendangeurs peints sur un fond rose et chargés de grappes de raisin plus grosses que celles de la terre promise. Rien qu'en jetant les yeux sur ces figures ensorcelées, l'âme du buveur se dilate dans les pressentiments d'une joie surnaturelle. S'il regarde un peu plus bas, il aperçoit derrière les vitres du comptoir les bouteilles étincelantes, les coupes roses de la Bohême, les coupes vertes des bords du Rhin, et les lages verres évasés qui semblent l'appeler. Il n'a que trois ou quatre marches à descendre, et le voilà dans une retraite de bénédiction, dérobé aux regards des envieux, aux vains bruits de la rue, aux distractions du monde, ne voyant autour de lui que ces riches rayons de bouteilles, plus poétiques mille fois et plus savants que les rayons d'une bibliothèque. Il s'assied sur un large canapé, auprès d'un poêle en fonte dont la chaleur le réconforte ; il allume sa pipe, s'enveloppe d'un nuage de fumée, et oublie le poids des affaires, le chiffre des impôts. Quel est l'édile audacieux qui oserait porter atteinte à une telle béatitude, faire fermer pour cause de sécurité publique l'entrée de ces douces cellules, et placer le comptoir du marchand de vin au niveau des autres ? Non, à Leipzig, à Hambourg, à Copenhague, dans toutes ces villes privilégiées où le bourgeois a connu les charmes de la *keller*, le règne de la police ne commence qu'à la surface du pavé, le monde souterrain appartient aux buveurs. Que les passants se cassent une jambe en glissant sur les bords du caveau peu importe ; mais que les dignes enfants de Silène vivent en paix dans leur empire : la loi le veut.

Il y a pour le pauvre piéton, à qui la fortune ne permet pas de goûter les jouissances aristocratiques du coupé, un autre inconvénient dans les rues de Copenhague : c'est le pavé. Quand je dis le pavé, c'est que le dictionnaire ne me fournit pas un autre mot qui me sauve de la périphrase. C'est plutôt un assemblage de cailloux aigus, brisés, disjoints, qui nécessite l'emploi d'une botte large, d'une semelle souple et d'une adresse d'équilibriste. La nouvelle place Royale, que l'on regarde comme une des plus grandes places de l'Europe, est surtout quelque chose de formidable. En hiver, quand elle est inondée d'eau ou couverte de verglas, quand la lune n'ajoute pas quelque bienfaisante clarté aux pâles réverbères qui l'entourent, la traverser, c'est entreprendre, en quelque sorte, un voyage de découvertes. On ne se figure pas tout ce qu'il y a là d'endroits perfides, de ravins inattendus et de bords escarpés. Les habitants de Copenhague l'appellent la Suisse danoise. Le malheur de cette pauvre place ne provient, du reste, que du grand intérêt qu'elle a excité. Ceci ressemble à un paradoxe ; c'est pourtant un fait avéré. Les magistrats de la ville ont eu un jour l'idée de l'aplanir. Là-dessus est arrivée l'Académie des arts, toute inquiète de savoir ce que deviendrait, dans cette œuvre civique, une méchante statue de Chrétien V, habillé en empereur romain, et entouré de quatre malheureuses figures allégoriques qui font pitié. Puis est venu le corps du génie, sans lequel en Danemark comme en France, rien ne peut plus se faire dans aucune ville et dans aucune bourgade. Les trois pouvoirs entrèrent en conférence, tous trois avec leur thème fait d'avance et leurs prétentions. On discuta, on discuta; et comme les discussions ne pouvaient rien concilier, les trois partis abandonnèrent le champ de bataille, et la place Royale resta dans son état d'infirmité. Dernièrement, un des journaux de Copenhague a essayé d'éveiller quelque sympathie envers elle, ou plutôt envers ceux qui sont condamnés à la traverser. En attendant que ces vœux soient accomplis, il serait à souhaiter qu'un ingénieur habile fît la topographie de cette place, en indiquât soigneusement les écueils, les ilots et les bas-fonds : il rendrait par là un grand service aux voyageurs.

Cette place sert de point de jonction aux deux principaux quartiers de la ville. D'un côté sont les rues élégantes nouvellement construites, les hôtels des diplomates et de l'aristocratie, l'enceinte d'Amalieborg avec ses quatre palais, le port et la mer; de l'autre côté sont les marchands et les ouvriers, les bourgeois et les hommes d'affaires, la Bourse dont les arcades renferment toute une compagnie de brocanteurs, et plus loin l'université, retirée à l'écart des rumeurs du commerce comme un cloître, et bâtie au bord de la plaine comme une ruche d'abeilles. Dans cet espace, dont nous ne faisons en quelque sorte qu'indiquer les contours, on rencontre plusieurs monuments remarquables. Ainsi, par exemple, l'église cathédrale, qui possède aujourd'hui l'une des plus belles œuvres de Thorvaldsen, *le Christ et les douze Apôtres*; la tour de Chrétien IV, au sommet de laquelle on peut monter en voiture, et le vaste château de Christianborg, que les Danois ne peuvent voir sans un douloureux souvenir. Sur le sol qu'il occupe s'élevait autrefois la forteresse construite par Absalon. Chrétien III l'agrandit, Frédéric IV la fit rebâtir presque en entier ; Chrétien VI renversa cet édifice de fond en comble, acheta les maisons qui l'entouraient, les démolit et commença avec une sorte d'ardeur fiévreuse cette construction démesurée. Pour consolider le sol qui devait la porter, on y enfonça dix mille poutres de vingt, trente et quarante pieds de longueur. Pour le déblayer, il fallut mettre en réquisition toutes les charrettes de la ville et de la banlieue. Deux mille ouvriers travaillèrent chaque jour pendant six ans à ce château. Il subsista un demi-siècle, et fut dévoré en une nuit par les flammes. Le dernier roi de Danemark a eu le courage de le faire rebâtir dans les mêmes proportions, et ne l'a jamais occupé. Au nombre des édifices dont s'enorgueillit Copenhague, je ne dois pas oublier de citer le théâtre. C'est un bâtiment d'un extérieur fort modeste, mais assez bien distribué et parfaitement décoré. On y joue le drame, le vaudeville et l'opéra ; on y joue tant de choses étrangères et étranges, qu'il perd peu à peu toute espèce de caractère national. De loin en loin les directeurs remettent à l'étude une comédie de Holberg, un drame d'Œhlenschläger, et, le reste du temps, la scène est abandonnée aux vaudevilles de M. Scribe, septentrionalisés souvent fort habilement par M. Heiberg.

Non loin de là est une maison à laquelle se rattache un souvenir d'amour. C'est celle de Dyvecke, cette fille d'un aubergiste de Hollande, qui devint la maîtresse adorée du roi. Chrétien II la rencontra dans un bal à Bergen, et la ramena à Copenhague. La jeune fille était une de ces bonnes et tendres natures de Madeleine dont l'âme s'ouvre facilement aux douces émotions, et qui préfèrent à l'éclat des grandeurs le bonheur d'aimer.

Elle accepta sans arrière-pensée l'amour de Chrétien, oubliant sa royauté en voyant sa jeunesse, et son pouvoir suprême en écoutant ses serments. Mais la mère de Dyvecke, la vieille Siegbrit, était une femme adroite et ambitieuse qui ne tarda pas à prendre un déplorable ascendant sur l'esprit du roi, et le conduisit de la royauté à l'exil, et de l'exil à la prison. Dyvecke mourut à la fleur de l'âge, et Siegbrit conserva son empire. Personne n'a encore pu expliquer par quels moyens cette femme vieille, laide, disgracieuse et méchante, maintint son pouvoir après la mort de sa fille. Le fait pourtant n'est que trop démontré par la douloureuse histoire de Chrétien. Siegbrit devint sa conseillère intime, son premier ministre, sa parole et sa loi. C'était elle qui présidait aux délibérations des ministres; c'était elle que l'on consultait dans toutes les grandes occasions. Pas une place importante ne se donnait sans qu'elle eût d'abord examiné les titres des candidats. Les employés subalternes tremblaient devant elle, et les grands fonctionnaires lui demandaient humblement ses ordres. On voyait, dit Hvitfeld, les présidents de la justice, les chefs des administrations se rassembler le matin, en hiver, devant la demeure de cette femme, et attendre, en grelottant à sa porte, qu'elle fût éveillée et qu'elle daignât les recevoir. Le peuple avait pour elle un sentiment d'horreur qu'il manifesta plusieurs fois d'une manière assez énergique. Mais rien ne pouvait dessiller les yeux du roi. Quand il se vit forcé de quitter son royaume, il entassa dans des caisses et embarqua sur ses navires ce qu'il possédait de plus précieux; l'une de ces caisses renfermait Siegbrit. Il avait fallu l'enfermer entre les planches pour la dérober aux fureurs de la populace. A quelque distance de la côte on la tira de son cercueil. Chrétien était debout à l'arrière de son vaisseau, regardant avec douleur le rivage danois, qui peu à peu s'effaçait dans le lointain. Comme le roi Rodrigue, il avait eu sa funeste Cava, et comme lui il pouvait dire : « Hier j'étais roi d'un beau royaume; aujourd'hui, je ne le suis d'aucune ville [1] ». Siegbrit s'approcha de lui, et s'écria en riant d'un rire diabolique : « Allons, n'allez-vous pas pleurer comme un enfant parce qu'une méchante troupe de révoltés vous a chassé de votre palais? Eh bien! si vous ne redevenez pas roi de Danemark, vous pouvez être encore bourgmestre d'Amsterdam. » Le malheureux Chrétien ne devint ni souverain de Danemark ni bourgmestre d'Amsterdam : il mourut en prison. Il avait été roi des trois contrées scandinaves. Son règne n'a laissé qu'un roman scandaleux dans les annales de la Norvège, une page ensanglantée dans l'histoire de Suède, et une page honteuse dans celle de Danemark. Le château où Siegbrit s'installa auprès de lui comme une reine n'existe plus, et la maison où il allait voir sa jolie Dyvecke est occupée aujourd'hui par un changeur juif.

Près de cette maison commence l'*Oestergade*, la rue Vivienne, le bazar, la merveille de Copenhague. C'est là que la mode parisienne, cette folle déesse, s'assied sur une corbeille de fleurs artificielles. Là sont étalés les chapeaux que le bateau à vapeur de Kiel apporte en même temps que les lettres et les gazettes. Là sont les soieries de Lyon, les toiles peintes de Mulhouse, et ces mille objets de fantaisie destinés à parer l'étagère d'un salon, à amuser les loisirs d'une femme. Car il est bien convenu depuis longtemps, en Danemark comme en Suède, en Russie, que les femmes du monde abdiqueront dans leur toilette tout ce que les bonnes vieilles gens ont encore coutume d'appeler esprit de nationalité, pour se soumettre à notre goût et adopter notre industrie. L'Oestergade est le riche musée où les belles dames de Copenhague viennent étudier les effets de lumière

---

1. Ayer era rey de España;
    Hoy no lo soy de una villa. *Romancero.*

sur les nuances d'une nouvelle étoffe et les plis d'une nouvelle robe. C'est l'académie savante où le marchand, debout devant son comptoir, rapporte à un gracieux auditoire les leçons qu'il a apprises dans son dernier voyage en France, et démontre par des arguments infaillibles la théorie des couleurs, l'esthétique de la toilette et la plastique de la draperie. L'Oestergade enfin est le paradis terrestre que les jeunes filles nomment avec amour dans leurs causeries du soir, et entrevoient dans leurs rêves. Heureuses celles qui peuvent en contempler de près les merveilleuses richesses, celles que l'implacable misère, avec son teint hâlé et son glaive couvert de rouille, n'a pas encore bannies de cet Éden, et qui, en traversant la ville, ne sont pas obligées de baisser les yeux à la vue de ces créations du génie parisien !

Au sortir de ce domaine du bien et du mal, on entre dans le domaine de la librairie, dans le royaume de la science. Le temps n'est plus où les rois de Danemark étendaient leur domination jusqu'aux rives de la mer Glaciale et jusqu'aux limites de la Prusse. Mais Copenhague est toujours la capitale scientifique du Nord. Sa position géographique lui indique sa mission : elle est placée sur les bords de la mer Baltique comme pour recevoir toutes les nouvelles du midi de l'Europe et les répandre dans les contrées septentrionales. Aussi voyez les Annales scientifiques et littéraires de la Scandinavie : c'est Copenhague qui a rempli les plus belles pages ; c'est Copenhague qui, à toutes les époques, a donné l'impulsion. Ici furent établies les premières écoles et les premières imprimeries ; ici l'on reconnaît les premières traces d'un développement littéraire et les premières études sérieuses de l'histoire. La Suède a eu aussi des noms éclatants, mais elle est venue plus tard, et les deux universités de Lund et d'Upsal et l'université de Christiana sont encore, par l'exiguité de leurs ressources et par leur situation, inférieures à celle de Copenhague ; cette ville renferme les plus beaux et les plus riches établissements scientifiques, musée d'histoire naturelle, musée d'ethnographie, musée d'antiquités nationales, et trois grandes bibliothèques.

Le goût de la lecture est ici généralement répandu. Pour la classe marchande comme pour la classe universitaire, c'est plus qu'une distraction, c'est un besoin.

Il n'y a pas un pays où il y ait plus d'écoles et des écoles mieux administrées qu'en Danemark. L'instruction du peuple n'est pas seulement encouragée par les ministres, elle est prescrite par les lois. Si le fils d'un paysan ne savait pas lire, il ne pourrait être confirmé, et s'il n'était pas confirmé, il n'aurait pas un droit civil, pas même celui de se marier. Les plus pauvres habitants des campagnes possèdent donc au moins les premiers éléments de l'instruction; ceux des villes vont beaucoup plus loin. Si un père ne peut assurer de dot à sa fille, il emploie tous ses moyens à lui donner une éducation complète. Il n'est pas rare de trouver dans la maison d'un fonctionnaire qui n'a que de très modiques appointements, des jeunes filles douées d'un talent musical remarquable, et tout cela sans prétention et sans pédanterie. Il y a beaucoup de femmes à Copenhague capables d'analyser d'un bout à l'autre les œuvres de Gœthe, de Biron, de Racine; mais une sage réserve les maintient dans les régions aimables du savoir, et les empêche de tomber dans le ridicule du bas-bleu.

A ces qualités de l'esprit se joignent celles du cœur, la confiance dans les relations, l'hospitalité envers les étrangers, ces douces vertus des populations du Nord qui rendent à jamais les pauvres contrées boréales chères à celui qui a eu le bonheur de les connaître. Les femmes ont, il est vrai, abdiqué l'antique costume de leurs mères pour adopter la robe et le chapeau parisiens, qui du reste parent élégamment leur fraîche beauté; mais elles ont conservé cette simplicité des mœurs et ces pieuses croyances dont parlent les vieilles chroniques. Dans cette grande ville de Copenhague, comme dans les bonnes et honnêtes cités de la Saxe, l'intérieur de famille subsiste encore généralement dans toute sa pureté primitive. La vie est calme, retirée à l'écart sous le patronage des dieux du foyer, et s'écoule à petit bruit comme le sable de la clepsydre. Elle a pour chaque saison de l'année ses solennités régulières, pour chaque jour ses joies innocentes. L'été, c'est la promenade du dimanche au parc, l'excursion au bord d'un des beaux lacs de Séeland, et, pour les plus aisés, le séjour à la campagne entre les bois et les fleurs. L'hiver, c'est le bal d'une maison amie, le concert d'un artiste en renom, parfois le théâtre, et le plus souvent la soirée passée autour de la théière, célébrée par Cowper, avec de naïves causeries, avec un piano et des livres. Pour ceux à qui il faut chaque matin la terrible pâture de vingt journaux, l'émotion des rivalités littéraires et le tumulte des luttes politiques, une telle existence doit paraître bien monotone. Mais beaucoup de ceux qui de loin la regardent avec dédain, s'ils pouvaient une fois la goûter, j'en suis sûr, s'y laisseraient prendre. Car il y a là une atmosphère bienfaisante au milieu de laquelle on sent son âme se rafraîchir, un parfum de bonne conscience qui retrempe la pensée, un repos qui peu à peu tempère les mouvements tumultueux de l'esprit. Pour moi, je me rappelle encore.... Mais que sert de vouloir ajouter plus d'images à ce tableau? Au moment où j'écris ces lignes, les graves discussions de la tribune retentissent déjà de tous côtés, et mon idylle danoise reste étouffée sous les colonnes des *premiers-Paris*.

La société de Copenhague se compose presque en entier de fonctionnaires, de professeurs et de négociants. La révolution de 1660, en supprimant les privilèges de la noblesse, lui porta une atteinte mortelle. Il n'y a plus en Danemark que très peu de familles nobles, et elles ne sont ni riches ni influentes. En 1809, elles perdirent encore une partie de leur prestige. Le Danemark était alors dans un état désastreux : le gouvernement sollicita un emprunt, et, pour l'obtenir plus facilement, mit aux enchères les titres que l'on n'acquérait autrefois que dans les hautes fonctions de l'État ou sur le champ de bataille. Pour un capital de 20 000 fr. à 5 p. 100 d'intérêt, il accordait la qualification de noble ; pour un capital de 52 000 fr., celle de baron ; et pour un capital de 140 000 fr., celle de comte. Quatre bourgeois seulement voulurent être nobles, et deux devinrent barons. Il fallait en vérité que les fortunes particulières fussent dans un état bien délabré ou bien précaire pour que cette curieuse ordonnance de 1809 n'inondât pas la ville et les campagnes de devises et d'armoiries ; car l'on sait avec quelle ardeur ces bons Danois, ces descendants des fiers Vikinger courent à la curée des signes honorifiques. Je crois qu'à cet égard ils l'emportent encore sur les Allemands, à qui la Providence, dans sa commisération, a donné une quantité de princes qui distribuent une quantité de titres. Il n'y a pas un Danois quelque peu lettré qui ne trouve qu'un habit est fort disgracieux s'il n'a pas le droit de déployer dans toute l'étendue de sa large boutonnière un ruban bicolore ; pas un Danois qui ne se croie exposé aux fluxions, aux catarrhes, à toutes les dangereuses conséquences du froid et de l'humidité, si, comme préservatif, il ne peut mettre sur sa poitrine, au lieu de la cuirasse de fer de ses ancêtres, une bonne croix en or ou en argent. Enfin sa vie ne lui semblerait pas complète, son nom sonnerait mal à ses oreilles s'il ne pouvait y ajouter un titre, n'importe lequel, pourvu que le nom n'aille pas tout seul. Le gouvernement, dans sa sollicitude paternelle, a compris ce besoin national et s'est efforcé d'y satisfaire : 140 pages du calendrier de la cour, in-4° à deux colonnes, sont employées à relater les différents titres que de magnanimes ordonnances ont répandus dans de bienheureuses familles. Il y a dans le royaume de Danemark 150 chambellans, 300 gentilshommes de la chambre, 18 conseillers de conférence intime, 32 conseillers de conférence ordinaire, 130 conseillers d'État réels (*virkelige etaats raader*), 39 conseillers honoraires, et un nombre indéterminé de conseillers de justice, de commerce, de chancellerie, etc. Dans cette généreuse distribution de dénominations honorifiques, les marchands et les ouvriers eux-mêmes n'ont pas été oubliés. Quelques centaines d'entre eux ont le droit de s'appeler marchands et ouvriers de la cour. On les distingue à la coquetterie de leur étalage, au luxe de leur enseigne, et, en vertu de leurs privilèges, ils sont exempts du service de la garde civique.

On se figurerait peut-être qu'une telle quantité de titres doit produire entre ceux qui en sont décorés des conflits perpétuels d'amour-propre et soulever à chaque instant des questions de préséance, comme il en existait autrefois entre les gens de robe et les gens d'Église, les vassaux et les suzerains. Mais point; et c'est ici surtout que j'admire la sagesse qui a présidé à cet état de choses. Tous les fonctionnaires, tous les hommes titrés et décorés, sont divisés en neuf classes, et chaque classe subdivisée en dix ou douze catégories. D'abord vient le chevalier de l'Éléphant, ce noble et puissant personnage qui, de même que le chevalier du Séraphin en Suède et de l'Annonciade en Sardaigne, marche en tête des ordres de l'État, et prend même le pas sur le corps diplomatique; puis les grand'croix de Dannebrog, qui vont de pair avec les comtes du royaume; puis les employés civils et militaires, selon l'assimilation de leurs grades. L'évêque a le rang de baron; l'*amtmand* ou préfet, le rang de conseiller d'État; le professeur de l'université est classé comme un lieutenant-colonel, et un docteur en théologie est au même niveau que le capitaine. Les premières classes ont leurs grandes entrées à la cour, et le conseiller d'État est admis à l'honneur de dîner à la table du roi.

Ce titre de conseiller n'impose aucun devoir et n'indique aucune position spéciale. On a vu de très pacifiques habitants de la campagne élevés au rang de conseillers de guerre; des poètes éminents sont devenus conseillers de commerce. Thorvaldsen, le grand artiste, est conseiller de conférence, et l'un des critiques les plus actifs et les plus redoutés de Copenhague porte le titre de conseiller de justice.

On monte en grade dans la hiérarchie des conseillers comme dans la hiérarchie militaire. Les femmes elles-mêmes partagent cette heureuse destinée. Les femmes portent le titre de leur mari, occupent le même rang que lui et jouissent des mêmes prérogatives. Tant de bonheur ne peut être acquis sans quelque sacrifice. A chaque titre est attaché un impôt, et plus la qualification honorifique devient sonore, plus le tribut augmente. La première classe des dignitaires paye, par an, 80 rixdalers ou 240 fr.; la deuxième 70, la troisième 40, et cela va ainsi en diminuant jusqu'au très humble titulaire de la neuvième classe, qui paye encore 6 écus. Ce tarif basé sur l'étendue d'une carte de visite, cette échelle de finances appliquée aux gradations d'une hiérarchie purement nominale, cette taxe qui suit la vanité, me semblent, de la part du fisc, l'une des plus spirituelles inventions qui existent.

ÉTABLISSEMENTS LITTÉRAIRES

DE COPENHAGUE

A M. DE SALVANDY

Depuis que nous avons commencé à sortir de nos frontières et à regarder autour de nous, nous n'avons encore appris à connaître que l'Angleterre et l'Allemagne ; quand on fera un pas de plus, quand on viendra jusqu'en Danemark, on sera surpris de voir ce qu'il y a de trésors scientifiques amassés dans une ville à laquelle nous n'attribuons pas une grande influence, et d'hommes savants dispersés à travers un pays qu'un de nos journaux appelait encore dernièrement un pays presque barbare. Ici il y a de grandes bibliothèques et de riches musées ; ici il y a une vie d'études sérieuse et persévérante ; ici on aime vraiment la science pour la science. Les professeurs qui s'y dévouent ne reçoivent qu'un mince salaire, et les hommes qui écrivent ne s'enrichissent guère par leurs travaux. En France, en Allemagne, en Angleterre, quand un poète s'abandonne à ses inspirations, quand un savant publie un livre, il s'adresse au monde entier. En peu de temps son livre est connu, traduit et répandu d'un bout de l'Europe à l'autre. En Danemark, ce livre est tiré à quelques centaines d'exemplaires, annoncé par quelques journaux ;

il va de Copenhague dans les provinces, et peut-être arrive-t-il, très lentement et très difficilement, en Norvège et en Suède. Mais le Holstein l'ignore; les universités allemandes ne s'en occupent pas, et la France n'en entend jamais parler. Si Œhlenschläger n'avait pas lui-même traduit ses œuvres en allemand, peut-être ne connaîtrions-nous pas Œhlenschläger, un vrai et grand poète. Nous ne connaissons pas Finn Magnussen, qui a écrit une mythologie plus érudite et plus profonde que celle de Creuzer, ni Œrsted, Schlegel, Rosenvinge, qui ont éclairci le labyrinthe de la législation du Nord. Nous ne connaissons pas Grundtvig, poète original, philosophe religieux, d'une nature parfois bizarre et confuse, mais grandiose comme celle de Gœrres. Nous ne connaissons pas Rask, cet homme qui avait saisi le génie de toutes les langues, ni Müller, qui s'avançait avec tant de sagacité dans l'étude des antiquités scandinaves, ni plusieurs autres savants zélés, laborieux comme Werlauff, Molbech, Engelstoft, Œrsted, le professeur de physique, qui ont consacré leur vie à des travaux utiles, et dont les œuvres n'ont pas traversé l'Elbe. Ces hommes-là ont écrit en danois, et les savants étrangers ne les ont pas lus, et le libraire ne leur a presque rien donné [1]. Pourquoi tant d'études silencieuses, ignorées, s'ils n'aimaient réellement l'étude?

L'éducation des jeunes gens est longue et sérieuse. Aucun d'eux ne peut aspirer à un emploi s'il n'a subi divers examens. Il passe six ans au gymnase et quatre ans à l'université.

---

[1]. Les rédacteurs du journal littéraire qui porte le titre de *Maaneds Tidskrift* reçoivent 9 à 10 écus par feuille de 16 pages (25 à 28 francs). Les trois rédacteurs des *Archives de Jurisprudence* reçoivent 100 écus pour un volume de vingt feuilles. Le libraire donne à ces professeurs, pour un livre classique, 12 écus par feuille, et, à un romancier aimé du public, 8 à 9 écus.

Le même roi qui établit sur le trône de Danemark la branche actuelle d'Oldenbourg, Chrétien Ier, fonda en 1479 l'université de Copenhague. Il lui fit donner des statuts par l'archevêque de Lund; il lui accorda plusieurs privilèges et la dota de quelques terres. Mais il était peu riche. Quand sa fille se maria avec Jacques III d'Écosse, il engagea, pour payer sa dot, les îles Orcades et Shetland, et jamais il n'a pu les recouvrer. L'université languit faute de secours. Pendant l'espace de soixante ans, elle eut si peu de vie que son histoire à cette époque est à peine connue. Mais au commencement du XVIe siècle, lorsque la Réformation eut pénétré en Danemark, Chrétien III prit en pitié la pauvre école si longtemps oubliée. Il l'enrichit des biens enlevés au clergé, et lui donna, en 1539, un nouveau règlement. En 1788, Chrétien VII augmenta le nombre des professeurs et remplaça les anciens statuts par une ordonnance qui subsiste encore aujourd'hui, sauf quelques modifications.

Sept à huit cents étudiants fréquentent annuellement l'université. Plus de deux cents jouissent d'un stipende fondé par des rois ou des particuliers.

En 1596, Frédéric II établit la communauté où cent étudiants devaient être logés et nourris gratuitement. Il lui assigna un cloître à Copenhague, des biens en Sééland et à Falster, et des dîmes.

En 1623, Chrétien IV fonda pour cent étudiants le collège de la Régence, qui existe encore.

Plus tard, d'importantes modifications ont eu lieu dans ces institutions. Cent étudiants logent encore à la Régence, mais on ne les nourrit plus : on leur paye une certaine somme. Il y a soixante stipendes à un écu par semaine, quarante à un écu et demi, trente à deux écus. L'élève peut solliciter le moindre de ces stipendes dès qu'il a passé son examen philosophique, et il obtient successivement les autres. Les fonds de la communauté sont employés à payer une partie de ces stipendes; et comme elle était trop riche, on a pris sur ses revenus pour subvenir aux besoins de l'université. Les revenus de l'université s'élèvent chaque année à 62 000 écus, ses dépenses à 72 000. La communauté comble le déficit.

Il y a, outre ces fondations royales, trois collèges établis par des particuliers, et où seize élèves sont logés et reçoivent par an une somme de 50 à 60 écus.

Holberg le poète a aussi fait un legs à l'université : il lui a donné une rente de 500 écus pour marier les filles de professeurs.

Les stipendes d'étudiants sont accordés par le consistoire à la pluralité des voix, quand il a été bien constaté que l'élève n'a pas de fortune et qu'il a le goût du travail. Autrefois les bénéficiaires étaient obligés de soutenir de temps à autre des thèses latines, et, sous Frédéric II, ils devaient jouer les comédies de Térence [1]. Maintenant ils sont seulement tenus d'assister avec exactitude aux cours et de remplir leurs devoirs.

Dès l'ordonnance de fondation de Chrétien Ier, les étudiants ont été soumis à la juridiction universitaire. Elle est exercée par le consistoire, composé de seize professeurs ordinaires : trois de théologie, trois de médecine, trois de jurisprudence, sept de philosophie. Le plus jeune remplit les fonctions de secrétaire. Les professeurs de la faculté entrent dans le consistoire par droit d'ancienneté. Le recteur est choisi par ses collègues, une année dans chacune des trois facultés, et deux années dans celle de philosophie.

Il y a douze professeurs extraordinaires : un de théologie, un de jurisprudence, un de médecine, neuf de philosophie, et trois professeurs de littérature française, anglaise, allemande. D'après l'assimilation de

---

1. En 1577, ils furent appelés à jouer au château pour le jour de la naissance de Chrétien IV.

grade à laquelle tous les fonctionnaires de Danemark sont soumis, les professeurs ordinaires ont le rang de lieutenant-colonel, les professeurs extraordinaires le rang de major.

Leur traitement varie selon la faculté à laquelle ils appartiennent et leur rang d'ancienneté.

Chaque professeur fait un cours public gratuit et un cours particulier, pour lequel les élèves payent 4 écus par semestre; mais ceux qui ne sont pas riches demandent à être exemptés de cette rétribution et l'obtiennent facilement.

Les biens de l'administration sont régis par un questeur, sous la surveillance de deux membres du consistoire, qui portent le titre d'inspecteurs.

L'administration de l'université, ainsi que celle des écoles, est confiée à une direction composée de trois membres, qui transmet ses rapports directement au roi.

En 1829, on a joint à l'université un établissement d'instruction pratique qui porte le nom d'*Institut polytechnique*. Mais on se tromperait si, d'après le nom qui lui a été donné, on le rangeait à côté de notre École polytechnique. Il ressemble beaucoup plus à nos écoles d'arts et métiers. Le but des fondateurs est d'élever les jeunes gens dans la théorie et la pratique des sciences physiques et industrielles. Six professeurs et un chef d'atelier sont attachés à cet institut. Ils enseignent :

1º Les mathématiques, l'algèbre, la trigonométrie, la géométrie, le calcul intégral et le calcul différentiel;

2º La chimie, et surtout la chimie pratique;

3º La physique : leçons sur la chaleur, l'électricité, le galvanisme, le magnétisme, la physique du globe;

4º La mécanique et la technologie;

5º L'histoire naturelle, la minéralogie, la botanique, la zoologie;

6º Le dessin géométrique et le dessin des machines.

Les cours durent deux ans et sont publics. Mais les jeunes gens qui veulent être inscrits comme élèves, et suivre la carrière que cet établissement leur ouvre, doivent subir un examen sur l'histoire, sur la géographie, sur la géométrie et les logarithmes. Ils doivent aussi savoir assez bien le français et l'allemand pour pouvoir lire un livre écrit dans ces deux langues.

Cette institution doit beaucoup à l'esprit intelligent, au zèle éclairé de M. le professeur Oersted, qui en est le directeur, et, depuis sa fondation, elle a déjà porté d'excellents fruits. Vingt-deux jeunes gens y sont entrés comme élèves, et plus de deux cents personnes ont suivi assidûment les cours de physique.

Le malheur est qu'en sortant de là les élèves trouvent difficilement une occasion de mettre en pratique les connaissances qu'ils ont acquises. Il n'y a pas en Danemark de grandes fabriques où ils puissent être employés, et le gouvernement a peu de places à leur donner. Ils sont donc réduits, pour la plupart, à redescendre en quelque sorte au-dessous de l'éducation qu'ils ont reçue, à devenir, dans quelques médiocres manufactures, chefs d'atelier, s'ils n'aiment mieux s'expatrier. Cette perspective n'est pas fort encourageante.

L'université de Copenhague a été illustrée plusieurs fois par d'importants travaux, par des noms chers au Danemark. Les sciences naturelles y ont été cultivées de bonne heure et avec succès. L'histoire, et surtout l'histoire du Nord, y a trouvé d'éloquents interprètes. Ole Worm et Bartholin ont tous deux enseigné ici la médecine; Holberg y a donné des leçons de littérature, et, en 1574, Tycho-Brahé y a fait un cours sur la théorie des planètes. A deux lieues de Copenhague est l'île de Hveen, où l'illustre astronome avait construit son observatoire, sa forteresse d'Uranie (*Uranienborg*). Il avait là une forge pour fabriquer ses instruments, une papeterie et une imprimerie. Auprès de sa tour astronomique s'élevaient l'église du village et les maisons des paysans qui étaient venus s'abriter autour de la demeure du savant, comme des vassaux autour de leur seigneur. Les savants, les étrangers de distinction qui voyageaient en Danemark faisaient un pèlerinage à Hveen, et s'enorgueillissaient d'avoir vu Tycho-Brahé dans son observatoire. Les instruments qu'il avait inventés, les constructions qu'il avait fait faire étaient, pour le temps où il vivait, de vrais prodiges. Il fallait que le peuple l'aimât beaucoup pour ne pas l'accuser de sorcellerie. Mais il avait des ennemis à la cour, et ces ennemis le perdirent. Un jour il fut obligé de quitter la solitude qu'il s'était choisie, la terre silencieuse où il avait passé tant de nuits consacrées à la science, tant d'heures de travail et de contemplation. Il fut obligé de quitter le sol du Danemark, où il était revenu avec amour, où il avait bâti l'édifice de sa gloire. Quand il s'en alla, il ne prononça point le mot d'*ingrata patria*; il écrivit ces vers, que l'on ne saurait lire sans émotion :

> Dania, quid merui? quo te, mea patria, læsi,
> Usque adeo ut rebus sis minus æqua meis [1]?

Et ceux-ci où respire une noble fierté :

> Scilicet illud erat, tibi quo nocuisse reprendar,
> Quo majus per me nomen in orbe geras.
> Dic, age, quis pro te tot tantaque fecerat ante,
> Ut veheret famam cuncta per astra tuam [2]?

Il mourut, comme on sait, en 1601, à Prague, à la cour de l'empereur Rodolphe II, qui lui fit faire des funérailles dignes d'un roi. Avant de mourir, il avait tra-

---

[1]. Danemark, comment t'ai-je offensé? D'où vient, ô ma patrie, que tu rendes si peu justice à mes œuvres?
[2]. Mon crime c'est d'avoir agrandi ton nom. Dis, quel homme a tant travaillé pour toi? Quel homme a jamais fait de si grandes choses pour répandre ta gloire dans toutes les contrées?

vaillé pour l'avenir de la science; il avait pris pour disciple Jean Keppler.

Le peuple de Danemark a conservé dans ses traditions le souvenir de Tycho-Brahé. On raconte qu'il était très superstitieux. Il croyait qu'il y avait dans l'année trente-deux jours néfastes pendant lesquels il ne fallait rien entreprendre, si l'on ne voulait pas s'exposer à quelque catastrophe. On les appelle encore à Copenhague les jours de Tycho-Brahé. Un de ces jours-là, il s'était marié, lui, descendant d'une vieille et noble famille, avec la fille d'un paysan, et il avait été malheureux. Un de ces jours-là, il avait rencontré Parsbierg dans une noce à Wittemberg, et Parsbierg, d'un coup de sabre, lui trancha le bout du nez.

La maison de Tycho-Brahé est tombée en ruines; sa forteresse d'Uranie s'est écroulée. Il ne reste de cet édifice scientifique que quelques pierres couvertes de mousse. La tour ronde de Copenhague, au haut de laquelle Pierre Ier monta, dit-on, en voiture, a servi d'observatoire dans le temps où l'on croyait que plus un observatoire était élevé, plus il était facile d'y faire des expériences. On en a construit depuis un autre à Copenhague, qui est occupé par M. Olufssen, et un autre à Altona, qui est occupé par M. Schumacher.

La bibliothèque de l'université fut fondée vers le milieu du XVIe siècle. Un grand nombre de savants, de professeurs, se plurent à l'enrichir. Un siècle après sa fondation, elle pouvait passer pour une des plus belles bibliothèques universitaires de l'Europe. L'incendie de 1728 l'anéantit en un jour. Il fallut en créer une toute nouvelle. Mais plus la catastrophe était grande, et plus les Danois mirent de zèle à la réparer. Elle joignit en peu de temps plusieurs dotations importantes à celles qu'elle possédait déjà, et Arne Magnussen lui légua l'inestimable trésor qu'il avait sauvé des flammes, c'est-à-dire deux mille manuscrits islandais, danois et suédois. Plus de deux mille autres étaient brûlés.

La bibliothèque possède aujourd'hui environ quatre-vingt mille volumes bien choisis et une précieuse collection de manuscrits. Les legs qui lui ont été faits sont malheureusement assujettis à diverses conditions. D'après les vœux des donataires, certaines collections particulières ne doivent être ni déplacées ni mêlées à d'autres collections, et certaines rentes ne peuvent être employées qu'à des achats prescrits d'avance. Ce sont autant d'obstacles pour le classement régulier des livres et les acquisitions que le temps, le progrès de la science, la direction nouvelle des études lui prescrivent. Mais elle est dirigée avec soin, avec habileté, et s'enrichit chaque année d'une manière notable.

La bibliothèque du roi est beaucoup plus importante. Elle renferme près de quatre cent mille volumes, plusieurs manuscrits islandais d'un très grand prix, notamment les deux Edda, et vingt mille manuscrits orientaux que Niebuhr, Rask et Fuglesang ont rapportés de leurs voyages. Elle fut fondée par Frédéric III, qui travailla sans cesse à l'agrandir. Mais elle doit plus encore à la générosité de quelques particuliers qu'à la munificence des rois. Tott, qui avait formé une bibliothèque de cent vingt mille volumes, lui légua vingt mille volumes de paléotypes; Suhm lui légua, pour une rente viagère de 3000 écus, sa bibliothèque, composée de cent mille volumes, et mourut un an après. Elle a recueilli en outre les collections de plusieurs savants, tels que Puffendorf, Luxdorph, Anker, Stampe. Elle était d'abord fermée au public; mais, vers le milieu du XVIIIe siècle, elle fut ouverte deux fois par semaine, et depuis 1793, elle est ouverte chaque jour pendant trois heures.

Le roi lui donne sur sa cassette 6500 écus par an, le gouvernement environ 2000 écus; 4000 écus sont consacrés aux achats de livres, le reste aux appointements des employés.

Il y a un premier bibliothécaire, qui ne reçoit, comme

je l'ai dit, que 800 écus; un second, qui est aussi professeur, en reçoit 900; un troisième, 1 100; un secrétaire, 400; un garçon de salle, 300; un copiste, 250. En tout, 3 550 écus (environ 10 500 francs).

Le bibliothécaire actuel est M. Werlauft, à qui l'on doit plusieurs publications d'ouvrages islandais, des dissertations sur les antiquités scandinaves, et une excellente histoire de la bibliothèque.

Un de ses prédécesseurs a été Schumacher, devenu célèbre sous le nom de Griffenfeld. Ce fut lui qui rédigea, en 1660, l'acte mémorable qui consacrait le droit de succession dans la famille d'Oldenbourg, et enlevait par là aux nobles le privilège d'élire leur roi. Ce fut lui qui, sous le règne de deux souverains, gouverna les affaires de Danemark. Son élévation rapide et sa chute plus rapide encore en ont fait un de ces personnages singuliers qui apparaissent dans l'histoire comme une fiction.

Il naquit à Copenhague en 1635. Son père était marchand de vin. A l'âge de treize ans, il entra à l'université. A l'âge de quinze ans, il soutint une thèse que les savants admirèrent. L'évêque Brochmann, frappé de ses rares dispositions, le fit venir chez lui et le garda. Frédéric III, qui aimait la conversation des hommes instruits, allait souvent rendre visite à Brochmann et ne dédaignait pas de s'asseoir à sa table. Là, il vit le jeune étudiant; il se plut à causer avec lui, et lui donna de l'argent pour voyager. Schumacher voyagea pendant sept années en Allemagne, en Hollande, en France, en Espagne, en Italie, en Angleterre, visitant partout les bibliothèques, les savants, les universités, s'arrêtant partout où il trouvait un nouveau sujet d'instruction, un nouveau lien scientifique. Il avait commencé par étudier la théologie et la médecine; il étudia ensuite la jurisprudence et la politique. Il revint à vingt-trois ans dans son pays, riche de science, plein d'ardeur et d'ambition. Son premier protecteur était mort, et le roi était alors si occupé de ses guerres avec la Suède, qu'il ne put arriver jusqu'à lui. Il entra en qualité de secrétaire chez le conseiller intime Holger Vind. Un jour Vind le chargea de remettre une lettre importante au château. Schumacher, au lieu de la confier au gentilhomme de service, la porta directement au roi, et lui rappela qui il était. Le roi se souvint de lui avec plaisir, et, dans l'espace de quelques instants, Schumacher étala avec habileté tout ce qu'il avait vu et appris. La dépêche du conseiller intime était d'une nature grave, et Frédéric en paraissait embarrassé. Le futur ministre d'État s'offrit à y répondre, et revint une demi-heure après, apportant un projet de lettre qui tranchait toutes les difficultés. Le roi le nomma secrétaire de chancellerie, puis il lui confia les archives, la bibliothèque. Là, il allait souvent le voir, et passait de longues heures à s'entretenir avec lui sur des questions de science et de politique. En 1668, il l'éleva au poste de secrétaire de cabinet, et en mourant il le recommanda à son successeur comme un homme digne d'occuper les plus hauts emplois. Sous le règne de Chrétien V, la faveur de Schumacher ne fit que s'accroître. Il devint en peu de temps ministre, et ministre tout-puissant. Il fut nommé conseiller intime, chancelier, et chevalier de l'ordre de l'Éléphant. En 1672, il reçut des lettres de noblesse, et changea son nom bourgeois de Schumacher (qui signifie cordonnier) contre le nom de Griffenfeld. Il exerçait non seulement une influence presque absolue dans son pays, mais il était aimé et considéré dans les autres cours. Hoffmann rapporte que Louis XIV dit au ministre de Danemark Meiercrone : « Je ne saurais m'empêcher de vous témoigner l'estime infinie que j'ai pour le mérite du chancelier de la couronne de Danemark. Il est sans doute l'un des plus grands ministres du monde. » Griffenfeld avait auprès des puissances étrangères des émissaires particuliers qui le prévenaient de tout événement grave, et il pouvait par là prendre ses mesures d'avance. Un jour il dit au roi : « Il arrivera ici un envoyé d'Autriche qui est chargé de telle mission; voici ce que vous lui répondrez. » Les choses se passèrent comme il l'avait prévu, et l'envoyé disait en s'en allant : « Quel homme admirable que le roi de Danemark! Je lui apporte une dépêche qui me semblait devoir exiger de longues négociations, et, dès qu'il l'a lue, il y répond sans hésiter. »

Que Griffenfeld, ce fils d'un marchand de vin, devenu le favori du roi, eût des ennemis, c'est ce qu'il est facile de concevoir. Mais ils se sentaient trop faibles pour l'attaquer. Un événement imprévu leur vint en aide. La reine voulait marier Griffenfeld avec une princesse d'Augustembourg. Les démarches préliminaires étaient faites et le consentement accordé, quand tout à coup Griffenfeld devint amoureux d'une princesse de la Trémouille, qui, par suite de la révocation de l'édit de Nantes, avait cherché un refuge en Danemark. Il renonça à la riche alliance que la reine lui avait proposée, et les princes d'Augustembourg, humiliés de son refus, jurèrent de se venger, et se liguèrent avec plusieurs courtisans pour le perdre. La fortune qu'il avait amassée fut un des plus puissants griefs employés contre lui. On le peignit aux yeux du roi comme un homme qui avait abusé de son pouvoir, qui avait placé ses créatures, ou distribué les fonctions publiques à prix d'argent. A force d'entendre répéter cette accusation, le roi finit par y croire, et Griffenfeld fut arrêté. On s'empara de ses papiers; on fit des perquisitions dans sa demeure, et l'on y trouva, dit la chronique, quinze tonnes d'or. Il fut jugé comme concussionnaire et criminel de lèse-majesté. Les témoignages portés contre lui ne paraissent pas avoir grande valeur. Pour prouver le crime de concussion, on fit venir un bourgmestre qui prétendait lui avoir donné 400 écus pour obtenir une place, et un prêtre qui assurait lui en avoir donné 500 pour être nommé à une cure. Pour prouver le crime de lèse-majesté, on présenta aux juges un carnet où Griffenfeld avait l'habitude de noter tout ce qui lui arrivait, et où il avait écrit : « Aujourd'hui le roi a raisonné, dans le conseil, comme un enfant ».

Après l'exposé de ces crimes, Griffenfeld fut condamné à mort. Chrétien V commua la sentence, et le condamna à la prison perpétuelle. Le malheureux aurait mieux aimé mourir. Il demanda à renoncer à tous ses titres, et à servir comme simple soldat dans un régiment; cette grâce lui fut refusée. Ses ennemis le redoutaient même en prison. Plus d'une fois le roi s'était écrié : « Hélas! que n'ai-je encore Griffenfeld! il comprenait mieux à lui seul les affaires de Danemark que tout mon conseil d'État réuni ». Ceux qui l'avaient perdu ne voulurent pas lui donner l'occasion de rentrer en faveur. Ils l'avaient d'abord tenu enfermé dans la citadelle de Copenhague; ils le firent transporter à Munkholm. Après avoir passé dix-neuf ans en prison, il recouvra sa liberté, et mourut à Drontheim. Les Danois l'appellent leur Richelieu.

Il y a encore à Copenhague une autre bibliothèque publique fort intéressante : c'est celle qui a été fondée par le général Classen. On y trouve une nombreuse collection de voyages, de livres d'histoire, de géographie, de mathématiques. M. Classen, en l'abandonnant à la ville, a légué en même temps une somme assez considérable pour l'agrandir.

La Société des antiquaires du Nord a fondé, il y a quelques années, à Copenhague un musée d'antiquités nationales. C'est le plus riche et le plus complet qui existe dans le Nord. Il y a, pour celui qui s'intéresse à la vieille Scandinavie, un grand charme à poursuivre ses études dans ce musée. C'est un tableau sorti des ruines du passé; c'est un livre d'histoire qui, sur chacune de ses pages, porte encore la rouille du temps, l'empreinte des siècles. Tous les objets y sont classés par séries, divisés par époques, et chaque objet peut être regardé comme la manifestation d'un fait ou d'une idée. Le premier âge de ce cycle historique dont on peut suivre tous les développements, c'est l'âge de pierre. Les premiers habitants du Nord ne connaissaient pas l'usage des métaux. La pierre devait pourvoir à leurs besoins. Ils choisissaient un silex dur, tranchant, et ils en fabriquaient des haches, des scies, des marteaux, des pointes de flèches et des glaives pour les sacrifices. On a retrouvé tous les objets qu'ils façonnaient, depuis l'œuvre à peine ébauchée jusqu'à l'œuvre complètement finie. On a retrouvé les morceaux de silex qu'ils coupaient par lames régulières pour se faire des pointes de flèches, et ceux qui leur servaient à tailler les dents de la scie, et ceux qu'ils employaient pour polir leurs instruments. Quelques-uns de ces ustensiles sont travaillés avec un art et une perfection qui feraient honneur aux ouvriers de nos jours; et, quand on pense que ces hommes n'avaient, pour s'aider dans leurs travaux, que des instruments en pierre, on doit admirer l'instinct qui leur servait de maître, et la patience avec laquelle ils surmontaient les difficultés. Plus tard, les habitants du Nord connurent le bronze, et ils l'employèrent à fabriquer des armes et des bijoux. C'était pour eux une matière précieuse. Les parures de femmes de cette époque sont en bronze; les diadèmes en bronze; la forme en est élégante, mais le métal y est employé avec une excessive parcimonie. Le jour où les vieilles tribus nomades découvrirent l'emploi du fer dut être pour elles un jour à jamais mémorable, et, si leur histoire était écrite, le nom de l'homme qui fit cette découverte y apparaitrait peut-être en caractères plus glorieux que celui de Newton ou de Guttenberg. Hélas! combien d'expériences pénibles il a fallu pour faire l'instruction de l'homme! Par combien de phases l'humanité a-t-elle passé avant d'en venir, de son état de barbarie primitive, à son état actuel de civilisation! Il y a des siècles de distance entre l'époque où les enfants du Nord ne portaient à leur ceinture qu'un couteau de pierre et celle où ils commencent à creuser les mines de fer. Alors ce métal était encore pour eux d'une si grande valeur, qu'ils le ménageaient comme aujourd'hui on ménage l'or. Ils reconnaissaient bien la nécessité de l'employer dans la fabrication de leurs armes, mais le tranchant de la hache seul était en fer, le reste en bronze. Cependant, à partir de ce temps-là, une nouvelle ère s'ouvre dans l'histoire de la société scandinave. La tribu peut se mettre en campagne, car le métal du soldat est sorti des entrailles de la terre; et l'architecte peut dresser ses plans, car l'ouvrier a trouvé son instrument. Bientôt l'armure de fer brillera sur la poitrine du guerrier, bientôt le temple des dieux s'élèvera aux regards de la foule avec ses murailles couvertes de lames dorées; bientôt la saga célébrera Veland le magicien, Veland le forgeron.

Une autre partie curieuse de ce musée de Copenhague est celle qui renferme les débris des tombeaux. Les Scandinaves ensevelissaient avec leurs morts, chevaux, armes, bijoux, tout ce que le guerrier avait aimé, tout ce que la jeune femme avait porté. La vie à venir était pour eux une image de celle-ci. Ils devaient combattre dans le Valhalla, et Odin avait dit qu'ils jouiraient là aussi des trésors enfouis dans leur tombe. Mais souvent on remplaçait les armures splendides, les bijoux massifs, par des objets de moindre valeur, et quelquefois on les volait. Ce n'est pas d'aujourd'hui qu'on trompe la mémoire des morts, et qu'on se rit, avec leur héritage, des serments qu'on leur a faits, des larmes hypocrites qu'on leur a données.

La plupart des bijoux de cette époque sont en or, travaillés avec goût, ciselés avec art. Ce sont des bracelets, des anneaux, des colliers, qui presque tous ont la forme symbolique du serpent, et cette forme se retrouve dans les ciselures dont ils sont ornés. Les monnaies étaient en argent. On n'avait pas encore songé à les tailler comme les nôtres et à leur donner une empreinte. C'étaient tout simplement des lames massives que l'on coupait par petits morceaux, selon le besoin.

A cette riche collection des temps anciens, on en a joint une autre qui renferme les monuments du moyen âge. On y trouve des armures, des tapisseries, et plusieurs ouvrages de sculpture en bois fort remarquables.

Le directeur du musée scandinave, M. Thomsen, a disposé ces objets d'antiquité avec un ordre admirable. Il est tout à fait dévoué à cette œuvre scientifique, et il l'agrandit chaque jour. Chaque jour les paysans danois fouillent dans leur Herculanum et y découvrent de nouveaux débris qu'ils portent chez le prêtre. Le prêtre les envoie à Copenhague. Il serait à souhaiter que notre gouvernement voulût faire des échanges avec ce musée. Ceux qui le dirigent y sont tout disposés, et, si l'échange peut avoir lieu, nous ajouterons par là une belle page historique à celles que nous avons déjà recueillies.

Deux autres musées méritent encore d'être signalés. Le premier renferme les monnaies et les médailles. Il fut fondé au XVIIe siècle par Frédéric III. Dans l'espace d'une centaine d'années, il s'est considérablement enrichi. Il renferme aujourd'hui une collection assez curieuse de médailles grecques et romaines, et une collection complète de toutes les médailles danoises depuis les bractéates.

Le second musée renferme des objets d'art, des pierres gravées, des antiquités scandinaves, et surtout une riche collection d'ouvrages sculptés en ivoire, la plus riche, la plus belle de ce genre qui existe en Europe. Ce musée doit être un jour transporté au château et réuni à celui des antiquités du Nord.

Les voyageurs qui viennent ici dans le but de s'instruire ne quitteront pas Copenhague sans visiter le cabinet d'histoire naturelle dont M. Reinhardt est le directeur, la collection de vases étrusques du roi, et sa précieuse collection de coquilles et de minéraux, souvent citée par les savants. Le roi Chrétien VIII est un des hommes les plus instruits de Danemark. Il a puissamment encouragé dans ce pays l'étude des sciences, et surtout des sciences naturelles.

Après avoir parlé de ces divers établissements, je ne dois pas oublier de mentionner les associations formées dans cette ville pour le progrès des sciences et de la littérature. Il y a ici une société de médecine, fondée en 1772; une société de littérature islandaise qui publie chaque année un recueil sous le titre de *Skirnir*; une société d'antiquaires, qui publie les anciennes sagas; une société de littérature danoise, qui a pour but d'encourager les travaux des écrivains et de faire réimprimer, quand il en est besoin, les anciens ouvrages; une société pour la langue et l'histoire du Nord : c'est celle qui a été fondée en 1744 par Langebek, et qui rédige le *Magasin danois*. Le roi donne cent écus pour la publication de chaque volume; le reste des frais est couvert par des souscriptions particulières. Il y avait encore une société de littérature, qui a distribué des prix et fait imprimer plusieurs livres; elle n'existe plus depuis près de dix années.

La première de ces sociétés est l'Académie royale des sciences de Danemark. Frédéric V la fonda en 1743. Elle se compose de trente-huit membres ordinaires, et d'un nombre indéterminé de membres correspondants, parmi lesquels je remarque les noms de MM. Sylvestre de Sacy, Arago, Pardessus. M. Hauch, le grand maréchal de la cour, en est le président; M. Carsted, le secrétaire. Elle se divise en deux sections, section des sciences, section des lettres, qui publient chacune un recueil de mémoires. En hiver, la société se rassemble tous les quinze jours. Les séances ne sont pas publiques. Elle met chaque année quatre questions au concours, et distribue quatre prix de 450 francs chacun. Les dotations qu'elle a reçues lui donnent un revenu de 18 000 francs, qui est employé à la publication des mémoires, à la distribution des prix annuels, et à des expériences de physique ou de chimie. Le gouvernement lui donne 4 000 francs par an pour la confection des cartes dont elle a la direction.

Il y a aussi à Copenhague une académie de beaux-arts, une école de peinture et d'architecture. L'exposition à laquelle j'ai assisté m'a paru bien pauvre. Mais une grande gloire rayonne sur cette école : elle a produit Thorvaldsen.

Bertel Thorvaldsen est né le 19 novembre 1770. Son aïeul était pasteur en Islande. Son père vint dans sa jeunesse à Copenhague, et s'y maria avec la fille d'un prêtre. Il y gagnait assez péniblement sa vie en ciselant des couronnes de fleurs, des arabesques, et au besoin des figures de nymphes pour les vaisseaux. La première chose qui frappa les regards de Bertel quand il commença à réfléchir, ce fut un ciseau d'artiste et quelques ouvrages qui ressemblaient à de la sculpture. Il alla fort peu de temps à l'école et n'y apprit presque rien [1]. A l'âge de onze ans, il commença à fréquenter les cours gratuits de dessin, et il ne tarda pas à s'y distinguer par son application. Il passa successivement par l'école linéaire, par l'école de bosse et de dessin. En 1787, il concourut et gagna une médaille d'argent. Il était à cette époque d'une nature excessivement calme, très sérieux, parlant peu et travaillant avec ardeur. Lorsqu'il avait

---

1. On raconte qu'à l'âge de dix-sept ans, se trouvant mêlé à une société de jeunes gens qui voulaient jouer la comédie, il fut obligé de renoncer au rôle qui lui avait été confié, parce qu'il ne pouvait le lire.

une fois pris son crayon, ses camarades essayaient en vain de le distraire. Il restait la tête penchée sur son ouvrage et ne répondait à leurs questions que par des monosyllabes. Malgré les éloges qu'il avait plus d'une fois reçus, son ambition fut lente à s'éveiller. Son père voulait l'associer à ses travaux de ciseleur, et il n'avait rien à objecter à la volonté de son père. Souvent il allait lui porter à dîner sur quelque navire en construction, et, tandis que le pauvre ouvrier se reposait de son labeur du matin, l'enfant prenait le ciseau et achevait de découper une fleur ou de modeler une figure. Cependant les succès qu'il avait obtenus à l'académie avaient déjà fait quelque bruit, à en juger par une anecdote que rapporte M. Thiele [1]. Bertel s'était présenté à l'église pour être confirmé. Le prêtre, le voyant assez mal habillé et fort peu instruit, ne fit d'abord pas grande attention à lui; mais quand il eut entendu prononcer son nom, il lui demanda si c'était son frère qui avait emporté un prix à l'académie de dessin. « Non, monsieur, dit Bertel, c'est moi. » Dès ce moment, le prêtre le traita avec une sorte de distinction et ne l'appela plus que *monsieur Thorvaldsen*.

En 1789, il gagna un second prix. Son père, le trouvant alors aussi instruit qu'il pouvait le désirer, voulait le faire sortir de l'école; mais ses professeurs s'y opposèrent, et il consacra une partie de la journée à ses études; le reste du temps, il l'employait à travailler pour sa famille. On voit encore à Copenhague plusieurs sculptures de lui qui datent de ce temps-là. L'époque du grand concours approchait. Thorvaldsen n'avait d'abord pas envie de s'y présenter. Il était retenu tout à la fois par un sentiment d'orgueil et par sa modestie. Il ne se croyait pas en état de remporter le prix, et il ne voulait cependant pas avoir la honte d'échouer. Mais ses amis

---

1. *Thorvaldsen og hans Værker*, in-4, Copenhague, 1831.

s'efforcèrent de vaincre ses répugnances, et pendant plusieurs mois les plus intimes ne l'abordaient jamais sans lui dire : « Thorvaldsen, songe au concours ».

Quand le jour solennel fut venu, le pauvre Bertel traversa, avec de grands battements de cœur, le vestibule de l'académie. Les élèves devaient d'abord se réunir dans une salle commune pour y recevoir le programme du concours, puis après se retirer chacun dans une chambre à part pour faire leur esquisse. C'est d'après ces esquisses que les professeurs jugeaient ceux qui devaient être admis à concourir; et c'était justement là ce qui effrayait Thorvaldsen. Quand il se vit seul dans sa cellule, en face de son programme, sa frayeur redoubla; il ouvrit la porte et s'enfuit par un escalier dérobé. Par bonheur, il rencontra un professeur qui lui reprocha si éloquemment son peu de courage, que Thorvaldsen, honteux, retourna à ses crayons. Le sujet du concours était un bas-relief représentant Héliodore chassé du temple. Le jeune artiste acheva en deux heures son esquisse, et gagna la seconde médaille d'or.

En 1793, il y eut un nouveau concours. Cette fois il s'y présenta avec plus de résolution et gagna le grand prix. A ce grand prix était attaché le titre de pensionnaire de Rome et une rente de 1200 francs pendant trois ans. Mais les fonds n'étaient pas disponibles, et Thorvaldsen les attendit trois années. Il passa ce temps à continuer ses études, à donner des leçons de dessin, et fit quelques travaux pour le palais du roi.

Enfin, en 1796, il reçut son stipende de voyage. Il se crut alors si riche qu'il alla trouver un de ses amis, qui aspirait aussi à devenir artiste, et lui offrit de l'emmener à Rome et de partager avec lui sa pension. Mais son ami savait mieux que lui ce que valaient quatre cents écus, et il refusa. Thorvaldsen partit le 20 mai 1796, sur une frégate qui se rendait dans la Méditerranée.

Ce qui était triste alors, c'était de voir sa malheureuse

mère qui pleurait et s'écriait qu'elle ne reverrait jamais son fils. En partant, il lui avait fait remettre par un ami une petite boite pleine de ducats. Elle la garda, en déclarant qu'elle n'y toucherait pas : « Car un jour, disait-elle, mon pauvre Bertel pourrait en avoir besoin ». Elle gardait aussi avec une sorte de sentiment religieux un vieux gilet qu'il avait porté. Souvent on l'a vue presser ce gilet sur son cœur et le baigner de larmes, en invoquant le nom de son fils bien-aimé. Elle est morte, la bonne mère, sans connaître toute la gloire de celui qu'elle avait tant aimé.

La frégate sur laquelle était Thorvaldsen fit un long voyage. Elle s'arrêta plusieurs mois dans la mer du Nord. Elle aborda à Malaga, à Alger, à Tripoli, à Malte. A la fin Thorvaldsen n'eut pas le courage de continuer plus longtemps cette expédition maritime. Il s'embarqua sur un bateau qui allait à Naples, et arriva à Rome le 8 mars 1797.

Les premières années qu'il passa dans cette ville furent plus d'une fois traversées par d'amères inquiétudes. Toute l'Europe était alors dans un état d'agitation qui devait se faire sentir jusque dans la retraite du savant et l'atelier de l'artiste. Les grandes questions politiques étouffaient le sentiment poétique. Thorvaldsen travailla avec dévouement, avec enthousiasme, mais sans être encouragé comme il avait le droit de s'y attendre. Le terme de sa pension était expiré, et il n'avait pas encore appris à compter sur la puissance de son génie. En 1803, il venait de modeler une statue de Jason pour payer sa dette au Danemark, il avait épuisé toutes ses ressources, et il se préparait à retourner dans son pays. Il devait partir avec le statuaire Hagemann, de Berlin. Déjà ses malles étaient faites, le *veturino* attendait devant la porte, quand tout à coup Hagemann annonça qu'il ne pouvait partir, parce que son passeport n'était pas en règle. Une rencontre providentielle avait sauvé Thorvaldsen au moment où il abandonnait le concours; une rencontre non moins heureuse le sauva une seconde fois. Le banquier Hope entra par hasard dans son atelier, aperçut la statue de Jason, et en fut émerveillé. « Combien voulez-vous avoir, dit-il, pour exécuter cette statue en marbre? — Six cents scudi, répondit le modeste artiste. — J'en donne huit cents », s'écria Hope. La somme fut immédiatement payée, Thorvaldsen resta à Rome. C'est depuis ce temps que son génie a pris l'essor. J'ai essayé de dire quelle fut sa vie. L'avenir dira quelles furent ses œuvres.

En 1819, Thorvaldsen fit un voyage en Danemark. Il y fut reçu avec des témoignages d'affection et d'enthousiasme sans bornes. C'était à qui courrait au-devant de lui, à qui pourrait le voir. Dans l'espace de vingt-cinq ans, dit son biographe, il était bien changé; mais il avait gardé toute la fraîcheur, toute la jeunesse de ses premières affections. Son imagination ravivait ses souvenirs, et son cœur se dilatait à la vue des lieux où il avait vécu dans son enfance. On lui avait fait préparer une demeure et un atelier dans l'édifice de l'Académie. Quand il y entra, un homme l'attendait sous le vestibule : c'était le vieux portier qui l'avait vu venir là tant de fois. Thorvaldsen lui sauta au cou. Pendant un an il fut encensé, chanté, béni; et, quand il repartit pour l'Italie, une foule innombrable se pressait sur le quai où il allait s'embarquer.

PAYSAGES DANOIS

A BRIZEUX

I

Le printemps vient tard à Copenhague, et, lorsqu'enfin il daigne montrer le bout de son aile, Dieu sait que ce n'est pas sans s'être fait vivement prier. Dès le mois de mars, les poètes le chantent pour l'attendrir ; les jeunes filles, qui se souviennent des joies de l'année précédente, le réclament pour recommencer leurs promenades rêveuses dans les bois, et les marchands de l'*Oestergade* le réclament plus haut encore que les jeunes filles, car il y va du sort des écharpes de gaze et des nouvelles robes qu'ils ont fait venir de Paris. Mais le printemps marche à petites journées, comme un grand seigneur. Il s'arrête en France, en Allemagne, partout où une belle plaine lui sourit, où un caprice le retient, et les deux messagers qui le précèdent, l'hirondelle et la fauvette, l'annoncent sur les bords de la mer Baltique trois semaines avant qu'il ait passé l'Elbe. Enfin un beau jour la nouvelle se répand par la ville que le ciel est tout à fait bleu, que le coucou a chanté et que les arbres du parc commencent à reverdir. Alors toutes les voitures de louage sont mises en réquisition, et toutes les familles s'en vont saluer, hors des remparts, le dieu chéri qui daigne enfin les visiter. En France, nous sommes des ingrats, nous accueillons le printemps comme s'il ne faisait que son devoir en venant à nous; mais dans le Nord on le divinise et on l'encense. En Allemagne, on célèbre, au mois de mai, la fête des roses. Ce jour-là, toute la maison est rose, la table est couverte de couronnes de roses; les femmes portent des bouquets de roses, et les hommes chantent comme Anacréon la rose et le printemps. En Danemark, il n'est question, pendant un grand mois, que de l'apparition du printemps. La politique a tort si dans ce moment-là elle enfante quelque grave nouvelle. Nulle discussion de tribune, nul fait militaire ne peut contre-balancer l'effet d'un rameau d'arbre qui se couvre de feuilles à Frederiksberg, et d'une petite fleur qui éclot à une fenêtre. Le mot de printemps est le seul mot qu'il soit décemment permis de prononcer dans le monde. On peut oublier le reste de la langue, pourvu qu'on puisse dire en entrant dans un salon : « Comment vous portez-vous? » et : « Voici le printemps ». Dans ces jours de joie, tout est en mouvement autour de la ville. Les jeunes fiancés vont dans la forêt cueillir la primevère et parler de leurs espérances; les bons bourgeois traversent les faubourgs pour avoir le plaisir de fumer leur pipe au milieu de la belle nature. Les marchands d'eau-de-vie et de saumon fumé s'asseyent à l'entrée du parc; les danseurs de corde dressent leur tente sur la pelouse de Charlottenlund; l'hôte de Klappenberg range ses tables au bord de la colline qui domine la mer, et l'hôte de Bellevue, qui le regarde d'un œil jaloux, fait ratisser les allées de son jardin et menace de changer la forme de ses ifs, qui depuis vingt ans ont été symétriquement taillés en forme de tours ou de pains de sucre.

Ce qu'il y a de plus curieux, c'est que, du jour où l'on ne voit plus de neige sur la terre et plus de brouillard d'hiver au ciel, les habitants de Copenhague se figurent qu'il fait une chaleur insupportable, et rêvent le repos et les frais asiles de la campagne. Alors quiconque a un coin de terre à une distance raisonnable de la ville, fait ses préparatifs. Les portes de la science et de l'aristocratie se ferment; la justice elle-même émigre, et les professeurs et les juges ne reviennent que deux ou trois fois par semaine faire leurs leçons, tenir leurs séances. La terre commence à peine à reprendre un peu de vie, mais les arbres frissonnent au vent du nord, et les pauvres plantes qui essayent d'éclore ont froid; on court au soleil pour se réchauffer, on clôt hermétiquement les fenêtres de la maison de campagne, et l'on se tapit au coin du poêle comme au mois de janvier : mais n'importe; c'est la belle saison de l'année, c'est le printemps, c'est l'été, et il ne serait pas permis de rester en ville, quand l'almanach démontre qu'on entre dans la canicule.

A cette époque de migration générale, j'ai suivi le torrent et je suis allé chercher le soleil danois aux bords du Sund, au lac d'Esrum.

Nulle part peut-être on ne voit de forêts de hêtres aussi belles et aussi majestueuses qu'en Danemark; nulle part elles n'ont un feuillage si frais et si tendre. Quand on voyage dans la Séeland, on rencontre souvent ce paysage : une plaine où paissent les génisses, où le moulin à vent tourne ses larges ailes; un bois profond sillonné par quelques avenues irrégulières, mystérieux et attrayant, couvert en certains endroits de grandes ombres, et plus loin traversé par des flots de lumière qui inondent le feuillage. On y entre avec une sorte de saisissement indéfinissable; on y respire un repos que l'on n'a jamais senti dans le monde, et en même temps on y sent venir cette douce et vague tristesse que les Danois appellent *veemod*. Là il y a de la poésie; là les cordes intérieures de l'âme s'ébranlent sous une main invisible et vibrent harmonieusement.

Là on subit je ne sais quelle force d'attraction et quel pressentiment infini. Toute la nature semble prête à nous dévoiler ses secrets, et l'oreille écoute et l'esprit attend. Au pied du bois est le lac où le bouvreuil vient boire, où les rameaux d'arbres se mirent avec les rayons du soleil couchant, et près de là on aperçoit l'habitation champêtre qui élève timidement son toit de chaume au-dessus de la haie d'aubépine, et l'église en briques bâtie sur le modèle des anciennes églises anglo-saxonnes, avec sa tour carrée massive, son clocher dentelé comme un escalier, image sans doute de l'escalier mystique par lequel la pensée devait s'élever de terre et monter au ciel. Je n'ai jamais vu le Westmoreland; mais il me semble que les lacs au bord desquels Woodsworth, Wilson, Southey se sont choisi leur retraite, doivent ressembler aux lacs de Danemark.

La route d'Elseneur passe entre l'une des plus belles forêts de la Séeland et la mer. Souvent ici le ciel est sombre, et cette terre riante et animée s'épanouit sous ce ciel comme un visage de jeune fille sous un voile de deuil. Du côté de la forêt on aperçoit d'élégantes maisons de campagne, des allées de jardins couronnées de fleurs. Du côté de la mer, on ne voit que le rivage nu, les filets du pêcheur étendus sur des pieux, et sa maison posée au bord de la grève comme une barque qu'on a tirée de l'eau. Sur ce sable que la marée baigne soir et matin, on ne trouve qu'une seule fleur, le myosotis, la fleur du souvenir. On dirait qu'elle est née là pour rappeler au voyageur qui aborde sur cette côte lointaine le souvenir de la terre natale qu'il a laissée derrière lui et des amis auquel il a dit adieu.

Elseneur est le caravansérail de la marine. On y aborde de tous les côtés, on y parle toutes les langues. Du matin au soir, les pavillons du Nord et du Midi flottent sur le Sund. Les matelots étrangers descendent à terre, se croisent dans les rues. Les auberges d'Elseneur sont là qui leur sourient, les marchands les attendent, et chacun ici travaille pour la marine et s'endort avec des rêves de marine [1].

À l'extrémité de la ville est bâti le *Kroneborg*. La pointe de terre sur laquelle s'élève ce château s'appelait autrefois l'*Œrekrog* (le Coin de l'oreille). C'était l'oreille du Danemark, ouverte à tous les bruits et à toutes les nouvelles de mer. Le Kroneborg est un édifice d'une architecture imposante. Il est entouré de trois remparts, peuplé de soldats, muni de canons, comme une forteresse qui a une mission difficile à remplir, celle de faire solder un péage. Tous les bâtiments passent au pied de ce château et doivent payer un tribut à cette citadelle maritime qui les protège, à ce fanal qui les éclaire. Il est des jours où il en vient par centaines, et chaque année ce nombre augmente [2].

Du haut d'une des tours du Kroneborg, l'œil plonge sur un des plus beaux panoramas qui existent. D'un côté, dans le lointain, on aperçoit comme une ligne bleuâtre, les murs de Copenhague; de l'autre, les montagnes de Kullan; en face du château, la côte suédoise, aride et sèche; la ville de Helsingborg, dont les toits rouges étincellent au soleil, et la mer, la mer verte comme une prairie sur les bords, noire et profonde au milieu; la mer resserrée au pied de la forteresse comme un défilé, ouverte des deux côtés comme une plaine immense. Ici le Sund et là le Categat, et les vaisseaux qui abordent ou lèvent l'ancre, fendent les vagues, passent et se succèdent sans interruption. Au milieu de ces

---

1. Elseneur, dit un vieux voyageur français, est une ville peuplée de marchands. Ils font leurs marchés le matin et boivent le vin du marché le reste de la journée. *Voyages* de M. Deshayes, 1 vol. in-18, Paris, 1664.

2. On en compta près de 20 000 dans l'été de 1839. La place du directeur de la douane, qui perçoit pour lui un écu par navire, est la place la plus lucrative du royaume.

vaisseaux qui naviguaient sous le vent et s'en venaient à la suite l'un de l'autre, rangés sur une ligne comme une légion de soldats, on me montra de loin deux bâtiments français. Je ne connaissais ni leur nom, ni le nom de celui qui les envoyait sur les rives du Nord; mais ils venaient de France, ils portaient le pavillon de notre pays; je les regardais avec émotion, et je les suivais des yeux.

On dit que ces montagnes du Kullan, qui s'élèvent de l'autre côté du Sund, étaient jadis les dernières limites du monde connu, les colonnes d'Hercule. Depuis ce temps, le monde s'est agrandi. Les pêcheurs avec leurs barques ont été plus loin que le dieu avec sa peau de lion. Les hommes ont franchi les barrières que l'ignorance leur avait imposées. Leur ambition s'est accrue avec leurs conquêtes, et ils ne savent où s'arrêtera leur *nec plus ultra*. Autrefois, en voguant au pied de ces montagnes, les navigateurs offraient un holocauste à Hercule. Aujourd'hui, les matelots qui y passent pour la première fois doivent subir le baptême maritime et doivent payer une amende. La fête naïve des matelots a succédé à l'appareil pompeux de l'holocauste, et la libation joyeuse a remplacé le sacrifice du sang.

En face de Kullan on aperçoit une colline couverte de verdure, qu'on appelle la colline d'Odin : c'est là, dit-on, que le dieu scandinave a été enterré. Mais on n'y voit que le tombeau du conseiller d'État Schimmelmann, qui était un homme fort paisible, très peu soucieux, je crois, de monter au Valhalla et de boire le *miöd* avec les valkyries. Cependant une enceinte d'arbres protège l'endroit où les restes du dieu suprême ont été déposés; une source d'eau limpide y coule avec un doux murmure. Les jeunes filles des environs, qui connaissent leur mythologie, disent que c'est la vraie source de la sagesse, la source de Mimer, pour laquelle Odin sacrifia un de ses yeux. Dans les beaux jours d'été elles y viennent boire, et, par hasard, les jeunes hommes y viennent aussi, et la source de Mimer entend de charmantes confidences. Si ce n'est pas la source de la sagesse, c'est au moins un philtre d'amour qui est la cause de beaucoup de mariages dans le pays.

 Ceux qui aiment la poésie ne s'éloigneront pas d'Elseneur sans visiter une autre colline consacrée aussi par une tombe. Au-dessus d'un des plus riants châteaux de la Séeland, au-dessus de *Marienlyst*, on entre par une avenue étroite dans un bois de hêtres, qui d'un côté s'ouvre sur la mer, et de l'autre sur une grande plaine. Là on aperçoit trois rocs informes, posés l'un sur l'autre, et autour de ce monument grossier quatre pierres carrées, où les voyageurs viennent s'asseoir : c'est là que repose l'ombre mélancolique de Hamlet. Si, comme le disent quelques incrédules, cette tradition du peuple est fausse, aucun lieu cependant ne pouvait être mieux choisi pour lui donner un caractère de vraisemblance. Ce bois est sombre comme la pensée de deuil qui régnait dans le cœur de Hamlet. On n'y trouve qu'une lumière incertaine; on n'y entend que le souffle de la brise dans le feuillage, ou le mugissement de la tempête sur les vagues. Près de là est la demeure élégante, la demeure royale, où le monde chante, danse, s'étourdit, tandis que l'âme de Hamlet dort dans sa solitude. Je me suis assis là un soir, et il me semblait que Shakespeare y était venu aussi, tant il avait su se rendre l'interprète fidèle de cette poésie du Nord. Je me suis penché sur cette pierre froide, comme pour demander à Hamlet s'il avait trouvé le dernier mot de l'énigme qu'il voulait résoudre, et j'ai cueilli en m'en allant une des fleurs pâles qui croissent autour de son tombeau. Ophélia aurait pu la mettre dans sa couronne.

II

La Séeland est une terre plate, couverte de champs de blé et de forêts, la terre la plus riante et la plus féconde des contrées du Nord. Au printemps, je l'avais quittée verte comme la mer qui l'entoure ; je l'ai revue, en automne, avec ses arbres chargés de fruits, et ses larges plaines dorées par le soleil. Cette année, le ciel du Nord n'a pas trompé l'espoir du paysan. La pluie est venue à temps humecter son grain, et les trois mois d'été ont mûri sa moisson. Dans cette heureuse époque de récolte les environs de Copenhague présentent un coup d'œil charmant. Toute la campagne sourit aux regards de ceux qui l'ont patiemment cultivée. De distance en distance, on aperçoit la ferme qui ouvre déjà les portes de son enclos pour recevoir la moisson qui va venir. Le laboureur part de bon matin, fauche son sillon et se repose à midi, entre la cruche de bière qui renouvelle ses forces et sa jeune femme, qui, à la vue de tant de beaux épis couchés par terre, compte les joies de la nouvelle année. Sur la colline, on aperçoit l'église du village avec ses murailles blanches et sa ceinture d'arbres. A la fin de leurs travaux, les paysans y accourent gaiement, et la caisse des pauvres deviendra plus riche, et les jeunes filles porteront plus de fleurs sur les tombes du cimetière ; car, dans ces jours de prospérité, les pauvres doivent avoir leur part des dons de Dieu, et les morts ne doivent pas être oubliés. Près de l'église est le presbytère, qui s'associe aux travaux du laboureur, à ses craintes et à ses espérances. Dans chaque paroisse, le prêtre danois a sa ferme et son champ. Il élève des bestiaux, il cultive la prairie. Comme il est ordinairement l'homme le plus éclairé du village, il étudie les divers systèmes d'agriculture, il importe dans son domaine les nouvelles découvertes; il donne l'exemple des théories par la pratique, et les paysans le suivent; il exerce ainsi sur toute la paroisse une double influence, celle du prêtre et celle du cultivateur. Cette communauté d'intérêts matériels établit un lien étroit entre lui et ses paroissiens. Sa fortune est, comme la leur, soumise à toutes les variations de l'atmosphère. Il redoute comme eux l'orage, et comme eux il bénit les beaux jours.

Non loin de là, sur la grande route de Copenhague, les charrettes des paysans, les voitures de la bourgeoisie, le *gig* et le *vinervogen* passent et se succèdent sans cesse. Le samedi et le dimanche, surtout, sont deux grands jours pour les loueurs de chevaux et les maîtres de poste. Les hommes du Nord ont encore un saint respect pour le dimanche. A leurs yeux, c'est presque une profanation que de rester ce jour-là enfermé dans les murailles d'une ville, quand la nature s'épanouit au dehors comme un champ de fleurs. Ce jour-là il faut qu'ils dînent en plein air, qu'ils se reposent sur la mousse des forêts, qu'ils fument leur pipe sous un rameau de chêne. Ce jour-là les bluets tombent avec amour, comme la violette de Goethe, aux pieds de la jeune fille qui les regarde, et les oiseaux des bois se taisent pour entendre chanter une romance d'Œhlenschläger, mise en musique par Weise.

Dans ces excursions d'été, les habitants de Copenhague vont fréquemment jusqu'à Roeskilde. Il y a là deux grands points d'attraction pour les gastronomes et les artistes : l'auberge du Prince et l'église.

L'auberge du Prince est renommée par ses carbonades de mouton et ses turbots. Le maître de la maison est un personnage important, car il commande dans la ville le corps des pompiers. On ôte humblement son chapeau pour lui demander le menu, et on l'appelle : Monsieur le capitaine. Quand il raconte qu'il a lui-même hébergé les députés de Roeskilde, on doit s'estimer heureux d'être assis à sa table, et quand il se montre en uniforme, le sabre au côté, le chapeau sur l'oreille, il est impossible de ne pas trouver son vin excellent.

L'église est l'un des plus anciens monuments du Nord. Elle fut fondée au commencement du XIe siècle par l'évêque Guillaume, dont le nom occupe une place honorable dans les annales du Danemark. C'était un homme d'un caractère noble et d'une rare énergie. Quelque temps après que son église fut bâtie, le roi Canut la profana par un meurtre. Le dimanche suivant, lorsqu'il se présenta à la porte du sanctuaire pour assister au service religieux, Guillaume marcha à sa rencontre et lui interdit l'entrée du temple. Les hommes d'armes qui entouraient Canut tirèrent le glaive pour tuer le téméraire prélat; mais le roi, reconnaissant sa faute, se jeta la face contre terre, pleura et demanda pardon.

Guillaume aimait le roi, et il ne s'était pas décidé sans peine à le punir rigoureusement. Un jour on vint lui annoncer que Canut était mort en Jutland; il sentit qu'il ne lui survivrait pas longtemps, fit préparer deux tombes dans l'église et s'en alla au-devant des hommes qui apportaient le corps du roi. Quand il les vit venir, il s'agenouilla, joignit les mains sur sa poitrine, et, lorsqu'on voulut le relever, il était mort [1].

Cette église de Roeskilde est comme notre Saint-Denis; c'est là que les souverains de Danemark ont choisi leur dernière demeure. Là reposent sept générations de rois; là sont enterrés les siècles de barbarie et les siècles de civilisation. Sous la grande nef on a creusé une vaste tombe fermée par des barreaux de fer, éclairée à peine par quelques rayons de lumière; c'est là que sont les cercueils. Au milieu du chœur, sous les arcades, dans les chapelles, s'élèvent les monuments en marbre, les urnes ciselées, les catafalques enrichis de dorures, les

---

1. *Roeskilde Domkirkes Historie.*

tombes chargées de bas-reliefs pompeux ou d'inscriptions, reste de royauté sous la main de la mort, dernier rêve d'orgueil au milieu du néant. Quelques-uns de ces monuments sont des œuvres magnifiques, exécutées en Italie et transportées à grands frais en Danemark. L'église du vénérable évêque Guillaume n'a pas été assez large pour les contenir. Il a fallu y joindre des chapelles. De toutes ces tombes de souverains, la plus modeste est celle de Chrétien IV. De tous les rois qui sont enterrés là, c'était aussi le plus grand.

L'église est bâtie dans ce beau style byzantin dont la majestueuse simplicité s'accordait si bien avec celle des premiers temps du christianisme. La nef principale est large et élevée; les deux nefs latérales sont surmontées d'une galerie circulaire; le chœur est arrondi et détaché du reste de l'édifice, comme on le voit encore dans plusieurs églises du Midi. Toute cette construction est d'une grâce, d'une harmonie parfaite. Mais je ne sais quel malheureux artiste a eu un jour la déplorable idée de vouloir l'embellir, et sur les parois de la nef, sur les contours de la voûte, il a peint des bouquets de fleurs et des rameaux d'arbres. Le caractère de cet édifice byzantin a été ainsi dénaturé, le plafond de cette église ressemble maintenant à celui d'une auberge hollandaise. Le mauvais exemple a fait des progrès, et la jolie petite église de Ringsted et l'ancienne chapelle de Sorö ont été ainsi peintes en vert et en jaune.

Près de la ville de Roeskilde est la baie d'Issefiord, célèbre dans les sagas d'Islande, dans les chroniques de Danemark. Elle a été autrefois traversée par les navires des combattants qui allaient au loin chercher la gloire et les dangers. Le cri de guerre a retenti sur ses rives, et les scaldes l'ont chantée. Elle est maintenant silencieuse et déserte. Elle a vu s'élever sur ses bords la forteresse de Leire, la demeure des vieux rois. A présent Leire est détruit, on n'en trouve même plus de traces, et l'onde d'Issefiord baigne les murs de Roeskilde, soupire au pied des tours de l'église, et semble, dans ses soupirs, regretter les héros qu'elle a connus et les rois qu'elle a bercés.

Cette baie a eu ses traditions païennes et ses traditions religieuses. On raconte qu'il y avait là jadis un monstre effroyable à qui l'on devait livrer régulièrement une victime humaine. Quand l'église de Roeskilde fut fondée, deux chanoines allèrent à Rome demander des reliques, et d'abord ils ne savaient trop laquelle choisir, car le pape leur avait ouvert une grande chapelle et il y avait là des reliques de vierges, des reliques d'apôtres et de martyrs. Mais au milieu de la nuit, l'un d'eux eut une vision : il vit apparaître saint Lucien, qui s'offrit à lui pour être le patron de la métropole danoise. Le lendemain, il prit la tête du saint et se mit en route avec son compagnon. Au moment où ils entraient dans le golfe d'Issefiord, les vagues se soulevèrent, l'onde vomit sur ses bords une écume verte, et le monstre apparut avec sa gueule enflammée et sa longue queue couverte d'écailles comme une tortue. Les chanoines le laissèrent arriver jusqu'auprès du navire, et au moment où il ouvrait ses deux larges mâchoires pour engloutir tout à la fois la cargaison et l'équipage, ils lui montrèrent la tête du saint. Le dragon d'Issefiord poussa un mugissement horrible, puis se précipita au fond des eaux, et jamais on ne l'a revu.

Les rives d'Issefiord sont nues et sablonneuses. C'est une lande sauvage au milieu d'un jardin de fleurs. D'ici jusqu'à Sorö, toute la campagne présente l'image de la joie et de la prospérité. Le long de la route, je ne me lassais pas de voir les maisons des laboureurs souriant au milieu de leur enclos vert, comme celles de Normandie, les moissonneurs penchés sur leurs faux, les femmes glanant le long des sillons, et les gerbes de blé debout dans la plaine et rangées sur deux lignes comme une armée. Quand nous arrivâmes à l'église de Pédersborg, celui qui me servait de guide dans cette promenade romantique me fit monter au haut de la colline. De là nos regards plongeaient sur la vallée. Les champs étaient parsemés d'ouvriers, les forêts de hêtres inondées de lumière, et quatre lacs voisins l'un de l'autre réfléchissaient dans leurs bassins d'argent l'azur du ciel.

Cette terre de Sorö est la terre classique du Danemark. Là fut la première école latine de la Séeland, là ont vécu les premiers historiens du Nord. Un chevalier de la contrée partait pour une longue expédition ; sa femme était enceinte, et il lui dit : « Si tu mets au monde une fille, tu feras construire une flèche en pierre sur notre église ; si tu me donnes un fils, tu feras bâtir une tour. » Le chevalier part, il combat vaillamment, il se couvre de gloire, il revient avec joie vers son pays natal, et de loin, au-dessus de son église aimée, il aperçoit deux hautes tours dorées par le soleil. « Oh! bénie soit, dit-il, la digne femme danoise qui m'a donné deux fils! » Ces deux fils, c'étaient l'évêque Absalon et son frère Éric.

Absalon naquit en 1128. Il fut nommé, en 1158, évêque de Roeskilde, et en 1178 archevêque de Lund. Il fut le ministre de Valdemar Ier et de ses deux successeurs. Il fut pendant cinquante ans l'homme le plus puissant du Nord, et sa puissance, il l'employa à agrandir son pays et à l'éclairer. C'est par ses ordres que l'abbé Guillaume de Paris, qui était renommé pour sa science théologique, vint se fixer en Danemark. C'est par ses ordres que Saxo Grammaticus écrivit les annales de Danemark. Quand il mourut, il institua un legs particulier pour qu'un professeur de Sorö travaillât constamment à recueillir les chroniques nationales. En même temps qu'il cherchait à propager autour de lui le goût de l'étude, il combattait au dehors la barbarie et la superstition. Il entreprit une expédition dans l'île de Rügen, pour renverser une idole. Des missionnaires chrétiens étaient venus au Xe siècle dans cette île, et y avaient prêché l'Évangile. Leurs leçons furent écoutées favorablement par le peuple. Ils firent des prosélytes, ils bâtirent une église, et, quand ils s'en retournèrent, les habitants de Rügen adoraient le Christ et s'étaient choisi saint Vit pour patron. Mais peu à peu le vrai dogme s'altéra dans leur souvenir. L'idolâtrie reparut. Les coutumes du paganisme remplacèrent les pratiques chrétiennes. Ils firent de saint Vit une divinité monstrueuse qu'ils nommaient Svannevite, et à laquelle ils offraient des sacrifices humains. Absalon pénètre au sein de leur pays, renverse leurs temples, brûle leurs idoles. Le peuple, voyant que les dieux en qui il avait confiance n'avaient pu se défendre, les renia comme des dieux lâches et impuissants, et adopta le christianisme.

Ce ne fut pas la seule expédition du digne évêque de Roeskilde. Il était à la fois prêtre, homme d'État, soldat de terre et marin. Dans les moments de danger, en l'absence du roi, il se mettait lui-même à la tête des troupes et les conduisait au combat. Il joignait à un coup d'œil ferme, à une rare intelligence, un grand amour du travail et une merveilleuse simplicité. Si ses devoirs de prélat ou ses fonctions de ministre lui laissaient une heure de loisir, il la consacrait aux exercices manuels. Il mourut à Lund, en 1201, et fut enterré à Sorö. On l'a trouvé dans un cercueil de plomb, revêtu de ses habits religieux, l'anneau épiscopal au doigt et la crosse d'argent à côté de lui. Il mourut puissant et honoré, et le souvenir de ses hautes qualités s'est maintenu intact à travers les siècles.

La famille d'Absalon avait fondé l'école latine de Sorö. L'évêque la protégea de tout son pouvoir et l'agrandit. Au XIIIe siècle, le cloître des Bernardins, auquel cette école appartenait, était déjà fort riche. C'était là que les nobles trouvaient un asile dans leurs voyages. Les religieux étaient obligés de les recevoir, de leur donner pendant plusieurs jours un lit, des vivres et de la bière. Plusieurs fois les rois de Danemark s'y arrêtèrent aussi et payèrent par de riches présents l'hospitalité qu'ils y avaient reçue. En 1586, Frédéric II y établit une grande école, qui, vers le milieu du XVIIe siècle, tomba en décadence, et fut rétablie sous le règne de Frédéric V. Trois fois elle fut relevée par une main royale, trois fois elle retomba dans l'inaction. Elle a pris pour armoirie un phénix renaissant de ses cendres. Elle ne pouvait trouver un emblème plus exact de sa destinée. Enfin, au commencement de ce siècle, le phénix a de nouveau ouvert ses ailes; l'école latine de Sorö a repris une nouvelle ardeur, l'académie a juré qu'elle ne mourrait plus. Dieu sait si elle tiendra son serment.

Cette académie est l'un des plus beaux, l'un des plus riches établissements scientifiques qui existent en Europe. A cinq ou six lieues de distance, tout ce que l'œil découvre au nord et au midi, enclos et forêts, jardins et métairies, tout cela lui appartient. C'est la maîtresse souveraine du district, c'est la grande dame devant laquelle les paysans et les juges courbent respectueusement la tête. Elle a un inspecteur qui ne sort que dans une voiture à quatre chevaux, comme un prince du sang, et un directeur qui est payé comme un préfet. Elle a fait bâtir pour ses élèves un édifice splendide, tel que beaucoup de rois seraient heureux d'en faire leur palais. Mais ce luxe semble effrayer les pères de famille, et ils préfèrent envoyer leurs enfants dans les modestes gymnases des petites villes. L'académie a 100 000 écus de rente, et elle ne compte pas plus de soixante élèves.

L'église est l'ancien édifice du cloître. Elle est bâtie sur le même plan que celle de Roeskilde, mais bariolée plus grossièrement encore. L'autel est orné d'un bon tableau représentant la Cène. On dit que le peintre avait d'abord voulu prendre pour modèles les professeurs de Sorö; cependant, comme aucun d'eux ne voulait représenter Judas, il choisit ses apôtres parmi les paysans de la

Séeland; l'un d'eux, qui se flattait d'être philosophe, accepta bravement le rôle d'Iscariote; mais, quand le tableau fut achevé, il vit apparaître pendant la nuit le vrai Judas, qui lui tendit amicalement la main et le remercia d'avoir bien voulu prendre sa place. Le pauvre paysan, qui ne s'attendait pas à cette apparition, fut si effrayé d'une telle amitié, qu'il en mourut deux jours après.

La ville est tout entière soumise au régime académique; l'ouvrier travaille pour l'académie, le marchand est patenté par l'académie, le bourgeois se croit ennobli s'il fréquente un membre de l'académie. Les professeurs sont les patriciens de cette oligarchie littéraire, et le directeur est leur consul. Dans cet état d'organisation, la nature elle-même est devenue scolastique. La forêt de hêtres qui protège les maisons de Sorö s'appelle l'allée des Philosophes, et la colline qui s'élève au delà du lac se nomme modestement le Parnasse.

Esrum était jadis un couvent. La civilisation en a fait une prison, une prison au bord du lac, au milieu des bois. Au printemps, rien n'est plus beau que de voir cette vaste forêt de chênes où mille oiseaux chantent, où mille fleurs s'épanouissent, et ce lac aux vagues transparentes, parsemé de nénufars et couronné de roseaux. Mais qu'elle est triste, la prison d'où le captif entrevoit autour de lui tant d'êtres libres et tant de gaieté! Mieux vaut la prison des grandes villes, la prison des rues sombres où l'aspect du dehors ne séduit, comme à Esrum, ni le regard ni la pensée. Quand nous passâmes au pied de cette maison bardée de fer, un jeune homme, suspendu aux barreaux de la fenêtre, resta longtemps l'œil fixé sur nous, le visage morne et silencieux; puis, au moment où nous allions partir, il chanta cette chanson d'Andersen : « Je rêvais que j'étais un petit oiseau. »

Jeg drömde at jeg var en lille Fugl.

Je n'ai jamais entendu de chant plus plaintif sur une terre plus riante. C'était un paysan de la Séeland qui s'était battu un jour de fête et qui avait blessé son adversaire. La charrette du laboureur qui passait au pied de la prison lui rappelait celle de son père, et la barque de pêcheur qui flottait sous ses yeux le faisait souvenir de ses travaux de jeune homme. Si la justice voulait faire un acte de commisération pour ce malheureux, elle le placerait dans une maison où l'on ne voit ni charrettes de laboureur ni barques de pêcheur.

A une lieue de là est un des plus jolis châteaux danois. C'est un monument de pacification construit après une des longues guerres du Danemark avec la Suède. C'est Fredensborg. Frédéric IV y a placé lui-même l'image du temple de Janus, et les grands rameaux de hêtres qui l'ombragent, et les vertes pelouses qui l'entourent, disposent à la rêverie et aux idées paisibles. La Fontaine eût pu, comme au bois de Boulogne, s'y asseoir tout le jour pour songer à une charmante fable, et, par un beau matin d'été, Virgile y eût peut-être oublié les champs féconds de Mantoue.

Les appartements du château sont abandonnés et tombent en ruine. Les rois n'y viennent plus. Quelques tableaux intéressants parent cependant encore cette charmante demeure. C'est là que j'ai vu pour la première fois le portrait de Charles XII avec sa veste bleue, son baudrier jaune et sa longue épée, tel qu'il était lorsqu'il soutenait avec tant de fierté, ou les attaques de l'armée russe, ou les menaces du pacha turc.

Le parc est à moitié coupé par pentes irrégulières, comme un parc anglais, et traversé par de larges allées de charmille, comme le parc de Versailles. Au milieu, il est partagé par une large enceinte de tilleuls, et sur trois galeries circulaires de gazon on aperçoit trois cents statues en pierre représentant les Norvégiens de chaque district avec leur costume particulier. Là est le prêtre qui marche en tête de la paroisse, le vieillard chef de la famille, le paysan avec sa faux de moissonneur, et la jeune femme avec sa couronne de fiancée ou son voile d'épouse. Les statues sont roides, leurs vêtements sont lourds, mais elles ont un caractère de vérité authentique. Cette galerie avait été formée autrefois comme pour rappeler aux rois de Danemark, quand ils passaient dans ce jardin, l'une des belles parties de leur royaume. C'étaient les députés muets d'une contrée qu'ils devaient défendre et aimer. Maintenant elles ne peuvent éveiller au fond des cœurs danois qu'un sentiment de regret, car elles sont là comme les témoins immobiles d'un temps heureux qui n'existe plus. Elles représentent une nation qui a été violemment séparée du Danemark. Elles étaient autrefois ici dans leur patrie ; elles sont maintenant comme en exil. Les hommes qui ont rédigé le traité de Kiel, qui ont donné la Norvège à la Suède, auraient dû prendre pitié de ces statues et les envoyer à Stockholm dans le jardin de Rosendal.

Si de là on descend jusqu'au bas de la colline, toute trace du château, toute trace d'habitation disparaît. On n'aperçoit plus que la forêt de hêtres, la pelouse touffue et le lac au milieu du bois. Rien ne trouble la sérénité de ce paysage ; le feuillage tremble à peine sous le vent léger qui l'effleure ; l'eau du lac est bleue comme l'azur du ciel, transparente comme le cristal ; les arbres qui l'entourent s'y reflètent avec tous leurs rameaux, et, quand le soleil se couche au milieu de cette riante enceinte, chaque flot du lac étincelle, et chaque feuille d'arbre est dorée comme dans un palais de fées.

Nous quittâmes le soir, très tard, la demeure de Chrétien VII. Nous traversâmes une vaste forêt de chênes. La hutte du bûcheron était fermée, et l'oiseau dormait dans son nid. La route que nous suivions avait un aspect mystérieux et solennel : tantôt les arbres se dessinaient au loin sous les formes les plus étranges ; tantôt ils s'élevaient de chaque côté de la route comme des colonnes majestueuses, ou se penchaient sur notre tête avec un bruit plaintif. Le ciel était bleu par intervalles et voilé. Parfois des flots de lumière inondaient les rameaux de chêne, puis un nuage passait sur le disque de la lune, et tout rentrait dans l'obscurité. Mon compagnon de voyage dormait d'un profond sommeil, et le cocher, à moitié assoupi sur son siège, laissait les chevaux suivre nonchalamment leur route. J'étais seul dans une de ces heures de recueillement, où nos souvenirs se représentent à nous sous des couleurs plus vives. Je songeais aux *Notti romane* du comte Verri, et il me semblait que j'étais dans une disposition d'esprit assez convenable pour écrire un de ces hymnes en prose, philosophiques et emphatiques. Je venais de voir l'un des jardins fleuris de la monarchie danoise, et il était triste d'y recueillir les traditions du passé. Cette retraite de Fredensborg avait été un des caprices de ces rois dont le sceptre s'étendait sur les deux rives du Sund et sur les contrées les plus reculées du Nord. Jadis on y avait vu des fêtes et des tournois, les princes s'y étaient rassemblés avec leurs courtisans, et les chants de joie avaient retenti autour du lac. Aujourd'hui, tout est morne et silencieux ; une vieille femme ouvre la porte d'entrée, et un enfant montre aux étrangers la salle d'audience déserte, et le trône inoccupé. Jadis on avait élevé ici des arcs de triomphe, des trophées de guerre. L'arc de triomphe tombe en ruine, et le trophée de guerre est oublié.

J'en étais là de mes réflexions, quand le cocher, réveillé par une secousse de la voiture, leva la tête, ouvrit les yeux et me montra les tours de Frederiksborg.

Frederiksborg est une magnifique fantaisie de prince, un palais vénitien dans un paysage du Nord, une forteresse au milieu d'un lac. Frédéric II l'avait commencé ; Chrétien IV l'acheva. Les courtisans ne croyaient pas à la réalisation de son projet ; ils l'appelaient un caprice d'enfant. Mais il n'était pas homme à se laisser ébranler par une plaisanterie. Il éleva son édifice, et, pour répondre aux paroles de doute des hommes qui l'entouraient, il fit graver, sur la porte extérieure du château, un soulier d'enfant.

Chrétien IV est l'un des plus grands rois, l'un des rois les plus populaires du Danemark; c'est le Henri IV de cette contrée. Comme Henri IV, il était bon et brave; comme lui aussi, il aimait la vie joyeuse et galante. Il a eu ses Fleurette et ses Gabrielle d'Estrées, ses amours de bourgeoises et de grandes dames. Il était d'un caractère généreux et en même temps économe. Lui-même réglait, comme un honnête fermier, tous les comptes de sa maison. Il savait au juste ce que lui rapportait chaque ville, chaque province, et il est curieux de voir dans quels détails il entrait. On a des lettres de lui où il dit : « Il faudra faire un habit à mon fils, une robe à ma fille. On prendra ici du velours et là de la soie; un de mes pourpoints peut être taillé de manière à servir de gilet; on trouvera des boutons dans la garde-robe et de la doublure dans l'armoire verte. » Lorsqu'il faisait bâtir Frederiksborg, il venait lui-même chaque semaine payer les ouvriers, et, pour amasser l'argent dont il avait besoin, il avait fait construire au pied de la forteresse une cave voûtée et fermée par de fortes grilles. Un tuyau étroit descendait de sa chambre jusque dans cette cave, et chaque fois qu'il avait reçu quelques sacs de rixdalers, il en laissait tomber une partie dans le coffre souterrain : c'était sa caisse d'épargne, c'était sa Casauba. Il avait imaginé aussi un singulier moyen de se soustraire aux visites importunes. C'était un fauteuil suspendu à une poulie et descendant de l'étage supérieur au rez-de-chaussée. Quand il entendait venir les courtisans ou les solliciteurs, il se mettait dans son fauteuil, une trappe se refermait sur lui. On entrait et on ne trouvait personne; le roi était dans son jardin.

En 1612, la reine mourut, et, trois ans après, Chrétien IV résolut de se marier de nouveau; mais il avait déjà plusieurs enfants, et il comprit que, s'il épousait une femme du sang royal, cette union amènerait nécessairement des rivalités de famille dangereuses et des troubles dans l'État. Il épousa donc la fille d'un de ses gouverneurs et lui donna seulement le titre de comtesse. Ce mariage ne fut pas heureux. Chrétien IV bannit de sa présence la jeune femme qu'il avait aimée. Quelques historiens accusent la comtesse d'avoir manqué à ses devoirs de mère; d'autres attribuent les malheurs qu'elle éprouva à la liaison d'une de ses femmes de chambre avec le roi.

Comme homme d'État, Chrétien IV avait une grande intelligence des affaires et une merveilleuse activité. Il était levé chaque jour à trois heures du matin, rédigeait lui-même ses ordonnances, et répondait à toutes les dépêches.

Comme soldat, il se signala dans plusieurs circonstances par son coup d'œil ferme et par sa bravoure. Il était bon général et intrépide marin. Ce fut lui qui conduisit une escadre au cap Nord, et qui commanda ses troupes à la bataille de Calmar. Ce fut lui aussi qui, en 1644, attaqua à différentes reprises la flotte suédoise. Le 2 juin, une balle l'atteignit à la tête et lui enleva l'œil droit; ceux qui le virent chanceler répandirent le désordre autour d'eux. « Le roi est mort, cria-t-on. — Non, dit-il, le roi n'est pas mort. » Il reprit avec un bandeau sur le front le commandement des navires et resta à son poste tout le temps du combat. La nuit sépara les deux flottes.

Il était remarquable entre les hommes de sa cour par sa force physique et son adresse aux exercices du corps. Il ne l'était pas moins par ses connaissances variées et son amour pour l'étude. Il avait un goût prononcé pour l'architecture, et possédait à un haut degré la théorie des constructions navales. Les grands vaisseaux de guerre du Danemark furent faits d'après des modèles tracés de sa propre main ; en même temps qu'il calculait les dimensions d'une frégate, il bâtissait une bourse à Copenhague, une église en Scanie, une ville en Norvège.

Dévoué comme il l'était aux intérêts de son pays, il chercha sans cesse à donner plus de développement au commerce du Danemark, à étendre ses relations au dehors. Ce fut dans ce but qu'il forma le port de Gluckstad, et qu'il envoya l'expédition de Munk au Groenland.

Son règne ne fut pas constamment heureux. Plusieurs guerres fatales mirent son courage à de rudes épreuves, plusieurs calamités affligèrent son royaume. Mais rien n'altéra ni la vivacité de son intelligence, ni l'énergie de son caractère ; il resta grand et fort comme un chêne que la foudre sillonne sans le renverser. Les rois le prirent pour arbitre, le peuple en fit son héros. Sa mémoire s'est conservée intacte à travers l'espace de deux siècles ; une auréole de gloire rayonne sur les souvenirs qui se rattachent à lui, et dans tout le Danemark on entend ce chant populaire :

Kong Christian stod ved höien mast.

« Le roi Chrétien est debout près du mât élevé, dans le tourbillon et dans la fumée. Il manie son glaive avec tant de force qu'il fend le casque et la tête des Goths. Les armes des ennemis, les mâts de leurs navires, tombent dans le tourbillon et dans la fumée. « Sauvons-« nous, s'écrient-ils, sauve qui peut ! Qui de nous « aurait la force de lutter contre Chrétien de Dane-« mark ? »

Frederiksborg était sa demeure favorite. Il s'est plu à l'élever sur de grandes bases et à l'embellir. Il a lui-même enrichi avec un soin pieux le sanctuaire de la chapelle et disposé les arabesques et les fleurs d'ivoire qui la décorent. Le jardin qui entoure cette royale habitation est vaste et dessiné avec goût; la ville est élégante, et le château, avec ses murailles de briques et ses tours massives, est majestueux comme un vieux palais de souverain, imposant comme une forteresse. Là sont encore les grandes salles d'armes où se rassemblaient les chevaliers, les tables nobiliaires de l'ordre de l'Eléphant, les portraits des hommes dont le nom appartient à l'histoire. Chaque roi occupe une salle : autour de lui sont rangés les membres de sa famille, puis les ministres, et les hommes qui se sont illustrés sous son règne. C'est le Panthéon des gloires danoises. Holberg est là avec sa figure fine et légèrement moqueuse, comme s'il songeait encore à son Peer Paars. Là est Suhm l'historien, Bernsdorf le vertueux ministre, Tordenskiold le matelot, Égède le missionnaire, et Wessel le pauvre poète, qui n'avait sans doute jamais pensé que son image dût figurer au milieu de tant de grands personnages. Plusieurs de ces anciens tableaux sont des œuvres d'art curieuses par la manière naïve dont ils sont faits, par le costume qu'ils représentent.

Deux portraits m'intéressaient surtout dans cette collection : celui de Struensée et celui de la reine Mathilde. On les a soustraits aux regards de la foule, mais on les montre à l'étranger quand il témoigne le désir de les voir. Mathilde a la figure blonde et vermeille, des joues fraîches et arrondies, de grands yeux bleus pleins de douceur et une bouche épanouie comme un bouton de rose. La figure de Struensée respire la franchise et la candeur, ses traits sont délicats et réguliers; mais son large front est traversé par une ride, et un léger pli creusé lentement par les inquiétudes de l'homme d'État se dessine aux coins des lèvres. Il a les yeux bleus, les cheveux blonds, et l'ensemble de sa physionomie présente une ressemblance singulière avec celle de Mathilde.

Ici souvent Mathilde apparut aux regards ravis des courtisans, ou dans ses riches habits de fête, ou dans son vêtement d'amazone; ici l'orchestre l'appelait aux danses joyeuses, et le son du cor l'entraînait sur un cheval fougueux à travers les vallées et les bois. Elle était belle, jeune, aimée et toute-puissante dans son royaume. Sa raison ne fut pas éblouie par tant de prestiges, mais son cœur peut-être parla trop haut. Un jour elle traça sur une des vitres du château cette inscription qu'on y lit encore :

O God keep me innocent, and make the others great.

Pauvre femme! Dieu l'a peut-être trouvée innocente, mais les hommes l'ont déclarée coupable; pauvre femme qui expia si chèrement le bonheur d'avoir été reine et d'avoir été belle! Quand elle arriva au Danemark, elle n'entendait autour d'elle que des cris de joie et des paroles d'amour. Six ans se passèrent, et elle se vit seule, livrée aux moqueries de ceux qui avaient envié ses heures de triomphe, et abandonnée de ceux qui l'avaient aimée. Elle perdit en un jour tout ce qui avait paré sa blonde tête, tout ce qui avait séduit son imagination, tout ce qui avait fait battre son cœur. La veille elle était reine, le lendemain prisonnière à Croneborg; elle quitta le sol du Danemark comme une étrangère, et se retira dans son exil, n'emportant avec elle que les images en cire de ses enfants, devant lesquelles elle s'agenouilla plus d'une fois pour pleurer et prier.

A côté de la salle où l'on me montrait ce portrait de Mathilde, je trouvai un autre tableau représentant une plus grande infortune encore : c'était une tête de Marie Stuart peinte après sa mort. Cette tête est couverte d'un voile de gaze, les yeux fermés, les joues pâles, les lèvres closes. Cependant, il y a sur cette figure une indicible expression de grâce et de douceur, et il est impossible de la regarder sans vouloir la regarder encore. Un historien allemand s'est fait un point d'honneur d'anéantir tous les prestiges qui se rattachent au souvenir de Marie Stuart. Il a combattu ses apologistes, il a retracé toutes ses fautes, il a brisé pierre par pierre l'autel que les poètes lui avaient élevé, pour agrandir l'autel d'Élisabeth. S'il avait vu cette tête de Marie Stuart, si belle encore dans son dernier sommeil, si éloquente dans son silence, peut-être aurait-il laissé tomber une larme de pitié sur sa rigoureuse sentence.

ASPECT DE LA SUÈDE

A MADAME L. BRACK

Il n'y a pas d'autre diligence en Suède que celle d'Helsingborg et celle d'Upsal. Quand on veut voyager dans les autres parties du royaume, il faut avoir recours à la charrette qu'on appelle *kärra*, et prendre des chevaux de poste. Cette manière de voyager n'est pas chère, mais elle peut être fort longue et fort incommode. A des distances de cinq à six lieues, on aperçoit sur la grande route une maison en bois avec deux ailes de chaque côté, servant de grange et d'écurie. C'est la poste, ou plutôt l'auberge [1]. Une fois arrivé là, il faut se dire que la patience est une grande vertu, et saisir cette occasion de la mettre en pratique. Le maître de poste est un personnage important, qui a des champs, des bestiaux, et qui ne se dérange pas volontiers. Le domestique, le *holkarl*, est un être d'une nature singulière, qui ne se soucie ni du temps ni de l'heure, qui va tranquillement son chemin et n'a jamais compris à quoi pouvait servir

---

1. L'organisation de la poste aux chevaux en Suède ne ressemble point à la nôtre. Ce sont les paysans qui sont obligés de fournir chaque jour, chacun selon l'étendue de sa ferme, le nombre de chevaux nécessaires aux voyageurs, et la maison de poste, l'auberge, ou, comme les Suédois l'appellent, le *Gästgifvergård*, n'est que le lieu de rendez-vous où ces chevaux se réunissent.

de marcher plus vite une fois qu'une autre. L'été, tous les chevaux de la poste sont à travers champs. Un petit bonhomme, qui a pris en venant au monde les habitudes indolentes de la maison, va les chercher, et on attend. On attend une ou deux heures, c'est le moins. Je suis resté une fois trois heures dans une station; et comme j'avais la hardiesse extrême de murmurer, le maître de poste s'approcha de moi et me dit d'un air solennel : « Comment, monsieur, vous vous plaignez d'avoir attendu vos chevaux trois heures? on les attend quelquefois ici une demi-journée ». Je fus terrassé par la puissance de cet argument, et m'en allai honteux d'avoir eu si peu de patience. Enfin, après avoir visité dans toutes ses parties la ferme et le jardin, après avoir longtemps causé avec la maîtresse de poste sur le caractère de son chat et la fécondité de ses poules, après être venu vingt fois sur la grande route pour regarder, comme sœur Anne, si on ne voit rien venir, on aperçoit les chevaux. La voiture est attelée avec de grandes précautions et de grandes lenteurs. Le voyageur prend les rênes, un petit garçon ou une petite fille, servant de guide, se place derrière lui. Sa mère lui donne une rôtie de beurre, son père lui recommande de ménager ses bêtes, et voilà le chariot parti.

On peut, il est vrai, abréger ces délais en prenant un *förbud*, c'est-à-dire en envoyant douze heures d'avance un messager à cheval sur toute la ligne que l'on doit suivre; mais souvent le förbud s'arrête en route : on paye double et on attend. Il faudrait pour compléter cette précaution, qui en été est de toute rigueur, avoir un passeport de courrier et un cornet de postillon. Le passeport de courrier, avec son caractère officiel, a une grande influence sur l'esprit crédule du maître de poste, et le cornet de postillon ébranle le hollkarl. Du reste, il n'en coûte que soixante-quinze centimes par cheval pour faire trois lieues, et le goùvernement a pris toutes les précautions pour que le voyageur ne fût pas trompé. Dans chaque station on trouve un registre indiquant la distance d'un lieu à un autre, et une colonne de ce registre est réservée à ceux qui auraient quelque plainte à formuler contre le maître de poste.

Ce qui ajoute aux ennuis d'un voyage dont il est toujours assez difficile de prévoir la fin, c'est la malpropreté et le dénuement des auberges. Hors des villes et des villages de quelque importance, on ne peut guère trouver autre chose que la bouteille d'eau-de-vie de pomme de terre, qui est en station permanente sur la table, et le *knäckebröd*, espèce de galette dure et sèche mêlée d'orge ou d'avoine, selon la récolte de l'année ou la fortune du paysan. Si, à ces deux éléments primitifs des diners suédois, l'hôtesse ajoute une tranche de viande fumée ou un poisson, il faut rendre grâce à sa prévoyance. J'arrivai un soir dans une auberge de la Wermeland avec l'appétit d'un homme qui a fait quarante lieues dans sa journée. Mon hôtesse n'avait dans son armoire qu'une tasse de lait et deux œufs. J'avoue que mon égoïsme allait jusqu'à faire préparer les deux œufs pour moi seul, au risque d'affamer le lendemain la maison; mais la prudente femme ne m'en donna qu'un. « Il peut venir encore un voyageur, me dit-elle, et il faut bien que je lui garde quelque chose. » L'œuf qu'elle m'apporta bouilli dans l'eau était gâté. Elle me regarda casser la coquille, et quand elle vit tomber le petit poulet dans l'assiette, elle me dit avec un grand sang-froid : « Je m'en doutais »; puis elle sortit. Je pris avec résignation ma tasse de lait, et je me couchai en pensant à la joie de l'autre voyageur qui viendrait dans quelques jours demander le second œuf.

Mais que sont ces ennuis passagers dans un pays aussi pittoresque, aussi curieux à voir que la Suède? Toute la colère soulevée par les impitoyables lenteurs du maitre de poste se dissipe dès que l'on sent sa voiture rouler sur une de ces belles routes unies et sablées comme des allées de jardin, et le souvenir d'un mauvais gîte s'efface à l'aspect d'un de ces paysages agrestes revêtu des teintes lumineuses d'un ciel d'azur. Pour moi, je n'oublierai jamais la joie d'enfant que j'éprouvais à partir le matin, au lever du soleil, pour continuer ma route à travers les campagnes de la Suède. Cette nature du Nord est si belle au printemps! Il y a tant de joie dans son réveil, tant de charme dans son sourire, tant de douces chansons dans le soupir de ses lacs et le murmure de ses bois! A la voir si rose et si fraîche après les sombres jours d'hiver, on dirait une jeune fille qui a été douloureusement séparée de celui qu'elle aime, et qui, secouant tout à coup son voile de deuil, revient à lui avec un front plus riant, un langage plus suave et des caresses plus tendres.

Toutes les provinces de la Suède ont un caractère particulier et une physionomie différente. Au nord sont les tribus nomades de Lapons qui parcourent les champs de neige avec leurs troupeaux de rennes; au sud, les familles de matelots qui naviguent sur toutes les mers. Entre ces deux extrémités du royaume, il y a une grande variété de sol et de population. La Scanie, avec ses champs de blé et ses plaines de verdure, s'épanouit au bord du Sund comme la côte séelandaise, à laquelle elle a été longtemps réunie. La Småland est une contrée couverte de bruyères ou de sapins chétifs; c'est une des plus arides provinces du royaume, et il est impossible de la traverser sans regarder avec un profond sentiment d'intérêt et de pitié les malheureuses cabanes en bois bâties au bord de la route, et les pauvres familles résignées qui les habitent. J'ai vu là des jeunes gens de vingt ans à qui l'on n'en aurait pas donné plus de douze, tant ils étaient petits et faibles. J'ai assisté, dans une des cabanes de cette province, au repas du soir des paysans : c'étaient des morceaux de pain noir bouillis dans une sauce plus noire encore. Une jeune femme, qui avait été belle, distribuait autour d'elle cette espèce de brouet lacédémonien, et chacun semblait content de sa maigre portion. La Halland est aussi aride et plus sauvage encore. Il y a là de grandes chaines de collines entièrement nues qui ressemblent à des masses de lave, et des champs rocailleux qui résistent à toute espèce de culture. L'Ostrogothie est la Touraine de ces contrées septentrionales. Là, le blé ondoie dans les champs; les arbres à fruit entourent l'habitation du laboureur; les routes sont bordées de pâturages verts; les fermes par lesquelles on passe ont un air de bien-être, et les physionomies sont riantes et animées. L'été, les femmes vont dans les champs, les cheveux tressés en longues nattes, les pieds nus, les bras nus, le corps à peine couvert d'un léger vêtement de toile, comme si elles étaient sous le climat d'Italie. On est sur les frontières de la Småland, et il semble qu'il y a une grande distance entre les deux provinces. Wexiö est une ville sombre entourée de landes et de bruyères. Eksiö et Linköping sont deux jolies petites villes bâties au milieu d'une riche campagne, et Norrköping est une grande cité de commerce dont l'industrie et la fortune prennent sans cesse un nouvel accroissement.

Au delà de Stockholm, voici l'Upland, le sol classique de la Suède, consacré par les traditions d'Odin et par les traditions plus récentes des rois qui ont habité Upsal. Voici le pays de Gefle avec ses grandes rivières et ses magnifiques cascades. Gefle est la dernière ville importante du Nord. Elle est située au bord du golfe de Bothnie. C'est une cité de marchands élégante, riche et coupée par un beau canal, mais d'un aspect singulièrement mélancolique. Si l'on traverse la pelouse fanée qui s'étend au dehors de son enceinte, si l'on va s'asseoir sur la grève du golfe, on se sent comme saisi par le pressentiment des régions septentrionales les plus reculées. On est sur la route de Torneå, et on croit voir s'amonceler sur le ciel de Gefle les nuages de la Laponie, et entendre siffler sur le golfe le vent des plaines de neige.

En redescendant un peu au sud, le voyageur traverse les districts de Sala, de Fahlun et de Philippstad, enrichis par leurs mines d'argent et de cuivre, habités par une population patiente et laborieuse, qui grandit dans les entrailles de la terre, ou sillonne toutes les routes avec ses charrettes chargées de métal travaillé et de minerai.

La plus belle, la plus curieuse de ces provinces, c'est la Dalécarlie. Ses paysages sont moins grandioses que ceux de la Suisse, mais ils sont aussi variés, aussi pittoresques. De tous côtés on n'aperçoit que des collines ondulantes, des forêts de sapins qui les couvrent de leurs rameaux verts, des vallées mystérieuses serpentant entre les forêts traversées par des ruisseaux d'eau pure ou embellies par des lacs. L'été, c'est une charmante chose que de voir le soleil du soir se pencher sur les collines, répandre ses rayons de pourpre à travers leurs rideaux de verdure, et s'endormir sur les eaux. Alors il y a, dans cette nature du Nord, un grand silence, et, quand le soleil se couche ainsi au milieu des ombres mélancoliques de la forêt, quand le dernier chant de l'oiseau expire, quand le vent se tait dans le feuillage, la terre entière semble se recueillir et prier.

Cette province est habitée par une race d'hommes forts et puissants, vraie race de montagnards énergiques comme les anciens Suisses, hardis comme les Basques, fiers comme les Écossais. On trouve ici, comme en Scanie, quelques villages; cependant la plupart des maisons sont dispersées comme des ermitages à travers la vallée, ou suspendues comme des chalets aux flancs de la colline. L'église est bâtie au bord des lacs, au milieu du cimetière, et entourée d'une ceinture d'arbres.

C'est là que le dimanche les paysans se réunissent, sur leur petite charrette, avec leurs femmes et leurs enfants. L'église est le point de ralliement de la communauté éparse. Les vieillards se retrouvent là sur le sol où ils ont reçu les premières leçons, les jeunes gens devant l'autel où ils ont été fiancés, les parents sur la tombe de leurs pères.

Le peuple suédois a conservé un vrai sentiment religieux. La Suède est le seul pays qui allie encore quelques-unes des belles formes du catholicisme aux rigueurs du protestantisme. Ici l'autel est décoré avec soin; les murs de l'église sont ornés de fleurs ou couverts de tableaux; les prêtres portent la chasuble de velours et la chape de soie. Quand on assiste le dimanche, en Suède, à un office de village, il est impossible de ne pas être touché de l'empressement avec lequel les habitants de la paroisse se rassemblent dans la nef de l'église, et de la dévotion sincère avec laquelle ils suivent les chants du chœur ou le sermon du prêtre.

Ce peuple a conservé aussi ses anciennes traditions. Il chante comme par le passé ses vieilles ballades, et répète les soirs d'hiver, auprès du foyer, les contes qui lui ont été transmis par d'autres générations. Tous les paysans savent lire et écrire, et presque tous joignent à ces premiers éléments d'éducation quelque instruction littéraire. Ils lisent la Bible et leurs poètes aimés : Tegner, Wallin, Geiier, et leur histoire nationale. Ils connaissent l'histoire de Gustave-Adolphe, de Gustave Wasa, et s'inclinent encore au nom de Charles XII. Beaucoup d'entre eux connaissent aussi, par la tradition, les noms de Thor, d'Odin, l'histoire des mythes scandinaves, et, dès les temps les plus reculés, ils ont gardé dans leur vie habituelle quelques coutumes touchantes et poétiques.

Quand on enterre un mort, on répand sur le sentier qui va de sa demeure au cimetière des feuilles d'arbre et des rameaux de sapin. C'est l'idée de résurrection exprimée par un symbole : c'est le chrétien qui pare la route du tombeau.

Quand vient le mois de mai, on plante à la porte des maisons des arbres ornés de rubans et de couronnes de fleurs, comme pour saluer le retour du printemps et le réveil de la nature.

Quand vient Noël, on pose sur les tables des sapins chargés d'œufs et de fruits, et entourés de lumières; image sans doute de cette lumière céleste qui est venue éclairer le monde. Cette fête dure quinze jours comme à l'époque païenne, et elle porte encore le nom de *jul*. Le jul était l'une des plus grandes solennités de la religion scandinave. Les chrétiens lui ont donné un autre caractère, mais ils lui ont conservé son nom. A cette époque de l'année, toutes les habitations champêtres sont en mouvement. Les amis vont visiter leurs amis, et les parents leurs parents. Les traineaux circulent sur tous les chemins. Les femmes se font des présents, les hommes s'asseyent à la même table et boivent la bière préparée exprès pour la fête. Les enfants contemplent les étrennes qu'ils ont reçues. Tout le monde rit et chante et se réjouit, comme dans la nuit où les anges dirent aux bergers : « Réjouissez-vous, il vous est né un Sauveur! »

Alors aussi on suspend une gerbe de blé au haut de la maison. C'est pour les petits oiseaux des champs qui ne trouvent plus de fruits sur les arbres, plus de grains dans les champs. Il y a une idée touchante à se souvenir, dans un temps de fête, des pauvres animaux privés de pâture, à ne pas vouloir se réjouir sans que les êtres qui souffrent se réjouissent aussi.

Dans plusieurs provinces de la Suède, on croit encore aux elfes qui dansent le soir sur les collines, aux nymphes mystérieuses qui viennent chanter à la surface de l'eau, et séduisent par leurs chants l'oreille et l'âme du pêcheur. Dans quelques autres, on a une coutume singulière. Lorsque deux jeunes gens se fiancent, on les lie l'un à l'autre avec la corde des cloches, et on dit que cette cérémonie rend l'amour inaltérable et les mariages indissolubles.

Ces croyances anciennes et ces superstitions jettent une sorte de charme poétique sur une nation qui possède d'ailleurs des qualités essentielles, qui, de tout temps, s'est distinguée par ses habitudes hospitalières, son courage et sa probité.

J'avais vu la Suède avec sa parure d'été, je voulus la revoir avec son manteau d'hiver. Je partis de Copenhague à la fin de décembre. C'était la première fois que, dans la cour de l'hôtel des postes de cette ville, on attelait pour Elseneur une voiture couverte. Jusque-là, au mois de janvier comme au mois de mai, il avait fallu que les pauvres voyageurs se résignassent à subir les intempéries de l'air. Les directeurs qui faisaient l'essai de la nouvelle voiture voulurent bien m'accorder une place auprès d'eux, et notre voyage ressembla à une partie de fête. Sur toute la route, les habitants étaient aux fenêtres pour nous voir passer. Les paysans contemplaient émerveillés les panneaux vernis de la nouvelle diligence ; les marchands des petites villes, qui se souvenaient encore des flocons de neige qui étaient tombés sur leurs épaules dans leur dernière excursion à Copenhague, ne se lassaient pas de bénir l'heureuse prévoyance du maître de poste, qui leur offrait un meilleur abri, et les philosophes du pays dissertaient, en nous voyant venir, sur les prodigieuses découvertes de l'industrie et les miracles de la civilisation. Une chose inquiétait encore les bourgeois des petites cités, gens essentiellement pratiques et économes de leur nature : c'était de savoir combien il en coûterait pour monter dans ce magnifique carrosse ; et quand on leur dit que le prix restait le même que par le passé, ils entonnèrent un cantique d'actions de grâces. S'il y avait eu alors des fleurs dans les champs, ils nous auraient tressé des couronnes.

La fête continua à Elseneur. Le maître de poste vint nous recevoir avec la touchante cordialité d'un homme du Nord. L'aubergiste de la ville, qui, avec son intelligence d'aubergiste, devina le surcroit de voyageurs que cette voiture devait lui amener, nous salua comme des bienfaiteurs. Le bourgmestre, qui préparait en ce moment un rapport officiel sur les curiosités et les richesses de sa cité, ajouta, en écoutant le cornet de notre postillon, une phrase pompeuse à son récit. Deux hommes seulement contemplèrent d'un œil morne ces manifestations de joie publique : c'étaient le marchand de parapluies et l'apothicaire. Le premier songeait aux bienfaisants coups de vent qui brisaient sur la voiture découverte la meilleure monture d'acier ; le second, aux potions de camomille qu'il avait dû préparer pour ses clients à la suite d'un voyage. Le médecin aurait bien eu aussi quelque droit de se plaindre ; mais c'était un jeune homme sorti récemment de l'Université, et imbu des idées libérales de la nouvelle génération. Il calcula qu'il fallait retrancher de son budget annuel trente rhumatismes, cinquante fluxions, et il oublia son intérêt particulier en pensant au bien-être général.

C'était là le premier chapitre de mon voyage, un chapitre orné d'arabesques et de vignettes. Le reste ne devait pas être aussi gai.

Le paquebot qui va d'Elseneur à Helsingborg avait déjà suspendu ses voyages. La compagnie de bateliers commençait à reprendre ses calculs d'hiver. Cette compagnie a le monopole exclusif des transports entre la côte de Danemark et celle de Suède. Il n'est pas permis à un voyageur de passer le Sund sans elle. Dans la belle saison de l'année, elle expédie chaque jour un bâtiment à Helsingborg, et le prix du transport est fort modique ; mais, dès que la brise fraîchit, que la mer gronde, que l'aspect du ciel annonce une tempête, elle arrête le service régulier, et tient les voyageurs à sa disposition. Alors le prix du voyage monte à mesure que le baromètre descend. La compagnie taxe l'orage et tarife le vent. Ce jour-là, le vent valait 20 francs. J'avais voulu partir avec un paquebot suédois qui retournait à Helsingborg; mais c'était contre les privilèges des bateliers danois. Je payai 20 francs, et on me donna un bateau et trois matelots. Le vent qui m'avait coûté si cher était excellent. Nos voiles s'enflèrent, notre bateau bondit sur les vagues, et nous fîmes en vingt minutes un trajet qui dure souvent plusieurs heures.

Le port d'Helsingborg était fermé par les glaces et inabordable. On me débarqua sur les rocs de la grève, d'où je gagnai, tant bien que mal, le chemin de l'hôtellerie.

Quelques instants après, je n'aurais pu faire ce voyage à aucun prix. Le vent du nord grondait sur la côte; les vagues, soulevées par la tempête, retombaient sur elles-mêmes avec un sourd gémissement. Le ciel était couvert d'une brume épaisse, on n'entrevoyait plus à sa surface aucune étoile; on n'entrevoyait que les rayons du fanal de Croneborg, qui projetaient une lueur pâle dans l'ombre. Je saluai cette lumière, qui éclairait encore le rivage où je venais de dire adieu à des êtres chéris; puis le brouillard s'épaissit, et tout disparut dans les ténèbres.

Le lendemain, j'allai voir la diligence qui devait me transporter à Stockholm, et cette visite n'était rien moins que réjouissante. Qu'on se figure un coucou de Versailles, un vieux fiacre, une de nos lourdes pataches de province, reliées comme un tonneau avec des barres de fer, trouées par le haut et par le bas, fermées par de perfides rideaux de cuir qui ont perdu l'habitude de se rejoindre, et qui ne barrent plus le chemin ni à la neige ni au vent. C'était là notre voiture. Elle était divisée en deux parties comme une malle-poste. Mon hôte, qui m'avait suivi, enveloppé dans sa lourde pelisse, me conseillait de prendre l'intérieur;

mais l'intérieur, avec sa mine pleine de promesses, ne m'inspirait aucune confiance. Le cabriolet était plus franc et plus honnête. Il me disait naïvement, en me voyant venir : « Je ne vous trompe pas, vous aurez froid. Je n'ai point de vitres pour vous garantir du mauvais temps, et j'ai perdu avant-hier le dernier bouton qui retenait sur le côté mon tablier de cuir; mais vous ne serez pas trop mal assis, et vous verrez la contrée. » Cette dernière raison était la plus puissante de toutes. Je montai dans le cabriolet. A côté de moi, je vis monter une paire de bottes en peau de phoque, une pelisse en peau de loup et un large bonnet en peau de renard. Je ne savais trop ce que signifiait ce surcroît de bagages; mais, au premier rayon du jour, j'entrevis entre le bonnet et la pelisse un œil et un nez. C'était un être vivant: c'était mon compagnon de voyage; quand nous arrivâmes à la station du déjeuner, il ôta une paire de gants fourrés, deux cravates, trois cache-nez, un bonnet de nuit, but un grand verre d'eau-de-vie de Suède, et il commença à me raconter son histoire. Dès les premiers mots de son récit, je sentis le frisson de la peur parcourir tous mes membres. Cet homme était un commis voyageur, et, qui pis est, un commis voyageur allemand. Si j'avais pu retourner à Helsingborg, je l'aurais fait, car je me voyais en proie au prosaïsme le plus sec, le plus rigoureux et le plus trivial, moi qui avais songé à faire un voyage poétique. Mais il était trop tard, et il fallut me résigner à subir à côté de moi cette masse chiffrante et digérante, comme on subit la voix de la réalité dans un rêve.

Notre voyage devait durer huit jours. Je ne décrirai pas les vicissitudes tristes ou gaies qui l'ont traversé, les orages qui sont venus assaillir notre pauvre machine ambulante, les chevaux suant et soufflant pour nous traîner hors d'une ornière, les rudes secousses du cabriolet, les ennuis de l'auberge, et la noble colère du commis voyageur à la vue d'une soupe refroidie, d'une bouteille mal bouchée ou d'un lit trop étroit.

Je ne décrirai pas non plus les cinq à six villes par lesquelles je n'ai fait que passer. Je pourrais cependant prendre le manuel historique de l'une et de l'autre, et raconter, avec un certain air d'érudition, en quelle année elles ont été bâties, quelle grande bataille y a été livrée, quel grand homme elles ont vu naître, et quelle est maintenant leur population. Mais j'avoue franchement que je ne connais de ces villes que l'hôtellerie, où l'on nous servait des tranches de jambon avec une sauce au sucre, ce qui est une incroyable chose, et l'espèce d'étuve où six voyageurs couchaient ensemble, comme des œufs qui doivent éclore par des procédés artificiels.

Ce qui m'a vraiment ému pendant ce voyage, ce que je voudrais pouvoir dépeindre, c'est l'aspect de l'hiver dans ces contrées septentrionales, l'aspect de la Suède, que j'avais vue, au mois de juin, riante et couverte de fleurs, comme une fiancée en habits de noces, et que je retrouvais, au mois de janvier, comme une veuve avec ses vêtements de deuil.

Le long des côtes, le sol est sec et durci, l'hiver est tempéré par le voisinage de la mer; mais, quand on arrive dans l'intérieur du pays, on n'aperçoit plus que les lacs couverts de glace, les grandes plaines chargées de neige; de distance en distance, quelques tiges solitaires de bouleaux, qui penchent vers le sol leurs branches effilées, et les forêts de sapins qui entourent de leur ceinture noire les campagnes toutes blanches. L'air est d'une pureté sans égale, mais le ciel est sombre; le soleil laisse à peine entrevoir, vers midi, quelques rayons fugitifs. Le jour commence à neuf heures, et finit à trois; un nuage épais pèse sur la terre comme une masse de plomb, et quand parfois la lune, terne et pâle, brille à travers ce nuage, elle apparaît comme une lampe d'albâtre éclairant un linceul.

En avançant vers le nord, on fait quelquefois sept à huit lieues sans apercevoir une trace d'habitation, et quand le vent se tait, tout se tait dans la nature. Pas une source d'eau ne murmure, pas un oiseau ne chante, pas une feuille d'arbre ne tremble. C'est plus que le silence du sommeil, c'est le silence de la mort.

Il est une impression mélancolique profonde, que plus d'un voyageur a dû éprouver en traversant ces solitudes de neige, et dont le souvenir m'émeut encore. C'est lorsque le soir, au milieu du silence universel de la nature, on entend tout à coup résonner les cloches. Aucun chant, aucune voix ne pourraient éveiller dans l'âme autant d'émotions que cette voix de l'église vibrant au sein des campagnes désertes et des ombres de la nuit. C'est elle qui nous rappelle, dans la contrée lointaine, le sol où nous avons vécu, l'humble demeure où une mère prie peut-être, en ce moment-là, pour nous; c'est celle qui, à l'heure où tout repose, réveille l'espérance chrétienne dans le cœur de celui qui souffre; c'est celle qui guide vers le village le passant égaré dans sa route.

On avance, conduit par ce son religieux qui se répand à travers la plaine, et l'on distingue au haut de la colline l'église isolée avec sa ceinture d'arbres, et la lampe du presbytère qui projette ses rayons vacillants dans l'ombre. Le prêtre est là avec sa famille, qui termine sa paisible journée par quelque pieuse lecture, et qui, en entendant passer à sa porte la lourde charrette, pense à ceux qui voyagent au milieu de l'hiver, et bénit sa douce retraite.

Une autre impression, à laquelle on aime à s'arrêter, c'est quand l'atmosphère s'épure, quand les rayons de l'aurore boréale se croisent comme des lames d'argent, puis se découpent, se revêtent de diverses nuances, et flottent comme des écharpes de gaze ou comme des feuilles de roses à la surface du ciel; c'est lorsqu'au milieu d'un cercle d'azur élargi on voit briller l'étoile polaire comme un rayon d'espérance au milieu du deuil de la nature. C'était là un tableau que j'aimais à contempler quand notre voiture glissait silencieusement sur la neige pendant la nuit, et les vers suivants, adressés à l'étoile des régions septentrionales, ne rendent que bien faiblement l'émotion de joie et de mélancolie que j'éprouvais en la voyant apparaître.

> Sur les mers je t'ai vue, un jour que le soleil
> Avait fui de nos yeux et trompé notre attente;
> Tu parus vers le soir à l'horizon vermeil,
> Et ta clarté guida notre barque flottante.
>
> Dans le Nord, je t'ai vue, au milieu des hivers,
> Surgir pendant la nuit après une tempête;
> Tes rayons scintillaient au haut des sapins verts,
> Le voyageur vers eux levait joyeux la tête.
>
> Salut à toi, salut, astre fidèle et pur!
> Ta lumière ressemble à ces amitiés saintes
> Qui se cachent parfois en nos heures d'azur,
> Et reviennent à nous en entendant nos plaintes.
>
> Ta lumière ressemble à l'œil providentiel
> Qui sans être aperçu veille sur notre route,
> Et, quand nous nous courbons sous un destin cruel,
> Jette un rayon céleste au sein de notre doute.
>
> Oh! viens! viens de nouveau, tandis que je poursuis
> Mon chemin isolé vers un horizon sombre;
> Laisse-moi te revoir dans le calme des nuits,
> Laisse-moi contempler ton doux flambeau dans l'ombre.
>
> Hélas! il est des cœurs fermés à l'avenir
> Qui de bonne heure ont vu fuir leur soleil rapide,
> Qui trompés dans leur but, froissés dans leur désir,
> Vacillent au hasard sans boussole et sans guide.
>
> Pour eux l'illusion avec ses ailes d'or,
> L'amour et le printemps, tout est couvert d'un voile;
> Après leur triste épreuve, heureux s'ils ont encor
> Dans leur vie un espoir, dans leur ciel une étoile!

LES MINES

DE DANEMORA ET FAHLUN

A MICHEL CHEVALIER

Dans une des provinces les moins riantes de la Suède, dans l'Upland, après avoir traversé les bruyères et les pâturages rocailleux d'Andersby, on aperçoit une vallée encadrée dans une forêt de sapins, comme un paysage du Midi dans une bordure noire. Là sont les champs de blé parsemés de bluets, les haies d'aubépine qui sillonnent la prairie, et les allées de bouleaux qui ombragent le sentier. Près de là, on entend le bruit de l'eau qui tombe sur les rochers. C'est la rivière d'Osterby, qui tantôt jaillit à travers ses écluses, et tantôt se plonge dans ses larges bassins et s'aplanit comme un miroir, et s'endort comme un lac. Un maître de forges y a construit son élégante demeure, et les ouvriers sont venus l'un après l'autre bâtir, le long du chemin, leur maison de bois à la suite de celle du maître. De l'autre côté de la rivière est la forêt avec ses herbes touffues, où l'on entend au loin tinter la clochette du troupeau, comme auprès des chalets de la Franche-Comté. Toute cette nature est calme, recueillie, et cependant animée. Le matin, les ouvriers ferment la porte de leur demeure champêtre et se rendent à la forge; les paysans des environs transportent, sur leurs petits chariots suédois, le minerai ou le charbon; les moissonneurs aiguisent leurs faux, et la jeune fille, avec ses cheveux blonds tressés tombant sur l'épaule, les pieds nus, les épaules nues, s'en va, comme Ruth, chercher un fiancé parmi les moissonneurs. Entre la forge et la prairie, en face du bois de sapins, l'auberge d'Osterby s'ouvre aux regards du voyageur, et quand j'y suis entré, et quand on m'a présenté le livre où tous les étrangers avaient exprimé leur admiration, les Anglais avec des vers de Byron, et les Allemands avec des citations de la Bible ou de Jean-Paul, j'ai cru me retrouver en Suisse, dans un de ces hôtels où il est convenu qu'on dînera à trois francs par tête et qu'on écrira six lignes de banalités ou d'érudition.

Mais laissez l'auberge avec ses verts enclos et prenez le chemin du vallon. A l'extrémité de l'allée d'arbres qui le traverse, voici les appareils industriels qui se dressent dans les airs, les pompes qui plongent dans les entrailles du sol, et les poulies qui crient sous le poids du fardeau qu'elles entraînent; voici les mines de fer de Danemora. Sur une surface d'une demi-lieue, les rochers ont été brisés, la terre s'est ouverte comme un volcan. De tous côtés, on n'aperçoit que des amas de pierres, des machines en mouvement, et, au milieu, l'excavation ténébreuse et profonde. L'œil y plonge avec terreur. On n'y voit que l'abîme, on n'y entend que le son lointain du marteau des mineurs.

Au bord de ce gouffre béant s'élève une poulie à laquelle sont suspendus deux larges tonneaux : l'un sert à monter le minerai; l'autre est la barque flottante destinée aux ouvriers et aux curieux pour descendre dans les mines. On n'entre pas dans cette nacelle de bois sans une certaine émotion, et quand les manœuvres lâchent le câble qui la retient, quand on quitte la terre ferme, l'imagination la moins ardente a le temps de faire plus d'un rêve singulier ; et l'homme qui entreprend pour la première fois cette exploration souterraine peut adresser du fond du cœur une dernière pensée à ses amis et se recommander à son bon ange. Le terme du voyage est à quatre cents pieds sous terre. Le long du chemin, la corde peut se casser, le tonneau peut se rompre sur la muraille de roc contre laquelle on va se heurter. Qui sait? l'abime peut se refermer tout à coup et vous engloutir. Mais au moment où l'on parcourt cette série de catastrophes avec un sentiment d'héroïsme qui chatouille la vanité, on rencontre trois ou quatre ouvriers debout sur une vieille cuve, qui montent avec une parfaite insouciance, en causant, en allumant leurs pipes, et l'on rentre dans son tonneau, honteux d'avoir eu peur.

La mine est une longue suite de galeries humides, creusées comme des voûtes de cathédrale, supportées par des masses de pierres ferrugineuses, et éclairées de distance en distance par les fentes des rochers. Là-haut est le ciel bleu; ici la terre noire, le sol bourbeux et souvent couvert de glace. La pluie qui tombe par les ouvertures de la montagne se gèle sous ces grottes froides, et, avant de tailler le filon de minerai, il faut enlever les amas de neige qui le recouvrent. Un grand canal traverse les arcades. L'eau tombe dans un réservoir et la pompe, située à l'extrémité de la mine, est en mouvement tout le jour. Quelquefois on ne passe d'une galerie à l'autre que par une ouverture étroite, en se courbant jusqu'à terre et en se trainant sur la neige. Quelquefois on traverse sur une planche vacillante un sol fangeux pareil à un marais. Puis on entre sous de grandes voûtes, et alors il est beau de voir le foyer des mineurs pétiller sous ces demeures sombres, et les rayons de la torche de résine se refléter sur les parois de murailles où le cristal étincelle, où le grenat rouge brille à côté du fer. Là, dans ces profondeurs silencieuses de l'abime, la voix humaine a un accent solennel, le bruit du marteau qui tombe sur la pierre se répercute de voûte en voûte avec un son sinistre, et quand on met le feu à l'une des mines, quand le roc éclate, tout l'espace souterrain en est ébranlé, et toutes les arcades semblent chanceler sur leur base.

La mine de Danemora fut découverte au xv⁰ siècle. C'est l'une des plus riches de la Suède. Le minerai qu'on en tire donne soixante et quelquefois quatre-vingts pour cent de fer brut. Trois cents ouvriers y travaillent chaque jour. Ce sont presque tous des pères de famille qui ont leur habitation dans la campagne à une ou deux lieues de distance. La plupart de ces habitations sont entourées d'un enclos et protégées par quelques groupes d'arbres. Elles sont fraîches, riantes, et entretenues avec soin. La femme est là qui veille sur le petit domaine qui lui est confié et travaille sans cesse à l'embellir. Quand le printemps vient, cette maison est couronnée de verdure; des branches de sapin jonchent le parquet, des rameaux d'arbres forment un berceau de feuillage au-dessus de la porte. On dirait que le mineur, condamné à vivre tout le jour dans des retraites ténébreuses, demande à trouver, en rentrant chez lui, la verdure et les fleurs du sol dont il est exilé. Il doit quitter à regret cette demeure ornée par une main vigilante, et cependant il la quitte chaque matin et n'y revient que le soir.

La plupart de ceux qui travaillent aux mines ne gagnent pas plus d'un rixdaler par jour (1 fr. 50). Beaucoup gagnent moins. En devenant mineurs, ils ont fait ce que faisaient leurs pères. Le marteau de fer a été leur héritage et le souterrain leur patrimoine. Ils y sont entrés avec courage et ils ne se plaignent pas de leur sort. Cependant cet isolement de la nature entière, cette vie passée dans les ténèbres agit peu à peu sur eux. Ils se penchent sur le sol qu'ils doivent creuser, et ils accomplissent avec résignation cette parole de Dieu : « Tu gagneras ton pain à la sueur de ton front ». Mais ils sont rêveurs et silencieux. Ils ne rient pas et ils ne chantent pas. Quand j'étais parmi eux, au fond de l'abime, un enfant de Danemora, qui devait travailler comme eux un jour, et qui descendait dans la mine pour la première fois, s'était assis sur un bloc de pierre et chantait. Il chantait un chant de mineurs composé par un poète de Fahlun, M. Königsvart. Les ouvriers le regardaient avec tristesse et semblaient lui dire dans leur silence : « O pauvre enfant ! »

Ce qu'il y a de plus douloureux, c'est que ce travail abrège leur vie. Tout jeunes encore, leur visage se ride. Ils vieillissent vite et meurent ordinairement du mal de poitrine, du mal de consomption. L'ouvrier qui me donnait ces détails était lui-même une preuve évidente de cette fatale influence des mines. Il avait le regard terne, le visage amaigri, et sur les joues cette fausse teinte rosée qui annonce la fatigue intérieure. Il était là depuis dix ans. Il sentait ses forces décroître, et il pouvait compter le nombre de ses jours par les coups de marteau qu'il donnerait encore. Il me conduisit dans sa demeure, pour me montrer quelques échantillons de minerai. Sa femme et ses enfants vinrent à notre rencontre, et il était triste de voir cette femme bientôt veuve et ces enfants bientôt orphelins s'asseoir auprès de lui.

Fahlun est à vingt milles de Danemora : on y arrive par les routes escarpées, par les forêts de sapins, par les beaux lacs du pays de Gêfle et de la Dalécarlie. Mais quand, du haut de la montagne, on regarde dans la plaine, on n'aperçoit que des tourbillons de fumée qui flottent à travers la vallée et entourent toutes les habitations. Puis peu à peu, à travers cette vapeur épaisse et continue, on distingue le clocher de l'église couverte en cuivre, puis les maisons qui sont bâties en bois, très étroites et très basses, assez semblables aux frêles boutiques de planches que les marchands élèvent pour six semaines sur la place de Leipzig : elles ont été peintes en rouge ; mais elles sont devenues noires, et noir aussi est le pavé de cette ville de forges, et noire l'atmosphère qui l'enveloppe. De toutes parts, à travers la campagne, on ne voit que des huttes en terre où l'on fond le cuivre, des ateliers couverts d'un nuage de fumée, des amas de minerai entassés par la main de l'homme pendant des siècles, et, à une longue distance, une terre aride, une chaine de collines dépouillées de végétation ; point d'herbe, point de fleurs, point d'arbres, le sol nu, chauve, rongé par la vapeur du cuivre qui se renouvelle sans cesse. Depuis l'Hécla, je n'avais rien vu de plus sombre et de plus désolé.

On ignore l'époque précise à laquelle ces mines furent découvertes, mais elle remonte très haut. En 1347, le roi Magnus Smek accorda à ceux qui devaient les exploiter un privilège spécial ; cette ordonnance, qui existe encore, en cite d'autres beaucoup plus anciennes, notamment une de 1200. Le peuple, qui a toujours une tradition pour les événements dont il ne connaît pas l'origine, raconte celle-ci. Un Finnois, nommé Kare, qui habitait cette contrée, s'aperçut un jour qu'une de ses chèvres, qui avait passé la journée dans le bois, était couverte d'une espèce de terre rouge qu'il n'avait jamais vue. C'était du minerai de cuivre. Il alla faire une perquisition dans la forêt, et la mine fut découverte.

Elle était autrefois d'une richesse merveilleuse : on y voyait briller les plus beaux filons de cuivre, et on n'attachait pas à ce métal autant de prix qu'il en a aujourd'hui. Nous avons vu au musée d'Upsal des monnaies suédoises fabriquées dans le temps où ces veines fécondes s'ouvraient si facilement sous le marteau du mineur. Ce sont des plaques de cuivre pur, larges et massives. Le daler est large comme un in-quarto ; le double daler a un pied et demi de longueur. La monnaie de fer spartiate devait être de la petite monnaie, comparée à celle-ci.

Maintenant cette mine, creusée par tant de mains

différentes et pendant tant d'années, s'est appauvrie. On en tire encore du vitriol, du soufre, du grenat, un peu d'or et d'argent; mais les veines de cuivre sont plus rares et plus maigres. Le minerai, que l'on arrache avec peine aux entrailles du sol, ne donne, après trois fusions, que quatre ou cinq pour cent de vrai métal; on revient sur ce qui a été fait autrefois, on reprend les pierres déjà fondues et abandonnées dans un temps de richesse, on les fond de nouveau, et on en tire environ un demi pour cent.

En 1600, cette mine fut élargie par un éboulement où plusieurs personnes périrent. En 1683, dans une nuit d'orage, la terre qui l'entourait s'écroula, les roches sur lesquelles elle s'appuyait furent renversées. La veille, on ne voyait encore qu'un espace arrondi et creusé assez régulièrement; le lendemain, c'était un abîme. Les ouvriers étaient heureusement absents quand le sol s'ébranla; mais cette catastrophe causa dans le pays une profonde terreur, et les habitants de Fahlun qui l'ont entendu raconter à leurs pères en parlent encore avec une singulière émotion.

Autour de ce gouffre s'élèvent la maison des chefs de travail et les machines. On a construit une muraille, pour affermir le terrain, et une balustrade en bois pour servir de sauvegarde aux passants. C'est là qu'il arriva un jour une scène touchante, que M. Arndt rapporte dans son *Voyage en Suède*, et qui m'a été confirmée par les gens du pays. Des ouvriers venaient de se frayer un chemin à travers les blocs de pierre et les flots de sable amassés par un ancien éboulement. Sous une couche de terre épaisse, ils trouvèrent le corps d'un jeune homme en habits de fête et portant un bouquet de fleurs à la boutonnière. La forme des habits était celle d'un autre temps; mais la figure du jeune homme n'avait subi aucune altération : à le voir ainsi couché sur le sol, le visage rose, les yeux fermés, on eût dit qu'il s'était endormi à la suite d'un bal. Tous les habitants de la ville et ceux de la campagne accoururent pour le voir, et personne ne le connaissait, quand soudain on vit venir une vieille femme qui n'était pas sortie depuis plusieurs années, mais qui n'avait pu résister au désir d'observer cette étrange découverte. La pauvre femme avait les cheveux blancs et le front ridé; elle était faible, et ne marchait qu'à l'aide d'une béquille. Elle s'approcha du jeune homme, poussa un cri de douleur, et tomba à genoux devant lui. C'était un ouvrier avec qui elle avait été fiancée cinquante ans auparavant. Le jour même où il devait se marier, il avait disparu, et la mine au bord de laquelle il passait l'avait englouti. On l'enterra en grande pompe, et, quelques jours après, sa fiancée mourut. Cette excavation immense, que le voyageur contemple avec étonnement, n'est que l'embouchure de la mine. C'est au fond de ce sol creusé par la tempête que commence le souterrain. On entre par une porte étroite, on pose le pied sur un escalier tortueux, et, une fois là, adieu la lumière du soleil, adieu l'aspect de la nature riante; le tombeau n'est pas plus noir, et le chemin ténébreux par lequel les Lapons croient que les morts entrent dans l'autre monde n'est pas plus triste que ce chemin étroit par lequel on descend dans ces cavernes de cuivre. J'ai ri de l'école terroriste de Mme Radcliffe et des émotions naïves que j'éprouvais jadis en lisant ses sombres descriptions. Si jamais Mme Radcliffe était venue à Fahlun, elle aurait brûlé ses livres, anéanti ses tours mystérieuses et ses châteaux.

Le chemin tourne autour de la mine. Des piliers de bois soutiennent, de chaque côté, la terre qui menace de tomber, et des poutres transversales forment le plafond de cette longue galerie. Ce travail est une œuvre d'une merveilleuse patience; et quand on pense qu'il n'a pu être fait qu'à travers tant de périls et à la lueur des flambeaux, il faut admirer l'audace avec laquelle il a été conçu, et le courage persévérant avec lequel il a été achevé. L'escalier est étroit et fangeux; on y glisse souvent, et il faut prendre garde de s'en écarter. Près de là est une mare d'eau ou un abime. Les murailles contre lesquelles on s'appuie sont humides et gluantes. L'eau filtre à travers les couches de terre; le soufre et le vitriol s'amassent sur les piliers de bois ou sur les rochers; quand le flambeau les touche, une fumée noire s'élève sur ces parois de la voûte, et cette fumée exhale une odeur infecte.

L'étranger qui entreprend d'explorer la mine se revêt d'une longue robe noire d'ouvrier. On lui donne un chapeau à larges bords et de grandes bottes. Un homme le précède, portant une torche de sapin; un autre le suit, et souvent il est obligé de s'appuyer sur ses deux guides, car l'escalier est inégal et dangereux. A moitié chemin, c'est-à-dire à environ trois cents pieds sous terre, l'escalier cesse, l'espace se rétrécit; on aperçoit un trou dans le sol, on pose le pied sur une échelle : c'est par là que l'on descend; c'est par là que les ouvriers, après avoir parcouru toutes les régions de ce monde souterrain, vont chercher une nouvelle veine de minerai. Si lorsque j'étais à Danemora, j'avais plaint le sort des ouvriers, combien ils me parurent alors plus heureux que ceux de Fahlun! car ils travaillent encore à la lumière du jour, ils voient, par intervalles, le ciel au-dessus de leur tête. Mais à Fahlun, il n'y a plus ni ciel bleu, ni rayon de lumière, ni brise rafraichissante. On n'y entend plus le retentissement de ce qui se passe autour de la mine, la vague rumeur qui annonce la présence des êtres vivants; c'est la nuit dans toute sa profondeur, c'est le silence de la mort. L'ouvrier est là sur le sol fangeux, entre les murailles humides. Une lampe l'éclaire, une montagne de fer pèse sur lui. Si la lampe s'éteint, si les piliers de la mine chancellent, c'en est fait de lui. Quand on songe aux deux catastrophes des siècles précédents, n'a-t-on pas le droit d'en redouter une troisième?

M. le gouverneur de Fahlun avait eu la bonté de donner des ordres pour que l'on me fît voir la mine complètement, et notre promenade souterraine se termina par une illumination. Nous étions au milieu d'une des plus vastes et des plus hautes arcades de la montagne. Sur les bancs de roc qui la divisent en plusieurs galeries, les ouvriers allumèrent des torches de sapin, et je vis un étrange spectacle. Au-dessus de nous, la voûte de roc noire et élevée; au bas, le gouffre et tout autour les torches flamboyantes dans les ténèbres, et projetant, de distance en distance, des teintes argentées et des lueurs blafardes. Près des galeries, l'eau qui ruisselle sur les murailles, les paillettes de fer du minerai, et les grains de cristal renfermés dans le roc, brillaient comme des paillettes d'or, comme des gouttes de rosée aux rayons de la lumière, et les étincelles qui s'échappaient des torches pétillantes voltigeaient à travers la grotte comme une fusée, ou descendaient dans les profondeurs du souterrain comme les étoiles qui glissent sur un ciel sombre. Et tout était calme, on n'entendait que les gouttes d'eau tombant tristement l'une après l'autre, comme les larmes d'une veuve, dans le silence de la nuit. Je restai là jusqu'à ce que la dernière torche fût consumée, jusqu'à ce que la dernière étincelle jaillît dans les ténèbres; puis je m'en revins rêveur avec mes guides, et, quand nous sortîmes de ce gouffre sans fond, le ciel me parut plus riant, l'air plus pur que jamais, et je saluai, avec une joie d'enfant, les montagnes vertes de la Dalécarlie, les beaux lacs, les frais jardins et l'heureuse maison de Rothenby.

SKOKLOSTER

A M. LE COMTE CH. DE MORNAY

Le Mälar est l'un des plus beaux, l'un des plus grands lacs de la Suède; il s'étend à travers l'Upland, la Vestermannie et la Södermannie. D'un côté, il reflète dans ses eaux limpides les forêts du Nord, puis, comme un fidèle sujet, il vient mourir au pied du château de Stockholm. Il touche au golfe de Bothnie et à la mer Baltique. Sur ses bords, c'est-à-dire sur un espace de quarante lieues de longueur, on voit s'élever des villes, des villages, des châteaux. La cloche des églises retentit au sein des forêts qui l'entourent, le chant des pêcheurs résonne sur ses ondes, et le brick de commerce aux flancs évasés le traverse à côté de l'aristocratique yacht anglais. C'est sur une des rives du Mälar, à deux milles d'Upsal, que le feld-maréchal Wrangel bâtit le château de Skokloster. L'été, les habitants des villages voisins vont, le dimanche, visiter cet antique domaine illustré par de nobles traditions, et cet édifice construit par un des héros de la Suède. L'hiver, tout est silencieux dans cette romantique contrée; les *nek*, ces musiciens magiques qui apparaissent à la surface des eaux avec des cheveux verts et une harpe d'argent, se retirent dans leurs grottes de cristal; la cigogne s'enfuit vers les régions du Sud, et le pêcheur ramène à terre ses barques et ses filets. D'une de ses rives à l'autre, le lac est couvert d'une glace épaisse ; il n'y a plus de murmure dans ses vagues, plus de chants dans la forêt, plus de soupirs dans l'air. La nature, fatiguée après la moisson d'automne, s'endort comme une mère après un enfantement, et le soleil impuissant qui l'éclaire ne ramène sur sa face pâle qu'un sourire fugitif et un rayon de vie qui ressemble à un vain désir. Mais alors les nuages qui ceignent l'horizon et les bois de sapins couverts de neige donnent à certains points de vue un aspect imposant. Il y a des monuments qui semblent grandir à travers les ombres de l'hiver, comme la tradition historique à travers les ombres du passé. Après avoir parcouru les chroniques de l'Upland, il me sembla que Skokloster était un de ces monuments.

J'y arrivai, par une froide matinée du Nord, avec un guide qui ne connaissait pas le chemin. Nous descendîmes dans un ravin inhabité; nous sillonnâmes longtemps le lac, où l'on n'apercevait point de route. Mon cheval, haletant et couvert de givre, pouvait à peine traîner, au milieu des amas de neige, le léger traîneau qui m'avait amené jusque-là. Par pitié pour lui, je quittai mon siège de peau de renne, où j'étais emmailloté comme un enfant, et je m'en allai, à travers le Mälar, à la découverte de Skokloster, tandis que mon conducteur, la tête baissée, le regard pensif, tâchait de faire revivre dans sa mémoire infidèle les instructions qu'il avait reçues à son départ d'Upsal. Tout à coup, au détour de la forêt, à la pointe d'une baie, j'aperçus le château avec ses quatre tours épaisses surmontées d'un globe de fer, et sa coupole chargée de neige, comme une tête de vieillard couverte de cheveux blancs. Une heure après, j'étais là, assis, dans une grande salle voûtée, sur un large fauteuil en cuir, comme un laird d'Écosse. Un grand feu pétillait dans le foyer; un domestique posait sur la table de chêne massive un plat de venaison et une bouteille de vin de Madère. Mon cheval avait été mis à l'écurie, mon guide avait déjà pris place à l'office, et je bénissais le maître absent, qui de loin exerçait ainsi envers un étranger l'hospitalité traditionnelle de ses ancêtres.

Cette salle, où je venais de m'installer comme un habitant du château, avait un aspect singulier. De lourdes tapisseries, effacées par le temps, couvraient le plancher. Des épées de fer, ternies par la rouille, étaient suspendues aux murailles. Ici on apercevait une armoire en bois, incrustée, qui avait servi autrefois à la toilette de quelque grande dame, mais qui, depuis longtemps, ne renfermait plus ni rubans de soie ni parfums; là, une pendule à colonnes d'argent dont le balancier rendait un son plaintif et monotone. A travers les fenêtres posées au fond d'une embrasure épaisse, et couvertes d'une couche de glace, le jour ne jetait qu'une clarté incomplète sous cette voûte élevée. La moitié de la salle était inondée de rayons, l'autre plongée dans l'ombre. Quand je regardais cette demeure antique, sillonnée ainsi par de grandes teintes de lumière et par de grandes ombres, je croyais être en face d'un tableau de Rembrandt, et quand je vis entrer le sommelier du château, avec sa redingote grise, son chapeau de feutre et son trousseau de clefs à la main, il me sembla voir apparaître, dans un rêve, tout un chapitre de Walter Scott. Cependant des objets d'une date plus récente contrastaient avec ces débris du passé. Le lit ancien était couvert de rideaux de soie de Lyon. Sur les tentures en cuir brun, on voyait çà et là des gravures parisiennes avec des cadres dorés, et, sur la table de chêne, des couverts d'argent nouvellement ciselés, des assiettes de porcelaine et des tasses d'Angleterre fraîchement vernies. La civilisation moderne, avec son élégance, s'est mariée ici à l'œuvre du xvie siècle. Le château, qui a appartenu aux hommes d'armes de la guerre de Trente ans, appartient aujourd'hui au comte Brahe.

L'histoire de Skokloster est mêlée aux plus anciennes traditions de la Suède. Sur une des montagnes qui environnent le château, les paysans de la contrée venaient autrefois célébrer leurs cérémonies païennes. Ils allumaient, au milieu de la nuit, de grands feux et faisaient des conjurations pour préserver leurs moissons de la grêle et leurs bestiaux de la peste. Un peu plus loin, les pirates de l'Upland s'étaient bâti une forteresse. C'est de là qu'ils s'élançaient, à travers les eaux du lac, pour piller sur les côtes la cabane du laboureur et la cargaison du marchand. C'est là qu'ils se rassemblaient, après leurs sanglantes expéditions, pour boire le *miöd* dans les coupes de corne, chanter leurs chants de guerre et raconter leurs exploits. Sous les sombres rameaux de sapin, on aperçoit encore les débris de leur forteresse pareille à un nid de vautours; et, quand on creuse la terre, on y trouve les armes qu'ils ensevelissaient avec eux pour combattre dans un autre monde, après avoir assez longtemps combattu dans celui-ci. Les historiens du Nord ont tous, l'un après l'autre, dépeint les mœurs farouches de ces tribus de corsaires; mais, parmi les terribles souvenirs d'une époque sans lois et sans frein, on rencontre çà et là des pages mélancoliques qui appartiennent aux poètes. Telle est, par exemple, cette charmante saga de Gunlaugi, cette histoire d'une jeune femme qui meurt en pressant sur son sein le vêtement de celui qu'elle a aimé. Telle est la tradition de Sigurd Ring, dont un poète suédois, Stagnelius, a fait une tragédie. Sigurd était roi de Suède. Dans une fête publique, il aperçut une jeune Norvégienne, nommée Alfsol et remarquable par sa beauté: il en devint amoureux, et la demanda en mariage. Mais les frères d'Alfsol, le trouvant trop vieux, la lui refusèrent. Aussitôt il leur déclare la guerre, et s'avance contre eux avec ses cohortes de soldats. Les Norvégiens, craignant d'être vaincus et ne voulant pas lui abandonner la jeune fille, l'empoisonnent. Sigurd combat avec héroïsme, met en fuite ses adversaires, puis se précipite dans la demeure d'Alfsol. Quand il la trouva étendue morte sur le parquet, il ne versa pas une larme, il n'exhala pas un soupir ; il prit entre ses bras cette jeune fille dont le regard avait ravivé son courage, réchauffé sa vieillesse ; il l'emporta sur son navire, la mit sur la proue, et s'en alla à travers les mers jusqu'à ce que l'orage éclatât sur sa tête, jusqu'à ce que la mer l'engloutît avec celle qu'il aimait.

Le christianisme remplaça par des couvents les forteresses de Vikingr. Il y eut à Skokloster un couvent de femmes qui subsista glorieusement pendant trois siècles. A l'époque de la Réformation, le domaine religieux, qui s'était agrandi par plusieurs fondations, fut réuni à la couronne. Charles IX le donna à son feld-maréchal Hermann Wrangel. C'était un de ces intrépides soldats du xvie siècle, qui avait gagné l'un après l'autre ses grades sur le champ de bataille. Il voulut faire de Skokloster sa retraite de vieillard, et il bâtit une humble demeure à côté de l'église. C'est de là que son fils Charles-Gustave partit pour la guerre de Trente ans. Lorsqu'il revint de ses glorieuses campagnes, il trouva la maison de son père trop chétive et lui demanda la permission d'en bâtir une autre. Le père, dit la tradition, lui répondit par un soufflet. Charles s'inclina devant la main qui venait de le frapper, la baisa, et le fier Hermann, touché de cet acte d'humilié, lui permit de dédaigner la demeure où il avait vécu et d'en construire une plus splendide. Le lendemain, les architectes étaient à l'œuvre, et le château de Charles s'éleva à côté de celui de son père.

Mais il ne jouit pas longtemps de son œuvre. La guerre l'appelait en Allemagne ; il y retourna, et s'en revint avec le bâton de feld-maréchal. La guerre éclata en Danemark ; il prit le commandement de la flotte, la gouverna comme un vieux marin, et gagna dans une bataille son brevet d'amiral. Sa vie fut une vie de guerre et d'expéditions aventureuses, une vie de soldat illustrée par une bravoure qui ne se démentit jamais, et couronnée par le succès. Il l'avait commencée sous Gustave-Adolphe, il ne la termina que sous Charles XI. Dans un siècle de combats, il fut comme le bouclier de la Suède et le rempart de quatre royautés. Il était vieux, malade, affaibli par ses blessures et retiré dans son gouvernement de Poméranie, lorsque Charles XI l'appela à prendre le commandement de l'armée qui devait entrer dans l'électorat de Brandebourg. Il fit un dernier effort pour servir son pays ; mais, cette fois, la nature trahit son courage. Il fut forcé de revenir dans son château de Spiker, et mourut bientôt, laissant après lui de grands souvenirs et un grand nom. C'était, dit le comte Bonde dans ses anecdotes sur l'histoire de Suède, un des plus grands généraux de son temps, un homme d'un cœur aussi loyal que brave, aimant le faste et la dépense, et plus enclin à se battre qu'à se mêler d'intrigues. Il avait cueilli sa première branche de laurier à Lutzen ; il cueillit la dernière à Varsovie dans une bataille qui dura trois jours, et où il commandait l'aile gauche de l'armée suédoise, tandis que Charles X commandait l'aile droite.

Au milieu de ses actions d'éclat, le malheur le saisit avec sa main de fer. Il vit mourir, l'un après l'autre, ses cinq fils. L'un d'eux avait déjà atteint sa vingtième année. C'était un beau jeune homme, l'espoir de son père, qui eût voulu lui léguer ses titres et sa gloire. Il mourut comme les autres, et le vieux feld-maréchal s'agenouilla devant Dieu. Il fut, comme il le dit lui-même, *victor victus*. Il pleura et pria. Dans ce temps-là le sentiment religieux vivait encore au fond des âmes ; les soldats se jetaient à genoux avant d'engager la bataille, et les généraux déposaient dans la nef de l'église les drapeaux qu'ils avaient conquis.

Charles Wrangel avait encore quatre filles. L'aînée épousa le sénateur Nils Brahe. C'est par cette alliance que le château de Skokloster devint la propriété de cette famille, l'une des plus célèbres et des plus anciennes familles du Nord. Rudbeck dit, dans son *Atlantica*, que *Brahe* signifie *Brahman*, c'est-à-dire homme habitué aux grandes actions; et Saxo le grammairien dit qu'il y avait des Brahe à la bataille de Brahvalla, que le roi de Suède Hakon Ring engagea, en l'an 740, contre Harald Hildetand, roi de Danemark.

Deux familles de ce nom s'illustrèrent en Suède et en Danemark. A celle de Danemark appartient Tycho Brahe l'astronome; à celle de Suède, sainte Brigitte, mère de huit enfants, et sainte Catherine, sa fille. On conserve encore à Skokloster le manuscrit des *Révélations* de sainte Brigitte, le premier livre de cette philosophie mystique qui devait plus tard occuper le génie de Jacob Böhme et de Svedenborg. Ce fut elle qui fit faire par son confesseur la première traduction de la Bible en suédois; ce fut elle qui fonda le monastère de Wadstena, où l'on vit s'élever une école importante, à une époque où il n'y avait d'écoles que dans les cloîtres. Elle fit le pèlerinage de Saint-Jacques de Compostelle, le pèlerinage de Rome et de Jérusalem, portant partout des encouragements au peuple, des remontrances aux moines et des avis aux princes. Sa vie fut un symbole de tous les rêves pieux du moyen âge. A l'âge de trois ans, dit la légende, elle n'avait pas encore parlé. Sa mère craignait qu'elle ne restât muette. Elle s'éveilla un matin en chantant les louanges de Dieu. A sept ans, elle se distinguait entre ses compagnes par sa piété, par son amour pour le travail, et la sainte Vierge venait elle-même s'asseoir à côté d'elle et lui enseigner à coudre. Quand son mari mourut, elle vit apparaître le Christ qui lui mit une couronne d'or sur la tête et la nomma sa fiancée. Nous ne croyons plus guère aujourd'hui à ces miracles; mais respectons du moins ce qu'il y avait de poétique dans l'idée qui les enfanta et dans la tradition qui les recueillit.

Le château de Skokloster, ennobli par ces deux puissantes familles de Wrangel et de Brahe, est un vaste édifice à quatre façades, élevé sur une colline et dominant le lac. Il est bâti dans un style d'architecture simple, mais imposant. Au milieu est une cour carrée, semblable à une enceinte de cloître ; une large galerie soutenue par des arceaux en fait le tour. Le vestibule est orné de huit colonnes de marbre d'Italie, ce qui est une étrange rareté dans le Nord. Ce fut Christine qui les donna à son feld-maréchal Wrangel. Quand Charles XI entreprit de réunir à la couronne les propriétés que ses aïeux avaient données aux nobles de Suède, il mit le séquestre sur les huit colonnes, et le propriétaire paya 18 000 r. d. (36 000 fr.) pour les conserver.

L'intérieur des appartements respire encore cet air de richesse et de grandeur que l'on retrouve dans les habitations seigneuriales du moyen âge. Là sont les salles de chevaliers, élevées et profondes, les plafonds chargés d'ornements, les parquets travaillés avec art, les portes à deux battants, dorées et sculptées, et les tapisseries de haute lisse couvrant les murailles. Ces salles ont perdu leur fraîcheur primitive. En plusieurs endroits, la dorure des panneaux s'efface, la guirlande des plafonds s'ébrèche, et la couleur des tapisseries commence à pâlir. Mais ces constructions d'une autre époque, quand elles sont seulement ternies par les siècles, ressemblent à la mâle beauté de l'homme, à laquelle le temps donne un caractère plus grave, en lui ôtant le vermillon de la jeunesse.

Les quatre grandes tours du château et la plupart des salles ne renferment que des objets d'art ou de science. N'est-ce pas une singulière chose que de pénétrer ainsi au fond d'une des provinces reculées de la Suède, dans une habitation isolée au milieu des bois, et d'y découvrir l'arsenal historique du royaume, le musée de la guerre de Trente ans ?

Charles Wrangel avait amassé à Skokloster tout ce qu'il recueillit dans ses campagnes, et les comtes de Brahe agrandirent sa collection. On retrouve là les anciens glaives des Scandinaves, les poignards à la longue lame, les lourdes épées à deux mains, les cuirasses de fer des chevaliers du moyen âge, les casques à ressorts, plus de douze cents armes de tout âge et de toute sorte, depuis le fusil damasquiné du pacha turc, jusqu'à la carabine en cuivre des Suédois du XVIe siècle; depuis l'ancienne arquebuse à roue, jusqu'aux pistolets à manche d'ivoire que Christine portait dans sa petite main de femme. Les rois eux-mêmes ont enrichi ce musée militaire. Charles X y a déposé le glaive tranchant sur lequel il avait fait graver un calendrier, en vrai soldat qui veut compter ses jours par ses batailles; Charles XIV y a mis l'épée qu'il portait dans ses guerres d'Allemagne. J'ai vu là aussi le bouclier de Charles-Quint et une main de fer de chevalier, la vôtre, peut-être, valeureux Götz de Berlinchingen !

Dans une des salles qui touchent à cette galerie, le propriétaire actuel de Skokloster a fait peindre à fresque les principales phases de la vie militaire et de la vie politique de son roi. C'est un travail de bon goût, qui fait honneur à celui qui en a donné le plan et à celui qui l'a exécuté.

La bibliothèque et les manuscrits composent les deux autres ailes du château. C'est une des plus intéressantes et des plus riches collections qui existent en Suède : il y a là vingt-deux mille volumes choisis, et plusieurs raretés bibliographiques d'un grand prix, notamment les quatre volumes de l'*Atlantica*, dont il n'existe plus que cinq exemplaires. La collection des manuscrits renferme la correspondance du feld-maréchal Wrangel pendant la guerre de Trente ans, des centaines de lettres autographes des rois de Suède, des sénateurs, des généraux, et une quantité de documents inédits relatifs à l'histoire de ce royaume pendant les XVI° et XVII° siècles. On garde aussi parmi ces œuvres suédoises une traduction française de Quinte-Curce : c'est un magnifique manuscrit in-folio sur parchemin, orné d'arabesques, de vignettes et de larges dessins en tête de chaque chapitre. Cette traduction est sans date, mais elle est dédiée à Charles le Téméraire, à l'époque où il venait de soumettre les Liégeois : ainsi elle a dû être écrite vers 1475 ou 1476, et elle appartenait vraisemblablement à celui à qui l'auteur l'avait dédiée, car on voit encore le chiffre du prince gravé sur les coins de cuivre qui ornent la couverture. Il est probable que Marguerite de Bourgogne emporta ce livre en Flandre ou en Allemagne, et la guerre de Trente ans le livra à la Suède. Dans son ouvrage sur la bibliothèque des ducs de Bourgogne, M. de Santander ne fait pas mention de ce manuscrit. Si j'avais pu consulter mon savant compatriote Weiss, je suis sûr qu'il m'en aurait expliqué l'histoire; mais, comme il est à cinq cents lieues de moi, je suis contraint d'avouer mon ignorance.

Le comte Magnus de Brahe est un de ceux qui ont le plus contribué à enrichir cette bibliothèque. Il a lui-même fait le catalogue des livres imprimés, tandis que M. Schröder, professeur à Upsal, faisait celui des manuscrits.

Les graves fonctions dont le comte est investi ne l'empêchent pas de donner à ses richesses littéraires toute l'attention qu'elles méritent, et d'en ouvrir l'accès avec la plus parfaite courtoisie, à ceux qui s'y intéressent. Nul voyageur n'a visité Skokloster sans en rapporter quelque douce émotion ou quelque souvenir de reconnaissance. Les dons du cœur sont héréditaires dans la famille de Brahe, autant que ceux de la valeur et de l'esprit.

Il existe aussi à Skokloster une galerie de tableaux nombreuse. Elle renferme les portraits de plusieurs étrangers célèbres, et de la plupart des grands personnages du temps de Gustave-Adolphe, de Christine et de ses successeurs. La plupart de ces portraits ont été faits du vivant même des personnages qu'ils représentent : ce sont des documents historiques à joindre à ceux de la bibliothèque. Il en était un, entre autres, que je cherchais dès mon entrée dans la salle, celui de cette belle Ebba Brahe, que Gustave-Adolphe voulait faire reine de Suède : mais je ne trouvai qu'un médaillon renfermé dans une boite d'ivoire, grossièrement peint, défiguré par le temps, puis altéré encore par une main malhabile, et un tableau en pied qui la représente en robe noire, les cheveux blancs, les yeux éteints, le front ridé, une véritable élégie de deuil après un dithyrambe de jeunesse.

L'histoire raconte assez brièvement cette charmante vie d'Ebba; mais la tradition populaire, qui laisse rarement échapper une image tendre et gracieuse, s'est emparée du froid récit des annales suédoises, et en a fait un de ses romans d'amour.

Quand l'épouse du grand chancelier Brahe se sentit près de mourir, elle pria la reine de prendre sous sa protection sa fille unique, sa petite Ebba, qui était alors âgée de trois ans. La reine le lui promit; et, dès que la comtesse fut morte, elle prit la jeune fille dans son palais et la fit élever sous ses yeux. Ebba grandit auprès de Gustave-Adolphe, qui avait un an et demi de plus qu'elle, et tous deux s'aimèrent. Ce n'était d'abord qu'une affection de frère et de sœur, à laquelle la reine souriait; la jeunesse amena l'amour. Quand Gustave partit, à l'âge de quatorze ans, pour l'île d'Œland, il quitta en pleurant sa chère Ebba, et la pria de ne pas l'oublier. Quand il fut proclamé roi, à l'âge de dix-huit ans, il accourut avec joie auprès d'elle, lui donna un anneau de fiançailles, et lui promit de l'épouser [1]. C'est

---

[1]. Le témoignage de plusieurs historiens, et en dernier lieu celui de Geijer, ne laisse pas de doute sur cette promesse. Du

après cette promesse de son roi, c'est dans une de ses douces rêveries d'amour, qu'Ebba écrivit sur une des vitres du château ces deux vers suédois :

> *Jag är fornöid med lyckan min*
> *Och tacka Gud för nådan sin.*
>
> Je suis contente de mon destin,
> Et je remercie Dieu de sa clémence.

Mais la reine avait suivi d'un regard inquiet ces développements d'une passion si franche et si naïve. Elle avait pour son fils des projets ambitieux : elle voulait qu'il épousât une princesse étrangère; et, quand elle eut lu l'inscription d'Ebba, elle écrivit au-dessous :

> *Det ena du vill, det andra du skall,*
> *Sa plagar mäst gå i sadana fall.*
>
> Tu veux avoir ce destin, mais tu en auras un autre;
> C'est ainsi que cela arrive le plus souvent.

Peu de temps après, Gustave fut obligé de partir pour repousser Chrétien IV, qui venait de faire une invasion en Suède. La reine résolut de profiter de son absence pour lui enlever Ebba. Tandis qu'elle cherchait autour d'elle un homme digne d'épouser sa pupille et capable de la faire respecter, le comte Jacob Pontus de la Gardie arriva à Stockholm. C'était un descendant de ce valeureux chevalier de Languedoc qui, du service de France, avait passé à celui du Danemark, où il avait été fait prisonnier par les Suédois, et qui, de prisonnier, était devenu l'ami d'Éric XIV et le favori de Jean III. Le comte Pontus revenait de faire un voyage en pays étranger. Il était jeune, beau, aimable. La reine lui proposa d'épou-

reste, la famille de Brahe était depuis longtemps alliée à la famille royale. Joachim Brahe avait épousé la sœur de Gustave Wasa.

ser Ebba. D'abord il répondit par un refus, car il connaissait la passion de Gustave. Mais la reine insista, lui dit qu'elle le prenait sous sa protection, qu'elle répondait de tout ce qui pouvait arriver; et le comte, qui n'avait pu voir Ebba sans être frappé de ses admirables qualités, accepta avec joie la proposition de la reine. Le plus difficile, alors, était d'obtenir le consentement d'Ebba. Quand elle connut les projets du comte, elle pleura, car elle aimait véritablement Gustave-Adolphe. Elle essaya de résister à la demande qu'on lui adressait comme un ordre, puis elle implora un délai. Tout fut inutile : la reine ne voulut faire aucune concession, et la pauvre Ebba, seule au milieu d'une cour où tout semblait conjuré contre elle, se résigna à son sort et épousa le comte de la Gardie. Voilà ce que dit l'histoire. La chronique romanesque ajoute que, lorsque Ebba fut contrainte de céder à la volonté de la reine, elle envoya un courrier à Gustave pour le prévenir de ce qui se passait; puis elle se laissa conduire le plus lentement possible dans la chambre où elle devait recevoir la bénédiction nuptiale, et, au moment où elle venait d'échanger l'anneau de mariage, Gustave, qui accourait des frontières de Suède, apparut haletant et couvert de sueur. « Vous arrivez trop tard, lui dit la reine, le mariage est fait : Ebba appartient au comte de la Gardie [1]. »

Il reste dans diverses collections d'autographes plusieurs pages touchantes de cette correspondance d'amour que Gustave-Adolphe et Ebba entretenaient ensemble quand ils étaient éloignés l'un de l'autre. J'ai trouvé dans un manuscrit de Skokloster une élégie en

---

[1]. La tradition populaire dit que la reine força Ebba de se fiancer et de se marier le même jour. Le fait est qu'elle fut fiancée le 11 novembre 1617, mariée sept mois après, et qu'elle devint mère de quatorze enfants.

vers suédois, composée par Gustave et adressée à Ebba : c'est le langage du cœur dans ce qu'il a de plus tendre, de plus humble et de plus résigné. Après avoir copié cette élégie, j'ai essayé de la traduire, mais je n'ai pu que l'imiter très faiblement.

> Le mal que je ressens, je ne puis le décrire;
> Je rêve et je languis, j'attends et je soupire.
> Je n'ai plus de gaieté, plus de paix dans le cœur;
> Pour me faire revivre il faudrait un sourire,
> Et toi, tu ne veux pas sourire à ma douleur.
>
> Après avoir aimé si longtemps en silence,
> Je croyais t'émouvoir par mon humble constance;
> Je voulais t'adorer, te chanter, te bénir.
> Veux-tu donc à jamais briser mon espérance,
> M'exiler de ton cœur et de ton souvenir?
>
> D'autres femmes au monde ainsi que toi sont belles;
> Il n'en existe pas une seule d'entre elles
> Qui par tant de rigueur réponde à tant d'amour.
> Mais qu'importe? Mes vœux et mes pensers fidèles
> Et mes regards ardents te suivent nuit et jour.
>
> J'aime et je veux aimer. Je veux attendre encore
> Le regard dont j'ai soif, le bonheur que j'implore;
> En te priant toujours j'espère t'attendrir.
> C'est de toi que me vient le mal qui me dévore.
> C'est toi seule qui peux m'aider et me guérir.
>
> Et si tu n'entends pas la voix qui te réclame,
> Si rien ne te fléchit, jamais nulle autre femme
> Ne pourra plus troubler mes sens et ma raison.
> Je serai seul, hélas! et seul, du fond de l'âme,
> J'accuserai mon sort sans outrager ton nom.

Quand j'eus visité la bibliothèque et les tableaux, je descendis dans l'église. C'est tout ce qui reste de l'ancien cloître de Skokloster : une chapelle à trois nefs, bâtie dans le style primitif gothique; une chapelle seigneuriale où tout provient des maîtres du château, le lustre d'argent suspendu à la voûte, l'orgue placé au bas de la nef, le tableau allemand qui décore le maitre-autel, et l'arbre généalogique qui étend ses larges rameaux sur les murailles du chœur.

Les tombeaux de la famille Wrangel sont dans une enceinte touchant au chœur de l'église et fermée par une grille. Là est le mausolée du feld-maréchal Hermann et celui de son fils Charles-Gustave. Le vieux Hermann est couché sur la pierre, les mains jointes; Charles est à cheval, l'épée à la main. Tous deux sont là comme les représentants d'une même idée de guerre : le père s'est endormi après ses années de combat, le fils a repris le bâton de commandement et s'est mis en route.

Dans la même église on enterra, vers le milieu du siècle dernier, Mme Nordenflycht, la première femme poète dont le nom mérite d'être cité dans les annales littéraires de la Suède. Jeune encore, elle vint, avec le voile noir des veuves, chercher une retraite au bord du Mälar. Elle écrivit des poésies didactiques, des élégies, des pastorales. C'était le temps où la Suède se prenait d'une belle passion pour les bergeries qui avaient fait le tour de l'Europe, le temps où les poètes conduisaient un troupeau dans la prairie, où les femmes s'appelaient Chloé et Amaryllis, et où les arbres étaient impitoyablement déchiquetés par des chiffres d'amour. Mme Nordenflycht suivit la tendance de l'époque; elle fit de son élégie de deuil une églogue, et mérita d'être appelée *la bergère du Nord*. Mais après avoir longtemps pleuré sur son amour de jeune fille, elle aima de nouveau, et fut dédaignée. Dans son désespoir, elle fit comme Sapho, elle se précipita dans les vagues. Un de ses domestiques accourut à son secours assez tôt pour la sauver; mais elle tomba malade, et mourut trois jours après. Elle a laissé un recueil assez volumineux de poésies entachées de cet esprit d'affectation qui régnait de son temps dans la littérature suédoise, qui offrent cependant des pensées vraies et bien rendues. Le lieu qu'elle habita fut célèbre pendant sa vie; l'endroit où elle est ensevelie aurait quelque droit de l'être; mais, à Skokloster, la gloire militaire a éclipsé toutes les autres. Le sacristain, qui m'accompagnait dans l'église, m'expliqua les écussons peints sur les murailles, et ne put me dire où était la tombe de celle dont les compositions poétiques avaient occupé pendant plusieurs années les beaux esprits de Stockholm.

Tandis que je regardais les armoiries du chœur et les épitaphes de la nef, la vieille église du cloître commençait à s'obscurcir; mais une belle soirée d'hiver m'appelait au dehors. Un voile bleu imprégné de lumière ceignait l'horizon; le ciel était pur et étoilé; le soleil, qui avait disparu dès le matin, se remontrait tout à coup comme pour donner un dernier baiser à la terre, comme pour répandre des teintes de pourpre sur son lit de neige. C'était une de ces nuits d'hiver limpides et argentées, une de ces nuits plus belles que le jour. Au loin l'on n'entrevoyait que la plaine blanche, où les étoiles scintillaient, la forêt de sapins couverte de son manteau de neige, et le château, seul debout au milieu de la solitude. L'ombre du soir l'enveloppait déjà; mais ses fenêtres étaient encore éclairées par les rayons du soleil couchant. Tout était calme et silencieux; nul bruit dans la forêt, nul bruit sur le lac, et si, de temps à autre, le vent se levait pour faire entendre quelque soupir interrompu, ce vent, pareil à celui qui résonnait autour des héros d'Ossian, semblait parler des temps passés.

Lorsque, après avoir contemplé ce tableau imposant, je rentrai dans ma grande chambre voûtée, où la clarté de deux bougies ne répandait qu'une lumière pâle dans une ombre mélancolique, je me disais que je voudrais voir apparaître, pendant la nuit, quelqu'un de ces personnages illustres qui m'avaient occupé tout le jour : le vieux Hermann Wrangel et son fils Charles-Gustave, et, avant tout, Ebba Brahe.

Mais j'avoue à ma honte que je dormis très prosaïquement et que je n'eus qu'une apparition le lendemain, celle du domestique diligent qui venait allumer du feu dans ma chambre et me demander à quelle heure je voulais déjeuner.

STOCKHOLM

A MON PÈRE

Les voyageurs ont tous admiré Stockholm, les peintres l'ont prise sous ses différents points de vue, les poètes l'ont chantée. C'est la plus belle ville du Nord. Les uns l'ont comparée à Naples, d'autres à Venise, d'autres à Constantinople. Ces comparaisons feraient difficilement comprendre, à celui qui ne l'a pas vue, le singulier aspect de cette cité suédoise. Je me rappelle encore avec quelle émotion de joie et de curiosité j'y entrai pour la première fois. J'étais parti le matin, de Norrköping, sur un élégant bateau à vapeur. Après avoir longtemps navigué à travers des groupes d'îles rocailleuses et des récifs, nous pénétrâmes vers le soir dans un canal qui rejoint la mer Baltique au Mälar, et bientôt, à la place de ces collines desséchées, de ces rocs arides qui, quelques heures auparavant, fatiguaient nos regards, nous ne vîmes plus autour de nous que de grandes plaines vertes et fécondes, des forêts de sapins étendant sur la vallée leurs longs rameaux, et des maisons de campagne élevant le haut de leur façade au-dessus des forêts. Tous les passagers étaient accourus sur le pont; les joueurs avaient quitté leur partie; les dormeurs s'étaient éveillés, et chacun regardait complaisamment autour de soi, tantôt pour saluer les cabanes de pêcheurs bâties sur la grève, tantôt pour suivre dans leurs détours les fraîches allées des jardins anglais. Puis le lac s'élargit, et nous aperçûmes la ville avec ses maisons blanches et son magnifique château doré par les rayons dorés du soleil couchant. C'était un dimanche de juin. La foule parée et diaprée nous attendait sur les quais ; les jeunes filles du peuple, les *piga*, ces proches cousines des grisettes de Paris, étaient là avec le foulard damassé sur la tête, le corset étroit et la chaussure coquette. Les bons bourgeois, les ouvriers étaient là, les uns endimanchés comme des habitants de la rue Saint-Denis, les autres revêtus de leur jaquette de *vadmel*. Parmi eux on distinguait aussi des paysans de la Dalécarlie portant le chapeau à large bord, la longue veste pareille à celle des paysans d'Alsace, les bas rouges et les souliers à hauts talons. En apercevant de loin cette quantité d'hommes debout sur le rivage, j'avais peur de rencontrer parmi eux les portefaix d'Avignon, ces oiseaux de proie des voyageurs. Mais quelques commissionnaires vinrent à nous avec plus d'humilité que de hardiesse, et la foule s'écoula doucement pour nous laisser passer.

Quand nous quittâmes le bateau, nul agent de police ne vint d'un air soupçonneux nous demander nos passeports. Je ne me rappelais pas être entré jamais aussi gaiement dans une ville ; les cloches sonnaient dans les églises, le monde circulait dans les rues, les barques flottaient sur le lac, la ville entière semblait s'épanouir avec délices à cette douce température d'un soir d'été ; toutes les physionomies étaient gaies et confiantes, et, dans chaque rue où je passais, des maisons, dont l'extérieur annonçait le *comfort*, m'invitaient à entrer avec cette inscription : *Rum for resande* (chambre de voyageur).

Le lendemain, je traversai les ponts pour gravir les flancs escarpés du *Mosebacke*. C'est une colline située au sud de la ville, couverte de pauvres habitations d'ouvriers, sillonnée irrégulièrement par des rues fangeuses, assez semblable aux quartiers les plus sombres de la Croix-Rousse, à Lyon. Jamais ni la voiture du grand seigneur, ni le cheval fringant de l'officier aux gardes, ne sont montés là-haut. On n'arrive à ces maisons perchées l'une sur l'autre que par des sentiers rocailleux et glissants, ou par des escaliers en bois, à travers des enfants déguenillés qui barbotent dans le ruisseau comme des canards, et des vieilles femmes qui cardent la laine, assises sur leur porte. Mais une fois parvenu au haut de la colline, on entre dans un grand jardin où le peuple se réunit pour boire et chanter comme dans les *lustgarten* de l'Allemagne. Sur le toit de sa maison, l'hôte a fait élever une plate-forme en planches avec quelques bancs. C'est là qu'il faut venir pour connaître le panorama de Stockholm; c'est là qu'on peut passer de longues heures de rêverie et de contemplation, comme à Strasbourg sur la flèche du Munster, à Lausanne au haut du lac, aux environs de Christiana sur la pointe du Ringrig.

Qu'on se représente une grande ville baignée d'un côté par un lac, de l'autre par la mer, coupée par des canaux, parsemée de jardins, de groupes d'arbres, et posée sur sept îles comme Rome sur sept collines. Au milieu la vieille cité, l'ancienne forteresse du pays, la résidence des rois, le cœur de la Suède, comme l'appellent les chroniques du moyen âge, le château, grandiose et imposant comme le Hradschin à Prague, élevant au-dessus des autres édifices sa tête de géant; puis, au nord et au sud, les deux faubourgs plus vastes que la cité; ici, une longue côte verdoyante qui longe les bords du Mälar; là les bâtiments de l'arsenal, le port où flotte le pavillon de guerre à côté du pavillon marchand, le parc avec ses forêts de sapins et ses mille sentiers, et de tous côtés un horizon que rien ne limite, point de muraille qui arrête le regard et suspende l'essor de la pensée, l'eau, les bois, les édifices de toute sorte, les flèches de clochers, les mâts de navires, les sites travaillés par la main de l'homme et les sites agrestes. C'est Stockholm ; c'est cette ville d'où Gustave-Adolphe partit pour devenir le héros de la guerre de Trente ans, Charles XII pour vaincre l'armée russe à Narwa. Par un singulier jeu de la nature, cette capitale de la Suède, qui doit être si fière de ses rois, présente dans ses contours l'emblème de la royauté. La cité ressemble à la partie supérieure d'un diadème, ses faubourgs au cercle qui l'environne, et le bassin de la mer, le bassin du lac, à deux rubans d'argent qui flottent de chaque côté.

J'étais là depuis longtemps, debout et pensif sur la frêle terrasse. Une famille étrangère vint s'asseoir à côté de moi et contempla en silence ce vaste et riant tableau. Sans nous jeter un seul regard, nous partagions la même surprise, nous étions livrés aux mêmes émotions, et, quand nous nous quittâmes, j'étais sûr que nous avions conversé ensemble sans nous dire un seul mot.

L'histoire de Stockholm, comme celle de Copenhague, ne remonte guère au delà du XIIe siècle. Les rois de Danemark habitaient Leire, les rois de Suède Sigtuna. Odin avait été le fondateur des deux monarchies. Ses fils avaient une même demeure, une forteresse près d'un temple. L'œuvre du paganisme s'est écroulée avec le paganisme. On cherche Leire, et on ne trouve pas même une ruine qui en indique la trace. On cherche Sigtuna, et on ne voit que des tombeaux.

Sur le sol où s'élèvent aujourd'hui les plus anciens édifices de Stockholm, il n'y avait, dans les premiers siècles de notre ère, que quelques cabanes de pêcheurs. C'était une terre pauvre et obscure. Un événement tragique lui donna sa première célébrité. Agne, le douzième descendant de la race des Ynglingues, venait de faire une expédition en Finlande. Il avait ravagé plusieurs districts, et ramenait avec lui Skialf, la fille d'un prince qu'il avait tué. Il débarqua sur la côte de Stockholm et voulut épouser celle dont il avait dévasté le pays, celle qu'il avait rendue pauvre et orpheline. La jeune fille ne résista pas et reçut l'anneau de fiançailles. Mais, au fond du cœur, elle n'éprouvait que le sentiment de la haine et le besoin de se venger. Le jour du mariage étant venu, Agne assembla ses compagnons d'armes et célébra son bonheur par tant de libations de *miöd*, qu'il finit par chanceler et tomber sans force. Skialf prit une longue chaîne qu'il portait au cou et le pendit avec cette chaîne à un arbre. Puis elle délivra ses compatriotes captifs, coupa les câbles des navires et s'embarqua pour la Finlande.

Le lieu où ce drame s'était passé porta longtemps après le nom d'Agne. Les Suédois vinrent le voir par curiosité. Ils le trouvèrent attrayant et commode, et peu à peu la côte se couvrit d'habitations. En 1255, Birger Jarl agrandit cette cité naissante, lui donna des privilèges et y fixa sa demeure. Bientôt elle eut, comme toutes les villes du moyen âge, ses remparts et sa forteresse. Ce fut là qu'une femme héroïque, Christine Gyllenstierna, la veuve de Sten-Sture, défendit ses concitoyens contre l'invasion de Chrétien II, que la Suède ne voulait plus reconnaître pour son roi. Le mari avait reçu une blessure mortelle à la bataille de Bogesund. Sa femme le vengea; la bourgeoisie, qui l'aimait, se rallia autour d'elle et fit payer cher à Chrétien l'honneur d'entrer à Stockholm. Trop faible enfin pour lutter contre une armée nombreuse, Christine capitula, les armes à la main. Elle commandait à des soldats dévoués. Elle obtint pour ses partisans une amnistie générale. Mais Chrétien II trahit sa promesse : à peine était-il entré à Stockholm, qu'il fit jeter Christine en prison. L'échafaud fut dressé sur la place des Chevaliers, et le sang des plus nobles familles inonda le pavé.

A ces jours de douloureuse mémoire succéda le règne

bienfaisant de Gustave Ier. Cet homme, dont l'adversité avait mûri le caractère et développé l'intelligence, menait de front l'art, la science et les combinaisons politiques. En même temps qu'il cherchait à fortifier le royaume par de sages institutions, il travaillait à donner plus de vie et de mouvement à l'université d'Upsal, et il embellissait Stockholm. Ce fut lui qui ordonna aux habitants d'abattre les maisons en bois bâties sur la rive du Mälar, pour construire des édifices en pierre. Alors la ville de Stockholm ne s'étendait pas au delà des limites qui bornent encore aujourd'hui la Cité. Toute la côte où s'élève maintenant le vaste faubourg du Sud n'offrait aux regards que quelques habitations disséminées çà et là. Le Brunkeberg n'était qu'une colline déserte, et, à l'endroit où l'église de Sainte-Claire apparaît maintenant au milieu d'un amas de grandes et belles rues, on n'apercevait qu'un cloître isolé.

Peu à peu la population, resserrée dans une enceinte trop étroite, déborda au nord et au sud. La montagne et la plaine furent envahies, et le noyau primitif de la capitale suédoise fut entouré de deux faubourgs qui ressemblent à deux grandes villes. La Cité a conservé son caractère d'ancienneté. Elle est bâtie irrégulièrement, traversée par des rues tortueuses, par des ruelles sombres, et toute peuplée de bourgeois, d'ouvriers, de marchands. Le faubourg du Sud n'a pas la même apparence de vétusté; mais il n'a pas des contours plus réguliers ni des maisons mieux construites. Le faubourg du Nord est la plus belle, la plus riante partie de la ville. Là sont les rues larges et alignées, les grandes places dessinées carrément, les édifices construits dans le goût moderne, les habitations élégantes des hauts fonctionnaires et de l'aristocratie, le palais du prince Charles, le théâtre, la statue en bronze de Gustave-Adolphe et celle de Charles XIII, l'Académie et l'Observatoire.

Après tout, l'œuvre de la nature efface ici l'œuvre des

architectes. La vraie beauté de Stockholm est dans sa position. Il faut prendre cette ville dans son ensemble, il faut l'admirer dans ses larges points de vue. Mais, en passant d'un de ses quartiers à l'autre, l'archéologue trouverait peu de monuments dignes d'être étudiés. Les édifices du temps de Birger Jarl ont disparu. La forteresse de Christine Gyllenstierna s'est écroulée. Les rues de la Cité n'ont pas le prestige des anciens temps, et la riante ostentation de la jeunesse manque aux faubourgs nouveaux.

Au milieu de ces constructions uniformes, il est un monument dont les proportions grandioses étonnent les voyageurs et dont on aime à observer la noble structure : c'est le palais. Le comte de Tessin en dessina le plan sur la fin du xvıı^e siècle. Charles XI, qui, par une loi de réduction. amassa des trésors considérables, fit bâtir ce palais dans l'espace de sept ans. Il mourut le 5 avril 1697, et le 5 mai l'édifice fut réduit en cendres; la cour se réfugia dans la maison du maréchal Wrangel.

Le jeune comte de Tessin, qui avait hérité des talents de son père, dessina un autre plan plus large encore que le premier, et dirigea lui-même les travaux de construction. Mais alors Charles XII était roi de Suède. Ses guerres l'occupaient plus que ses châteaux. Il avait besoin d'hommes, d'argent, et il se souciait sans doute peu que son palais s'achevât à Stockholm, pourvu qu'il pût porter sa tente en Russie. L'œuvre de Tessin fut plusieurs fois abandonnée et reprise. Il ne la termina qu'au bout de vingt ans.

Ce palais, l'un des plus remarquables qui existent en Europe, a la forme carrée et l'enceinte intérieure du Louvre, sans les colonnades et les cariatides. Il est bâti sur une hauteur qui domine la ville. Du côté du nord, on y arrive par deux larges chemins surmontés d'une terrasse d'où l'on a une très belle vue sur le pont et sur les faubourgs. Du côté de la mer est la façade, élevée au-dessus d'un jardin et fermée par une balustrade en pierre. Du côté du nord est aussi la porte d'entrée des équipages. Les salles sont hautes et spacieuses, décorées avec goût, enrichies de draperies, de dorures et de tableaux. Le roi habite une des ailes du château; le prince royal une autre; le reste des appartements est occupé par le cabinet des affaires étrangères, les archives du royaume, le musée, la bibliothèque particulière du roi, et la bibliothèque publique, dont j'aurai l'occasion de parler plus tard.

Les églises de Stockholm n'ont rien de saillant, ni par leur origine, ni par leur construction; celle de Riddarholm mérite seule, à vrai dire, d'être visitée : c'est là que les rois de Suède ont été enterrés; c'est là qu'on dresse encore le catafalque des chevaliers du Séraphin. Cette église est, comme notre Saint-Denis, l'asile des grandeurs passées et des gloires déchues. Quand on y entre, tout ce qui vous entoure n'éveille au fond de l'âme qu'une émotion de tristesse. Ces voûtes sombres n'ont jamais répété que la mélodie plaintive du chant des morts, cet autel n'a vu que des fêtes funèbres, ces cierges n'ont éclairé que les noires draperies du cercueil. Ici on aperçoit la tombe du héros qui mourut à Lutzen en combattant pour ses croyances religieuses; plus loin celle de Charles XII, qui, après avoir épouvanté par ses victoires trois grands royaumes, périt à Frederickhsall en défendant le sien; tous deux placés bien jeunes sur le trône, tous deux séparés l'un de l'autre par près d'un siècle, et réunis dans cette chapelle par la mort, qui sépare et réunit tout. Sur les murailles on aperçoit des écussons de chevaliers qui se glorifiaient de reposer auprès de leurs maîtres, et des arbres généalogiques qui, après avoir longtemps fleuri dans le monde, sont descendus ici avec leur dernier rameau.

Parmi ces pierres sépulcrales sur lesquelles nous nous arrêtions, tantôt pour lire une épitaphe, tantôt pour contempler la mâle figure d'un guerrier, le sacristain nous montra une large dalle toute nue qui couvre les restes d'un de nos compatriotes, Ch. de Mornay. Il était de la famille de ce Duplessis-Mornay qui fut l'ami de Henri IV, et dont le nom se retrouve, à différentes époques, aux plus belles pages de notre histoire. Il vint en Suède dans sa jeunesse, et ne tarda pas à se distinguer par sa bravoure. Éric XIV lui accorda sa confiance, le plaça au nombre de ses officiers favoris, puis l'éleva au grade de général. Dans la guerre qui éclata entre la Suède et le Danemark, il commandait un corps d'armée, et se signala plus d'une fois par son audace et ses succès. Quand Jean III détrôna son frère Éric XIV, il appela auprès de lui Ch. de Mornay et l'investit d'un nouveau commandement. Mais Mornay ne pouvait oublier celui qui avait été son premier maitre et son bienfaiteur : il résolut d'arracher Éric à sa prison, de lui rendre sa couronne. Sa conspiration fut découverte au moment où elle devait éclater, et Mornay paya de sa tête son crime de fidélité. Il mourut le 4 septembre 1574. Sa naissance lui donnait le droit de reposer dans la chapelle de Riddarholm; mais on l'enterra comme un coupable, sans monument et sans épitaphe. La postérité, plus juste, lui en a fait une, et l'histoire a rendu hommage à ses nobles qualités. Il était, dit Fryxell, fier, brave et persévérant. Dans un temple étranger, sur une terre lointaine, on aime à retrouver, avec ce souvenir d'honneur, la tombe d'un compatriote.

L'église de Riddarholm était naguère encore parée de ses trophées funèbres, fière de son deuil et de ses souvenirs. La foudre la frappa il y a deux ans, et depuis ce jour ses arbres généalogiques ont été détachés de la place qu'ils occupaient, sa nef est en désordre, ses murailles sont crevassées. Le prêtre n'y célèbre plus aucun office; le sacristain laisse la poussière ternir les armes des rois, et les gouttes d'eau qui filtrent à travers les fissures de la voûte tombent, comme les larmes du ciel, sur ces tombeaux abandonnés [1].

Stockholm a, comme toutes les grandes villes, son faubourg aristocratique et sa Chaussée d'Antin. Les fonctionnaires, les nobles, les diplomates étrangers, forment une société à part; les bourgeois et les négociants en forment une autre.

La noblesse de Suède est une des plus anciennes et des plus honorables de l'Europe. Elle a été appauvrie par Charles XI; elle a perdu son pouvoir à la révolution de 1772, et il ne lui reste plus maintenant que fort peu de privilèges; mais le souvenir de sa gloire passée maintient en elle un sentiment de dignité héréditaire. Elle se rappelle que ses ancêtres ont jadis gouverné la Suède, qu'à chaque époque elle a servi de bouclier à son pays et de rempart à ses lois. Il y a ici des familles, comme celle des Brahe, qui, dès les temps anciens, n'ont fait qu'accroître leur illustration. Il y en a qui peuvent faire remonter leurs titres jusqu'aux premières races historiques des rois de Suède, celles des Leewenhaupt, par exemple, des Bonde, des Posse, des Stedingk. Plusieurs de ces familles ont perdu tout à la fois et la fortune et l'ascendant qu'elles ont eus jadis en leur possession; mais elles ont eu le bon esprit de ne pas se retrancher dans la fastueuse inutilité des regrets aristocratiques. Elles se ravivent aujourd'hui en s'associant au mouvement de la civilisation moderne. Les jeunes nobles étudient aux universités de Lund et d'Upsal. Ils ne sortent de là qu'après avoir subi plusieurs examens, puis ils voyagent en pays étranger, et ils entrent ordinairement dans l'armée ou dans la diplomatie. S'il est vrai, comme on l'a dit, que les Suédois soient les Français du Nord, cet axiome est surtout applicable à cette

---

[1]. Le roi vient de décider que cette église serait promptement et dignement réparée. L'un des architectes les plus distingués de Stockholm a déjà fait le plan d'un nouveau clocher qui sera fort beau.

partie de la société qui, par sa manière de vivre, perpétue les habitudes élégantes du temps de Gustave III. Chacun dans cette société parle français et s'occupe de notre littérature. De tout ce que j'ai vu en pays étranger, rien ne ressemble plus à un salon parisien que le salon d'un noble de Stockholm.

Les riches négociants tâchent d'imiter le ton de la noblesse; les bourgeois vivent d'une vie modeste et retirée. Ils ont généralement peu de fortune, et, par suite, peu de luxe. Quelques familles se réunissent parfois autour d'une table à thé. Les hommes causent, les femmes tricotent. On entre là à sept heures du soir, et on en sort à dix. Cet intérieur de maison est, comme en Allemagne, assez sévèrement clos. Quand on y admet un étranger, c'est une marque d'estime qu'on lui accorde. Les voyageurs qui veulent avoir une idée vraie des habitants de Stockholm ne doivent pas négliger les moyens d'entrer dans ces réunions de famille : il y a là un repos d'existence, un parfum de vertus domestiques et une intelligence honnête qui séduisent le cœur.

On trouve à Stockholm peu de vie littéraire et de sociétés artistiques ou scientifiques : la science est dans les universités de Lund et d'Upsal. A Stockholm, elle n'apparaît que dans les séances académiques et les leçons de quelques professeurs. Le monde ne va pas au-devant d'elle, et elle ne recherche pas le monde. La maison de M. Berzelius est la seule où l'on trouve, à certains jours de l'année, un cercle de savants. La capitale de la Prusse et celle du Danemark ont, sous ce rapport, un avantage marqué sur celle de Suède : à Berlin et à Copenhague, la vie scientifique se mêle à la vie de salon, les entretiens sérieux s'allient aux entretiens frivoles, les hommes de l'Université aux hommes du monde ; à Stockholm, la vie de salon l'emporte sur tout le reste.

L'été, les nobles quittent la ville et se retirent dans leurs châteaux : le premier jour de mai est le signal de cette émigration. C'est le jour où les habitants de Stockholm se réunissent au Parc, comme ceux de Vienne au Prater, comme ceux de Paris à Longchamp. Vers quatre heures du soir, les voitures défilent le long de l'Amirauté, les cavaliers caracolent autour des voitures, et les piétons les suivent en foule. Ce jour-là, il est bien convenu, d'après les lois de l'astronomie et les maximes du calendrier, que le printemps doit faire son entrée en Suède; mais le printemps du Nord est un singulier personnage qui se rit des astronomes, voire de Matthieu Lænsberg. Vous vous figurez peut-être que le printemps arrive à Stockholm tel que nous le connaissons, une couronne verte sur la tête, des joues roses et des guirlandes de fleurs à la main. Pas du tout : il porte très souvent un lourd manteau fourré. Il a des flocons de givre dans les cheveux et des flocons de neige sur les épaules. Il cache sa tête sous les longs replis de son manteau, et souffle dans ses doigts pour les réchauffer. On s'en va pendant plusieurs heures à la suite de cet être capricieux, on l'invoque, on le loue, on lui adresse toutes sortes de jolies chansons; mais ni les compliments ni les chansons ne peuvent l'émouvoir. Il laisse le ciel se couvrir de nuages; il laisse la neige tomber sur les pelouses fanées du Parc, et le vent froid siffler entre les rameaux d'arbres dépouillés. Vers le soir, on s'en revient tout transi de cette poétique promenade, et quiconque est assez heureux pour posséder dans sa chambre un poêle en bon état se hâte de faire allumer un grand feu, afin de mieux bénir le printemps.

Mais bientôt les nuages disparaissent, le ciel se revêt d'une teinte claire et azurée, le bouton de lilas éclôt sur le rameau, et la pervenche, cachée sous des touffes d'herbe, s'épanouit au bord du sentier : alors c'est une charmante chose que de voir cette nature du Nord, si longtemps attristée par son linceul de neige, s'égayer et sourire aux rayons du soleil qui l'éclairent et la raniment; alors le Parc devient le but de toutes les promenades, le rendez-vous des familles. C'est pour chaque habitant de Stockholm une vraie fête que d'y retourner, de le parcourir en tous sens, de revoir ses jolies maisons champêtres entourées de fleurs et d'arbustes, et ses lacs limpides endormis sous les rideaux épais d'une enceinte de sapins. Là, le Vatel de la ville ouvre à ses habitués ses salons à tenture rouge et ses cabinets silencieux; le limonadier dresse sous une allée d'arbres ses tables mobiles; les Tyroliens chantent sous un pavillon; le marchand d'eau-de-vie appelle les gens du peuple autour de sa tente, et l'orchestre bruyant annonce qu'il y a un bal dans la maison de bains Au milieu de ces bastides de la bourgeoisie, de ces jolis jardins si coquettement arrangés, de ces groupes d'arbres, de ces lacs et de ces chemins sablés, le roi s'est fait bâtir une habitation simple, mais gracieuse. La plus belle œuvre qui la décore est un magnifique vase en porphyre, taillé dans les carrières de Suède, et posé devant la porte d'entrée. L'intérieur des appartements est décoré avec élégance, mais sans faste : c'est une *villa* de gentilhomme, plus qu'un palais de souverain. Le roi affectionne cette retraite ; il y vient presque tous les jours, et se plaît à passer au milieu du peuple, qui, en le voyant arriver, se range respectueusement sur son chemin et le salue avec affection. Les avenues de sa demeure ne sont défendues ni par des grilles ni par des factionnaires; le peuple circule dans le jardin, s'approche des appartements, et quelquefois reste des heures entières, immobile et muet, sous les fenêtres, comme une garde fidèle.

A cette vie bruyante du Parc, à ce mouvement continuel de la journée, à ces courses à cheval ou en voiture, succède, vers le soir, une impression de calme et de recueillement qui n'appartient qu'aux contrées du Nord. Les rues de Stockholm sont désertes et silencieuses, le ciel est d'un bleu transparent, la nuit est si claire, qu'elle ressemble au jour. Les derniers rayons du soleil brillent encore sur les vagues de la mer, les premiers rayons de l'aurore apparaîtront bientôt. Dans cette saison de l'année il n'y a point de nuit, il n'y a point d'ombre. Entre le jour qui s'achève et le jour qui recommence, un crépuscule de pourpre s'étend à l'horizon, et de blanches et molles clartés enveloppent les eaux, les champs, la ville : on aime à s'égarer au bord de cette mer qui roule dans ses flots des étincelles d'argent, et si un sentiment de mélancolie traverse de temps à autre cette rêverie du soir, c'est une douce et religieuse mélancolie qui repose le cœur et élève la pensée.

L'hiver, la ville reprend un autre aspect et une autre vie. Les horizons lointains ont un caractère triste et monotone, les rues sont couvertes de neige, le port est fermé, les vagues du bassin reposent sous une épaisse couche de glace. Mais d'ordinaire, en ce temps-là, le ciel est plus bleu, l'atmosphère plus limpide, l'air plus pur que jamais. Tout le monde va se promener comme aux jours d'été, et alors il y a dans Stockholm un grand luxe de chevaux à grelots et de traineaux chargés de fourrures. C'est la saison des courses en pleins champs, des montagnes russes, des soirées et des *kalas*.

La kalas est un colossal diner auquel chaque bon bourgeois convie loyalement ceux qui lui ont fait le même honneur. C'est la quittance générale des invitations qu'il a reçues dans le courant de l'année. De tous les banquets de corps et de circonstance qui affligent la société, je ne connais rien de plus redoutable que la kalas. Ce qui se consomme là de sauces au sucre et de vins de Lubeck est quelque chose d'incroyable. La manœuvre des verres, le cliquetis des fourchettes, l'intrépide attaque des couteaux, durent quatre ou cinq heures; puis il y a un moment de trêve, et la bataille gastronomique recommence le soir. Avant de se mettre à table, chacun boit un verre d'eau-de-vie. Quelquefois le maître de la maison ajoute au contingent ordinaire de la kalas deux grands bols de punch. C'est un surcroît de luxe qui entraine une terrible quantité de toasts, de harangues louangeuses et de discours pathétiques.

Il y a encore la kalas de café, qui ne commence qu'après le dîner, et la kalas de thé, qui, pour obtenir quelque renom, doit entrainer après elle un bal. Les Suédois ont un amour inné pour la danse; ils courent à tous les bals, et il est vrai de dire qu'ils dansent avec grâce. Pendant l'hiver, on n'entend parler que de valses, de quadrilles, de polonaises et de cotillons; car, de même qu'ils traduisent dans leur langue la plupart des œuvres littéraires qui obtiennent quelque succès en pays étranger, ils traduisent aussi dans leur poésie chorégraphique les inventions des bals de France et d'Allemagne. Non contents de danser dans les salons de la noblesse et de la bourgeoisie, ils ont encore des sociétés closes, dont les directeurs doivent savoir avant tout présider à l'embellissement d'une salle et à la composition d'un orchestre. On n'est admis à faire partie de ces sociétés qu'à la suite d'une présentation en forme; on n'y entre qu'en subissant une harangue: mais, une fois que vous avez vu votre nom inscrit sur les tables d'or de ces confréries dansantes, qui pourrait dire les joies infinies qui vous attendent? Désormais on s'associe non seulement à toutes les réunions qui se préparent, on assiste de droit à toutes les fêtes: mais il y a encore, ce qui est un grand bonheur pour les Suédois, il y a là des ordres de chevalerie pour récompenser les membres qui se distinguent par leur coopération aux faits et gestes de la société : on obtient d'abord une médaille d'honneur avec un ruban moiré, puis on monte de grade en grade. Avec du zèle et de la persévérance, on peut devenir commandeur de l'ordre, qui sait?... peut-être même grand cordon. Il est vrai que l'almanach de Gotha ne mentionne pas ces décorations et que le factionnaire n'est pas tenu de présenter les armes en les voyant passer; mais pour le bon bourgeois qui n'ose demander ni l'Étoile polaire, ni la Croix de Wasa, dont le gouvernement suédois est sagement économe, c'est encore une grande joie de rentrer un soir d'hiver chez lui et de dire à sa famille émue : « Je viens d'être nommé officier de l'ordre de l'Amarante ou de l'ordre de l'Innocence ».

Il y a encore à Stockholm un autre usage dont les voyageurs ne peuvent guère entendre parler sans surprise : c'est celui d'exposer pendant quelque temps aux regards du public la jeune fille qui va se marier. On m'a dit que cette coutume ne remontait pas très haut; mais elle est tellement invétérée dans l'esprit du peuple, qu'il serait difficile de s'y soustraire et plus encore de l'abolir. Le jour où les guirlandes de fleurs et les candélabres parent la salle des fiançailles, le peuple a le droit d'entrer dans la maison et de contempler celle qui porte sur sa tête la couronne de myrte.

J'ai assisté un soir à cette singulière réception. Une jeune fille de Stockholm allait se marier, une des plus belles et des plus nobles. Elle était debout au fond d'une salle décorée de vases de fleurs et d'orangers; elle portait sur sa tête une guirlande de fleurs, et sur ses épaules des colliers de diamants; à ses côtés étaient sa mère, son frère et sa sœur. Le peuple se pressait autour de la maison, dans les rues et sur les escaliers. Puis il entra en foule; il passa lentement et s'inclina devant elle, car elle était si gracieuse et si pudique, qu'elle inspirait en même temps l'admiration et le respect. A la voir avec sa robe de soie blanche, ses pierreries étincelantes et sa couronne de fleurs, au milieu des frais arbustes qui inclinaient sur sa tête leurs rameaux verts, on l'eût prise pour une jeune fée sortant de sa grotte. Le poète de Sacountala l'eût mise dans un de ses jardins enchantés, et les vieillards de l'*Iliade* se seraient levés devant elle. Et les hommes passèrent, et les femmes, et les enfants, les uns surpris par un sentiment de curiosité, les autres par cette douce et sainte émotion qu'inspire la vraie beauté. A huit heures, les portes furent fermées et tout rentra dans le silence.

J'étais arrivé là en blâmant au fond du cœur un usage que je regardais comme une cruauté : je sortis de cette salle avec une autre impression. Cette scène s'était passée avec tant de calme et de solennité, qu'elle triompha de mes préventions ; il me sembla que les hommes étaient venus saluer la jeune fiancée à son entrée dans une nouvelle vie, que les jeunes filles étaient venues voir celle qui avait été jeune comme elles, celle qui allait devenir femme, pour lui porter un dernier vœu, pour lui dire par leurs regards et par leur sourire : « Adieu, soyez heureuse ».

LES
UNIVERSITÉS SUÉDOISES

A M. DE SALVANDY

I. — LUND

De loin, quand on navigue sur le Sund ou sur la mer Baltique, les matelots montrent au voyageur la côte où s'élèvent l'antique ville suédoise et les deux tours carrées du dôme de Lund. La ville était autrefois la métropole du Nord. L'archevêque de Lund avait le titre de primat, et les évêques scandinaves étaient ses suffragants. La cathédrale semblait avoir été bâtie exprès sur une terre plate au bord de la mer, pour être vue de loin comme une reine des églises, comme un pilier du christianisme. Maintenant les prélats de la Scanie ont perdu leur suprématie, la ville est moins grande et moins puissante qu'elle ne l'était autrefois; mais elle a conservé sa vieille église, et Charles XI lui a donné une université.

L'église est l'un des monuments religieux les plus intéressants qui existent. Le dôme de Bamberg est le seul auquel je puisse le comparer pour la structure et l'ancienneté. Elle a été bâtie lentement, et l'on y distingue très bien deux styles différents, deux époques successives Dans la nef, dans le pourtour du chœur, dans la colonnade extérieure du dôme, c'est le pur style byzantin, le plein cintre, la colonne ronde, massive, unie aux piliers et aux pilastres, le chapiteau plat sur les côtés, légèrement arrondi sur les angles, la base plate, ornée seulement de trois pointes triangulaires : toute cette partie de l'édifice date du xie siècle. Pendant qu'on l'achevait, le goût avait déjà changé, l'art avait fait un pas vers la forme gothique. Dans la partie supérieure, la colonne se délie, le plein cintre s'allonge ; quelques rameaux, partis d'une tige effilée, se rejoignent au milieu de la voûte. La lourde base s'est élancée de terre, la souche de l'arbre gothique s'est ouverte, l'ogive va venir, et les colonnettes au pied léger vont se répandre dans les airs. Toute cette église a un caractère solennel et imposant. Il y avait dans l'architecture byzantine un ton sévère qui répondait parfaitement à l'austère simplicité des premiers temps du christianisme. C'était pourtant l'art antique, l'art grec, mais tellement modifié, tellement dépouillé de son élégance, qu'il en était devenu méconnaissable. Le christianisme sentait qu'il pouvait avoir son architecture à lui, et il n'empruntait aux religions qui l'avaient précédé que l'élément primitif.

La cathédrale de Lund est bâtie, comme toutes les églises, en forme de croix ; au milieu la grande nef avec ses lourds piliers, et de chaque côté deux nefs plus étroites et moins élevées. Au fond, le chœur, qui était autrefois séparé du reste de l'église, et où l'on arrive maintenant par un large escalier. En descendant sous cette plate-forme du chœur, on entre sous une nouvelle voûte, on se trouve dans une autre église. Elle est grande, mais peu élevée et sombre : c'était l'asile mystérieux, la chapelle souterraine réservée aux cérémonies funèbres. Le jour de la Toussaint, les prêtres y célébraient l'office de deuil. Ce jour-là, ils quittaient l'édifice ouvert au monde des vivants, ils descendaient sous cette catacombe comme pour se rapprocher des morts. Dans les temps de guerre civile, elle servait aussi de refuge au troupeau craintif confié à la garde de l'évêque. Cinquante ans après la Réformation, quand toute la Suède avait admis le dogme de Luther, le dogme romain vivait encore à Lund, les prêtres célébraient la messe dans cette église souterraine. Le catholicisme finissait comme il avait commencé, par se réfugier dans les tombeaux.

Ce monument précieux a été ravagé par un incendie. Un professeur de Lund, M. Brunius, a passé six années de sa vie à le réparer. Il s'était dévoué à cette œuvre d'art comme les architectes du moyen âge, et il a si bien étudié le style de cet édifice, qu'on ne remarque nulle disparate entre son travail et celui des anciens maîtres [1].

Comme la plupart des anciennes églises, celle de Lund a sa légende. Dans la chapelle souterraine on aperçoit, d'un côté un homme debout embrassant avec force un des piliers; de l'autre une femme accroupie, tenant un enfant sur ses genoux et enlaçant une colonne comme pour la renverser. On raconte qu'un jour un géant de la Scanie, nommé Finn, vint trouver saint Laurent, et lui dit : « Je te bâtirai une magnifique église, à la condition, ou que tu sauras mon nom quand elle sera finie, ou que tu me donneras le soleil, la lune, ou les deux yeux de ta tête ». Le saint accepta. Finn se mit à l'œuvre, et c'était merveille de voir avec quelle force et quelle habileté il entassait pierre sur pierre. Déjà les murailles étaient achevées, déjà la voûte commençait à s'arrondir, et le saint ne savait pas encore le nom du géant. Il avait d'abord cru que c'était une chose facile de

---

[1]. M. Brunius a complété son œuvre en publiant une description très détaillée et très instructive de cette cathédrale : *Beskrifning öfver Lunds Domkyrka*.

l'apprendre; mais il eut beau le demander à tous les anges du paradis, à tous les prêtres et à tous les paysans de la Scanie : personne ne put le lui dire. Il commençait à être inquiet, car l'église grandissait chaque jour à vue d'œil. Mais un soir qu'il passait dans la campagne, il aperçut une femme assise sur le seuil d'une maison avec un enfant. L'enfant pleurait, et sa mère lui dit : « Tais-toi, ton père Finn va venir, et il t'apportera le soleil et la lune ou les deux yeux de saint Laurent ». Cette fois le bon saint s'en retourna chez lui tout joyeux. Quelques jours après, le géant vint le sommer de tenir sa promesse. « Allons, Finn, dit saint Laurent, l'église n'est pas encore finie, plus tard nous verrons. » Quand le malheureux architecte entendit prononcer son nom, il se précipita dans la catacombe, et embrassa un des plus forts piliers pour le renverser; sa femme et son enfant en firent autant, et le saint les changea en pierre. Ils sont restés là suspendus à leur colonne, et l'église du saint s'est élevée sur leur tête, comme la religion du Christ sur les souches pétrifiées du paganisme.

L'université fut fondée en 1666. Le roi lui assigna la plus grande partie des biens qui avaient appartenu au chapitre de Lund et au clergé catholique : quatre paroisses, trente prébendes, neuf cents pièces de terre. Elle a gardé ces biens et les a sagement administrés. Le gouvernement n'entre que pour une faible part dans ses dépenses annuelles; elle paye elle-même ses professeurs. Elle s'agrandit, elle fait bâtir, elle achète des propriétés, elle a ses registres en partie double comme un négociant, ses fermiers et son intendant comme un grand seigneur. L'intendant est élu par le consistoire et nommé par le chancelier. Il doit gérer les domaines de l'université, percevoir ses revenus et solder ses dépenses. Chaque année il est tenu de rendre rigoureusement compte de sa gestion. Une fois le calcul fait, ce qui reste en caisse est placé non pas sur les fonds de l'État, mais à six pour cent sur bonnes et loyales hypothèques. C'est ainsi qu'elle a amassé d'abord un capital inaliénable de 100 000 écus, et ce capital s'accroît sans cesse.

Les professeurs sont payés *en nature*, comme dans le vieux temps : les anciens reçoivent trois cents tonnes de grain, estimées à environ 4 000 fr. ; les plus jeunes un peu moins. Les professeurs extraordinaires ont de 600 à 1 000 fr. ; les *privatdocent* ne sont pas payés.

Les professeurs de théologie ont une cure. Quelques professeurs laïques en reçoivent une aussi comme récompense de leurs services. Ils sont obligés alors de se faire prêtres. Ils écrivent une dissertation latine qu'ils défendent en public, après quoi l'évêque leur donne l'ordination. Ils portent une redingote noire, une cravate blanche, un petit collet, et continuent à faire leurs cours. Un vicaire les remplace dans leur paroisse. Ils sont obligés seulement d'aller trois ou quatre fois par an visiter leur cure et prêcher. C'est la même organisation que celle de l'Église anglicane, mais avec moins d'abus, car le même prêtre ne peut jamais être titulaire de plusieurs cures.

Il n'est pas rare de voir des professeurs nommés non seulement curés, mais évêques. Quand un siège épiscopal devient vacant, les prêtres de chaque district se réunissent chez le *prost* [1]. Chacun d'eux écrit sur un bulletin le nom de trois candidats. Les bulletins réunis sont envoyés au consistoire ecclésiastique de la métropole, qui, après les avoir examinés, inscrit les trois noms qui ont obtenu le plus de suffrages et les adresse au roi. Le roi décide, mais en se conformant au vœu de la majorité. C'est ainsi que Tegner, professeur de littérature grecque à Lund, et M. Agardt, professeur de botanique, ont été nommés évêques, le premier à Wexiö, le second à Carlstad. C'est ainsi que le poète Franzen,

---

1. Prêtre de canton.

professeur à l'université d'Abo, a été appelé comme évêque dans le Norland. C'est comme dans les premiers temps du christianisme, où le peuple choisissait pour prélat l'homme en qui il avait confiance, sans s'inquiéter s'il était diacre ou laïque.

L'université de Lund est moins célèbre que celle d'Upsal. Elle a fait beaucoup cependant pour la propagation de la science dans les provinces méridionales de la Suède. Les études historiques et philologiques y sont en grand honneur; les études théologiques y ont été poussées à un très haut degré. Plusieurs professeurs ont voyagé en Angleterre, en France, en Allemagne, dans le but unique d'acquérir de nouvelles connaissances et de les transmettre à leur pays. On trouve ici, ce qui est assez remarquable dans une ville de deux mille âmes, un cabinet d'histoire naturelle, un jardin botanique, un musée d'antiquités scandinaves, une librairie très riche, et une bibliothèque de quarante mille volumes. Cette bibliothèque provient en partie de celle qui appartenait au chapitre métropolitain, en partie d'une bibliothèque de dix mille volumes amassés en Allemagne pendant la guerre de Trente ans, que Charles XI acheta, et dont il fit présent à sa jeune université de Lund. Elle renferme une collection assez complète de tout ce qui a rapport à la Suède. Le roi lui donne 2 000 francs par an; on en prend autant sur les fonds de l'université; cette somme doit suffire à ses achats. Le bibliothécaire actuel est M. Reuterdahl, professeur de théologie, l'un des hommes les plus distingués que l'université ait eus depuis longtemps.

Les élèves n'entrent ici qu'après avoir subi un rigoureux examen. Le temps des études, pour la Faculté de théologie, est ordinairement de deux années, et de trois pour les autres. L'élève en médecine peut exercer dès qu'il a passé son examen de promotion; mais le théologien et le juriste doivent en passer encore un autre, le premier devant le consistoire ecclésiastique et l'évêque, le second devant le tribunal supérieur. L'examen de promotion est privé et pubic. L'examen privé a lieu successivement devant chacun des professeurs de la Faculté à laquelle l'étudiant appartient. C'est le plus long, le plus important. L'examen public a lieu devant tous les professeurs de la Faculté réunis.

Ces examens sont très sévères, et cependant très peu de candidats y échouent. Les élèves de l'université de Lund se distinguent par leur application au travail, par la régularité de leur conduite. Nulle part je n'ai vu une communauté d'étudiants aussi calme, aussi assidue au travail, aussi respectueuse devant ses maitres. Ici il n'est plus question ni de duel, ni de *Burschenschaft*, ni de *Kneipe*. Ici le *Renommist* et la *Jobsiade*, ces deux épopées chevaleresques des écoles d'Allemagne, ne seraient plus comprises. Les étudiants de Lund ont formé un club, et il est défendu d'y boire aucune liqueur spiritueuse. Ils ont des réunions particulières, et c'est pour se proposer des sujets de dissertation et les discuter entre eux. Chose curieuse! ce qui est regardé en Allemagne comme une cause continuelle d'agitation est ici encouragé comme un moyen de discipline. Ce qui est défendu là-bas par les ordonnances de la diète, est ici prescrit par les règlements universitaires. Tous les étudiants doivent ici appartenir à une association ; tous sont divisés par *nations*, c'est-à-dire par districts ou provinces, et il ne leur est pas permis d'être immatriculés à l'université, sans l'être en même temps dans les registres de la *nation* à laquelle ils appartiennent par leur naissance. Ces assemblées ont leurs règlements particuliers, leurs jours de fête et leurs heures de travail; presque toutes ont aussi une bibliothèque, des instruments de musique, des journaux, et une salle d'étude avec une chaire où les étudiants viennent une fois par semaine soutenir des thèses latines. Chaque nation se divise en trois ou quatre degrés : *seniores, juniores, recentiores* et quelquefois *novitii*. On ne passe d'un degré à l'autre qu'après avoir subi un examen devant la classe supérieure. C'est parmi les *seniores* que le curateur est choisi, et dans les délibérations les anciens ont deux voix, les novices n'en ont qu'une. La nation élit, parmi les professeurs, un inspecteur; c'est lui qui approuve les décisions qu'elle prend et qui signe ses actes : il est le représentant de cette nation auprès du consistoire académique et le représentant du consistoire auprès de la nation; mais il n'agit sur elle que par ses conseils et son ascendant moral. S'il est aimé, il peut exercer une grande influence; sinon, il n'a qu'une autorité illusoire. Au-dessous de l'inspecteur est placé le curateur, qui administre la caisse de la nation, convoque les assemblées, inscrit les nouveaux membres et rédige les protocoles. Un comité, choisi parmi les *seniores*, veille à l'exécution des mesures prises par l'assemblée. Dans cette république littéraire, tout se décide à la pluralité des voix, et les décisions sont respectées par le consistoire académique. L'étudiant qui se dispose à passer son examen doit présenter un certificat de la nation à laquelle il a appartenu, constatant quelle a été sa conduite et la nature de ses études. La nation a sur chacun de ses membres un droit de surveillance et de juridiction. Si un étudiant a commis une faute, le curateur lui adresse une remontrance; s'il récidive, il est appelé devant les *seniores*, puis devant l'assemblée entière, et, en définitive, devant le conseil académique. Il peut arriver aussi que l'étudiant soit banni de sa nation. Le jugement se prononce à la majorité des voix, et cette sentence d'expulsion, portée par des condisciples, est plus terrible que l'arrêt de relégation formulé par l'université même.

Quatre cents étudiants fréquentent ordinairement l'université de Lund. Un grand nombre d'entre eux sont pauvres, mais ils ont quelques stipendes et vivent avec une rare sobriété : 600 à 700 francs par an leur suffisent.

Le nombre des professeurs ordinaires est limité; il y en a toujours eu vingt et un. Celui des professeurs adjoints est-il limité; il y en a maintenant seize, et vingt-quatre *privatdocent*, en tout soixante et un.

A la tête de l'université est le chancelier, qui intervient comme juge dans les questions importantes de finance et d'administration. Le prince royal porte le titre de chancelier; l'évêque de Lund est de droit vice-chancelier.

Je ne connais pas une université en Allemagne qui ait conservé, comme celle de Lund, ses anciens usages et son ancien caractère. Ici, depuis près de deux siècles, rien n'a changé; ce sont les mêmes cérémonies dans toutes les circonstances, les mêmes fêtes naïves et le même esprit religieux. Les professeurs font la prière en commençant et en finissant leurs leçons de chaque jour, et les solennités universitaires se célèbrent au son des cloches. Quand un étudiant a passé son examen de promotion, on le conduit à l'église, et les Facultés se rassemblent autour de lui; le professeur qui remplit les fonctions de promoteur adresse au nouvel élu une harangue latine; puis les cloches sonnent, les musiciens placés dans la tribune chantent un chant de joie. Le promoteur remet à l'étudiant le chapeau de docteur, symbole de sa dignité, l'anneau d'or qui le fiance à l'étude, et un livre de science. Ensuite le prêtre célèbre l'office divin, et la cérémonie se termine par un dîner auquel assistent les professeurs. L'évêque y vient aussi avec sa croix d'or sur la poitrine, comme pour bénir la nouvelle voie dans laquelle l'étudiant va entrer. Le *recteur magnifique* s'assied à côté de l'évêque, et le jeune docteur prend place au milieu de cette savante assemblée. Il n'est plus étudiant; il est maître. Ses condisciples de la veille le regardent avec respect, ses anciens professeurs le saluent comme un jeune frère. Dans quelques années, il sera peut-être aussi professeur, il fera des élèves, il assistera à leur promotion, et il se souviendra toujours de la matinée auguste où il a reçu son diplôme et de la cérémonie religieuse qui l'a consacré.

Le recteur change à chaque semestre. Il est élu par le consistoire et confirmé par le chancelier. Son installation se fait avec une grande pompe. La veille du jour où elle doit avoir lieu, le recteur dont les fonctions expirent adresse à ses collègues un sommaire historique de tout ce qui est arrivé à l'université pendant le temps de son administration. Le lendemain, les professeurs se réunissent dans sa demeure, et les Facultés se rendent avec lui en procession à l'église, au son de la musique et des cloches, et précédées des sergents de l'université, des *pedels* portant le sceptre d'argent du recteur, comme autrefois les licteurs portaient les faisceaux des consuls. Là, il prononce un discours latin, il reçoit le serment de son successeur, et lui remet l'un après l'autre les insignes de sa dignité, le sceptre, le sceau, la clef des archives, la clef de la prison, le livre des statuts. Le secrétaire de l'académie lit un chapitre de la constitution. Le nouveau recteur adresse aux professeurs une courte harangue pour se recommander à eux; puis on prie et l'on chante, et le corps universitaire s'en retourne en procession.

Il y a dans ces réunions une telle candeur, une telle bonne foi, qu'on ne saurait y assister sans émotion. Par sa vie régulière et paisible, par son isolement, l'université de Lund est en position de garder longtemps ses anciennes mœurs, si quelque novateur imprudent ne vient pas jeter le trouble dans son cycle traditionnel.

La ville est bâtie à une lieue de la mer, dans une des plaines les plus riantes et les plus fécondes de la Suède. Elle est parsemée de fleurs et de jardins, entourée d'arbres à fruit et de champs de blé. Chaque professeur a là sa petite maison, fermée par une barrière, au milieu d'un enclos. Les arbres verts lui servent de rideau. Le matin, l'alouette l'éveille en passant sous ses fenêtres ; le soir, le rossignol chante près de lui ; et quand on entre dans cette communauté universitaire, assise au milieu des arbres et des fleurs, on dirait une ruche d'abeilles. On y entend le bourdonnement de la science, et l'on y respire une sorte de parfum poétique.

Ces professeurs ont leurs vacances au mois de juin ; elles durent tout l'été. Les uns alors entreprennent un voyage scientifique, et ceux qui sont prêtres se retirent ordinairement dans leur paroisse. J'ai visité un jour, avec celui qui en était titulaire et avec un de ses collègues, une de ces cures appartenant à l'université. J'entrai dans une maison champêtre bâtie au haut d'une colline. D'un côté était l'école, fréquentée par une trentaine d'enfants qui se levèrent à notre approche et reprirent ensuite leurs leçons ; de l'autre, deux chambres modestes où le pasteur avait son lit, sa bibliothèque, et d'où l'on découvrait à la fois la mer, les champs, les murs de Copenhague, et une cinquantaine de villages dispersés dans la campagne. A quelques pas de là était l'église, protégée par une enceinte d'arbres, au milieu du cimetière. La demeure des morts avait reverdi au soleil de mai comme celle des vivants, et l'inscription sépulcrale était cachée sous des touffes de gazon. Au fond du cimetière, j'aperçus une tombe fraîche et riante, couverte de couronnes : c'était celle du vicaire de la paroisse. Il avait été enterré peu de jours auparavant et les jeunes filles du village étaient venues semer des fleurs sur son tombeau.

Nous entrâmes ensuite dans la maison d'un paysan. Les femmes étaient réunies dans une chambre, et filaient de la laine, comme en Islande. Quand elles aperçurent leur pasteur, elles se levèrent avec respect et s'approchèrent de lui pour lui baiser la main. Mais la mère de famille nous montra sa demeure, son jardin, et nous apporta dans un vase d'étain le lait qu'elle venait de traire.

Le soir, nous nous en revînmes à travers les champs couverts de blé et les pommiers chargés de fleurs. Le ciel était bleu comme un ciel du Midi. Le soleil couchant projetait ses derniers rayons sur les vagues de la mer. Tout était calme, riant, et mes compagnons de voyage chantaient dans la voiture les ballades des *Folk-Visor*. A notre arrivée, l'un des professeurs trouva sa femme qui l'attendait sur la porte, et son enfant qui vint se jeter dans ses bras. Dans l'espace de quelques heures, toutes les joies avaient été réunies pour lui : joies de la religion, joies de la science, joies du cœur. Si alors une destinée humaine m'a paru digne d'envie, c'est celle d'un professeur de Lund qui a une cure à la campagne.

II. — UPSAL

La route qui va de Stockholm à Upsal passe par une forêt de pins mystérieuse et imposante, qui semble avoir été plantée auprès de la vieille école de Suède pour protéger le sanctuaire des muses. A l'extrémité de la forêt, on aperçoit au haut de la colline le château, jadis résidence des rois, aujourd'hui habité par le gouverneur de la province. La ville est en bas, dans une large plaine ouverte comme le champ de la science. Elle est construite en bois, comme la plupart des villes de Suède, alignée au cordeau et traversée par une rivière dont le nom se trouve dans tous les discours académiques et toutes les idylles ou élégies des poètes de l'Upland. Les maisons de cette ville ne sont pas anciennes. L'incendie les a détruites l'une après l'autre plus d'une fois, et les bourgeois les ont reconstruites sur un nouveau modèle. Mais à une demi-lieue d'ici on trouve encore les restes d'un lieu célèbre dans les annales du Nord. C'est le vieil Upsal. Odin y habita, dit-on ; il y fit élever un palais et le donna à Freyr. C'était là que se tenaient les assemblées populaires, les séances de l'Althing, véritables comices démocratiques, où le peuple soutenait vaillamment ses droits. Dans ces séances, le roi s'asseyait avec quelques-uns de ses principaux compagnons sur un banc élevé. A côté de lui, sur un autre banc, étaient les *jarl* et le *logmann* (l'homme de loi). La foule se groupait autour d'eux. Le roi parlait le premier. Les hommes qui l'environnaient pouvaient parler après lui, et le peuple témoignait son approbation en criant et en frappant des mains.

Freyr habita, comme Odin, le vieil Upsal, et y fit ériger un temple. Cet édifice avait cent vingt-quatre portes [1]. Au dehors et au dedans, les murailles étaient dorées ; et dans l'enceinte du temple on apercevait l'image des trois grands dieux : Thor, Odin, Freyr. Thor était assis au milieu, sur un large coussin, tenant à la main une longue épée. A côté de lui, on avait représenté sept étoiles. A droite était Odin, le dieu de la guerre ; à gauche, le dieu de l'amour et des mariages. On conserve encore aujourd'hui à la bibliothèque d'Upsal une statue mutilée de Thor. Elle ressemble à ces ébauches informes que les premiers missionnaires chrétiens trouvèrent chez les sauvages de l'Amérique.

Le peuple offrait à ces terribles divinités des sacrifices de sang, ordinairement des bœufs, des brebis, des chevaux ; mais, dans les circonstances graves, dans les temps de guerre ou de calamité publique, on immolait des hommes, d'abord les prisonniers, puis les hommes libres, et, si le dieu cruel ne s'attendrissait pas, on lui offrait le sang des rois. Dans une année de disette, le roi Heidruk tua religieusement son beau-père et son beau-frère. Quand un de ces malheureux était choisi

---

[1]. Perinkskiöld, *Monumenta Uplandiæ*.

pour victime, le prêtre lui promettait les joies éternelles du Valhalla; puis il lui disait : « Je te voue à Odin », et le pauvre Scandinave marchait à la mort sans crainte et rendait grâces à ses bourreaux.

Le peuple cherchait dans ces holocaustes un présage pour l'avenir. Si la fumée du sacrifice s'élevait tout droit vers le ciel, c'était un signe de succès. Si, au contraire, elle restait comme un nuage suspendu sur la terre, c'était un pronostic de malheurs. Les prêtres exerçaient dans ces occasions une autorité souveraine. Leur parole était écoutée comme un oracle et leur sentence pouvait faire tomber au pied de l'autel la tête des rois.

Près du temple était la colline où l'on enterrait les guerriers avec leurs armures. Mais les grands de la nation et les riches se faisaient construire des tombeaux particuliers, où l'on ensevelissait avec eux ce qu'ils avaient de plus précieux. Niordsson, un des rois d'Upsal, éleva une colline plus haute que toutes celles qui avaient servi à la sépulture de ses prédécesseurs. Il y fit percer trois fenêtres, et, quand il mourut, on ferma l'une de ces fenêtres avec de l'or, la suivante avec de l'argent, la troisième avec du cuivre. C'est dans ces collines sépulcrales, dispersées à travers l'Upland, la Scanie, le Séeland, le Jutland et le Holstein, que l'on a trouvé les instruments de guerre, les bracelets de cuivre et les colliers qui ont enrichi les musées de Kiel, de Lund, de Stockholm, et celui de Copenhague, le plus beau de tous.

En 1075, le temple d'Upsal fut détruit par un incendie. Il n'en resta que les murs. S'il n'avait eu à subir que les ravages du feu, on eût pu le voir reparaître encore avec sa vaste enceinte, ses murailles dorées et ses statues de dieux. Mais c'en était fait des croyances païennes. Les missionnaires anglais avaient apporté en Suède le dogme du christianisme, et le peuple l'avait adopté. La pierre des sacrifices fut abolie, et le dieu du Valhalla fut chassé de son temple. Aujourd'hui, quand on cherche la vieille ville de Freyr, on aperçoit les trois collines où l'on dit que les dieux scandinaves ont été enterrés, quelques tertres de gazon moins élevés et rangés à la suite des tombes divines, comme des soldats à la suite de leurs généraux; puis, en face, un cimetière et une église de village. L'humble paysan d'Upland vient s'y prosterner le dimanche, et, à la place où l'on immolait jadis les victimes humaines, le prêtre prêche la loi de charité et de pardon.

Le chapitre d'Upsal avait d'abord fait de cette église sa métropole; mais elle fut brûlée encore, et, comme le catholicisme avait grandi, on résolut de bâtir une cathédrale digne du premier diocèse de la Suède. C'était au XIIIe siècle, dans ce temps où la foi enfantait des miracles, où les colonnes de pierre, les chapiteaux à fleurs, les tours ciselées s'élançaient dans les airs, comme pour porter au ciel les vœux d'un peuple. Tout le pays se dévoua à l'entreprise sainte qui lui était proposée, et les papes, qui, du milieu de Rome, veillaient aux intérêts de la chrétienté, les papes vinrent au secours du clergé suédois. Boniface VIII et Clément V accordèrent des indulgences à ceux qui contribueraient à ériger l'église d'Upsal. Les grands apportèrent leurs offrandes, et le peuple promit de se mettre à l'œuvre. Il ne manquait plus qu'un architecte. On choisit un Français. C'est un Français, Étienne de Boneuil, qui a bâti la cathédrale d'Upsal. On le fit venir de Paris en 1287, et il amena avec lui dix compagnons et dix maîtres (*lex compaignons et lex bachelers*). Dans ce temps-là, les architectes les plus renommés n'avaient pas encore appris, avec l'art de construire des édifices, l'art de s'enrichir. Le pauvre Boneuil, appelé en Suède par un clergé métropolitain, n'avait pas assez d'argent pour faire son voyage et emmener ses compagnons. Deux étudiants suédois, qui se trouvaient alors à Paris, lui prêtèrent quarante livres, qu'il s'engagea à leur rendre sur sa foi de Boneuil, *tail-*

lieur de pierres, maistre de faire l'église d'Upsal, en Suède.

L'église fut commencée à la fin du XIIIe siècle, et consacrée en 1435, en présence des princes, des comtes, des évêques. J'y ai cherché vainement quelque trace d'Étienne de Boneuil; notre compatriote a été plus modeste qu'Ervin de Steinbach, Adam Kraft, Pierre Vischer. Il a édifié l'œuvre qui lui était confiée, et n'y a pas placé sa statue et n'y a pas inscrit son nom.

Le style de la cathédrale d'Upsal est remarquable par son élégance et sa simplicité. C'est le vrai style gothique dans sa noblesse et sa majesté primitives, l'ogive toute nue, le faisceau de colonnettes s'élançant librement jusqu'à la voûte. Point de figures emblématiques sur les chapiteaux, point de rosaces aux fenêtres; partout la ligne pure, correcte, sans entrelacements et sans arabesques. La voûte du milieu est large et élevée, et les arceaux qui la soutiennent sont dessinés avec une grâce parfaite. Les nefs latérales renferment les tombeaux des rois et celui de sainte Brigitte, qui appartenait à l'une des plus anciennes famille de Suède. Dès le XIIIe siècle, les rois de Suède se faisaient couronner à Upsal [1]. Ils revenaient ensuite avec le linceul de la mort dans le temple où ils étaient apparus avec le manteau de la royauté. Ils se couchaient dans leur lit de pierre au pied de l'autel, où ils s'étaient levés le diadème sur la tête. Le catholicisme a été la religion d'humilité par excellence. Il élevait l'homme sur le pavois, mais il lui montrait le tombeau; il donnait la gloire, mais il la faisait expier. Plusieurs de ces tombeaux sont des monuments d'art curieux. Le roi est là, taillé sur le marbre, le glaive au côté, le globe à la main, comme s'il voulait

---

1. Ulrique, Éléonore et Christine y furent couronnées, non comme reines, mais comme rois, et c'est dans une des salles du château d'Upsal que Christine abdiqua la couronne.

retenir encore le monde qui lui échappe. Près de lui est sa femme, revêtue de ses habits de reine, toute droite et les mains jointes, comme si elle s'était endormie en priant.

La chapelle qui renferme le tombeau de Gustave Vasa est ornée de peintures à fresque représentant les principales actions de ce héros favori des Suédois. C'est un roman de roi qui a dû étonner jadis ceux qui l'entendaient raconter. Depuis ce temps, nous en avons eu de plus étranges. Autour de ces tombes de souverains, on aperçoit celles des grands seigneurs qui les ont servis pendant leur vie, et à qui l'étiquette ordonnait peut-être de les suivre après leur mort. Pauvres malheureux courtisans que la mort n'a pas même pu affranchir de leur servitude, et qui sont venus prendre dans cette église la place secondaire qu'ils occupaient dans le palais ! Là sont aussi les reliques d'un des anciens rois de la Suède, saint Éric. On les invoquait jadis dans les temps de peste et de contagion. On les portait aux jours de bataille en tête des armées, et on croyait qu'elles devaient effrayer l'ennemi; on les portait au printemps à travers les champs de blé, et on croyait qu'elles devaient protéger la moisson. Le nom d'Éric les a préservées du vandalisme des iconoclastes; le sentiment de respect pour la royauté a vécu parmi les Suédois plus longtemps que le catholicisme : ils ont détruit les images qui ornaient leurs églises et les reliques de leurs saints, ils ont conservé celles de leur roi.

Plusieurs faits importants se rattachent encore à l'histoire d'Upsal. C'est là que les rois ont souvent appelé la diète du royaume et convoqué des conciles. C'est là qu'en 1593 une assemblée de vingt-deux théologiens et de trois cent six prêtres, présidée par quatre évêques, proclama solennellement la confession d'Augsbourg. La Réforme était faite depuis longtemps parmi le peuple, mais elle attendait encore cette sanction.

Il y avait aussi à Upsal, dès le XIIIe siècle, une école latine. Le chapitre métropolitain des autres diocèses y envoyait les jeunes gens qui s'étaient distingués dans leurs premières études, et plusieurs maîtres renommés en Allemagne vinrent tour à tour y enseigner la science du moyen âge. Mais cette science était encore singulièrement restreinte : on apprenait aux élèves le plainchant, l'office religieux et quelques principes de théologie. Les vrais savants suédois de ce temps-là étaient ceux qui avaient puisé à une autre source, ceux qui avaient été inscrits parmi les *scholares* de notre université de France, ceux qu'on appelait les *clercs de Paris*. L'une des quatre nations de l'université, la nation *anglicana*, était divisée en trois parties. Dans la première étaient compris les étudiants d'Angleterre, d'Écosse et d'Irlande ; dans la seconde, les Hollandais et les Westphaliens ; dans la troisième, les hommes de la haute Allemagne, et les Danois, Suédois, Norvégiens.

En 1285, un riche Suédois, André And, acheta dans la rue Serpente, à Paris, une maison pour ses compatriotes. Plusieurs personnes la dotèrent, et l'archevêque d'Upsal lui accorda une partie de la dîme des pauvres. Les élèves étaient là, au nombre de douze, soumis aux mêmes institutions, astreints au même régime. En 1291, un autre archevêque leur donna un règlement qui leur prescrit les mesures de discipline auxquelles ils doivent se conformer et les pratiques religieuses qu'ils doivent suivre. Ce règlement commence ainsi : « Considérant que l'université de Paris est semblable à un champ fertile où l'on recueille les épis de la science ; que cette université a produit un grand nombre d'hommes de vertu et de savoir, dont les qualités heureuses se répandent sur les autres, que par là l'homme grossier a été ennobli, l'homme au cœur humble glorifié, frère Jean, par la miséricorde de Dieu, chef de l'église d'Upsal, déclare », etc.

Mais le XV° siècle était venu, apportant avec lui le

flambeau d'une époque nouvelle. La science s'était mise en marche avec l'imprimerie, et les études dont on s'était contenté jusqu'alors parurent insuffisantes. L'Allemagne avait fondé plusieurs universités. Le Nord voulut suivre son exemple. Sten Sture, régent de la Suède, fonda l'université d'Upsal en 1477. Les commencements de cette institution ne furent pas heureux. Des troubles politiques, des guerres avec la Russie et le Danemark, absorbaient l'attention des grands et du peuple. Les pauvres muses se retirèrent en silence derrière leur portique, l'école naissante fut oubliée. Quand Gustave Vasa, qui y avait passé cinq ans, monta sur le trône, il la prit sous son patronage; mais tout ce qu'il avait tenté de faire pour elle fut paralysé ou anéanti par un de ses successeurs, Jean III. Ce roi avait épousé une princesse catholique de Pologne, Catherine Jagellon. Il voulut opérer en Suède la même réaction que la reine Marie essaya d'opérer en Angleterre. Il proscrivit le dogme luthérien, et fonda à Stockholm, avec les dotations d'Upsal, un gymnase qui fut placé sous la direction des jésuites.

Le beau temps de l'université d'Upsal commence à Gustave-Adolphe. Ce fut lui qui la releva de l'état d'abandon où elle était plongée et qui l'enrichit. Il l'avait adoptée comme sa fille; il lui donna tous ses livres et tous ses biens, tout le patrimoine des Vasa, c'est-à-dire trois cents pièces de terre et plusieurs prébendes. Dès cette époque de régénération, elle a prospéré, elle a grandi, elle est devenue l'une des écoles les plus célèbres et les plus imposantes de l'Europe. C'est là qu'a vécu Rudbeck, l'auteur d'*Atlantica*; Verelius le philologue; Ihre, qui a écrit le glossaire *Sveo-gothicum*; Celsius, qui accompagna Maupertuis au cap Nord; Thunberg le botaniste, Linné et Bergmann, le prédécesseur de Berzélius. Dans la salle du consistoire, on conserve religieusement les portraits de tous les bienfaiteurs de l'université, et, dans les allées de saules du cimetière d'Upsal, on rencontre à chaque pas une tombe mémorable ou un nom cher à la science. Aujourd'hui encore, il existe à cette université une réunion d'hommes qui suffirait pour l'illustrer, si elle ne l'était depuis longtemps. Là est Geijer, historien et poète ; Atterbom, professeur de littérature, l'un des chefs de la révolution littéraire en Suède ; Svanneberg, qui a déterminé l'arc du méridien en Laponie ; Schröder, qui a publié plusieurs dissertations savantes sur l'archéologie suédoise et les antiquités du Nord. Le vice-chancelier de l'université, l'archevêque Wallin, est lui-même un écrivain fort remarquable, un poète distingué.

Il y a ici vingt-six professeurs ordinaires, douze professeurs adjoints, vingt-cinq *privatdocent*. L'université est riche : elle paye elle-même toutes ses dépenses. Ses revenus se composent du produit des terres qui lui ont été léguées par Gustave-Adolphe et de l'intérêt de ses capitaux ; ils s'élèvent chaque année à 75 000 rixdalers banco (150 000 fr.). Ses biens sont administrés par un intendant, sous la surveillance de deux professeurs qui changent tous les ans. Chaque professeur ordinaire reçoit 200 rixdalers et deux cent vingt-cinq tonnes de grain, ce qui équivaut à peu près à un traitement de 3 500 francs. Les professeurs adjoints ne reçoivent que soixante-cinq tonnes de grain. Les *privatdocent* n'ont que le produit de leurs leçons.

En outre de ces revenus, il faut compter plusieurs legs institués pour des chaires particulières, par exemple pour une chaire de théologie, pour une chaire d'économie politique, etc. Enfin un grand nombre de stipendes sont distribués entre les étudiants. Les stipendes du roi et de l'État s'élèvent annuellement à la somme de 6 300 francs, d'autres stipendes des particuliers à 34 242. Plusieurs fois ces stipendes ont été accordés à des jeunes gens ayant fini leurs études, pour entreprendre au dehors de la Suède des voyages scientifiques.

On compte à Upsal environ huit cent cinquante étudiants, tous Suédois. L'élève qui désire être admis à l'université passe un examen devant la faculté de philosophie et cinq professeurs adjoints. On l'interroge sur les principes élémentaires de la théologie, sur l'histoire, l'histoire naturelle, la géographie, la logique, les mathématiques, l'hébreu, le grec, le latin, le français, l'allemand. S'il est reçu, il prête serment de fidélité au roi et à la famille royale, et le recteur l'inscrit dans les registres de l'académie; sinon, il lui est permis de rester provisoirement à l'université, mais sous la garantie d'un étudiant déjà immatriculé. Il peut assister aux cours, mais il ne jouit d'aucun des privilèges attribués à l'université.

Les principaux privilèges des étudiants sont d'être exempts de la milice, exempts d'impôts, et de ne reconnaître que la juridiction universitaire à six milles autour d'Upsal.

J'ai retrouvé ici la même organisation académique, les mêmes règles de discipline que j'avais observées à Lund. Les étudiants d'Upsal sont, comme ceux de Lund, divisés en nations; mais les nations ici sont plus nombreuses et plus riches. Elles ont amassé des capitaux, elles ont acheté des propriétés. Dans une des parties de la ville qu'on appelle le quartier latin, on m'a montré une grande et élégante maison avec une cour, un enclos, un jardin. Elle appartient à la nation de Dalécarlie. Là est une salle de gymnastique, une salle de conférences, une bibliothèque choisie: là sont réunis les portraits des hommes de la nation qui se sont distingués par leurs travaux; là les élèves reçoivent leurs journaux, et viennent, à certains jours de la semaine, discuter, lire, ou faire de la musique.

L'université leur offre les moyens d'instruction que l'on ne trouve ordinairement que dans les grandes villes. Il y a ici un cabinet de monnaies et de médailles fort curieux, un musée d'histoire naturelle, un vaste jardin botanique, un observatoire, une bibliothèque qui renferme 100 000 volumes [1] et près de 6 000 manuscrits. Cette bibliothèque a 6 000 francs de rente. Tous les éditeurs de journaux de la Suède sont obligés de lui envoyer un exemplaire de leurs publications. Elle était trop à l'étroit dans l'ancien bâtiment où elle avait d'abord été placée; le roi vient de lui faire construire un vaste et superbe édifice où elle pourra désormais se déployer à son aise. Peu de villes ont une bibliothèque aussi importante, et cependant elle n'est pas ancienne. Elle fut fondée par Gustave-Adolphe et enrichie par les couvents et les dons des particuliers. La guerre de Trente ans lui a donné plusieurs livres d'un grand prix. Les officiers suédois qui allèrent en Allemagne défendre la Réformation étaient, à ce qu'il paraît, très-bons bibliographes et dévoués à leur pays. Quand ils trouvaient un ouvrage rare, ils s'en emparaient par le droit de l'épée et le rapportaient en Suède. C'est de là que proviennent quelques-uns des trésors littéraires de la bibliothèque de Stockholm : la Bible de Luther, annotée à chaque page de sa main même, et une magnifique Bible du XIIIe siècle, le plus beau et le plus grand de tous les manuscrits européens [2].

Mais il est un homme qui a plus fait pour la bibliothèque d'Upsal que tous les officiers et les bibliomanes

---

1. Le catalogue des livres imprimés a été publié en 1814, 3 vol in-4. M. Schröder a fait celui des manuscrits, et doit aussi le publier.

2. Ce manuscrit a deux pieds et demi de longueur. Il renferme, outre la Bible, différentes prières et des formules d'exorcisme. La chronique rapporte qu'un moine condamné à mort pour avoir violé les lois de son ordre s'engagea à écrire toute la Bible en une nuit, si on voulait lui faire grâce. Il s'enferma dans une chambre et appela le diable à son secours. Le diable, qui est toujours prêt à prendre les âmes crédules qui veulent bien s'abandonner à lui, accourut aussitôt, écrivit l'énorme volume du soir au matin, et, quand le jour parut, emporta le moine en enfer.

de la guerre de Trente ans. Son nom doit être inscrit en caractères ineffaçables dans les annales de l'université, et les amis de la science doivent le prononcer avec vénération : c'est le comte Gabriel de la Gardie. C'est lui qui a donné à l'université sa riche collection de livres rares, de manuscrits islandais. Il lui a donné l'Edda de Snorri Sturleson et le *Codex argenteus*. Pendant plusieurs siècles, le *Codex argenteus* resta oublié dans une bibliothèque de moines. A l'époque de la guerre de Trente ans, il fut transporté à Prague et tomba entre les mains du feld-maréchal Königsmark, qui l'offrit à la reine Christine. La reine, qui aurait probablement mieux aimé un livre latin, le donna à son bibliothécaire Isaac Vossius. Vossius l'emporta en Hollande, et en 1662 Puffendorf l'acheta au nom du comte de la Gardie pour une somme de 400 rix. b. (800 fr.). Le comte le fit revêtir d'une magnifique reliure en argent, et le donna en 1669 à l'université.

Ce manuscrit renferme, comme on sait, les quatre Évangiles traduits par Ulphilas en langue mésogothique. C'est un in-4 en parchemin violet. Le texte est écrit en lettres capitales d'argent, et les citations de l'Ancien Testament en lettres d'or. Les caractères ont été en partie effacés par le temps ; on ne les distingue qu'en tournant le livre au jour. Une colonnade à plein cintre orne le bas de chaque page. L'ouvrage est incomplet ; il commence au chapitre v de saint Matthieu, et finit à saint Jean, chapitre xix. Mais c'est le monument le plus ancien et le plus considérable qui nous reste de la langue mésogothique. La traduction fut faite au ive siècle, et ce manuscrit date du vi^e. J'ai vu à Paris un bibliographe se découvrir la tête et s'incliner respectueusement devant le Code théodosien, à la vente de la bibliothèque de Rosny ; si jamais ce bibliomane est venu à Upsal, il a dû se mettre à genoux, les mains jointes, devant le *Codex argenteus*.

CHRISTIANIA

A. F. BULOZ

Si c'est pour le voyageur une grande joie de visiter une terre étrangère, d'observer de nouvelles mœurs et de nouveaux points de vue, il en est une moins vive peut-être, mais non moins douce, celle de revoir les lieux où il a déjà été. On entre avec une sorte de recueillement dans une ville que l'on connaît déjà. A mesure qu'on approche, les souvenirs qu'elle nous a laissés se réveillent l'un après l'autre; des voix chéries bourdonnent à l'oreille, et des images qu'on se plaît à faire renaître flottent devant les yeux. Il y a là telle rue où l'on a passé quelques heures de bonne causerie ou d'étude, et que, de loin, on cherche entre toutes les autres. Il y a le long du bois, le long de la grève, telle bande de gazon, tel roc désert où l'on a rêvé encore. Et puis on arrive, et, sans y songer, sans se dire où l'on va, on se trouve devant la maison que l'on a le plus regrettée et à laquelle on pensait le plus souvent de loin. Quel bonheur si elle est restée la même, si rien n'est changé ni à la façade, ni au perron, ni à la couleur de la porte ni à la forme des rideaux! On frappe un coup rapide et sonore qui doit dire à ceux qui l'entendent : « Ouvrez! c'est un ami. ». Et voilà qu'une figure riante apparaît; un regard affectueux s'unit à votre regard, une main cordiale serre votre main; un cri de surprise et de joie retentit dans cette demeure, et la famille accourt, père, mère, neveux, cousins, et jusqu'aux petits enfants qui ne peuvent encore que bégayer votre nom. On s'assied à la table commune, et l'on se demande ce que l'on est devenu pendant de longs jours, de longs mois de retraite ou de voyage. Chacun raconte, l'un après l'autre, son odyssée; et toujours on questionne, et toujours il semble que les réponses arrivent trop lentement. Heureux si ces récits du cœur ne sont pas interrompus par un soupir, si une larme ne trouble pas l'éclair d'un regard joyeux; si, quand vous prononcez un nom chéri, on ne vous montre pas une place vide et un crêpe de deuil! car c'est ainsi qu'est faite la vie humaine : on se quitte en se disant au revoir; on revient,... hélas! il fallait se dire adieu, adieu pour toujours!

Les hommes du Nord sont fidèles à leurs souvenirs. Ailleurs, ce serait peut-être une épreuve dangereuse que d'aller réclamer une promesse d'amitié après deux ans d'absence : ici vous pouvez le faire sans crainte; ici le temps n'amène pas l'oubli du cœur, et l'absence ne légitime pas le parjure. Voilà pourquoi ceux qui ont voyagé dans le Nord aiment à y revenir, voilà pourquoi je trouvais long le chemin qui me ramenait à Christiania. Le ciel de Christiania n'était pas aussi pur que je l'avais vu dans le cours d'un autre été; ses bois n'étaient pas aussi verts ni ses gazons aussi fleuris; mais le langage de ses habitants était aussi simple, aussi cordial, et leur maison aussi hospitalière.

Christiania est une ville de vingt mille âmes, bâtie dans la plaine, entre les bois et la mer. Au nord, une ceinture de collines la protège comme un rempart; au sud, le golfe s'ouvre devant elle avec ses barques de pêcheurs et ses voiles blanches qui viennent de France. Le port est d'une entrée difficile, mais il est très sûr. Les îles qui s'élèvent de distance en distance à travers le golfe le protègent comme autant de forteresses contre le vent et la tempête. Les rues sont larges et droites, les maisons construites en briques ou en pierres, ce qui est une rareté dans le Nord. Cette capitale de la Norvège ne date que du XVIIe siècle ; mais à quelque distance de là s'élève la vieille ville, où l'évêque demeure encore. La vieille ville est ici comme l'ancienne Marseille avec sa cathédrale sur la colline. La nouvelle est descendue dans la vallée, elle s'est arrondie comme un arc autour de la mer, elle a voulu avoir ses édifices élégants et ses rues tirées au cordeau.

Là est l'art, le bruit, le luxe des cités, et, à quelques centaines de pas, l'aspect pittoresque de la campagne, les collines avec leurs chalets, les lacs endormis au milieu des vallées, et les rivières coulant silencieusement entre les sombres forêts de sapins. Toutes ces rivières sont chargées de blocs d'arbres que les propriétaires font flotter parfois d'une extrémité de la Norvège à l'autre. Chacun d'eux a sa marque particulière qu'il publie dans le pays, et, une fois qu'elle est connue, il lance sans inquiétude sa flottille à l'eau. Les bois des diverses provinces naviguent fraternellement, tantôt mis à sec sur la côte, tantôt pris par les glaces. Leur voyage dure un ou deux ans, mais ils finissent par arriver au port ; très peu manquent à l'appel. Deux ou trois inspecteurs vont les reconnaître, et c'est une chose merveilleuse que l'art avec lequel ils savent distinguer la marque primitive que ces blocs ont reçue et le nom du propriétaire auquel ils appartiennent. On a vu, l'année dernière, six cent mille pièces de bois réunies sur une seule rivière. Ce qui appartenait à César fut rendu à César : il n'y eut ni procès ni contestation. Quand l'inspection est faite, les paysans viennent avec leurs chariots prendre les pièces de bois pour les transporter à la scierie. Un employé règle leur compte, puis leur inscrit sur le dos, avec de la craie, le nombre de pièces qu'ils ont amenées et ce qui leur est dû. Le paysan court au comptoir, ayant grand soin de ne pas se frotter contre les murs et de ne pas trop tourner le dos au vent, de peur de voir s'envoler en poussière ses titres de créance. Le caissier s'approche, vérifie l'addition, paye, et prend sa quittance en donnant un coup de brosse au paysan.

À un ou deux milles de Christiania, le paysage s'agrandit ou devient plus sauvage. L'on n'aperçoit plus que les longues lignes de montagnes, aux sommités arrondies, aux teintes uniformes, enchaînées l'une à l'autre sans interruption, et ondulant comme les vagues de la mer. Au milieu, la vallée étroite et cachée sous une forêt de sapins; l'eau du golfe qui se fraye un passage dans la vallée, et gémit sur ses rives rocailleuses comme si elle attendait vainement la barque du Vikingr; puis, à de longues distances, une pointe de rocher qui surgit au-dessus des bois, une maison qui s'ouvre au bord du chemin et point de voix humaine, point de cris, point de chants, seulement le bruit des flots qui se brisent sur les rochers, et les soupirs de la forêt, balancée par le vent du nord. L'homme chemine à pas lents au milieu de cette nature sombre : il semble qu'elle pèse sur lui de tout son poids; il la regarde en courbant la tête et s'éloigne en silence.

Les habitants de Christiania ont choisi, avec un soin particulier, quelques-uns des plus beaux sites pour s'y bâtir une demeure. Là est Lille-Froguer, d'où l'on voit toute la ville et la mer, avec les îles qui la parsèment, se dérouler comme un vaste panorama; là est Borgen, où l'on n'aperçoit que les forêts lointaines, revêtues de teintes vaporeuses, et le golfe, dont les rayons bleus se confondent avec l'azur du ciel; puis Bogstad avec son lac riant et ses allées majestueuses. C'est là qu'une famille aimable, la plus riche et la plus noble famille de Norvège, exerce, avec l'urbanité exquise du grand monde, l'hospitalité cordiale des contrées du Nord. Pas un étranger n'est venu ici sans être accueilli comme un hôte privilégié, et pas un ne s'en est retourné sans emporter au fond du cœur le nom de Wedel et le nom de Bogstad.

L'histoire de Christiania ne remonte pas au delà du xviie siècle. Christian IV en jeta les fondements en 1624, après l'incendie d'Opsloe. Sa position au bord du golfe fut pour elle un moyen rapide d'agrandissement. L'université et les réunions du storthing en ont fait, dans les dernières années, une ville importante. Drontheim, la vieille capitale des rois et des jarls, lui dispute encore la prééminence; mais elle n'a plus que le privilège de poser la couronne sur la tête du souverain, et le gouvernement est à Christiania.

Au moyen âge, la Norvège avait quelques écoles latines, mais mal dirigées et mal entretenues. Ceux qui voulaient se livrer à des études vraiment sérieuses devaient aller chercher de meilleurs maitres en France ou en Allemagne. En 1487, l'université de Copenhague devint pour eux un point de ralliement plus national. C'était encore un long et difficile voyage, et l'honnête Norvégien, attaché à ses mœurs rustiques, ne voyait pas sans inquiétude ses enfants partir pour une ville où l'on ne s'attachait que trop souvent à copier les mœurs faciles et la frivolité française. « Heureux, dit un poète norvégien, heureux le père de famille dont le fils, après avoir passé un ou deux mois à Copenhague, rapporte dans son pays une chemise et un reste de religion chrétienne ».

Plusieurs hommes vraiment dévoués à leur pays et au progrès de la science avaient sollicité la fondation d'une université en Norvège, et leurs efforts n'avaient point eu de résultat. En 1807, la guerre rendit les communications avec le Danemark plus difficiles encore; et, dans ce temps de crise, la Norvège éprouva plus que jamais le besoin d'avoir une université à elle. Bientôt la société patriotique établie à Christiania prit l'initiative; elle décerna un prix à l'auteur du meilleur mémoire sur l'établissement de l'université. Elle ouvrit une souscription pour bâtir l'école, pour doter des professeurs; et malgré la guerre, le surcroit d'impôts, les années de disette, la souscription rapporta en peu de temps des sommes considérables.

Les fonds étant formés, le roi de Danemark autorisa l'établissement de l'université. Il la dota de 100 000 dalers (300 000 francs), de plusieurs propriétés qu'il avait en Norvège, et il donna à la bibliotèque les exemplaires doubles des bibliothèques de Copenhague. Cette ordonnance de Frédéric VI date du 2 septembre 1811. Ce fut pour la Norvège un acte d'émancipation intellectuelle qu'elle avait désiré longtemps: le peuple l'accucillit avec des transports de joie.

Les règlements de l'université de Christiania sont presque entièrement rédigés d'après ceux de l'université de Copenhague : c'est le même ordre dans les études, le même nombre d'examens et la même loi disciplinaire.

La bibliothèque a 15 000 francs par an pour acheter des livres. Les hommes qui la dirigent comptent avec orgueil les 120 000 volumes qu'ils y ont assemblés en peu de temps. J'ai plus de respect, je l'avoue, pour une bibliothèque comme celle de Lund et de Kiel, moins nombreuse de moitié, mais choisie et épurée avec soin, que pour cet amas de livres où l'on voit figurer sur les rayons jusqu'à des journaux de mode. Les autres établissements de l'université, si j'en excepte l'observatoire et le jardin botanique, laissent aussi beaucoup à désirer. Mais il ne faut pas oublier que c'est une université jeune qui essaye ses ailes pour la première fois, et qui n'a pas encore pu prendre l'essor qu'elle prendra sans doute un jour.

L'établissement de l'université et le mérite incontestable de plusieurs professeurs n'ont pu donner à la

Norvège une vraie vie littéraire. Il y a ici des imprimeurs, des libraires intelligents. Les magasins de livres sont ouverts, les ouvriers sont à leur poste, les presses sont en mouvement, mais elles ne reproduisent que des copies d'ouvrages étrangers ou quelques innocents recueils d'élégies pour occuper les loisirs des belles dames de Christiania. Sous le point de vue scientifique, la Norvège est toujours, à l'égard du Danemark, dans un état d'infériorité reconnue et de soumission passive. Avant 1814, elle n'avait qu'une capitale. Maintenant elle en a deux : l'une littéraire, Copenhague ; l'autre politique, Stockholm. Cette division s'accorde du reste assez bien avec les deux caractères distincts de la langue norvégienne. La langue écrite est identiquement la même que le danois ; la langue parlée se rapproche du suédois par plusieurs mots et par l'accentuation. Ainsi, tandis que les employés civils et militaires tournent les regards vers Stockholm, le petit nombre de personnes qui s'occupent d'art, de science, de littérature, recherchent avec avidité ce qui vient de Copenhague.

Cette alliance étroite de la Norvège avec le Danemark ne tient pas seulement à l'influence scientifique et littéraire de Copenhague ; elle tient à des traditions lointaines, à des souvenirs de jeunesse, à des liaisons de famille. Pendant quatre cents ans, ces deux branches de la souche scandinave furent réunies et leurs rameaux s'entrelacèrent ; pendant quatre cents ans, la Norvège eut toujours les yeux fixés sur le Danemark. C'était là que ses enfants allaient étudier, et que ses soldats faisaient leurs premières armes. L'étendard des deux pays flottait ensemble sur les mers, et la gloire de l'un était la gloire de l'autre. Deux des plus grands poètes du Nord, Holberg et Wessel, appartiennent à la Norvège par leur naissance, au Danemark par leur éducation. Aujourd'hui encore, il est peu de professeurs de Christiania qui n'aient reçu leur grade de docteur à Copenhague, et peu de hauts fonctionnaires qui n'aient servi en Danemark. Comment serait-il possible que tant de souvenirs fussent sitôt effacés et tant de nœuds sitôt rompus?

L'alliance de la Norvège avec la Suède est plus récente; mais elle est basée sur l'intérêt matériel du pays, et elle a pris promptement racine dans le cœur du peuple. C'est de cette époque que date la vie politique de la Norvège. La constitution de 1814 a ouvert la porte aux ambitions du régime parlementaire. Les femmes défendent encore la littérature comme le champ de fleurs où leur imagination rêveuse a pris plaisir à s'égarer, mais les hommes s'en éloignent. Une séance de la Chambre des députés dans des jours de discussion orageuse, une motion de la Chambre des communes, est pour eux bien autrement importante que l'annonce d'une nouvelle tragédie ou d'un poème épique. Les quatre lignes du journal de Hambourg qui annoncent le cours de la Bourse résonnent plus fortement à leur oreille que les plus beaux hexamètres, et l'inventeur des chemins de fer leur semble un plus grand génie que Gœthe.

Ce mouvement politique de la Norvège est intéressant à étudier. Mais à côté de la vie positive, de l'action réfléchie et intelligente qui s'y manifeste, j'y ai trouvé aussi une sorte de maladie morale qui tient à la nature même du pays, et que nous ne connaissons pas en France. Dans un pays comme la France, les ambitions fondées sur un mérite réel peuvent tôt ou tard se faire jour, les intelligences ont de l'espace pour prendre l'essor : dans un pays aussi resserré que la Norvège, la route ouverte à la pensée politique est trop étroite, le levier trop mince pour une main qui a de la force, et la masse qu'il doit mouvoir trop légère. L'homme qui se sent de l'énergie peut mesurer d'un coup d'œil l'espace qu'il lui est permis de parcourir. Le but est près de lui. Il sent qu'il n'y a rien au delà, et il s'ennuie de le voir avant d'y être arrivé. J'ai rencontré ici quelques-uns de ces hommes qui ne trouvent pas la Norvège assez grande pour satisfaire leurs désirs de gloire politique, et qui emportent comme une plaie saignante au fond du cœur le regret de n'avoir pas une plus vaste arène, une plus haute tribune. Heureux ceux qui n'ont pas abandonné les domaines féconds de la science et le ciel étoilé de la poésie! Ceux-là n'ont pas à s'inquiéter des limites du sol où ils sont nés : rien ne borne leur horizon ; le monde entier leur appartient.

La constitution de Norvège est un exemple mémorable de ce que peut une nation quand le temps est venu pour elle de se donner des institutions libérales. A l'époque où le Danemark cherchait à retenir encore la souveraineté qu'il avait abdiquée par le traité de Kiel, où la Suède, de son côté, réclamait avec énergie l'exécution de ce traité, et où la Norvège, quoique résolue à défendre sa nationalité, ignorait, à vrai dire, ce qu'elle deviendrait dans ce temps de trouble et d'effervescence, la nation convoqua ses représentants, et, le 10 avril 1814, cent douze députés se réunirent à Eidsvold. C'étaient des prêtres, des marchands, des bourgeois, des paysans, très peu orateurs pour la plupart, très peu jurisconsultes, mais doués d'un jugement droit, d'une volonté ferme et d'un ardent patriotisme. Ces députés nommèrent une commission de quinze membres, qui, en s'aidant de la constitution des cortès de 1812 et des diverses constitutions des États-Unis, rédigèrent, d'après les besoins particuliers de leur pays, la loi fondamentale norvégienne. Dans l'espace de six semaines, la loi fut discutée, modifiée, adoptée, et la Norvège, qui, au mois d'avril, était encore une terre monarchique, se réveilla au mois de mai avec une constitution plus libérale que la charte de France et la *magna charta* anglaise.

Je ne suis pas juriste, et je ne me permettrai pas de commenter cette constitution. J'en dirai seulement quelques mots pour ceux qui l'ignorent.

Le premier article détermine nettement la position du pays. Le royaume de Norvège est un État *libre, indépendant* et indivisible, uni à la Suède sous un seul et même roi.

La presse est libre.

Le pouvoir du roi est extrêmement limité pour tout ce qui a rapport aux intérêts essentiels du pays. Le roi doit toujours avoir auprès de lui un ministre et deux conseillers d'État norvégiens, dont la mission est de protester de vive voix et par écrit, dans le cas où il prendrait une mesure contraire, selon eux, à l'esprit de la constitution. Lorsqu'en 1836 le roi résolut de dissoudre le storthing, les deux conseillers d'État protestèrent contre cette décision, mais le ministre l'approuva. Le storthing mit le ministre en jugement et le condamna à une amende de 1 000 species. Ce qu'il y a de plus curieux, c'est qu'après avoir subi sa sentence, le ministre resta à son poste, comme par le passé.

Le vrai gouvernement de la Norvège est le storthing. Il s'assemble tous les trois ans, sauf les cas extraordinaires où le roi juge à propos de le convoquer, et il est composé de la manière suivante :

Tous les Norvégiens âgés de vingt-cinq ans, et qui ont été ou sont fonctionnaires publics; tous ceux qui ont affermé, pendant cinq ans, une terre matriculée; tous ceux qui possèdent dans une ville de commerce, ou dans un port de mer, une propriété évaluée à 900 francs, tous ces hommes-là sont appelés à nommer les électeurs.

Dans les campagnes, les électeurs se réunissent à l'église, et sont présidés par le curé; dans les villes, par les magistrats.

Dans les campagnes, cent habitants nomment un électeur; dans les villes ils en nomment deux. La même disproportion existe pour le choix des députés. Dans les campagnes, il y a un député pour cinq à quatorze électeurs, deux pour quinze à vingt-quatre. Dans les villes, un pour trois à six, deux pour sept à dix, et ainsi de suite.

La différence de représentation entre les campagnes et les villes est de un à deux. Le nombre des députés ne peut être ni au-dessous de soixante-quinze ni au-dessus de cent.

Tout Norvégien âgé de trente ans, et ayant résidé dix ans dans le royaume, peut être nommé député. Sont exceptés seulement de cette loi les membres du conseil d'État, les fonctionnaires attachés à leurs bureaux, ainsi que les officiers pensionnaires de la cour.

Ces députés réunis forment le storthing, et ils sont nommés pour trois ans.

Le storthing se divise en deux chambres : la première s'appelle *Odelthing*; la seconde, composée d'un quart des députés élus dans l'assemblée générale du storthing, s'appelle *Lagthing*.

La première discute et vote les projets de loi ; la seconde les approuve ou les rejette. L'une est la chambre des communes, l'autre la chambre des lords.

Si un projet de loi a été deux fois proposé au lagthing et deux fois rejeté, toute la diète se réunit, et les deux tiers des suffrages décident le rejet définitif ou l'adoption.

Chaque projet de loi doit être soumis à la sanction royal; mais si le storthing a, dans trois sessions différentes, adopté une résolution, elle devient une loi de l'État, lors même que le roi refuserait de la sanctionner.

C'est ce qui est arrivé en 1821. Deux fois le storthing avait voté l'abolition des titres de noblesse en Norvège ; deux fois le roi avait refusé de sanctionner cette mesure. La loi fut proposée de nouveau, et le gouvernement employa pour la combattre tous les moyens possibles : le roi vint lui-même à Christiania, et, comme c'était le temps des exercices, six mille soldats furent réunis autour de la ville; mais le storthing persista dans son projet, et la loi fut adoptée.

Cette assemblée du storthing est une réunion curieuse de prêtres, d'avocats et d'hommes du peuple. Quelques paysans s'y sont distingués par une intelligence pratique, par une éloquence dénuée d'art, mais forte. Le plus souvent ils ne se signalent que par un esprit très étroit et une excessive parcimonie. Pendant le temps que dure la session, les députés reçoivent par jour un traitement de deux species (10 fr.); plus 3 francs pour leur logement, et 2 fr. 50 pour un domestique. L'État leur paye trois chevaux de poste pour venir à Christiania et pour s'en retourner. Les paysans se mettent deux à deux sur une charrette à un cheval; ils ne prennent point de domestique, ils demeurent dans les maisons les plus obscures, et ils vivent comme chez eux avec un peu de bière et de poisson. Mais chaque semaine ils entassent les species sur les species, et, quand ils s'en retournent, ils achètent de beaux et gras pâturages avec l'argent du storthing.

LE DOVRE FIELD

A EDGAR QUINET

De Christiania, une légère carriole norvégienne nous conduisit sur les bords du Tyrefiord, dans la belle et féconde plaine du Ringrig.

A Nordrhaug, nous allâmes voir le presbytère, illustré par un acte de courage et de patriotisme. C'était en 1716, pendant que la Suède était en guerre avec le Danemark. Un détachement de huit cents soldats suédois arriva un soir d'hiver dans ce presbytère; il devait partir le lendemain pour s'emparer des mines d'argent de Kongsberg. Anna Collbiörnsen, la femme du prêtre, parvint à tromper la surveillance des nouveaux venus, et envoya un messager à une compagnie de dragons norvégiens campée à quelque distance. A minuit, cette compagnie traverse sur la glace le golfe de Steen, entoure le presbytère, et les Suédois, attaqués à l'improviste, furent tués ou faits prisonniers. Le nom d'Anna Collbiörnsen est vénéré dans ce pays. Le prêtre de Nordrhaug montre, comme des reliques, quelques meubles dont elle s'est servie; les femmes du Ringrig racontent son histoire, et l'église garde son portrait.

L'aspect de la contrée prend un caractère plus austère et plus imposant, lorsqu'on arrive sur les bords du Randsfiord. Les eaux de ce golfe coulent entre de hautes forêts de sapins majestueuses et sombres. Pendant un espace de plus de vingt lieues, la route monte et descend sans cesse, pour remonter encore de colline en colline, de rocher en rocher; quelquefois on entre sous une voûte de sapins serrés l'un contre l'autre, où l'on n'aperçoit que le ciel et la verdure des bois; puis la forêt s'élargit, et l'on distingue, à travers ses avenues profondes, une rivière qui serpente, un vallon qui fuit dans l'ombre comme une pensée mystérieuse.

Un soir, sur une de ces sommités élevées, sur le Höikors (haute croix), nous fûmes surpris par un de ces magnifiques points de vue que l'on contemple dans une muette admiration, et que nulle plume ensuite ne peut décrire. D'un côté, nous apercevions une vaste forêt; de l'autre, une immense plaine dont les vagues contours se perdaient dans le lointain. Ici, les eaux du golfe déjà plongées dans l'ombre et endormies; là, le lac d'Ena, étincelant comme un miroir aux rayons du soleil couchant, et devant nous de longues lignes de montagnes bleuâtres échelonnées l'une sur l'autre, couronnées par des pics de neige. Et, de quelque côté qu'on se tournât, on n'entrevoyait aucune trace humaine et aucune habitation; aucune voix ne s'élevait dans l'air : c'était une de ces solitudes solennelles où, dans le silence de la nature, on entend une voix mystérieuse qui résonne jusqu'au fond de l'âme. Là-haut était le calme pieux, le recueillement; un peu plus bas, l'orage et la destruction. Nous traversâmes une forêt de sapins abandonnée par les hommes et dévastée par les éléments. De grandes tiges avaient été enlevées de terre par le vent, d'autres déracinées par l'eau qui mine sans cesse le sol où elles s'élèvent, d'autres desséchées par le temps. Celles-ci tombaient comme un pont sur le torrent, celles-là étaient enfoncées dans les marais; les plus robustes essayaient de lutter contre l'ouragan qui avait déjà mutilé leurs branches et brisé leurs sommets; les plus vieilles s'en allaient par lambeaux. C'était un désordre général, un bouleversement pareil à celui que les voyageurs ont observé dans les forêts vierges de l'Amérique.

Nous quittâmes ces scènes de dévastation pour descendre dans les vertes campagnes arrosées par le lac Miössen. Tout ce district est occupé par une population active et industrieuse : des fabriques de verre s'élèvent le long de l'eau, la fumée du feu de forge tourbillonne au-dessus des bois, et le bruit de la scierie attire les regards au fond du ravin. Le pays est varié et pittoresque, entrecoupé de forêts de bouleaux et de sapins, de pâturages et de champs ensemencés : tantôt une vallée s'ouvre entre les coteaux, pareille aux jolies vallées de la Suisse, et tournoie au loin, traversée par un ruisseau d'argent; tantôt des masses de roc, revêtues de quelques plantes chétives, se dressent fièrement au bord du chemin; tantôt les collines, chargées d'arbres, descendent jusqu'au bord du lac, et les bouleaux laissent flotter dans son onde leurs longues branches couvertes d'une verdure naissante. Et le lac est charmant à voir avec ses détours capricieux, ses baies entourées de bois, et ses flots limpides où le coteau se reflète, où la barque, à la voile blanche, passe comme une aile de cygne.

De l'autre côté du Miössen, on aperçoit une trentaine de maisons disséminées sur le plateau : c'est le village de Lille-Hammer, qui aspire à porter le nom de ville, et qui pourrait bien l'obtenir un jour, s'il continue à s'agrandir comme il le fait depuis quelques années. En 1825, ce village avait si peu d'importance qu'il n'était pas même mentionné dans les ouvrages de statistique. On y compte deux cent cinquante habitants. Ses maisons sont occupées par des marchands dont le commerce s'étend, d'un côté jusqu'aux populations voisines de Randsfiord, et, de l'autre, jusqu'au Dovre Field. Déjà ce village réclame des privilèges de cité; il demande à avoir un dépôt de banque. Et qui le croirait? il publie un journal qui a plus d'abonnés que *la Minerva* ou le *Dagligt-Allehanda* de Stockholm : c'est l'*Oplands-Tidende*, petite feuille in-4, qui paraît deux fois par semaine, et que nous avons retrouvée, avec *le Constitutionnel* de Christiana, dans toutes les paroisses de Guldbrandsdal. Un fait qui mérite aussi d'être cité pour l'instruction des voyageurs, c'est que l'auberge de Lille-Hammer est la seule où l'on puisse avoir du vin ; dans toutes les autres, nous n'avons trouvé qu'une boisson acide décorée du nom de bière, et du lait.

En quittant Lille-Hammer, on entre dans le Guldbrandsdal, grande et fraîche vallée qui a près de quatre-vingts lieues de longueur sur une ou deux de largeur. Elle est traversée par le Loug, qui se jette dans le Miössen. Ce n'est pas la partie la plus imposante et la plus grandiose de la Norvège; mais c'est au moins l'un des districts les plus poétiques et les plus beaux de ce vaste et beau pays. Ici les vieilles mœurs, les vieilles chroniques se sont perpétuées d'âge en âge comme dans la Dalécarlie. Les paysans parlent un dialecte qui tient le milieu entre la langue des sagas et le norvégien actuel. Les hommes portent encore, les jours de dimanche, leur costume national, le grand habit en vadmel gris, à boutons brillants, les culottes en peau brodées, les souliers à boucles d'argent. Les femmes portent, comme en Islande, des ceintures d'argent. On nous a montré une jeune fille revêtue de ses habits de fiancée : on l'eût prise pour une des anciennes reines de Norvège. Sur ses longs cheveux flottants, elle avait une couronne à pointe dorée et couverte de plusieurs petites pièces d'argent taillées en forme de losange, de feuilles d'arbres et de croissants; autour du cou, une grande chaîne à laquelle étaient suspendus trois cœurs ciselés avec art et une médaille. Deux de ces cœurs renfermaient une éponge, le troisième ne s'ouvrait pas. Elle avait un pourpoint en damas rouge pareil à ceux des chevaliers du moyen âge, orné d'une broderie en or et entouré d'une ceinture en velours noir avec des plaques de métal. Sous le pourpoint, qui tombait jusqu'aux genoux, un jupon en soie violette descendait jusqu'à la cheville du pied, et des bas de vadmel, des souliers brodés, avec une pointe à la poulaine, complétaient son costume. La seule innovation que la civilisation eût apportée à cet habit antique était une paire de gants blancs en fil d'Écosse. Toutes les familles n'ont pas le moyen d'avoir ce riche vêtement; mais il reste comme un héritage précieux dans certaines maisons, et on le prête aux jeunes filles qui se fiancent.

Cette vallée a été habitée par plusieurs rois. On rencontre à chaque instant de larges tumulus en pierre, recouverts de gazon, où ces chefs de tribus se faisaient ensevelir avec leurs armes. Les paysans connaissent l'origine de ces tumulus et les traditions qui s'y rattachent. A Hundtorp, je cherchais le tombeau du vieux Gudbrand qui, d'après la chronique populaire, a donné son nom à cette province. Une vieille femme, qui s'en allait conduire ses chèvres au pâturage, s'offrit à me le montrer, et me raconta, chemin faisant, la saga de Gudbrand et celle d'Olaf le Saint.

On montre aussi sur la colline l'endroit où ces rois ont demeuré, et l'on ne cite pas sans un certain sentiment de respect des familles de paysans, jadis puissantes, à présent appauvries, qui peuvent faire remonter leur histoire jusqu'à ces vieilles souches de noblesse. Un jour nous dînâmes avec un descendant de Harald-Harfager. C'est le propriétaire d'un *gaard* qui a été jadis, dit-on, habité par un roi. Quand nous commençâmes à lui parler de sa noblesse, il se redressa avec fierté et prit une pose majestueuse. Quand M. Mayer, notre compagnon de voyage, manifesta le désir de faire son portrait, il demanda comme une grâce qu'on lui accordât le temps de quitter l'habit qu'il portait chaque jour, pour mettre sa veste en vadmel et sa culotte brodée. Pendant qu'il posait, il prenait de temps à autre un petit air fanfaron. « Priez votre compatriote, me disait-il en levant la tête et en rejetant sur l'épaule ses longues boucles de cheveux, de me faire de larges épaules, afin qu'on voie que je suis encore en état de me mesurer avec quatre ou cinq hommes. » Mais il n'avait pas besoin que l'on ajoutât rien à l'expression énergique de sa figure ni à la force musculaire de ses membres. C'était un homme de soixante ans, dont la forte constitution, le regard plein de fierté, me rappelaient ce que les sagas racontent des Vikinger norvégiens. Il n'a point de document écrit qui constate son illustre origine ; mais la tradition de ses pères la lui a révélée, et il croit à sa généalogie aussi fermement que s'il la voyait gravée en lettres d'or sur une table de marbre. Il est paysan et il a épousé la fille d'un paysan, noble comme lui, et ses fils cultivent comme lui la terre ; mais ils savent que leur père descend d'un des plus puissants rois de Norvège, leur mère d'un des vieux jarl de Bergen ; et le dimanche, quand ils vont à l'église, ils passent au milieu de la foule avec une sorte de dignité.

Le vallon de Guldbrandsdal est resserré entre deux chaines de montagnes partagées par grandes masses. Quelquefois la plaine s'élargit, et, de chaque côté de la rivière, on aperçoit de jolis enclos de verdure et de charmantes habitations. Quelquefois la rivière seule occupe le fond de la vallée, et la route tournoie sur les flancs du rocher, au-dessus d'une pente perpendiculaire, garnie seulement d'une balustrade en bois, délabrée ; quelquefois les montagnes se resserrent et forment une longue suite de bassins arrondis, terminés au nord par des pics de neige. On chemine ainsi d'une enceinte à l'autre, et à chaque instant le paysage change. Ici ce sont d'énormes blocs de rocher qu'une révolution inconnue, un tremblement de terre dont l'histoire ne parle pas, a détachés de leur base et précipités, comme une avalanche, jusque dans la prairie; là des collines, parsemées de groupes d'arbres, revêtues d'un gazon fleuri, qui s'inclinent vers la rivière, et portent sur leurs flancs des églises et des chalets; plus loin, des forêts touffues où le jour pénètre à peine; puis la cascade dont l'on entend de loin le retentissement, et qui apparaît aux deux côtés de la vallée, tantôt tombant à larges flots unis comme une nappe d'argent, tantôt courant comme un cheval fougueux, se tournant avec fureur dans le lit étroit qui la resserre, et puis roulant comme la foudre, de roc en roc, de chute en chute, avec des flocons d'écume blancs comme la neige et des tourbillons de poussière que la lumière colore comme un arc-en-ciel.

La plupart des chalets sont dispersés à travers les bois et aux sommets des montagnes. Les pauvres gens qui les habitent vivent dans un grand isolement. Les moyens de communication avec leurs plus proches voisins sont toujours assez difficiles, et quelquefois impraticables. Ils restent là silencieusement dans l'humble maison qu'ils ont héritée de leur père, et meurent sur le sol où ils sont nés. Un ami prend le mort sur son dos, l'emporte à l'église, et tout est dit. Un homme est mort sans faire plus de bruit qu'une feuille qui tombe, qu'une fleur qui se fane; un homme est mort sans laisser plus de vide dans le monde qu'une goutte d'eau qui se perd sur les sables de la grève n'en laisse dans l'Océan. C'est ici qu'il faut relire l'élégie de Gray et parler des génies ignorés, des vertus sans retentissement, des parfums perdus dans l'air. J'ai bien souvent questionné les paysans norvégiens sur ce qui se passait autour d'eux, et j'en ai trouvé un grand nombre qui ne connaissaient pas même le nom des hautes montagnes situées à deux milles de distance, ni le nom des stations de poste voisines. Le tertre de gazon où s'élève leur chalet, la vallée où est bâtie leur église, voilà leur monde. Il faut un concours de circonstances peu communes pour qu'ils aillent au delà.

Presque tous cependant apprennent à lire et assez souvent à écrire. Il y a dans chaque paroisse, ou une école fixe (*fastskole*), ou un maître ambulant, qui va passer, chaque année, quinze jours dans une maison, quinze jours dans une autre, jusqu'à ce qu'il ait parcouru tout son district. Quand il est parti, la mère de famille a soin de faire répéter à ses enfants les leçons qu'ils ont reçues; puis le maître revient l'année suivante, et continue l'œuvre qu'il avait commencée. Aucun enfant ne peut être confirmé s'il ne sait au moins lire, et il en est bien peu qui échappent à cette loi. Dans beaucoup de paroisses, les paysans les plus aisés forment entre eux une société de lecture (*læseselskab*). Ils payent une contribution d'un franc par année, et achètent des livres qui passent de main en main, et retournent ensuite au dépôt général. Le pasteur est ordinairement le président de la société, et le maître d'école en est, pour ainsi dire, de droit le bibliothécaire. Ils s'abonnent aussi aux journaux, et celui qui, d'après son tour d'inscription, les reçoit le premier, doit les transmettre au bout de quelques jours à ses voisins. De cette manière, les nouvelles ne vont pas vite; mais un peu plus tôt, un peu plus tard, elles finissent par arriver; et le dimanche, quand les membres de la société littéraire se trouvent réunis sous le portail de l'église, ils causent des affaires d'Espagne et des affaires de Hanovre. C'est ainsi que la politique poursuit son chemin: là où elle ne peut pas courir le grand galop, elle se résigne à marcher à petits pas, plutôt que de ne pas marcher du tout.

Les larges pâturages des montagnes ont décidé les paysans à bâtir leur cabane sur ces sommets élevés. Le long de la route, on ne trouve qu'à des distances de plusieurs lieues la ferme servant de station de poste et d'auberge. Cette ferme, ou, pour employer l'expression technique du pays, ce *gaard*, est d'ordinaire un établissement d'agriculture assez important. Il se compose d'une grande maison en bois et de quatre où cinq plus petites. La première est réservée à la famille du paysan et aux voyageurs ; une autre est habitée par ses gens ; la troisième sert de grange et d'écurie ; la quatrième renferme les provisions ; la cinquième, les ustensiles de travail. Une sixième maison, également bâtie en bois, mais située à l'écart, sert de four. Le gaard forme à lui seul un petit monde, une colonie de laboureurs et d'ouvriers. Tandis que les filles du paysan tissent la toile et façonnent les habits de vadmel, lui-même forge ses instruments, ferre ses chevaux, répare ses voitures. Il est loin de tout atelier, de tout magasin ; il faut qu'il sache d'avance s'approvisionner de ce dont il a besoin et suppléer à ce qui lui manque par sa propre industrie.

Le corps principal de logis est construit avec des poutres arrondies au dehors, aplaties au dedans, posées l'une sur l'autre, et calfeutrées avec de la mousse : ce n'est souvent qu'un rez-de-chaussée large et élevé. Quelquefois il est surmonté d'un étage. De chaque côté sont les chambres à coucher ; au milieu, une grande salle ornée d'un miroir et de quelques mauvaises gravures : c'est la salle de réception des voyageurs, et la salle à manger de la famille du paysan aux jours de grande fête. Il n'est pas rare de trouver là de belles pièces d'argent massif qui ont passé d'âge en âge dans la même maison, et que le propriétaire ne voudrait vendre à aucun prix. Ce que l'on trouve aussi presque partout, c'est du linge d'une finesse et d'une blancheur remarquables. Mais le luxe des auberges du Guldbrandsdal ne va guère plus loin, et le voyageur qui aurait des habitudes gastronomiques trop fortement enracinées ne doit pas venir dans ce pays. Dans un grand nombre de stations, on n'a pu nous donner que des œufs et du lait, du pain noir et de la galette de seigle, qu'on appelle flatbröd. Dans quelques autres, on nous servait un morceau de lard rance, ou quelques menus poissons. Le vin est inconnu à la plupart des paysans : ils boivent de l'eau-de-vie de grain, du lait mêlé avec de l'eau, et, dans les grandes circonstances, de la mauvaise bière où il entre fort peu d'orge et fort peu de houblon.

Le Guldbrandsdal passe pour une province riche et très peuplée, mais la plus grande partie de la population de Norvège est disséminée à travers champs. Sur toute la route de Christiania à Drontheim, c'est-à-dire sur un espace de cent cinquante lieues, on ne trouve pas une seule ville et pas même un village, si on en excepte Lille-Hammer, et l'aisance dont les habitants de cette belle vallée peuvent jouir dépend d'un coup de vent ou d'un rayon de soleil. Si la neige couvre trop longtemps le sol, si la gelée arrive trop tôt, adieu leurs espérances de récolte, adieu le fruit de leurs travaux. Le champ de seigle ne donne pas de grains, l'enclos ne porte pas d'herbe, et ils en sont réduits quelquefois à tuer leurs bestiaux, faute de foin pour les nourrir.

L'année dernière a été pour tout le Nord une année de douloureuse mémoire. Depuis les bords du Sund jusqu'aux montagnes du Dovre, nous ne voyions que des traces de misère. Plusieurs familles, ne trouvant plus aucun moyen de subsister, quittaient leur chétive cabane et s'en allaient à de longues distances chercher du pain et du travail. Un matin nous rencontrâmes une pauvre femme avec ses trois enfants. L'un d'eux était attaché sur son épaule et enlaçait ses petits bras autour de son cou; un autre la tenait par la main, et une jeune fille d'une dizaine d'années, dont la misère n'avait pas altéré encore la gracieuse figure, était debout près de son frère, le front baissé, les mains jointes, dans une attitude pleine de résignation et de mélancolie. Je demandai à la mère d'où elle venait : elle me dit qu'elle habitait un gaard dans le voisinage, que la misère avait forcé son mari de partir pour Drontheim, où il espérait trouver de l'ouvrage et qu'elle allait le rejoindre dans cette ville. En nous racontant ses douleurs, la malheureuse étendait ses deux mains sur la tête de ses enfants, comme pour nous dire que là était sa plus grande douleur. Puis elle pleura; et quand nous lui eûmes donné notre faible aumône, elle nous remercia longtemps et pria Dieu pour nous, et ses enfants priaient avec elle.

Les églises de Guldbrandsdal, comme presque toutes celles de Norvège, sont en bois, peintes en rouge, surmontées d'une pointe aiguë, et, dans quelques districts, recouvertes, sur les quatre côtés, de larges dalles d'ardoise. Elles sont ordinairement situées aux environs de la route, et leur nef avec ses deux ailes en forme de croix, leur flèche élancée, leur teinte pourpre au milieu d'un paysage vert, forment un effet assez pittoresque: mais on ne les trouve qu'à de grandes distances l'une de l'autre. De Lille-Hammer jusqu'à Jerkind (environ cinquante lieues), nous n'avons compté que quatre églises paroissiales (*ovedkirke*) et quelques succursales (*annexkirke*). Ordinairement le prêtre de la paroisse a trois ou quatre succursales à desservir. Il y va prêcher une fois par mois, ou une fois tous les quinze jours s'il a un chapelain. Il y a des gaards, dans sa paroisse, qui sont situés à huit ou dix lieues de lui. C'est pour les paysans un rude devoir à remplir que d'aller porter si loin l'enfant qui doit être baptisé, ou le mort qui doit être enseveli. On nous a raconté que, dans une de ces paroisses, les pauvres gens, n'ayant pas le moyen d'entreprendre de tels voyages et de payer le prêtre et le sacristain, avaient pris le parti d'enterrer leurs morts eux-mêmes, sans se soucier des cérémonies religieuses. Mais le gouvernement vient d'imposer une amende à ceux qui transgressaient de cette sorte les lois de l'Église.

Plusieurs de ces chapelles de campagne nous ont frappés par leur jolie situation au milieu d'une enceinte de bouleaux au bord d'un lac. Nous sommes restés plus d'une heure près de celle de Quam, à regarder les hautes chaînes de montagnes, les contours de la vallée et les tombes du cimetière. Ces tombes sont en pierre grise, recouvertes d'arabesques dessinées avec une élégance remarquable, et sculptées avec art. Toutes portent une inscription accompagnée d'une maxime pieuse ou d'un dernier adieu.

Quam est situé au pied de la montagne de Kringlen, le Morat de la Norvège. En 1611, la guerre ayant éclaté entre la Suède et le Danemark, Gustave-Adolphe envoya un de ses officiers en Écosse pour recruter des troupes. Il revint avec un corps d'armée qu'il conduisit à Stockholm, et laissa derrière lui un autre corps de neuf cents hommes, commandés par le colonel Sainclair, qui devait se joindre aux Suédois que Gustave-Adolphe avait promis d'envoyer. Sainclair débarqua sur la côte de Romsdal, et traversa paisiblement cette province. Mais quand on apprit son arrivée dans le Guldbrandsdal, les habitants de plusieurs paroisses se réunirent au sommet des montagnes pour lui fermer le chemin. On fit passer de l'autre côté du fleuve un homme monté sur un cheval blanc qui devait suivre la marche des Écossais et se trouver toujours en face d'eux, afin qu'en jetant les yeux sur lui, les Norvégiens postés sur la montagne pussent voir où étaient leurs ennemis. On envoya aussi de l'autre côté du fleuve une jeune fille qui, en faisant retentir au loin son cornet rustique, attira sur elle l'attention de Sainclair et de ses soldats. Un guide dévoué au parti norvégien conduisit les malheureux par la route la plus étroite et la plus escarpée. Au moment où il parvint au pied d'une des sommités du Kringlen, le paysan à cheval s'arrêta, les Norvégiens firent rouler des masses de pierre et des blocs de sapins sur les Écossais; puis, se précipitant au bas de la montagne, ils les attaquèrent avec impétuosité et les défirent complètement. Sainclair fut tué et enterré entre Quam et Vig, au pied d'une croix sur laquelle un habitant d'un gaard voisin a fait placer une inscription. A l'endroit où fut livrée la bataille, on a mis aussi une inscription qui serait plus intéressante si elle était moins fastueuse.

Un matin, nous quittions les riantes vallées du Guldbrandsdal et les fraiches prairies arrosées par le Lougen, pour gravir les montagnes arides. Le ciel était d'un bleu limpide. Quelques brouillards, pareils à des voiles de gaze, flottaient sur la cime verte des sapins et s'entr'ouvraient au souffle de la brise, puis se découpaient en légères banderoles et se dispersaient dans les airs. La porte du chalet s'ouvrait aux premiers rayons de l'aurore, et la jeune fille conduisait vers le pâturage les génisses au poil fauve et les brebis avec leurs agneaux; autour de nous tout s'éveillait gaiement dans la nature; la grive au plumage gris piqueté de noir courait de branche en branche en poussant son cri aigu; le bourdon voltigeait sur les branches pendantes du bouleau, et la cascade roulant entre les rocs s'argentait aux rayons du soleil, tandis que dans le fond de la vallée la rivière, plongée encore dans l'ombre, coulait nonchalamment entre les forêts. Je m'arrêtai pour regarder ce tableau plein d'attraits, puis je dis adieu avec tristesse à ces vallons que j'avais parcourus joyeusement pendant plusieurs jours, à ces chalets où j'avais rêvé plus d'une fois d'aller ensevelir ma vie, à ces paisibles familles de paysans qui m'avaient séduit par leur cordialité, et que je ne reverrai peut-être jamais.

A partir de Luurgaard, l'aspect de la contrée change complètement : on traverse un torrent impétueux sur un pont fragile; on gravit un chemin escarpé, suspendu au haut d'un précipice; puis voici le sol qui commence à s'appauvrir, voici les coteaux rocailleux qui ne portent plus sur leurs flancs décharnés que quelques plantes débiles; voici les plaines de sable et les terrains marécageux. De tous côtés les habitations disparaissent, les arbres sont plus rares et plus chétifs. Dans une enceinte de broussailles, entre Luurgaard et Toft, on nous demanda l'aumône : c'était une jeune fille tellement défigurée, qu'on ne pouvait plus distinguer son sexe, et tellement mal vêtue, qu'on voyait ses membres amaigris grelotter sous ses haillons. Bientôt d'autres enfants, qui gardaient comme elle des troupeaux dans la campagne, accoururent autour de notre voiture, implorant, d'une voix lamentable, un peu de pain ou quelques skellings. Rien qu'à les voir si jeunes et si misérables, si faibles et si abandonnés, on se sentait ému jusqu'au fond de l'âme ; et quand ils nous tendaient leurs petites mains pour exciter notre compassion ou nous remercier, nous distinguions sur leurs doigts les traces d'une maladie hideuse. Hélas ! il faudrait bien peu pour les tirer de cet abîme de souffrances, et leur unique secours est celui que leur laisse tomber en passant la pitié de quelque voyageur.

À mesure que nous avançons, la végétation va toujours en s'amoindrissant, les animaux eux-mêmes semblent dépérir. Les vaches qui paissent dans les champs sont maigres et efflanquées, les chevaux petits et sans force. Au delà de la Lie, nous ne voyons plus autour de nous qu'une terre inculte, parsemée çà et là de quelques arbrisseaux. Les montagnes qui nous environnent sont couvertes de neige, et la neige encombre encore le chemin, et des couches de glace couvrent la moitié des lacs. De distance en distance les paysans ont élevé des pyramides en pierre, afin de pouvoir reconnaitre leur route pendant l'hiver, car la neige alors efface toutes les sinuosités du terrain et s'élève au niveau des habitations.

Nous passions vers le soir au milieu des landes désertes. Un ciel pur et étoilé s'étendait sur ces plaines marécageuses, sur ces coteaux dépouillés de verdure, et devant nous les pics de neige étincelaient aux derniers rayons du soleil. D'un côté, tout portait le caractère de la désolation; de l'autre, tout était magnifique et resplendissant de lumière. J'ai rarement vu un spectacle plus imposant.

A Fogstuen, nous ne trouvâmes qu'une chétive cabane en bois, où l'on nous donna quelques maigres chevaux, et nous continuâmes notre route à travers le même sol aride, le même désert et le même silence, jusqu'à Jerkind.

A Jerkind, je laissai mes compagnons de voyage partir pour Drontheim, et je restai là avec M. Raoul Anglès, qui était séduit par le désir de chasser dans les marécages, comme moi par celui de voir ces paysages étranges. La maison où nous fûmes installés est bâtie au sein d'une vallée humide, dont le maigre gazon n'a pas encore reverdi. Sur les coteaux qui la dominent, on ne trouve que de chétives tiges de bouleau et de larges touffes de lichen, dont les légères ramifications ressemblent à celles des arbres, comme si la nature, en refusant à ces campagnes la magnifique végétation des forêts, avait voulu leur en donner au moins l'image. A travers ces bandes de lichen jaune et cendré, je n'ai pas vu d'autre fleur que la violette sauvage et l'*anemona vernalis*, avec ses six pétales roses et blancs, ouverts comme un calice, et revêtus en dehors d'un léger duvet gris, comme pour les garantir du froid. Autour de ces collines s'élèvent des montagnes couvertes de neige; et quand du haut d'un de ces rochers nus, où j'allais parfois m'asseoir, je regardais ces sommités lointaines, blanches comme au milieu de l'hiver, ces collines arides, cette vallée marécageuse et cette maison en bois au milieu d'un gazon jaune, il me semblait encore voir l'Islande.

Ici l'on est au milieu de la chaîne de Dovre Field, dont les deux points les plus élevés sont le Skagstlos Fiend et le Snähatten (chapeau de neige), qui a sept mille huit cent cinquante pieds au-dessus du niveau de la mer.

Jusqu'à la fin du siècle dernier, il passait pour inaccessible. M. Esmark fut le premier qui le gravit en 1797. Depuis ce temps, on y a fait de fréquentes ascensions, et peu de voyageurs s'arrêtent à Jerkind sans vouloir visiter ce pic de neige si peu redoutable et si longtemps redouté. Dès notre arrivée en Norvège, nous entendions parler du Snähatten, comme en Suisse de la Jungfrau ou du mont Blanc. Nous résolûmes de faire aussi cette excursion. Nous partîmes le matin de Jerkind avec un guide qui retournait au Snähatten pour la dixième fois de sa vie, mais qui, dans son humeur curieuse de guide, se réjouissait d'y aller pour la première fois avec des Français.

A une demi-lieue de Jerkind, on aperçoit le Snähatten, qui ne paraît pas très imposant. Sa pente inclinée, sa base qui s'étend fort avant dans la plaine, diminuent considérablement l'effet qu'il produirait s'il s'élevait en ligne perpendiculaire. Il est entouré de plusieurs autres montagnes dont les flancs crevassés et les pics aigus lui nuisent encore en faisant ressortir la rondeur de ses formes. Le chemin qui y conduit est assez curieux : tantôt on passe à travers des tourbières vacillantes comme celles de l'Islande, où le cheval intelligent s'arrête et tâtonne longtemps avant de traverser la motte de terre sur laquelle il peut poser le pied; tantôt on galope le long d'un sentier étroit, sur des bruyères desséchées; puis il faut franchir de larges ravins couverts de neige et des torrents grossis par l'hiver et à moitié cachés sous une voûte de glace. On laisse les chevaux dans une petite plaine où ils trouvent un peu d'herbe, et l'on continue à marcher à travers les ravins, la neige et les marais. Là, nul arbre n'élève sur le sol ses verts rameaux, nulle plante fleurie ne sourit aux regards, et l'on n'entend que le soupir mélancolique du pluvier ou le cri de la perdrix blanche qui se cache dans la mousse. Tout est désert, silencieux, sauvage, et, à mesure que l'on avance, on cesse de rencontrer le pluvier aux ailes dorées, la perdrix aux pattes blanches garnies de plumes. On n'aperçoit plus que les traces des rennes imprimées dans la neige, et l'aigle qui plane dans les airs en cherchant une proie.

La partie inférieure du Snähatten est couverte de grands blocs de mica, de talc et de granit, noircis par les siècles, entassés confusément, et tellement serrés qu'il n'y a d'autre moyen de gravir la montagne qu'en sautant de roc en roc, ce qui ressemble à un véritable exercice d'équilibriste. Le trajet est plus facile quand on arrive à la ligne des neiges, auxquelles le froid a presque donné la consistance de la glace. Mais à certains endroits elles commencent à s'amollir aux rayons du soleil, et nous y restons quelquefois plongés jusqu'à la ceinture. Pendant ce temps, notre guide, soutenu par ses larges souliers, marche philosophiquement en avant avec son flegme norvégien, sans détourner la tête et sans paraître se soucier de ce que nous devenons. Quand nous lui crions de s'arrêter, il nous montre le bout de son nez, surmonté de deux morceaux de verre incrustés dans un morceau de cuir; sa face rubiconde, recouverte d'une calotte grise, et l'air avec lequel il nous regarde à travers ses deux vitres cassées, qu'il appelle pompeusement des lunettes, est si comique, qu'au lieu de nous fâcher de son insouciance, nous nous mettons à rire.

Après deux heures de marche, à partir de la base, nous arrivons au-dessus du Snähatten. Autour de nous apparait un horizon immense, une plaine nue, sillonnée par des rubans de neige, et une longue chaîne de montagnes dont les sommités blanches touchent à l'azur du ciel. Les unes sont couvertes de nuages qui projettent sur elles de grandes ombres; les autres, exposées au soleil, reflètent au loin une lumière éblouissante. Du haut du pic où nous sommes placés, nous planons sur cette vaste étendue; les pics les plus élevés s'inclinent devant celui que nous avons gravi, et les collines semblent s'affaisser dans la plaine. Et l'on n'entrevoit pas une habitation humaine, et l'on n'entend pas un bruit, pas un souffle, hors le souffle du vent, qui gémit dans les fentes du rocher et qui soulève dans l'air des flocons de glace. Tout cela n'a pas l'aspect terrible des volcans de l'Islande, ni l'aspect sublime des montagnes de la Suisse ; mais cela est beau et solennel. Nous restâmes longtemps à regarder ces plaines solitaires, ces ceintures de montagnes, la neige à nos pieds, le ciel bleu sur notre tête, et alors nous oubliâmes que le Shähatten nous avait paru si petit et d'un aspect si peu imposant.

Les quatre stations de poste situées dans le Dovre Field : Fogstuen, Jerkind, Kongsvold, Drivstuen, étaient autrefois entretenues aux frais du gouvernement pour servir d'asile aux voyageurs. Depuis que les communications entre Christiania et Drontheim sont devenues plus fréquentes et les ressources de ces stations par là même mieux assurées, le gouvernement ne leur fait plus de subsides, mais il leur abandonne encore un impôt en grains à percevoir sur certaines fermes du Guldbrandsdal; cet impôt est de toute nécessité pour les malheureux qui habitent ces terres incultes. Autour de Fogstuen, tout présente l'aspect d'une aridité désolante. Autour de Jerkind, il ne croît ni seigle, ni orge, ni avoine. Le propriétaire essaya, il y a quelques années, de planter des pommes de terre; il lui arriva une fois d'en récolter un peu plus qu'il n'en avait mis dans le sillon; puis, l'année suivante, il perdit tout. On ne sait pas ici ce que c'est qu'un arbre à fruit ou une plante potagère. C'est pire qu'en Islande. On remarque encore quelque culture dans les jardins des habitants de Reykiavik. Ici, il n'y a rien qu'un peu d'herbe que l'on ne parvient pas toujours à récolter. Les habitants de cette ferme élèvent des bestiaux qu'ils vont vendre en automne à la foire de Drontheim; l'été, ils tirent aussi quelque profit du passage des voyageurs; mais l'hiver ils ne voient personne. Avec si peu de ressources, ils sont pourtant parvenus à faire de leur maison une des meilleures auberges qui existent sur la route de Christiania à Drontheim, une auberge dont le confort, dans ces montagnes sauvages, ressemble presque à du luxe.

Nous avions pour hôtesse une très bonne femme qui nous prit en affection du moment où elle sut que nous venions de si loin visiter son pays. Un jour elle entra dans ma chambre pour m'offrir une jatte de lait qu'elle venait de traire. Je la fis asseoir, et la priai de me raconter sa vie; une vie bien simple, très étrangère à toutes les choses qui nous préoccupent le plus, et pleine de calme, de bonheur, dans son ignorance et sa simplicité. Elle est née dans un chalet des montagnes, à quelques lieues d'ici. A dix-neuf ans, elle se maria avec le propriétaire de cette ferme, honnête et laborieux, paysan que je voyais tout le jour occupé de ses chariots, de ses chevaux et de sa grange. Jusque-là elle n'avait encore vu que l'humble cabane de son père et les champs rocailleux où elle menait paître ses génisses. Son mari la conduisit un jour à Drontheim. Ce fut pour elle un grand événement. L'aspect de ces grandes maisons, rangées symétriquement, l'aspect de la vieille cathédrale, le mouvement d'une ville de douze mille âmes, lui causèrent une surprise dont elle n'était pas encore revenue. Depuis ce temps, il y aura de cela vingt et une années l'automne prochain, elle est rentrée dans sa paisible maison de Jerkind, prenant soin des bestiaux, dirigeant les ouvriers et servant les voyageurs. Ses plus proches voisins sont à trois lieues d'elle, ses parents à peu près à la même distance. Elle les voit une ou deux fois par an; elle va tous les deux mois à l'église de Dovre entendre le sermon d'un vieux prêtre qui ne peut pas venir prêcher plus souvent dans cette succursale : ce sont là tous ses voyages. Le dimanche, dans l'après-midi, elle lit un chapitre de la Bible ou un sermon : c'est là toute sa littérature. Elle a autour d'elle huit domestiques dont elle est la mère plutôt que la maîtresse. Quatre fois par jour une petite cloche, suspendue au-dessus du toit, appelle les laitiers, les garçons de ferme à la cuisine ; et maîtres et valets s'asseyent à la même table, et se tutoient l'un l'autre, selon la coutume des paysans norvégiens, qui tutoient leurs hôtes, leurs gouverneurs et leur roi. Le repas de ces pauvres gens qui travaillent du matin au soir est d'une frugalité remarquable : le matin, du pain noir avec du beurre ; à midi, la soupe au lait ; à quatre heures, du *flat-bröd* et du fromage ; le soir, de la bouillie ; un morceau de lard aux jours de fête, et de temps en temps un verre d'eau-de-vie, quand ils ont été chercher bien loin les poutres de sapins. Ils ne boivent ordinairement que du lait mêlé avec de l'eau, et de la bière une fois par an, à Noël. Leurs gages sont aussi exigus que leur entretien. On donne ici à un garçon de ferme 8 *species* par an (40 fr.), un habit en vadmel, deux chemises et une paire de souliers ; à une servante, 3 *species*. Et les membres de cette petite colonie, si pauvrement nourris et si pauvrement rétribués, ont l'air contents et vivent ensemble dans une parfaite harmonie. Chaque matin, de bonne heure, ils se rendent gaiement à leur travail, ils reviennent gaiement le soir s'endormir sur leur couche de paille, et le dimanche, quand ils revêtent leur belle chemise de toile neuve et leur habit neuf, pour faire quelque course aux environs, ils semblent si heureux, qu'en les voyant passer on pourrait envier leur sort.

Avant de quitter le Dovre, je devais apprendre une nouvelle manière de voyager en Norvège : c'est d'aller de station en station dans la charrette du paysan. Si par hasard ce chapitre tombe entre les mains de quelque lecteur prêt à partir pour ces lointaines contrées, je le prie, au nom de son salut, de profiter de mon expérience et d'acheter, coûte que coûte, une de ces légères voitures qu'on appelle *karioles*; car la charrette des stations, la *stolkära*, est certainement le véhicule le plus rude et le plus perfide qui existe au monde. Pour qu'on ne m'accuse pas de calomnier la poste de Norvège, voici la description exacte de notre équipage au moment où nous partions de Jerkind. Une charrette à deux brancards taillés à la hache comme des pièces de charpente : au milieu une planche servant de siège, posée sur deux leviers en bois qui, par leur balancement, tiennent lieu de ressort. Cette planche, un peu plus large que les deux mains, est munie d'un dossier qui parait fort peu empressé de nous soutenir et fait mine de s'en aller avec les derniers clous qui le retiennent, chaque fois que nous le serrons un peu trop amicalement. Les roues ont subi tant de chocs meurtriers sur les grandes routes, qu'elles ressemblent à du vieux bois dégénéré en amadou, et les bandes de fer qui les recouvrent, à des lames de couteau. Quant aux chevilles de l'essieu, il ne faut pas y regarder de trop près si l'on veut conserver quelque repos d'esprit : l'une est une espèce de clou soudé à diverses reprises; l'autre est en bois, et à les voir l'une et l'autre plier à chaque effort et danser à chaque secousse, je ne sais laquelle des deux est la meilleure.

Entre les deux brancards, on amène un cheval si amaigri et si débile qu'il n'a plus la force de résister à la main d'enfant qui le guide. L'équipement de cette pauvre bête est en parfaite harmonie avec l'état délabré de la voiture; un harnais moitié cuir et moitié ficelle, usé et rapiéceté; une sous-ventrière faite avec de l'écorce de bouleau, et deux lanières amincies pour rênes : voilà tout. Dire qu'avec cet attirail on joue sa vie à chaque pas, c'est ce qui arrive souvent en voyage; mais dire qu'on la joue d'une façon aussi misérable, c'est fort triste. Au premier coup de fouet, notre cheval, qui depuis longtemps avait perdu l'habitude de trotter, fait un soubresaut, et son harnais se rompt. Nous voilà obligés de descendre et de le renouer tant bien que mal avec tous les bouts de corde qu'une heureuse prévoyance nous avait fait mettre dans notre poche. Un peu plus loin, nous entendons un craquement sinistre, suivi d'une secousse qui nous jette sur la roue. C'est le ressort qui se brise. Désormais il n'y a plus de place sur le banc que pour une seule personne. L'un de nous s'en va à pied, tandis que l'autre tâche de tenir d'une main prudente les rênes fragiles qui menacent de nous abandonner au moindre mouvement. A force de patience, de réserve et de temporisation, nous arrivons enfin de gite en gite sans nous casser ni bras ni jambes. A chaque relais, nous changeons d'équipage, hélas! et à chaque relais l'équipage apparait avec quelque misère d'un autre genre. Bientôt ce qui devait être pour nous une consolation devient une cause perpétuelle d'inquiétude. En approchant du gaard, nous savions bien ce que nous allions quitter; mais qui pouvait dire ce qu'on nous donnerait? Si impitoyable que fût le siège de notre voiture, nous finissions cependant par y découvrir quelque bonne qualité. Il y avait çà et là certaines rainures où, après deux ou trois essais infructueux, nos os et nos muscles parvenaient à s'emboîter. Nous faisions une connaissance plus intime avec le dossier, et en lui sacrifiant une partie de nos membres, le reste du corps pouvait rester dans un état de repos qui ressemblait à une véritable béatitude. Mais, au relais suivant, il fallait renoncer à cette sécurité conquise par une étude minutieuse de toutes les parties de la charrette; il fallait recommencer une nouvelle expérience, chercher un nouveau joint et se résigner à de nouvelles meurtrissures.

C'est ainsi que nous avons gravi les dernières sommités du Dovre Field pour redescendre ensuite dans l'Opdal. C'était la partie la plus difficile, mais la plus grandiose de notre voyage. De hautes montagnes serrées l'une contre l'autre; des masses de roc gigantesques debout comme une forteresse à la cime des montagnes, des pics de neige fermant de tout côté l'horizon, des gorges profondes où les rayons du soleil descendent à peine, un chemin qui monte droit sur la pointe des rocs, une cascade qui se précipite par bonds impétueux jusqu'au sein de la vallée, une rivière qui mugit comme un torrent : tel est l'aspect d'un des défilés qui entourent Kongsvold. Là, toute végétation est en quelque sorte anéantie. Si l'on aperçoit encore quelques plantes, c'est un tronc de bouleau qui élève timidement à la surface de la terre ses branches languissantes; c'est une tige de saxifrage, favorisée par une goutte de pluie et un rayon de soleil. Mais l'on n'entrevoit pas une fleur et l'on n'entend pas un chant d'oiseau. Jusque-là nous n'avions encore rencontré aucun point de vue aussi étrange, aussi imposant, et nous abandonnions avec empressement notre voiture au paysan qui nous servait de guide, pour gravir à pied les pointes de roc les plus escarpées et saluer avec des cris d'enthousiasme ces magnifiques scènes d'une nature sauvage.

A peine a-t-on dépassé cette large chaîne du Dovre, qu'on remarque peu à peu un grand changement. La température s'adoucit, la neige disparaît, la végétation recommence. C'est d'abord le bouleau qui apparaît, plus fort et plus développé à chaque pas, puis le pin aux rameaux arrondis comme ceux du chêne, puis le sapin, et bientôt on voit les collines couvertes de forêts et les campagnes parsemées d'habitations. Après ce douloureux aspect d'une nature dépouillée de végétation et déserte, on éprouve une grande joie à retrouver les beaux bois qui revêtent le flanc de la montagne, les vertes vallées qui les traversent, les champs de seigle éclairés par un beau soleil; et quand nous voyons la porte du chalet s'ouvrir au bord du chemin, et quand la renoncule des prairies s'épanouit à nos pieds, quand tout autour de nous reprend un air de vie et de gaieté, si notre pensée se reporte vers les sombres défilés de Kongsvold, il nous semble que nous avons passé par un drame terrible pour arriver à une fraîche et riante idylle.

Toutes ces provinces de Norvège sont peuplées de traditions anciennes que les habitants du gaard rustique se racontent encore l'hiver dans la cabane chauffée par un grand poêle; l'été, dans les pâturages où ils conduisent leurs troupeaux. Le christianisme n'a point aboli, parmi ces populations à la mémoire tenace, tous les vestiges de l'ancienne religion païenne. Le nom de Thor, le dieu de la force; de Loki, le dieu de la ruse et de la méchanceté, s'est perpétué dans le souvenir du peuple, malgré le sermon du missionnaire et la défense du clergé. Seulement ces deux redoutables personnages de l'ancienne Scandinavie ont perdu, dans le conflit des deux religions, leur auréole de dieux. On les a fait descendre au niveau de la vie humaine. Thor n'est plus qu'un être brutal qui se bat comme un pâtre et s'enivre de bière comme un paysan. Loki est malicieux et railleur comme un écolier, habile et rusé comme un plaideur normand.

Le paganisme, qui a légué à la Norvège ces mythes de Thor et de Loki, lui a donné aussi ces myriades de divinités qui habitent la terre et les eaux, divinités grossières qui ne rappellent que par quelques-unes de leurs attributions les sylphes de l'Orient et les nymphes gracieuses de la Grèce, panthéisme sauvage, façonné aux mœurs d'un peuple primitif, ignorant et superstitieux. Dans les montagnes sont les géants, les premiers habitants du monde, ennemis des dieux qui les ont subjugués et de la lumière. Ils se cachent pendant le jour dans leurs cavernes sombres, et se montrent la nuit debout sur les masses de rocs qu'ils ont lancées autrefois contre les fils d'Odin, et dont ils ne s'arment plus, depuis leur défaite, que pour ravager la demeure des hommes.

Dans les entrailles de la terre sont les nains actifs et industrieux qui fabriquent les armures de fer et cisellent les glaives d'acier, les Trolles, magiciens habiles qui vont parfois dans la demeure du paysan exercer leurs sorcelleries. Les Trolles ont le pouvoir de se rendre invisibles. Ils assistent aux banquets de noces et dérobent les mets posés sur la table. Quelquefois aussi ils sont tendres et généreux. Ils recherchent les filles des hommes, et tâchent de les emmener dans leurs grottes solitaires. Si le pauvre les invoque, ils viennent à son secours et lui distribuent les trésors qu'ils tiennent enfouis dans le sein de la terre; mais si on les irrite, il faut se hâter de fuir, car rien n'apaise leur esprit vindicatif.

Dans les pâturages est la nymphe Hulda, jeune fille aux cheveux blonds, douce et mélancolique figure que l'on voit passer le soir dans les ombres des taillis, pauvre âme qui erre dans la solitude, condamnée à un éternel veuvage, qui parfois s'approche du chalet où la famille du pâtre est réunie, jette un regard sur les joies du foyer domestique, et s'éloigne en murmurant un chant plaintif.

Dans les eaux est le Näk [1], divinité cruelle qui garde l'entrée des golfes et à qui il faut chaque année une victime humaine; la sirène ou *Havfrue*, qui vient, comme les sirènes d'autrefois, montrer sa belle tête à la surface des flots, et chanter pour séduire les passants; le *Grimm*, musicien magique qui habite les torrents, les cascades, et surprend par ses étranges mélodies l'oreille et l'âme des passants. Le Grimm ne craint pas d'enseigner aux hommes les secrets de son art. Il faut pour gagner son

---

1. Suédois, *Nek*; allemand, *Nisse*.

affection lui offrir un bouc. Si la victime est maigre et chétive, il ne donne au sacrificateur que des leçons incomplètes. Si, au contraire, elle est grasse et bien choisie, il lui révèle le charme de son archet. Aux accords de son instrument, les arbres dansent et les cascades suspendent leurs cours.

A côté de ces traditions païennes, voici les chroniques implantées dans le pays par le christianisme ; voici la croyance au purgatoire exprimée par le mythe des Varslunde. Les Varslunde sont ceux qui n'ayant fait ni assez de bonnes œuvres pour être admis au ciel immédiatement après leur mort, ni assez de mal pour être livrés aux tortures de l'enfer, sont condamnés à errer jusqu'à la fin du monde. Ils montent des chevaux noirs comme le charbon, qui galopent sur les cimes des montagnes, franchissent les abimes, et marchent sur l'eau comme sur la terre. La nuit, on entend résonner au loin leur harnais de fer, et, lorsqu'il y a dans le voisinage une maison qui doit être prochainement visitée par la mort ou désolée par un crime, les Varslunde se rassemblent autour de cette demeure et poussent des cris sinistres.

L'une des légendes les plus populaires de la Norvège est celle de saint Olaf. Ce fut lui qui raffermit dans la contrée l'enseignement du christianisme, qui imposa le baptême à ses sujets, et convertit par la force ceux qu'il ne pouvait séduire par la persuasion. Son ardeur de prosélytisme et sa rude manière d'enseigner révoltèrent ses sujets. Trop faible pour leur résister, il fut obligé de fuir, et revint quelques années après pour tenter de reconquérir sa couronne. Mais dix mille paysans s'étaient réunis contre lui dans la plaine de Stikklestad. Il leur livra bataille, et mourut les armes à la main. A peine était-il mort, que les prêtres le firent canoniser, et ceux qui n'avaient pu le supporter comme roi l'adorèrent comme martyr. L'histoire de sa vie, de ses miracles, se répandit dans toute la contrée et dans les contrées étrangères. Maintenant il n'est pas une province de la Norvège où le nom de saint Olaf ne se soit perpétué avec le souvenir d'un fait merveilleux. Ici il a vu fuir devant lui un cerf qui portait entre ses cornes une petite église d'or, et cette église lui a servi de modèle pour en bâtir une sur le sol païen ; là il a frappé du pied le roc desséché, et il en a fait jaillir, comme Moïse, une source pure et rafraîchissante. Un jour il devait s'embarquer pour Drontheim en même temps que son frère ; il s'arrêta pendant trois jours pour entendre le sermon du prêtre, et lorsqu'il se mit en route, les anges eux-mêmes poussèrent son navire, et il arriva le premier dans le port. Une autre fois il lui sembla que le chemin habituel pour parcourir une partie de ses États était trop long ; il marcha en droite ligne ; la terre s'ouvrit devant lui et forma un détroit que l'on appelle encore aujourd'hui le détroit de la croix (*Korssund*). Dans certains lieux, on montre sur la pierre la trace de ses pas ; dans d'autres, l'empreinte du pied de son cheval. Auprès de Drivstuen s'élève un rocher taillé à pic, droit comme une muraille, haut de cinquante à soixante pieds. On dit que, lorsque saint Olaf était poursuivi par ses ennemis, il s'élança du haut de ce roc, et personne n'osa le suivre. On voit encore en cet endroit l'échancrure faite par le fer de son cheval, et les paysans du hameau la montrent avec respect au voyageur. Le protestantisme avec ses dogmes rigoureux n'a pu détruire ces naïves croyances. Les apôtres, les martyrs, ont perdu à la Réforme leur palme et leur autel : saint Olaf est resté le héros populaire, le héros chrétien de la Norvège.

D'autres hommes ont pris place dans ce cycle héroïque ; non pas, comme celui-ci, avec une auréole de saint, mais avec le prestige de la bravoure guerrière. La Norvège est, comme la Suède et le Danemark, parsemée de tumulus ou monuments en terre recouverts de gazon, qui s'élèvent dans les vallées comme autant de petites collines. Chacun de ces tumulus a son nom et son histoire. C'est un vieux guerrier qui est venu mourir là, après avoir longtemps parcouru les cités étrangères. C'est un fils de Viking, trop hardi, qui a succombé à la fleur de l'âge en luttant contre les géants. Lorsque l'on vient à rencontrer un de ces monuments funèbres plus grand et plus élevé que les autres, c'est immanquablement la tombe d'un roi, et lorsqu'il y en a deux l'un auprès de l'autre, c'est que, comme dans les sagas islandaises, deux guerriers célèbres ont eu en ce lieu un duel fameux ; tous deux sont tombés morts en même temps, et le même sol les a reçus dans ses entrailles.

Dans une petite vallée de l'Opland, il existe un de ces monuments consacré à un chien. Les paysans racontent là-dessus l'histoire suivante : le roi Eystein avait été chassé de son pays par ses sujets ; il y revint avec une armée nombreuse, subjugua les rebelles, et, pour les punir de l'offense commise envers lui, les condamna à reconnaître pour souverain légitime un esclave ou un chien. Les pauvres gens préférèrent le chien. On leur donna donc un dogue qui s'appelait Saur, et qui, dès son avènement au trône, prit le titre de Majesté. Le nouveau roi eut une cour, des officiers, des hommes d'armes, une maison et des flatteurs. Un philosophe démontra, par les lois de la métempsycose, que l'âme d'un grand homme avait passé dans ce corps de dogue ; un grammairien fit voir que ce noble animal pouvait prononcer distinctement deux mots de la langue norvégienne et en aboyer un troisième. Lorsqu'il sortait pour se montrer au peuple, il était escorté toujours d'une garde nombreuse, et, lorsque le temps était mauvais, des valets en livrée le portaient sur leurs bras pour l'empêcher de se mouiller les pattes. Ce chien régna près de trois années. Il rendit plusieurs ordonnances, et scella, du bout de son ongle, des jugements et des édits. Au moment où les habitants de la contrée commençaient à s'habituer à ce singulier roi et à reconnaitre ses bonnes qualités de chien, il mourut victime de son dévouement et de son héroïsme. Un jour il était assis dans un pâturage, auprès d'un de ces troupeaux de moutons qu'il avait gardés jadis et qu'il aimait à revoir; tout à coup un loup furieux sort de la forêt et s'élance sur un agneau. Le roi, touché de commisération à la vue de cet attentat, veut courir au secours de l'innocente victime. Des conseillers perfides, au lieu de modérer l'ardeur de son courage, l'excitent à braver le danger. Il se lève, il s'avance sur le champ de bataille, et meurt sous la dent impitoyable de son adversaire. On lui fit des obsèques magnifiques, et on l'enterra près d'une colline qui porte encore le nom de Colline de la Douleur.

C'est là un de ces récits sardoniques comme il en existe peu dans le souvenir des populations norvégiennes. La plupart des traditions répandues au moyen âge dans cette contrée ont un caractère grave, rude et imposant. D'autres, qui reposent sur un fond historique, mais qui ont été évidemment embellies par l'imagination des poètes, sont d'une nature si tendre et si chevaleresque, qu'on les prendrait pour des chapitres de romans. Telle est la tradition de la pauvre Signe, qui se brûle dans sa demeure au moment où elle apprend que son amant va mourir. Telle est celle d'Axel et Valborg, qui a donné à Œhlenschläger le sujet d'une de ses plus belles tragédies.

Valborg était une belle et douce jeune fille, adorée dès l'enfance par Axel, qui s'était fiancé avec elle, et l'avait mise dans un couvent jusqu'à ce qu'elle fût en âge de porter la couronne nuptiale. Plusieurs nobles chevaliers et le roi lui-même devinrent amoureux d'elle; mais ni les soins les plus assidus, ni les offres les plus brillantes, ne purent lui faire oublier celui qu'elle aimait, celui qui devait l'épouser un jour. Cependant le roi

Hagen, après avoir en vain employé tous les moyens de séduction, la menace et la violence, eut recours à une autorité plus forte que la sienne, à celle de l'Église. Les deux jeunes fiancés étaient trop proches parents pour qu'il leur fût permis de se marier. Hagen convoqua une assemblée de théologiens, qui jetèrent à jamais l'interdit sur le mariage projeté. Mais, en écoutant cette fatale sentence, Axel jurait de ne jamais aimer une autre femme que Valborg, et la jeune fille, dans le langage poétique que les traditions lui ont prêté, se comparait à la tourterelle qui se retire à l'écart, baissant la tête, et rappelant, dans un soupir mélancolique, le compagnon chéri qu'elle a perdu.

Tout à coup la guerre éclate en Norvège. Le roi appelle à son secours ses vassaux et ses chevaliers. Il n'osait compter sur l'appui d'Axel, dont il venait de dissiper les espérances, dont il avait anéanti le bonheur. Mais Axel n'entend que la voix de l'honneur, qui lui dit de défendre son pays. Il revêt une armure, s'élance sur le champ de bataille, combat pour défendre son roi, et meurt à côté de lui. Un soir on vint annoncer cette nouvelle à Valborg. Elle tomba prosternée au pied du sanctuaire, invoqua en pleurant le nom de Dieu; puis le lendemain elle revêtit la robe de religieuse, et, peu de temps après, les cloches du cloître annonçaient à ceux qui l'avaient aimée que la fiancée d'Axel n'était plus.

Dans les chalets de la Norvège, les femmes racontent encore la douloureuse histoire des deux amants, et, lorsque nous entrâmes dans la cathédrale de Drontheim, le gardien nous dit : « C'est là qu'ils s'étaient réunis au pied de l'autel, c'est là qu'ils avaient promis de s'aimer sans cesse ».

DRONTHEIM

A CHARLES WEISS

Nous venions de traverser les campagnes de Vollan et de Locnes, avec leurs fermes en bois spacieuses et solidement bâties, leurs vallées où les épis de seigle mûrissent en quelques mois, et leurs coteaux, où la rivière écume, scintille et se perd entre les rochers. Ces points de vue riants et pittoresques disparurent peu à peu, et nous nous trouvâmes sur un sol nu et plat, traversé çà et là par de larges bandes de sable, pareil à une grève sans eau. Au loin nous n'aperçûmes qu'un gaard et quelques champs ensemencés. La terre avait une teinte grisâtre, et tout autour de nous paraissait triste et sans vie. Nous savions que Drontheim était près de là, et nous détournions avec joie nos regards de cette plaine aride par laquelle il fallait passer, dans l'espoir de découvrir à l'horizon les murs de cette ville que nous aspirions à voir depuis longtemps. Mais les chemins, minés par le dégel et creusés par les charrettes des paysans, étaient difficiles à suivre et dangereux en certains endroits. A chaque instant notre voiture tombait dans de profondes ornières, et, de peur de la voir se briser sur une route où nous n'aurions trouvé ni charpentier ni forgeron, nous allâmes au pas. Onze heures du soir sonnaient quand, du haut du Steenberg, nous vimes se dérouler devant nous un vaste et beau panorama : c'était le golfe de Drontheim, large comme la pleine mer, bordé par une longue chaîne de montagnes qui ressemble à un rempart crénelé, et, dans la presqu'île formée par le golfe et le Nid, les maisons de cette vieille cité du Nord, réunies, serrées l'une contre l'autre, comme pour mieux supporter le souffle du vent, l'effort des vagues, le poids de la neige. C'était une de ces nuits limpides des régions polaires, où le ciel est pur et étoilé, où les rayons d'un crépuscule d'or remplacent le soleil, qui n'abandonne l'horizon que pour y revenir quelques instants après. Des teintes de lumière molles et argentées inondaient la surface du lac, et la base des montagnes était toute bleue, tandis que les dernières lueurs du jour étincelaient encore sur leurs cimes. Une sorte de voile imprégné de lumière et transparent s'étendait sur la ville, et l'antique cathédrale était là, dans ce mélange d'ombre et de clarté, pareille à une de ces images lointaines que la mémoire fait revivre à travers le passé qui les obscurcit. Sur le golfe, tout était calme ; on n'entendait que les soupirs des vagues, qui venaient baiser, du bout de leurs lèvres, les plantes du rivage, et s'enfuyaient avec une couronne de roseaux et un collier d'écume. Dans la ville, tout dormait ; nous traversâmes les places et les rues sans rencontrer un être vivant, sans entendre un seul bruit. Quand j'aurais choisi moi-même l'heure à laquelle je devais visiter Drontheim, je n'aurais pu en trouver une plus belle et plus imposante. Dans ce silence de la nuit, dans cette ombre du crépuscule, la vieille ville des rois de Norvège était pour moi comme un livre ouvert dans le recueillement et la solitude. Sur une de ses pages, je lisais une saga glorieuse ; sur une autre, un chant de scalde chanté le soir au foyer du jarl ; ici les premières lignes d'une légende de saint, là le roman d'amour d'Axel et Valborg. Je m'en allais ainsi de rue en rue, reprenant l'un après l'autre les anneaux de cette chaîne du passé, et alors j'oubliais les années inscrites sur le calendrier depuis ces époques de guerre et d'aventure, et il me semblait que je devais voir apparaitre encore sur les vagues la barque du Vikingr, entendre le chant des matines au cloître de Munkholm, et visiter dans la cathédrale la merveilleuse châsse de saint Olaf. L'aspect des magasins bâtis le long du golfe anéantit mon rêve; la poétique cité des traditions islandaises disparut, et je ne vis plus que la cité marchande.

L'origine de Drontheim se rattache à l'une des époques les plus mémorables de l'histoire de Norvège, à l'époque où le paganisme commençait à tomber en ruines, où le jarl Hakon, abandonné de ses soldats, trahi par un esclave, mourait avec les dieux qu'il avait adorés, tandis qu'Olaf Tryggveson, son valeureux adversaire, reprenait le sceptre conquis par son aïeul Harald Haarfager, et sur la pierre sanglante des sacrifices posait la croix, symbole de la paix. Jeune, il avait connu les douleurs de l'exil et les joyeux périls d'une vie aventureuse. Avant de porter la couronne, il avait manié la lourde épée du Vikingr. Après avoir subjugué les divers partis qui s'opposaient à son avènement au trône de Norvège, il se bâtit une demeure auprès de l'embouchure du Nid (997). C'est là le commencement de cette cité de Nidaros (maintenant Drontheim), dont le nom se retrouve si souvent dans les anciennes sagas. Trente ans plus tard, un autre roi construisit une église à côté de la demeure royale, et l'église enrichit la ville naissante.

Le christianisme, énergiquement et quelquefois cruellement défendu par Olaf, n'avait encore fait que des progrès assez incertains, et, sous la domination des deux jarl qui lui succédèrent, la religion païenne reprit son ascendant. Mais un homme vint qui acheva par l'épée l'œuvre de conversion entreprise par le raisonnement : c'était Olaf II. Il alla de district en district, suivi de trois cents soldats, brisant lui-même avec la hache les statues de Tohr et d'Odin, prenant les biens de ceux qui refusaient de croire à l'Évangile, et condamnant à mort les plus rebelles.

Cette manière de prêcher révolta contre lui ses sujets. Canut le Grand encouragea leur sédition, et Olaf, vaincu dans plusieurs rencontres et voyant son parti diminuer de jour en jour, s'enfuit en Suède, puis en Russie. Pendant ce temps, Canut entrait à Drontheim avec une escorte, disent les chroniques, de quatorze cents navires. Dans la ferveur de son zèle, Olaf, dépouillé de sa couronne, avait d'abord pensé à se faire moine ou à se rendre en pèlerinage à Jérusalem; mais une nuit il vit apparaître en songe son prédécesseur, Olaf Tryggveson, qui lui conseilla de retourner en Norvège. Il débarqua sur la côte, à la tête de quatre mille hommes, et fut attaqué dans la plaine de Stikklestad par dix mille paysans. Après un combat violent, qui se prolongea pendant plusieurs heures, il fut accablé par le nombre, et mourut sur le champ de bataille (1er août 1030).

Ce prince, que les Norvégiens n'avaient pas voulu garder pour roi, devint un saint : il fit des miracles, et fut invoqué religieusement par ceux qui l'avaient maudit. Son corps avait été enseveli, par un de ses partisans, à l'endroit où s'élève aujourd'hui une des chapelles de la cathédrale. Un an après, quand on le retira de cette sépulture, non seulement ses membres n'avaient subi aucune altération, mais sa barbe et ses ongles avaient grandi, comme s'il n'avait pas cessé de vivre ; et sur le sol où il reposait on vit jaillir une source d'eau qui avait la vertu de guérir les malades. Le jour de sa mort devint un jour de solennité en Norvège et dans plusieurs autres contrées. Le peuple, qui l'avait chassé, le béatifia et en fit un héros. La légende de saint Olaf, racontée par les moines, vénérée par les paysans, courut de montagne en montagne, de famille en famille, grandissant et se modifiant sans cesse selon les lieux et les circonstances. Aujourd'hui encore on la retrouve dans tous les districts de la Norvège. Il n'est pas de vieille femme qui ne puisse en raconter quelque chapitre, et pas d'enfant qui, en allant à l'école, n'apprenne à connaître le nom de saint Olaf. A quelque distance de Drivstuen, en allant à Riisa, on aperçoit à droite, au bord de la route, une grande masse de rocs taillés à pic, et terminés par une espèce de terrasse qui s'élève à plus de cent pieds au-dessus du sol. Un jour que je passais là, le guide me dit : « Voyez, voilà le rocher d'où saint Olaf s'élança pour échapper au diable qui le poursuivait, et cette entaille que vous remarquez sur la pierre est l'empreinte du pied de son cheval ». Dans le Romsdal, on montre sur la cime d'une montagne une ouverture pareille à la brèche de Roland dans les Pyrénées, et les paysans racontent que saint Olaf a fendu cette montagne avec son épée. Quand on parle de l'église de Saint-Clément, qu'il fit bâtir à Nidaros, on raconte une légende pareille à celle qui existe sur la cathédrale de Lund. Un Trolle s'était engagé à construire tout l'édifice à condition que saint Olaf lui donnerait le soleil et la lune, s'il ne parvenait pas à savoir son nom ; mais lorsque l'église fut finie, le saint proclama à haute voix le nom de l'architecte ensorcelé, qui, dans son désespoir, se précipita du haut de la tour, et mourut à l'instant.

A l'endroit où le corps de saint Olaf avait été déposé, Magnus le Bon, son fils, qui monta après lui sur le trône de Norvège, construisit une chapelle en bois (1036) qui, en 1077, fut remplacée par une église en pierre. Vingt ans après, Harald Haardraade en bâtit une autre à peu près sur le même lieu. Il y avait ainsi, dès le xie siècle, trois églises dans cette ville fondée à la fin du xe, dans cette capitale d'une contrée où le baptême avait été introduit par la force du glaive. Un grand nombre de pèlerins se rassemblaient là chaque année ; ils venaient se mettre à genoux dans l'église de saint Olaf et déposaient de riches offrandes sur son tombeau. Les bords du Nid, où l'on n'entendait retentir autrefois que le cri des matelots et le chant de guerre des pirates, répétèrent l'hymne des fêtes religieuses et les prières du cloitre. Cette ville, qui n'avait été qu'une résidence de prince et un camp de soldats, devint la métropole de l'Évangile, le boulevard du christianisme dans le Nord. En l'année 1030, elle avait déjà un évêque, et, en 1152, l'évêque fut nommé archevêque, primat de Norvège et légat du saint-siège. Au commencement du XIVe siècle, on comptait à Nidaros deux hôpitaux, quatre couvents et quatorze églises au milieu desquelles l'œil du voyageur distinguait de loin la magnifique flèche de la cathédrale.

Cette cathédrale, plus vaste que celles de Roeskilde et d'Upsal, fut bâtie en 1183 par l'archevêque Eystein. Une partie de l'ancienne église de Harald forma l'une des ailes du nouvel édifice; le chœur et la nef furent construits sur un autre plan. Quand on y entre, c'est une chose curieuse que d'observer dans la même enceinte, à quelques pas de distance, deux époques d'art si voisines et déjà si différentes l'une de l'autre, deux styles d'architecture qu'un siècle sépare et qui ne se ressemblent plus. L'église, avec ses deux ailes placées symétriquement de chaque côté, a la forme d'une croix; l'aile droite, construite vers l'an 1050, et l'aile gauche, dessinée plus tard sur le même modèle, présentent un beau type de style byzantin. Là est la grande arcade ronde partagée par une colonne, le pilier massif, le chapiteau carré et plat, et le contour du plein cintre festonné. Le style gothique commence à la nef, qui s'étendait autrefois beaucoup plus loin qu'à présent, et dont le protestantisme, avec ses habitudes de confort, a complètement masqué les formes par des tribunes en bois qui s'élèvent l'une sur l'autre comme des loges de théâtre. Ce style est simple, composé avec goût, mais peu orné et peu hardi. Toute son élégance, toute sa richesse, semblent avoir été réservées pour le chœur : c'est une enceinte de huit arcades légères comme des rameaux d'arbres, détachées comme un berceau de feuillage du reste de l'édifice; et les colonnes qui portent vers la voûte ces gracieuses ogives, la ceinture de fleurs et de festons qui l'entoure, les deux petites chapelles qui le gardent de chaque côté, comme deux ailes d'ange, tout ce qui appartient à cet antique sanctuaire du catholicisme, est fait avec tant de légèreté et d'abandon et offre tant de charmantes combinaisons de détail et d'ensemble, que la pierre semble avoir cédé comme une cire molle à l'inspiration de l'artiste. Les ogives se croisent comme des plantes touffues qui, ne trouvant pas assez de place pour se développer à l'écart, reposent l'une sur l'autre, et leur forme varie à chaque pas, comme les arabesques capricieuses d'un manuscrit du moyen âge. Tantôt c'est un pilier uni qui s'élance du sol et jette dans les airs trois branches pareilles à celles du candélabre biblique; tantôt, sur la nervure de l'arcade, on voit surgir une bande de dentelles que l'on dirait découpées par la main d'une jeune fille, ou un collier de perles arrondies dans le marbre, ou de longues lignes de feuillage qui semblent avoir grandi entre les moulures de la pierre comme des saxifrages entre les fentes du rocher. Ici la colonne, fine et déliée, a pour chapiteau une touffe de fleurs, ailleurs un fruit du Midi ou de larges feuilles de palmier, dont un croisé peut-être rapporta le modèle des bords du Jourdain; puis des têtes de prêtres posées à chaque angle avec un air de recueillement, et quelquefois suspendues à une tige légère, comme des étamines à leurs pistils. Çà et là on rencontre aussi quelques traces de ces rêves hideux qui se mêlaient, dans les églises, aux chastes inspirations de l'art du moyen âge, comme une idée de doute à un sentiment de foi, comme un rire sceptique à une fervente prière. On aperçoit sur le pourtour d'une colonne un visage de moine qui grimace, un

buste de religieux qui se termine en queue de dragon.
Mais ces images sont peu nombreuses et peu apparentes;
elles s'effacent au milieu de cette végétation cosmopolite qui étale ses fleurs, ses fruits et ses rameaux autour
du chœur; elles se perdent dans l'ombre de ces colonnades éclairées seulement par la mystérieuse lumière
des fenêtres à ogives.

Comme cette cathédrale du Nord devait être belle jadis,
avec ses neuf grandes portes, ses dix-huit autels et ses
trois mille piliers, les uns taillés dans les carrières de
marbre d'Italie, les autres dans les rocs du Groenland!
Toute la communauté chrétienne de Norvège et de Suède
avait contribué à l'enrichir. Les pirates eux-mêmes lui
avaient payé leur tribut : deux de ces hommes, qui
allaient sur leur navire chercher au loin les aventures
et piller les côtes étrangères, revinrent un jour en Norvège avec un riche butin qu'ils ne purent partager sans
se battre. L'un d'eux, avant de tirer le glaive, invoqua
son bon ange, et fit vœu d'offrir à l'église une part de
ses richesses, s'il sortait victorieux du combat. Sa prière
fut exaucée, et il donna à la cathédrale de Nidaros une
croix en argent massif, si lourde qu'il fallait trois
hommes pour la porter. C'était cette croix qu'on voyait
briller en tête des processions le jour de la fête de saint
Olaf; puis venait la châsse du saint, composée de trois
caisses, l'une en argent doré, les deux autres en bois,
revêtues d'ornements en or et parsemées de pierres précieuses. Soixante hommes la portaient hors de l'église,
et les vieillards, les enfants, les hommes du pays et les
voyageurs, l'entouraient avec un saint respect. C'était
en touchant cette châsse que le malade espérait se
guérir; c'était sur cette châsse que les rois étendaient la
main en prêtant leur serment; c'était au pied de cette
châsse qu'ils étaient couronnés; c'était là qu'on les
enterrait. Du haut du sanctuaire, saint Olaf présidait aux
destinées de ceux qui venaient occuper son trône. Le

jour de leur sacre, les rois se mettaient sous la protection de son sceptre; le jour de leur mort, ils reposaient à l'ombre de sa palme de martyr.

Cette époque de foi et de prospérité catholique dura trois siècles. En 1328, l'église fut incendiée, et reconstruite peu de temps après. En 1431, elle fut incendiée encore et réparée avec le même zèle. Mais en 1531, elle brûla de nouveau, et cette fois les efforts de l'archevêque pour lui rendre sa première splendeur, et les vœux des fidèles furent impuissants. Les idées de réforme commençaient à pénétrer dans le Nord. Sans avoir encore admis le protestantisme, le peuple discutait déjà le pouvoir des indulgences et la légitimité des saints. Les pèlerins ne vinrent plus grossir les processions, les malades désertèrent l'autel. Le tribut que les fidèles portaient chaque jour à la cathédrale diminua peu à peu; et les prêtres, privés du trésor où ils avaient coutume de puiser, ne parvinrent qu'à peine à masquer les désastres de l'incendie et les ruines de leur église; puis, quand les trois contrées scandinaves eurent adopté le dogme de Luther, les nouveaux convertis crurent faire une œuvre pieuse en détruisant les vestiges de leurs anciennes croyances. Ceux-ci brisèrent les statues des saints, ceux-là déchirèrent les tableaux, et il y en eut un plus pervers encore que les autres, qui, rassemblant sur la place les livres du chapitre, en fit un autodafé. Dans cette dévastation des monuments catholiques, le Danemark n'oublia pas qu'il était maître de la Norvège. Il envoya un navire chercher la châsse d'argent, les calices, les ciboires et les ornements d'or et de vermeil. Le navire, attaqué le long de la route et pillé par un pirate hollandais, échoua sur la côte avec le reste de ses dépouilles. Cinquante années auparavant, à la nouvelle de ce naufrage, on eût crié au miracle; mais alors le temps des miracles était passé, et les iconoclastes, plus barbares que les barbares dont parlent les anciennes chroniques, continuèrent à ravager l'église. En 1564, les Suédois en firent une écurie. Auprès de l'autel du chœur, naguère encore étincelant d'or et de pierreries, ils ne trouvèrent que les armes de saint Olaf, qu'ils emportèrent à Stockholm. Il restait encore à cette cathédrale si splendide autrefois et si vite dépouillée de ses richesses, il lui restait encore ce que ni les Danois ni les Suédois n'auraient pu lui enlever : sa grande flèche, qui s'élevait, disent les historiens, à deux cent vingt pieds. Un orage la renversa pendant l'hiver de 1689 : maintenant le toit est surmonté d'un tour carrée, massive, pareille à un clocher de village. La partie de la nef détruite par l'incendie n'a pas été rebâtie ; les statues des saints n'ont pas été replacées sur leur piédestal, et les dentelures légères, les rosaces brisées ou mutilées par le marteau n'ont pas été refaites. Dans quelques endroits, la base des colonnes est seule restée ; dans d'autres, on a remplacé les piliers de marbre par des piliers de bois. Quand le roi de Suède vint, en 1818, se faire couronner dans cette cathédrale, il eut pitié du veuvage du chœur, et y fit placer une copie du Christ de Thorvaldsen. On dit aussi qu'il a l'intention de mettre dans la nef les douze apôtres du célèbre sculpteur, tels qu'on les voit à Copenhague dans la cathédrale. Peut-être alors, pour leur faire place, sera-t-on obligé d'abattre une partie de ces loges à rideaux rouges, qui recouvrent les deux côtés de la nef, et c'est une destruction dont je suis sûr qu'aucun homme de goût ne se plaindra. Malgré les ravages du feu et les ravages des hommes, cette cathédrale est encore l'un des monuments gothiques les plus curieux qui existent. Du milieu de la nef, il est triste d'observer les désastres qu'elle a subis ; mais quand on pénètre dans l'enceinte du chœur, on y reste retenu par un sentiment d'admiration, et quand on la regarde du dehors avec son singulier mélange de construction, sa petite chapelle posée sur un de ses flancs comme une châsse de saint, son clocher massif, sa coupole ronde comme celle des pagodes de l'Inde, et sa tour semblable à un minaret, il y a je ne sais quel vague souvenir des voyages d'Orient qui prête un charme de plus à cet édifice du Nord ; que si alors on remonte jusqu'à l'époque lointaine où ses murailles s'élevèrent sur la tombe d'un roi martyr, ce n'est plus seulement une œuvre d'art que l'on contemple, c'est une page d'histoire, c'est une légende de saint noircie par les siècles, altérée par des mains impies, mais assez belle encore pour arrêter longtemps le regard et la pensée.

A la chute du catholicisme, une nouvelle ère s'ouvre dans les annales de la cité de saint Olaf. Elle avait été ville de pèlerinages, ville religieuse ; elle devint ville marchande. Ses cloîtres tombèrent en ruines, mais son port s'agrandit. En changeant de destinée, elle changea aussi de nom. Les sagas islandaises l'appelaient, dans leur langage poétique, Nidaros. Les contrats de négociants l'appelèrent Trondhiem (du nom du district où elle est située, Trondlagen) ; nous en avons fait, dans nos habitudes d'altération, Drontheim. Cette capitale des rois, cette métropole des évêques, transformée en entrepôt de commerce, perdit bientôt les vestiges de sa grandeur première. La cathédrale est le seul monument qui atteste encore ce qu'elle fut autrefois. Incendiée à diverses reprises, Drontheim a si fraîchement été rebâtie qu'on la prendrait pour une ville née d'hier, pour une de ces cités manufacturières d'Angleterre ou d'Amérique, qui surgissent tout d'un coup. Ses rues sont bien percées, régulières et larges, si larges qu'on y remarque à peine le peu de monde qui y passe, et qu'on pourrait parfois les croire désertes. Ses maisons en bois, revêtues d'un stuc blanc, ornées d'un péristyle, d'un fronton, d'une colonnade, ressemblent, pour la plupart, à de superbes édifices en pierre. Ses magasins bordent tout un côté du golfe et les deux rives du Nid ; ils reposent à moitié sur terre et à moitié sur pilotis. Les bâtiments viennent, au pied de la porte qui s'ouvre sur l'eau, charger et décharger les marchandises. De distance en distance, on voit quelques-uns de ces magasins qui sont séparés l'un de l'autre, et qui forment entre eux une espèce de baie où le paysan des iles voisines arrive les jours de foire sur son bateau à voiles, avec sa femme et ses enfants.

Entre ces rues si fraichement bâties et si fraichement peintes, où la plaque en cuivre du comptoir orne chaque porte, où les denrées coloniales et les denrées du Nord, placées symétriquement derrière les vitres, attirent le regard à chaque pas, il en est une plus large et plus belle que les autres, la *Munkgade* (rue des Moines). Là, d'un côté, on aperçoit la cathédrale isolée et debout sur les tombes du cimetière comme une éternelle pensée de vie dans l'empire des morts; de l'autre, le golfe, les montagnes bleues qui le terminent, et la tour de Munkholm, bâtie sur un rocher au milieu des flots. Lorsque Canut le Grand vint, en l'an 1028, prendre possession du royaume de Norvège, il bâtit sur cette ile un cloître. C'était un de ces cloîtres dont l'aspect seul devait donner à l'âme une impression solennelle, un cloître comme celui dont parle René, où la lampe du sanctuaire brillait de loin comme un fanal aux yeux du matelot égaré dans sa route, où le chant de l'espoir religieux, l'hymne de salut, résonnaient à travers le souffle de l'orage et le mugissement des vagues. La Réformation renversa l'autel que les tempêtes de la mer n'avaient pas ébranlé; les religieux quittèrent leurs cellules, et le couvent de Munkholm devint une forteresse. C'est là qu'une barque chargée de soldats conduisit un jour Griffenfeld, cet enfant du peuple devenu grand seigneur, cet étudiant devenu ministre, cet homme d'État dont le Danemark déplora la perte. C'est là qu'il vint expier ses rêves d'ambition et ses phases de grandeur. Il passa dix-huit ans enfermé dans sa prison (de 1680 à 1698). Exilé du monde où il avait vécu, dépouillé des titres qui l'avaient paré, précipité tout à coup des splendeurs d'un palais dans l'ombre d'un cachot, il appela à son secours la poésie et la religion, ces deux fidèles divinités du malheur. Il traduisit les psaumes de David, et crayonna autour de lui des sentences morales. Un de ses biographes nous a conservé celle-ci, que j'ai essayé de traduire :

> Sur les ondes du golfe on voit de loin surgir
> Le rocher de Munkholm que la mer bat sans cesse;
> Mais la mer qui mugit ne le fait pas fléchir,
> Et le flot fatigué se retire et s'affaisse.
>
> Que l'aspect de ce roc nous apprenne à souffrir
> Les rigueurs du destin, les orages du monde.
> Je regarde ces murs d'où je ne puis sortir;
> J'entends autour de moi la vengeance qui gronde.
>
> Mais votre nom, grand Dieu! sera notre rempart.
> Si vous nous protégez, si partout où nous sommes
> Vos anges sur nos pas étendent leur regard.
> Que nous fait le pouvoir et la haine des hommes?

Maintenant ces sentences écrites sur les murailles ont été effacées. La chambre qu'occupait Griffenfeld a été transformée en arsenal. Il ne reste de sa prison que les barreaux de la fenêtre par laquelle, plus d'une fois sans doute, il regarda avec douleur la ville bâtie au bord du golfe et le navire fuyant dans le lointain.

Dans cette même rue des Moines, où l'histoire primitive apparait ainsi en face de l'histoire moderne, on aperçoit à droite, en montant vers la cathédrale, une maison en bois à un seul étage, peinte en jaune, remarquable entre toutes les autres par sa modeste construction : c'était autrefois le seul hôtel de Drontheim. La bonne vieille femme qui l'a fondé il y a une cinquantaine d'années, et qui l'occupe encore, ne se rappelle pas sans un certain sentiment d'orgueil la prospérité dont il a joui longtemps, les éloges que les voyageurs lettrés lui donnaient dans leurs livres, et la gloire que le confort de ses appartements, les combinaisons hardies de sa cuisine, lui avaient acquise dans les pays lointains. Un jour elle vit arriver un jeune homme qui lui demanda d'une voix timide une chambre pour lui et son compagnon de voyage. Mme Holmberg lui montra une chambre d'étudiant humble et étroite. Elle fit mettre un matelas sur le parquet, et les deux étrangers restèrent là cinq jours, puis partirent pour le cap Nord. Nous avons vu cette chambre à peu près telle qu'elle était il y a quarante ans, et Mme Holmberg nous la montrait avec une naïve vanité d'hôtesse; car ce jeune homme qu'elle avait reçu comme un étudiant, c'était un prince français : c'était Louis-Philippe, duc d'Orléans.

Je ne terminerai pas ce tableau de la Munkgade sans ajouter qu'on y voit encore la maison du gouverneur, le plus grand édifice en bois, disent les habitants de Drontheim, qui existe en Europe, et la maison élégante qui renferme à la fois les salles d'étude du gymnase et les collections de l'Académie des sciences. Cette académie, la seule qui existe en Norvège, fut fondée en 1760 par deux hommes d'un grand mérite, Suhm et Schöning, et enrichie plus tard par plusieurs legs considérables. On a plusieurs fois lancé contre elle de violentes épigrammes; on lui a reproché amèrement son inaction. Le fait est que ses collections d'art et de livres ne sont pas en fort bon ordre, que ses mémoires ne sont ni très volumineux ni très savants; mais elle a su mettre plusieurs fois d'intéressantes questions au concours, récompenser des œuvres de mérite, et, quand des hommes de talent ont réclamé son appui pour entreprendre un voyage utile, ils ne l'ont pas demandé en vain. Le recteur du gymnase de Drontheim, quels que soient ses titres littéraires, est en quelque sorte président-né de cette académie. Le gouverneur, les principales autorités en font nécessairement partie, et les marchands trouvent en général peu de difficultés à s'y faire inscrire.

Mais les marchands de Drontheim ont en général l'esprit éclairé. Le calme qui les environne, les longues soirées d'été, et les soirées d'hiver plus longues encore, leur donnent l'habitude de s'entourer, dans leur isolement, de livres et d'objets d'art. Moyennant une cotisation annuelle qu'ils se plaisent à acquitter, ils reçoivent très promptement les ouvrages étrangers et les *Revues*, qu'ils emportent chez eux, qui passent de main en main jusqu'à ce que le bibliothécaire de la société les place dans le dépôt central. J'ai trouvé chez l'un d'eux, au mois de juin, *la Chute d'un Ange* de M. de Lamartine, qui avait paru au mois de mai à Paris.

C'est une chose intéressante que de voir les maisons de ces négociants. Il y a dans cette vieille ville de Drontheim des familles où, depuis plusieurs siècles, les spéculations commerciales ont passé comme une charge héréditaire de père en fils. Chaque génération a déposé là son tribut de meubles et d'argenterie, et l'on compte les entreprises qu'elle a faites, les navires qu'elle a expédiés, les livres de caisse qu'elle a remplis, comme on compte dans une famille parlementaire les débats célèbres auxquels un conseiller a pris part et les discours qu'il a prononcés. Pour être admis chez ces honnêtes négociants, il n'est pas besoin de lettres de recommandation. Le titre d'étranger suffit pour éveiller en eux un sentiment de bienveillance, pour obtenir une réception souvent cordiale, et du moins toujours hospitalière. L'hiver, ils vous gardent la première place à leur foyer; l'été, ils vous emmènent dans leurs maisons de campagne. Les environs de Drontheim présentent plusieurs beaux et larges points de vue. Ici le regard plane sur le golfe; là il repose sur la cathédrale; ailleurs il s'égare sur la cascade de Leer, sur la vallée du Nid ou sur les cimes dentelées des montagnes, et les marchands qui peuvent avoir une villa lui choisissent pour premier ornement une situation pittoresque, une perspective étendue. Il y a chez ces hommes du Nord un amour de la nature qui jette sur leur vie une teinte constante de poésie. Plus leur sol est aride et le ciel rigoureux, plus ils s'attachent à ces beautés éphémères. Le dimanche, quand ils vont à la campagne se reposer des travaux de la semaine, ils se réjouissent d'un bourgeon qui éclôt sur leurs arbustes, d'un rayon de soleil qui éclaire leur fenêtre, comme un mercier de la rue Saint-Martin se réjouit d'avoir gagné pendant le jour quelques deniers de plus qu'il ne l'avait espéré.

SANDTORV

A SAINTE-BEUVE

Quelques jours après notre arrivée à Drontheim, la *Recherche* vint nous y joindre. Elle devait aller par la pleine mer à Hammerfest. Le désir de voir la côte septentrionale de Norvège nous engagea à nous embarquer sur le bateau à vapeur le *Prince Gustave*, qui passe entre les iles de Norland et de Finmark, et relâche sur plusieurs points. Ce bateau n'est pas l'œuvre d'une spéculation commerciale, c'est le gouvernement qui l'a fait construire et qui l'entretient. Le prix du transport des passagers ne suffit pas à payer le charbon qu'il consume, et le transport des marchandises est très minime. Les négociants norvégiens ne renonceront pas si vite à l'habitude d'employer les bateaux à voiles. La célérité dans les relations n'augmente guère leurs chances de succès. Peu leur importe, à vrai dire, que leurs marchandises arrivent quelques semaines plus tôt ou plus tard, pourvu qu'elles arrivent. Le gouvernement ne peut donc pas s'attendre à recouvrer jamais l'argent qu'il a consacré à ce bateau; mais les avantages qu'il procure par là à deux grandes provinces sont incalculables. Qu'on se figure cette quantité d'îles dispersées à travers la mer du Nord, ces montagnes isolées l'une de l'autre, ces habitations jetées au bout du monde.

Autrefois on ne traversait l'archipel qu'en allant d'île en île avec une barque de pêcheurs. L'absence des rameurs, la brume, l'orage et les vents contraires arrêtaient souvent plusieurs jours le passager à la même station. Il fallait un mois au moins pour aller de Hammerfest à Drontheim, et il en coûtait 500 francs pour voyager ainsi sur un bateau découvert, les genoux serrés l'un contre l'autre, les pieds dans l'eau, le corps livré à toutes les intempéries de l'air. Alors il n'y avait point de jour de poste déterminé. La poste arrivait selon le bon vouloir du temps, une semaine ou l'autre : on calculait la célérité de sa marche par la direction du vent et la hauteur du baromètre, mais souvent elle trompait toutes les espérances, et le marchand qui venait l'attendre sur la grève s'en retournait la tête baissée et l'esprit inquiet. L'évêque de Tromsö me disait qu'une lettre partie de cette ville au mois de mars n'était arrivée à Chistiania qu'au mois de juin. Si le correspondant de Christiania mettait le moindre retard à répondre, c'était l'affaire d'un an.

Maintenant le bateau à vapeur va de Drontheim à Hammerfest en huit jours. Il s'arrête quelques heures ici et là, un jour à Sandtorv, deux jours à Tromsö, et apporte avec lui les lettres, les journaux, les nouvelles du Sud. C'est un messager savant qui parcourt une contrée lointaine, c'est une veine de sang généreux qui pénètre jusqu'au cœur de ces froides régions. Quand il parut pour la première fois en Finmark, c'était au mois de mars dernier, un jour où il naviguait avec le vent contraire, les habitants de la côte ne comprenaient pas sa puissance. Ils le regardaient tous avec une sorte de stupéfaction, et, en voyant cette lourde machine s'avancer vers eux malgré le vent et les flots, les uns la prenaient pour une baleine, d'autres pour ce vaisseau fabuleux, ce vaisseau maudit, que les matelots ont vu parfois errant sur les vagues sans gouvernail et sans voiles. Mais, avec leur intelligence de marins, ils ont bientôt découvert la force secrète de ce bateau; lorsqu'ils le voient, ils le saluent et l'admirent; les hommes d'un esprit plus développé, les fonctionnaires, les prêtres, les riches marchands, ne prononcent son nom qu'avec un sentiment de reconnaissance; le drapeau norvégien se déploie au bord de toutes les îles devant lesquelles il s'arrête, et, le jour où il arrive, les jeunes filles se parent comme pour un jour de fête. Si, après ces témoignages de joie, j'avais pu douter encore de l'influence du bateau à vapeur en Nordland, j'aurais été converti le jour où j'ai entendu un habitant de Bodö, dont je respectais le savoir autant que le caractère, s'écrier avec un accent d'enthousiasme : « Nous devons bénir à jamais celui qui le premier songea à nous envoyer le *Prince Gustave*; car nous étions pauvres, et il nous a enrichis; nous n'avions ni livres ni journaux, et il nous en a apporté; nous vivions dans une espèce de Thébaïde, et il nous a rapprochés du monde ». J'ajouterai à cette digression sur le bateau à vapeur un aveu auquel un voyageur ne se résigne pas facilement : c'est que, depuis qu'il existe, il n'y a plus aucun mérite à voyager le long de ces mers orageuses et de ces côtes arides. On trouve sur le bateau à vapeur un salon élégant, des couchettes commodes, et un restaurateur qui se fait gloire d'apporter avec lui une ample provision de vins de France. Le bâtiment est commandé par un lieutenant de la marine royale, M. Grunch, qui, dès le jour de notre arrivée à bord, nous avait tous séduits par ses soins et sa politesse aimable. On va ainsi de Drontheim à Hammerfest entre des livres et des journaux, dans un salon de bonne compagnie. Il ne manque plus qu'un bateau à vapeur de Christiania à Bergen, et le voyage que l'on regardait encore, il y a quelques années, comme une entreprise audacieuse, deviendra tout simplement une promenade par eau. Le bourgeois parisien pourra s'embarquer à bord de la *Normandie*, et, en se laissant conduire à Hambourg, à Copenhague, en s'endormant quelques nuits de suite dans sa cabine, il se réveillera un beau matin dans le port de Hammerfest, au 70e degré de latitude, à quelques lieues du cap Nord.

Nous venions de voir, sur les bords du lac Miössen et dans le Guldbransdal, une des parties les plus pittoresques de la Norvège. Au haut du Dovre Field, nous avions rencontré des sites étranges; mais rien de ce qui attire le regard sur la route de Stockholm et sur celle de Christiania ne ressemble aux magnifiques points de vue des côtes du Nord. A peine sortis du golfe de Drontheim, nous entrons dans une enceinte d'îles étroites, de rocs escarpés, qui tantôt forment autour de nous un bassin pareil à celui d'un port, tantôt s'élèvent de chaque côté du navire comme deux colonnes de granit, se ferment comme une barrière, et s'étendent au loin comme une rue. Les uns portent encore à leur base quelques tiges de bouleaux et des touffes d'herbe; mais la plupart n'offrent que de faibles traces de végétation. Ils sont gris comme la lave de l'Hécla et secs comme une écaille de tortue. Quelquefois on distingue la flèche en bois de la chapelle, qui s'élève comme un signe de consolation au milieu de la tristesse solennelle du paysage. Cette chapelle, quoique située au centre de la paroisse, est ordinairement très éloignée de toute habitation. Le prêtre, qui a plusieurs églises à desservir, ne vient là que deux ou trois fois par an, et, quand il entreprend ce voyage évangélique, c'est souvent au péril de sa vie, car il faut qu'il traverse des golfes où une rafale violente succède parfois tout à coup à un calme plat. Quelques-uns de ses paroissiens ont encore plus de difficultés à vaincre et de dangers à surmonter quand ils veulent se rendre à l'office. L'hiver, l'église est presque déserte : tandis que les hommes sont à la pêche, la mer et l'orage empêchent les femmes de sortir. On a vu alors des familles obligées de garder un mort pendant deux ou trois mois avant de pouvoir le porter au cimetière pour le faire enterrer.

Le matin, quand nous passions là, le ciel était d'un bleu limpide, le soleil projetait ses rayons sur les flots de la mer, et ces rocs, si nus, si tristes, si déserts, formaient un singulier contraste avec ces vagues vertes comme l'émeraude, rouges comme la pourpre, et ce ciel pur comme un ciel du Midi. Mais peu à peu des vapeurs grises s'amoncellent au sommet des montagnes; elles s'étendent comme un nuage, elles enveloppent l'horizon, et l'on n'entrevoit plus au loin qu'un voile de brouillards noirs, où quelques rayons de lumière percent çà et là, comme les teintes blanches que le peintre jette du bout de son pinceau sur une toile sombre. Le brouillard, étendu d'abord au large dans l'espace, nous resserrait de plus en plus. Alors tous les objets se dessinaient confusément à nos yeux, et l'œil exercé du pilote pouvait seul discerner les brisants dont nous étions menacés et reconnaître la route que nous devions suivre à la forme à demi effacée des montagnes. Nous naviguâmes ainsi à l'aide de la merveilleuse expérience de notre pilote pendant quelques heures; puis la brume devint si obscure qu'il fallut jeter l'ancre, et nous restâmes là toute la nuit, bercés par le vent et dormant entre les écueils.

Le lendemain, c'étaient des îles plus sauvages encore et des rocs plus escarpés. La mer était parfois si resserrée, qu'on l'eût prise pour une rivière. Le bateau virait sans cesse, et glissait comme un serpent entre les sinuosités des montagnes. Ici la végétation va toujours en décroissant; les pins disparaissent ou deviennent plus petits et plus rares; le bouleau des vallées, aux branches étendues, fait place au bouleau nain, que la neige et le froid oppressent. Les collines sont revêtues d'une quantité de mousses nourries par l'humidité; mais l'œil cherche en vain ces belles couches de fleurs qui parsèment nos campagnes. On ne voit guère que la *diapensia* avec ses rameaux semblables à ceux d'un jeune sapin, ses légères clochettes d'un rouge violet, et l'*azalea procumbens*, pauvre petite plante plus jolie encore et plus frêle, qui s'épanouit entre les touffes du lichen comme un bouquet de mariée, et semble, en se penchant vers la terre, lui demander un refuge contre la glace et le vent. M. Martins, chargé de la partie botanique de notre voyage, n'avait trouvé ces plantes qu'au sommet des Alpes ; il les a cueillies ici, presque au niveau de la mer. La végétation refroidie de nos hautes montagnes est celle des vallées du Nordland.

Toutes ces collines devant lesquelles notre bateau passe sont sans abri ; cette terre est sans culture, et cependant on distingue parfois sur la grève solitaire une cabane en bois. L'homme est plus hardi que l'oiseau de mer ; il bâtit sa demeure sur tous les rivages et repose au milieu de toutes les tempêtes.

Après avoir traversé cette longue ligne de côtes arides et de récifs, on aperçoit au bord de la mer une colline couverte de verdure et couronnée par une forêt de pins : c'est Hildringen, la demeure du maître de poste des deux provinces. Le bateau s'arrêtait là quelques heures pour prendre des lettres, et quand nous descendîmes à terre, il y avait je ne sais quelle espèce de soulagement de cœur à voir cette maison riante bâtie au haut d'une terrasse où le propriétaire essaye de faire croître quelques plantes potagères, et la ceinture de bois qui l'abrite, et le ruisseau qui coule sur un lit de mousse et mêle ses eaux fraîches aux vagues amères de l'Océan. Cette terre, qui sourit de loin aux yeux du voyageur, ne donne pourtant pas de moisson. A peine celui qui l'ensemence parvient-il à récolter, tous les quatre ou cinq ans, un peu d'orge et de pommes de terre. L'été ne commence là qu'au mois de juin et finit au mois de septembre : mais la colline est couverte d'une bruyère touffue, la chèvre grimpe au flanc du rocher, la génisse dort près du bouleau, et la mer étend avec un doux murmure une nappe d'écume sur un lit de sable. Toute cette habitation est pleine de vie et de fraîcheur : c'est un paysage suisse après un tableau de Salvator Rosa.

De cette scène champêtre nous passions à un aspect grandiose. La mer s'ouvrait devant nous large et puissante. Le bateau bondissait sur les vagues enflées par le vent, puis se penchait sur sa quille et faisait fuir derrière lui deux longues raies pareilles aux sillons creusés par un soc pesant. Devant nous apparaissait le Torghat avec sa cime arrondie et ses deux ailes inclinées de chaque côté comme celles d'un chapeau alsacien ; plus loin une ligne bleuâtre et dentelée, les montagnes qu'on appelle *les Sept-Sœurs*, qui s'élèvent comme sept têtes de jeunes filles curieuses à la surface des flots. Le Torghat est coupé de haut en bas par une ouverture qui a, dit-on, trois cents pieds de haut, et qui le traverse dans toute son épaisseur. On raconte qu'un géant, dont on voit encore à douze milles de là le buste pétrifié, lança un jour une flèche contre un Trolle qui lui enlevait sa bien-aimée. Le Trolle échappa au trait meurtrier, la jeune fille fut changée en pierre dans l'île de Lek, et la flèche fit dans le Torghat cette ouverture immense.

Le soir, la brume couvrait encore l'horizon, mais les rayons du soleil luttaient contre elle, et alors on apercevait de singuliers effets de lumière : les montagnes, bleues à leur base, entourées sur leurs flancs d'une ceinture de vapeurs grises, et revêtues au sommet d'une teinte de pourpre, et la mer traversée çà et là par de grandes ombres, et roulant un peu plus loin des étincelles d'or dans des flots de cristal.

Le 4 juillet au matin, nous franchissions le cercle polaire. C'était une fête pour nous qui n'avions jamais été si loin au nord, une fête que nous célébrâmes avec joie.

A mesure que nous avançons, la nature prend un aspect plus sauvage et plus imposant ; des montagnes nues s'élancent par des jets hardis du niveau de la mer ; leurs flancs sont droits et escarpés, leur cime taillée carrément, effilée comme une aiguille ou dentelée comme une scie ; la neige s'abaisse de plus en plus vers la mer, et les brouillards noirs jettent comme un voile de deuil sur cette face blanche. De temps à autre une troupe de goélands s'élève du sein des flots en battant de l'aile, et s'enfuit sur la grève ; une hirondelle égarée dans sa route voltige autour de notre bateau comme pour y chercher un abri ; puis toute trace de vie disparaît, et l'on n'aperçoit que les montagnes projetant dans les airs leurs pics audacieux, le ciel voilé par une brume continue, la grève déserte, la mer sombre. Que de fois, en regardant ces magnifiques scènes que je me sentais incapable de décrire, en me laissant aller à l'émotion produite par l'aspect de ces îles solitaires, de ces rocs sauvages que l'on dirait enfantés dans un bouleversement de la nature, que de fois n'ai-je pas désiré que Byron fût venu ici ! Quel sujet de chant sublime pour Child-Harold ! quelle page terrible pour Manfred !

Mais voilà que les matelots déroulent la chaîne de l'ancre. Nous entrons dans une baie bordée de tous côtés par des cimes de neige. Deux bricks marchands sont dans le port, un pavillon flotte sur la côte. Nous sommes à Bodö, la seule ville de Nordland, si l'on peut appeler ville un groupe d'une trentaine de maisons en bois et quelques magasins à moitié vides qui se penchent sur l'eau comme pour attendre la cargaison de blé et de poisson qui n'arrive pas. Les marchands de Drontheim avaient fondé de grandes espérances sur cette ville. Ils prétendaient en faire un entrepôt de commerce rival de Bergen. En 1803, une société, formée par quelques-uns d'entre eux, employa un capital de 600 000 francs à cette spéculation. Mais Bergen l'emporta, et les pertes de la société devinrent en quelques années si considérables, qu'ils se décidèrent à abandonner leur entreprise et à vendre leurs constructions. Maintenant on ne trouve plus à Bodö que deux marchands et quelques ouvriers. L'église est à une demi-lieue de là, une jolie petite église bâtie dans une situation pittoresque, entre deux golfes, au pied d'une colline couverte de quelques arbustes. Il y avait là jadis une chapelle très ancienne, car cette province de Nordland a été habitée dès les temps les plus reculés. Elle portait, au moyen âge, le nom de Halogaland. Il en est souvent parlé dans les sagas islandaises. Mais ces vestiges d'antiquité ont disparu peu à peu, et il ne reste qu'un petit nombre de tumulus dispersés çà et là et quelques pierres sépulcrales sans inscription. Le seul monument un peu curieux que nous ayons trouvé dans les environs de la ville, est une pierre tumulaire du XVIIe siècle, placée dans la muraille de l'église et représentant un vieux prêtre de la paroisse avec sa calotte sur sa tête, sa longue barbe, ses moustaches, une main sur la poitrine, une autre sur un livre. On me raconta que la femme de ce prêtre avait manqué à ses devoirs de fidélité conjugale. Quand il fut mort, il apprit dans l'autre monde ce qu'il avait eu le bonheur d'ignorer dans celui-ci. Il revint chaque nuit reprocher à sa femme la faute qu'elle avait commise, et la malheureuse veuve, tourmentée par les remords, employa ses colliers, ses parures, à faire ériger cette tombe à son mari; après quoi on assure qu'elle dormit tranquille. A la main droite, sculptée sur la pierre, on remarque un doigt mutilé. Une légende populaire rapporte qu'un paysan le brisa un jour pour montrer sa force, mais au même instant il fut attaqué d'une maladie étrange que personne ne connaissait et dont nul médecin ne put le guérir.

Quand nous eûmes visité l'église, nous entrâmes dans la maison du prêtre. Elle est construite carrément comme un ancien castel : au milieu, une grande cour pavée, et de chaque côté une habitation. Ce fut un prêtre riche et ambitieux qui la bâtit. Il avait acheté, selon la taxe en usage au XVIIIe siècle, le titre d'évêque, et quand il eut reçu ses lettres patentes, il voulut avoir une demeure qui convînt à sa dignité. Il fit venir chez lui un peintre renommé de Drontheim, et décora son salon et son cabinet de travail de quatre grandes toiles représentant des bergers et des bergères, de belles dames à paniers, tenant du bout des doigts une rose épanouie, et à leurs pieds de jolis jouvenceaux cueillant des fleurs. Le dessin est tout ce qu'on peut voir de moins artistique ; mais le fait est curieux. En étudiant l'histoire de l'idylle dans ses diverses transformations, je n'avais pas encore appris qu'elle fût venue se nicher dans la demeure d'un prêtre de Nordland, au 66e degré de latitude.

Au delà de Bodö, on entre dans le Vesterfiord, si vaste en certains endroits, qu'on le prendrait pour la pleine mer. Mais après avoir navigué au large pendant quelques heures, on voit de nouveau reparaître des groupes de montagnes, des amas de rochers. Ce sont les îles Lofodden, l'un des points les plus remarquables de la Scandinavie. C'est là que chaque année les pêcheurs du Nord se rassemblent pour la pêche d'hiver. Il en vient du Finmark, de Drontheim et de Bergen. Il en vient par centaines, par milliers. On compte, dans les diverses îles dispersées à travers le fiord, environ trois mille bateaux, et chaque bateau est occupé par six hommes. Les uns pêchent à la ligne, d'autres au filet. Ils laissent chaque soir leurs filets à la mer et vont les retirer le lendemain. Ils arrivent au mois de janvier ou février, et ne s'en retournent guère qu'au mois d'avril. Chaque île est occupée par un marchand qui fournit aux pêcheurs de quoi subvenir à leurs besoins imprévus, car ils apportent avec eux leurs provisions de beurre, de farine, de lait et d'eau-de-vie. Le même marchand leur loue, pour une taxe moyenne de vingt-quatre poissons par homme, les séchoirs et les malheureuses cabanes où ils se réunissent quelquefois au nombre de dix-huit ou vingt-quatre. En arrivant à la station qu'ils se sont choisie, ils élisent parmi eux un patron. C'est d'ordinaire un vieux pêcheur expérimenté qui a pour mission d'apaiser leurs différends, d'observer l'état de la température, de voir si elle ne présage pas quelque tempête, et de guider vers les bancs de poisson sa petite flottille. D'après le règlement de 1830, ce patron doit être réélu chaque année, et les hommes placés sous sa surveillance lui payent chacun un tribut de deux poissons.

Autour des côtes de Lofodden, les poissons descendent en si grande quantité, qu'ils s'entassent les uns sur les autres et forment souvent des couches compactes de plusieurs toises de hauteur. Le patron jette la sonde dans la mer, et, là où il la sent rebondir sur le dos des poissons comme sur un roc, il s'arrête et commence la pêche. Chaque matin il consulte l'état de l'atmosphère, la direction du vent, et, lorsqu'il arbore son pavillon, c'est le signal du départ. Au mois de février, sur ces côtes septentrionales, les nuits sont si longues, l'obscurité si épaisse, que les pêcheurs n'osent pas sortir avant neuf heures du matin ni rester à la mer passé quatre heures du soir ; ils reviennent alors dans leurs cabanes ou préparent le poisson dans les bateaux. Il y a une partie de leur pêche qu'ils vendent au moment même aux marchands de Drontheim, une autre qu'ils suspendent à des perches pour la faire sécher, et qu'ils viennent reprendre au mois de juin. Ils ont encore une saison de pêche en été, sur les côtes du Finmark ; mais à cette époque elle est moins abondante et moins active. On peut évaluer le produit des deux saisons, terme moyen, à 300 francs, et, pour gagner cette somme, ces pêcheurs passent une misérable vie. Rien qu'à voir ces cabanes en bois qui les abritent à peine contre le froid, ce sol nu où ils reposent avec leurs habits humides, on éprouve un profond sentiment de pitié. C'est là qu'ils restent trois mois au milieu de l'hiver, loin de leur famille, pauvrement vêtus et pauvrement nourris, couchés la nuit dans la boue, et s'en allant le jour tirer des filets hors d'une eau glacée. La malpropreté, l'humidité des vêtements, la mauvaise nourriture, engendrent parmi eux des maladies graves dont ils ne guérissent presque jamais : c'est la gale, la lèpre, l'éléphantiasis, et surtout le scorbut.

Un poëte de Norvège, Peter Dass, pasteur d'Alstahoug, a décrit en termes pathétiques les privations auxquelles ces malheureux sont condamnés, les dangers continuels qui les menacent; et les pêcheurs, touchés de voir un homme s'intéresser ainsi à leur sort, ont béni le nom de Peter Dass dans leurs traditions et perpétué sa mémoire dans leurs regrets. Au haut de la grande voile blanche des *iagt* nordlandais, on aperçoit deux petites bandes noires en vadmel, et l'on dit que c'est le signe de deuil adopté par les pêcheurs depuis la mort de Peter Dass. L'histoire littéraire cite quelques éclatants témoignages d'admiration rendus à la mémoire des hommes illustres; pour moi, je ne connais rien de plus touchant que ce nom du pauvre prêtre passant de père en fils au sein de la colonie des pêcheurs, et ce deuil du poëte porté sur toutes les barques à travers tous les golfes [1].

Cependant ni la misère, ni les infirmités, ni les périls d'une mer orageuse, n'arrêtent les hommes du Nord; ils aiment leur vie de pêcheur, et rien au monde ne pourrait les en détacher. Le Nordlandais de nos jours est comme celui des temps anciens; il va à la mer par instinct, par entrainement; il y retourne par habitude. C'est

---

1. Le poëme de Peter Dass, l'un des livres les plus populaires qui existent en Norvège, a pour titre : *Norlands Trompet*. Il y en a encore un autre du même genre sur le Finmarck, mais qui est moins répandu. L'auteur naquit en 1647 et mourut en 1708.

son domaine, c'est sa richesse, c'est son orgueil; c'est là que l'enfant exerce ses forces naissantes; c'est là que l'homme marié va chercher les moyens de soutenir sa famille; c'est là que le vieillard veut retourner encore si les infirmités ne l'en empêchent pas. Le jour où le fils du pêcheur va passer un hiver à Lofodden, de ce jour-là date son entrée dans la vie; il revêt la camisole de cuir, il porte les grandes bottes, il est fier, il est homme. Si ingrate que soit la terre du Nordland, elle porterait cependant quelque récolte, si le pêcheur voulait la labourer; mais il ne la cultive qu'à regret et négligemment, car toutes ses pensées sont tournées du côté de la mer, et, du moment où il quitte la mer, il tombe dans une profonde paresse. Qu'on dise à un Nordlandais de faire un quart de lieue à pied, il trouvera le chemin prodigieusement long; mais qu'on lui dise d'aller par eau et de ramer pendant plusieurs heures, il sourit, il accepte, il est prêt. Les paysans de la paroisse de Tromsö, qui s'étend fort loin, ne craignent pas de faire quinze ou vingt lieues avec leur bateau pour venir le dimanche à l'église; mais, une fois arrivés dans le port, il leur en coûte de traverser une place et quelques rues, et les marchands, qui connaissent cette indolence, ont bâti leurs magasins aussi près que possible de la grève, afin d'avoir plus de chalands.

Nous venions de passer la limite du Vesterfiord. La mer était orageuse, le ciel noir, le vent froid; on ne pouvait plus se promener sur le pont sans un triple vêtement de laine, et l'on ne pouvait descendre dans le salon sans respirer la funeste odeur du mal de mer. Les passagers les plus robustes essayaient de résister à la rigueur de l'air en marchant à pas forcés sur la dunette, et les moins résolus tournaient un regard timide vers le capitaine, comme pour lui demander si l'on n'arriverait pas bientôt à la station de relâche. Mais le thermomètre baissait de plus en plus, le vent enflait encore les vagues, et nous n'apercevions que l'eau et les montagnes nues.

Tout à coup, au détour d'une baie, sur un promontoire vert, nous vîmes apparaître une grande et belle maison entourée de quelques magasins : c'était le lieu où nous devions passer la nuit, c'était l'île de Sandtorv. L'île est grande et bien peuplée; la pointe de terre qui s'élève en face de nous est habitée par un riche marchand qui fait, deux fois par année, le voyage de Bergen avec son propre *iagt*, pour vendre le poisson qu'il a acheté et ramener les denrées qu'il débite dans le pays. Chaque pêcheur est un de ses vassaux, chaque voisin lui doit quelque redevance; ses champs d'orge et ses pâturages s'étendent au loin sur la côte. Sa maison est l'hôtel des voyageurs, le foyer des nouvelles, la Bourse où se discutent les affaires d'État et les affaires du commerce. Il n'y a que lui qui soit en relation directe avec les deux grandes villes du Nord, Bergen et Drontheim; il n'y a que lui qui reçoive le journal de Christiana. Derrière sa demeure, qui, pour les pauvres gens de ce pays, doit être un vrai palais, on aperçoit cinq ou six cabanes en bois; l'une est habitée par un tonnelier, une autre par un cordonnier, tous deux également pauvres, obligés de chercher dans la pêche une ressource qu'ils ne trouvent pas dans leur métier. Un peu plus loin, j'aperçus la maison du pilote; il était sur le chemin au moment où je passais, et me pria d'entrer. Sa fille m'apporta une chaise, sa femme m'offrit du lait; car la pauvreté ici n'exclut pas l'hospitalité, et la porte du pêcheur, comme celle du marchand, est ouverte à l'étranger. Pendant que la famille du pilote était ainsi occupée à me recevoir, je regardais cette demeure; elle était triste : une seule chambre au rez-de-chaussée, étroite et puante, servant de chambre à coucher, de cuisine et de salle de réunion à toute la famille; en haut, une autre chambre, où les femmes se retirent l'hiver pour filer la laine et tisser, quand les hommes sont à la pêche; au dehors, un séchoir pour le poisson, un hangar inachevé : voilà tout.

Ces pauvres gens couchent sur une planche recouverte d'une peau; ils portent des vêtements de vadmel, ils boivent du lait mêlé avec de l'eau, après l'avoir laissé fermenter pendant plusieurs mois, et ils se nourrissent toute l'année de fromage et de poisson. Comme ils manquent souvent de foin pour les bestiaux, ils font bouillir les têtes de poisson dans l'eau et les donnent à leurs vaches, qui les mangent, dit-on, avec avidité. Autour d'eux, la terre ne produit qu'un peu d'orge; souvent la récolte manque, et, quand elle donne cinq ou six fois la semence, on peut dire que c'est une excellente année. L'hiver et l'été, le mari va à la pêche; la femme travaille avec ses enfants, et cette famille vit ainsi au jour le jour. Elle a l'air paisible et content, et quand le mari vint me reconduire, quand il me montra le vallon, fermé d'un côté par la mer, de l'autre par une masse de montagnes dont les sommités, couvertes de neige, s'effacent dans le lointain, à l'accent de joie et de vérité avec lequel il me disait : « Oh! c'est un joli pays que notre vallon de Sandtorv! » je voyais qu'il n'aurait voulu changer son sort contre nulle autre destinée au monde.

En revenant vers la maison du marchand, j'entendis des chants norvégiens, des éclats de voix. La plupart de mes compagnons de voyage étaient rassemblés chez lui. La table était dressée, la carafe de punch d'un côté, le flacon de vin de Porto de l'autre, la théière au milieu. Le maître de la maison allait tour à tour auprès de chacun de ses hôtes, l'invitant à répondre à son toast et à boire. Quand il me vit entrer, il accourut aussitôt à ma rencontre et me souhaita la bienvenue, en me serrant la main avec la cordialité norvégienne; puis il m'apporta un verre, et d'abord il fallut boire à ma santé, à la sienne, à celle de sa famille et à celle de toutes les personnes qui se trouvaient là. Cette première tournée de toasts était à peine finie qu'on en recommença une autre, et à chaque nouvelle série de compliments bachiques, c'étaient de nouvelles chansons et de nouveaux cris de joie. Pendant ce temps, les femmes, assises à l'écart, regardaient silencieusement cette scène bruyante, ne se levant que pour venir elles-mêmes verser du punch dans nos verres et se rasseyant aussitôt. Mais il y avait parmi elles une jeune fille au visage pâle, au regard languissant, qui soulevait parfois timidement vers nous sa blonde tête, et dont l'âme souffrante semblait, comme Mignon, appeler, au milieu de cette froide contrée, la terre où les citrons fleurissent.

TROMSÖ

A MICHEL CHEVALIER

Tromsö est l'un des points importants de cette province de Halogaland, dont l'histoire remonte jusqu'au delà des traditions authentiques. C'était, dès les premiers temps du moyen âge, un lieu que les pécheurs visitaient dans leurs courses, et que le peuple citait dans ses récits. Vers le milieu du xiiie siècle, les habitants des bords de la mer Blanche vinrent s'établir dans cette province; Hakon Hakonsen, roi de Norvège, leur fit bâtir une église (*Sanctæ Mariæ de Trums ecclesia*) qui devint plus tard une des quatorze chapelles royales, et que l'histoire ecclésiastique cite souvent. L'église attira les habitants de la contrée, puis les marchands; l'intérêt commercial s'adjoignit au sentiment religieux; les paysans agenouillés dans la nef écoutèrent la parole du prêtre, puis revinrent sur la côte échanger leurs denrées. C'est ainsi que l'église a été, pour un grand nombre de villes, une source de prospérité, pour toutes un mobile de civilisation. L'église de Tromsö eut encore une autre influence qui, dans un siècle livré aux superstitions, ne laissait pas que d'être assez importante. Elle chassa les Trolles et les sorciers du pays : auparavant ils avaient coutume de se réunir, à certains jours de l'année, sur la montagne située de l'autre côté du port; le son des cloches, l'hymne religieux, les effrayèrent; les uns s'enfuirent en Islande; d'autres, dit-on, ne craignirent pas d'aller jusqu'au Blocksberg.

La situation de Tromsö auprès d'une rade sûre, au milieu d'une enceinte d'îles nombreuses, entre les riches pêcheries de Finmark et celles de Nordland, devait nécessairement favoriser son existence commerciale. Cependant peu de marchands y bâtirent leur demeure, et ce ne fut pendant longtemps qu'un point de réunion périodique et passager. Son existence comme ville date du xviiie siècle; en 1794, elle eut ses privilèges de bourgeoisie et commença à se développer. La guerre de 1808 et 1809, qui porta préjudice à toutes les villes de commerce du Danemark, favorisa celle-ci; les Russes vinrent lui demander le produit des pêches du Nord, et lui apportèrent les denrées qu'elle répandit à travers deux grandes provinces. En 1801, on ne comptait encore à Tromsö que 150 habitants; aujourd'hui il y en a près de 1400. En 1837, il est entré dans le port de cette ville trente-neuf bâtiments russes, trois hollandais, six danois, cinq hambourgeois, deux suédois, six brémois. Ils apportaient du blé, du chanvre, des denrées coloniales, et ils sont partis emportant du poisson sec, de l'huile de poisson, des peaux de chèvre, de renne, de renard, et de l'édredon. Tromsö est le chef-lieu de Finmark, la résidence de l'évêque et du gouverneur; le district de l'évêque s'étend jusqu'à l'extrémité du Nord : il doit parcourir à certaines époques tout son diocèse, visiter les écoles, entrer dans toutes les baies où il y a une église. C'est un voyage pénible, auquel il consacre les mois d'été, et qu'il n'achève guère que dans l'espace de quatre ans.

Quand je vis cette ville pour la première fois, c'était un dimanche. J'entrai dans une longue rue terminée aux deux extrémités par des montagnes de neige; en face de moi était le port avec ses lourds magasins et ses bâtiments de commerce, puis la vieille église posée près de la grève, la mer fuyant dans le lointain, et de tous côtés un horizon sévère, des remparts de roc, des cimes élancées, des masses de neige. Les boutiques des marchands étaient ouvertes; les paysans des environs, les femmes de la ville se pressaient autour du comptoir; c'était une curieuse chose que de voir, au milieu de cette nature sauvage du Nord, ces denrées de la civilisation et ce mélange de costumes, de physionomies; la jeune fille de Tromsö habillée comme une grisette parisienne, le matelot russe avec sa longue barbe et ses cheveux taillés en forme de couronne, et le Lapon avec sa blouse de vadmel gris, son bonnet bleu pointu, sa ceinture de cuir ornée de boutons d'étain et ses souliers de peau de renne.

Les Lapons viennent ordinairement ici le dimanche pour assister aux offices religieux, faire l'échange de leur poisson, de leurs pelleteries, contre les denrées dont ils ont besoin. Dans le cimetière, il y avait plusieurs femmes laponnes qui portaient un berceau sur leurs bras et attendaient l'heure où le prêtre pourrait baptiser leurs enfants. Ce berceau n'est autre chose qu'une planche creusée, revêtue de cuir au dehors, remplie de mousse au dedans, serrée par une enveloppe de cuir, recouverte à l'endroit où repose la tête d'une espèce de dais en cuir et ornée d'un triple rang de grains en verre de couleur qui s'étend sur le visage de l'enfant, comme pour flatter son regard au moment où il s'éveille. On dit que ces femmes n'aiment pas à découvrir la tête de leurs enfants devant des étrangers, car elles ont peur que ceux-ci ne leur jettent quelque sort; mais cette superstition ne paraissait pas exister parmi celles que nous avons vues, ou si elles redoutent l'influence magique du regard humain pour l'être chétif qu'elles portent sur leur sein, elles ne redoutent pas au moins celle de la nature. L'hiver, quand elles se réunissent à

Tromsö, elles mettent le berceau dans la neige et vont tranquillement à leurs affaires. Du reste, la plupart des Lapons que l'on rencontre ici ne sont que des Lapons fixes qui ont établi leur demeure au bord des golfes et vivent là à l'aide de leur pêche et de quelques bestiaux. Ce sont les *Söfinner*, comme on les appelle dans ce pays. Les *Fieldfinner*, ou Lapons nomades des montagnes, apparaissent plus rarement. Ce mot de *Finner*, ou Finnois, celui de *Quäner* et celui de *Finländer*, ont produit parfois une confusion qu'il importe d'éclaircir. Les Finner et les Lapons ne forment qu'un seul et même peuple; les uns habitent dans la Laponie norvégienne ou *Finmark*; les autres dans la Laponie suédoise ou *Lappmark* : voilà toute la différence. Les Quäner et les Finländer forment un autre peuple dont les traditions et la langue accusent une parenté primitive avec les Lapons. Cette question d'origine, d'histoire et de psychologie laponne, est trop étendue pour être traitée ainsi en passant. Nous nous proposons de la discuter plus tard avec le soin qu'elle mérite.

Tromsö est, comme presque toutes les villes de Norvège, complètement bâtie en bois. Auprès de l'église sont rangées les petites cabanes que les paysans du district ont eux-mêmes construites pour avoir un refuge quand ils viennent de quinze ou vingt lieues assister le dimanche à l'office. Plus loin sont les habitations des marchands; il y a une certaine coquetterie dans leur ameublement et dans la peinture qui les décore; le luxe de la civilisation a passé depuis longtemps le cercle polaire. Les soieries de Lyon, les étoffes de Mulhouse, repoussent chaque jour plus loin le tissu de vadmel et fascinent le regard du pêcheur, comme celui du riche bourgeois; partout l'antique costume disparaît, et la rude simplicité des vieux enfants de Norvège fait place à des besoins factices dont la fatale contagion s'étend jusqu'à la chaumière. J'ai vu souvent dans ce pays de pauvres maisons où le pied glissait sur le sol fangeux, où des chiffons cachaient la moitié des fenêtres; mais il y avait des lithographies encadrées sur la muraille. J'ai vu des malheureux qui n'avaient pour toute nourriture qu'un peu de mauvaise bouillie, mais ils voulaient la voir servie dans une tasse de faïence et la manger avec une cuiller plaquée. C'est une rude tâche pour celui qui aime les costumes primitifs que d'en chercher au milieu de ces provinces fermées encore à quelques-unes de nos idées favorites, mais déjà conquises par la mode. Je me rappelle toujours la colère artistique de M. Mayer qui nous accompagnait en Norvège, lorsque, au lieu d'apercevoir les costumes nationaux, les draperies pittoresques pour lesquelles il avait si bien préparé sa toile et ses pinceaux, il ne voyait de tous côtés que le frac français grossièrement taillé, le pantalon collant et la cravate empesée.

Mais pourquoi nous plaindre de cet échange de formes surannées contre des modes nouvelles? Tout cela n'est que le signe extérieur du mouvement d'idées qui passe des villes influentes aux villes passives. Les habitants de ces provinces reculées tournent dans l'isolement leurs regards vers les pays lointains dont ils comprennent le pouvoir, dont ils subissent l'ascendant; s'ils hésitent à sortir de leur cercle habituel, il y a là une sorte de force magnétique qui les attire; s'ils s'assoupissent dans le silence de leur retraite, il y a là une voix éloquente qui les réveille, un cri populaire qui les ébranle, un chant de poète qui les attendrit. Peu à peu ils en viennent à s'associer à la vie du peuple dont l'activité les préoccupe, car ils sentent que là est la vie du monde entier; ils applaudissent à sa gloire, ils chantent ses conquêtes. Soyons fiers de l'empire que la France exerce sur ces hommes du Nord; ce n'est plus comme au XVIIIe siècle l'empire d'un caprice de cour, mais celui de la pensée. J'ai vu dans une île de Finmark tout un corps d'officiers répéter avec émotion les refrains de nos chants nationaux, et, lorsque les marchands qui nous donnaient asile le long de la route parlaient de la révolution de 89 et de la révolution de Juillet, on eût dit, à les entendre raconter dans tous leurs détails ces deux phases de notre histoire, qu'ils relataient l'histoire de leur propre nation.

Cependant la même décroissance successive que l'on remarque ici dans la végétation existe dans les œuvres de l'homme. A mesure qu'on avance vers le nord, les villes deviennent plus rares et plus petites, et les communications plus difficiles. Le soleil de la civilisation, de même que le soleil de la nature, ne jette que de temps à autre une lueur pâle sur ces montagnes entourées de nuages, et le froid de la mort intellectuelle menace d'envahir la demeure du paysan retiré dans son ile silencieuse. Mais ces hommes luttent avec énergie contre le sort qui les effraye ; ils rassemblent autour d'eux tous les éléments possibles d'instruction et y cherchent un refuge dans leurs longs jours de solitude. Les naturalistes ont assigné une limite à la végétation du pin et du bouleau ; on ne pourrait en assigner aucune à l'intelligence de l'homme. Dans la plus humble cabane du pêcheur du Finmark, il y a quelques livres : une Bible, un livre de psaumes, un lambeau d'histoire ; et, dans cette ville de Tromsö, située au 70° degré de latitude, habitée par une vingtaine de marchands et quelques familles de manœuvres, qui le croirait ? il y a une école latine, deux sociétés de lecture, une société d'harmonie et une société dramatique. Il y avait même en 1832 une imprimerie et un journal, *Finmarkens amtstidende*, petite feuille in-4°, qui paraissait deux fois par semaine. Ces deux entreprises n'ont pu se maintenir ; mais on parle de les relever.

L'école latine compte une trentaine d'élèves. Trois professeurs y enseignent l'histoire, la géographie, l'allemand, le français, l'anglais, le grec et l'hébreu. Les maîtres, aidés par quelques souscriptions volontaires, ont eux-mêmes formé une bibliothèque classique dont la gestion est abandonnée aux élèves.

Les deux sociétés de lecture se composent d'une quarantaine de membres. La première, fondée en 1818, a déjà réuni onze cents volumes. La seconde est abonnée aux principaux journaux d'Allemagne, de Suède et de Danemark.

La société musicale donne chaque hiver quatre grandes soirées et quelques soirées extraordinaires au bénéfice des pauvres.

La société dramatique compte au nombre de ses membres toute la société de la ville, hommes et femmes: son théâtre est d'un aspect peu monumental et ses décorations ne sont ni très larges ni très variées. Je crois que dans ce moment elles se composent de deux toiles peintes de chaque côté et qui représentent l'intérieur d'une chambre, un coin de rue, une tour et une montagne. La tâche du machiniste consiste à savoir retourner ces toiles à propos et à y joindre quelques accessoires de circonstance. Dans les grandes solennités du théâtre de Tromsö, on a pu voir ce qu'on voyait au Globe du temps de Shakespeare : un buisson d'épines représentant la forêt de Windsor et une lanterne simulant le clair de lune. Mais ici du moins les misères de l'art ne vont pas jusqu'à donner à un homme un gracieux rôle de jeune femme. Si jamais les membres de cette honorable société ont la hardiesse de mettre à l'étude quelque pièce du poète anglais, il y aura une Juliette aux yeux bleus pour s'écrier : *It is no the larke*, et une Desdemona pour chanter d'une voix mélancolique la romance du Saule. Déjà l'on cite une jeune actrice charmante à voir dans quelques pièces de Holberg, et il en est une autre qui s'est illustrée à jamais par l'intelligence qu'elle a déployée dans les plus jolis vaudevilles de Scribe; car la société dramatique de Tromsö joue les vaudevilles de Scribe. Les fils de marchands s'habillent en colonels de la garde, et leurs sœurs s'appellent sept ou huit fois par an marquise ou comtesse. C'est ainsi que les habitants de cette côte du Nord cherchent à tromper l'ennui de leur hiver, la dureté de leur climat. De Drontheim ici, il n'y a guère que cent lieues de distance, et le changement de température est prodigieux. Autour de Tromsö, on ne trouve ni arbres ni fruits, point d'épis d'orge dans la vallée, point de rameaux de pins sur les montagnes, et si l'on veut avoir un bouquet de fleurs, il faut le faire éclore dans l'intérieur d'un appartement comme dans une serre chaude. J'ai vu un jour une jeune femme de Tromsö pleurer en regardant une branche de lilas que son mari lui apportait de Christiana : « Oh! mon Dieu, s'écria-t-elle, il y a sept ans que je n'ai rien vu de semblable. » Le souvenir, dit George Sand, est le parfum de l'âme; pour cette femme née sous un ciel plus doux, cette fleur à moitié fanée était un souvenir des joies de son enfance. D'une main tremblante, elle effleurait tour à tour les légères corolles de ces rameaux cueillis près de la maison paternelle, et dans leur calice desséché, dans leur arome évanoui, elle semblait chercher les rêves décolorés de son printemps.

Mais ni la rigueur du climat, ni la longue obscurité des nuits d'hiver, ne peuvent altérer l'affection que ces habitants portent à leur pays. Ils l'aiment avec sincérité et le font aimer au voyageur par leur hospitalité cordiale; ici tout étranger est comme un hôte de prédilection que la Providence envoie aux habitants de la ville. La maitresse de maison le regarde avec une sorte de sollicitude maternelle; et les jeunes filles au regard timide, aux cheveux blonds nattés, le servent elles-mêmes à table comme des filles de patriarche.

J'étais entré à Tromsö plein de curiosité; j'en sortis

avec un sentiment de regret. Dans les maisons où l'on m'avait admis, mes yeux n'avaient pas reconnu le luxe d'un salon parisien; sur la table dressée devant nous on ne voyait ni les *römer* des bords du Rhin, ni les coupes roses de Bohême, mais j'avais rencontré partout un regard bienveillant, j'avais senti une main affectueuse se reposer dans la mienne comme une main de frère : c'était là ce que je regrettais.

En naviguant plus loin vers le nord, nous aperçûmes encore les mêmes montagnes arides, les mêmes ravins remplis de neige, que nous n'avions presque pas cessé de voir depuis le district de Drontheim. Mais bientôt nous arrivâmes sur la côte d'Alten, lieu cité par les naturalistes comme un phénomène. Et n'est-ce pas un vrai phénomène que ces coteaux qui reverdissent au milieu d'une contrée couverte de neige, et cette terre septentrionale qui tout à coup semble se ranimer, qui recueille ses forces et porte dans les airs de grandes tiges de pins et des forêts de bouleaux? Alten était autrefois la résidence du gouverneur de Finmark; la maison qu'il occupait va être convertie en hôpital : ce lieu sera réservé surtout aux pauvres pêcheurs attaqués de la lèpre et aux incurables. Déjà le médecin attaché à cet établissement est venu s'y installer, et l'on dit que l'hiver prochain quarante malades pourront y être admis : c'est bien peu, si l'on songe à l'étendue du district auquel il est destiné, et à la quantité de malheureux qui languissent dans l'abandon; mais jusqu'à présent nulle institution de ce genre n'avait été fondée en Finmark. C'est une œuvre de bienfaisance dont on doit louer le gouvernement. Dans cette province aride, partout où il y a un coin de terre habitable, l'homme accourt aussitôt pour y construire sa demeure. Tout le contour du golfe d'Alten est parsemé d'habitations; à une demi-lieue de l'ancienne maison du gouverneur est Bossekop (baie de la baleine), joli hameau où l'on trouve un riche marchand et une bonne auberge. Vis-à-vis est Talvig, chef-lieu de la paroisse, et à un mille de là Kaafiord.

Kaafiord n'était encore, il y a quinze ans, qu'une baie déserte; l'habileté d'un négociant anglais y a fondé une colonie. Une mine de cuivre, découverte dans la montagne voisine du golfe, exploitée avec intelligence, est devenue pour lui un moyen de fortune, et pour tout le pays une source de prospérité. Dès le XVIIe siècle, cette mine avait été révélée au gouvernement danois, et quelques travaux furent entrepris pour en constater la valeur; mais alors les moyens d'exploitation n'étaient pas aussi faciles qu'ils le sont devenus depuis. On ignorait l'emploi du charbon de terre, et le bois était trop cher; après une étude superficielle de la position de la mine, l'entreprise fut abandonnée; le peuple en parla encore, mais personne n'osa la continuer. En 1825, une femme laponne trouva sur les rochers un morceau de cuivre qui brillait tellement aux rayons du soleil, qu'elle le prit pour de l'or; cet échantillon tomba entre les mains de M. Crowe, alors négociant à Hammerfest, qui le porta en Angleterre. A son retour, il savait qu'il y avait des veines de cuivre à Kaafiord, plus riches que celles de Suède; il visita le sol avec des ingénieurs, reconnut l'étendue des mines et sollicita un privilège d'exploitation. Le gouvernement norvégien se montra très libéral dans ses concessions; il lui accorda le produit net et exclusif des mines pendant dix ans, à partir du jour où il fondrait à Kaafiord le premier lingot; ce privilège était daté de 1826. En 1827, M. Crowe envoyait déjà en Angleterre plusieurs bâtiments chargés de minerai.

L'exploitation, entreprise sur une large échelle et avec des capitaux considérables, obtint bientôt un succès décisif. D'année en année, les travaux devinrent plus importants, le nombre des ouvriers s'accrut, et là où l'on ne comptait naguère pas une habitation d'homme, on vit s'élever des maisons, des ateliers, des magasins;

aujourd'hui M. Crowe emploie près de onze cents personnes. C'est une colonie entière qui se suffit à elle-même, qui a son église, son marchand, son médecin, son école, et qui tend à s'agrandir plutôt qu'à diminuer ; le minerai donne trente et quarante pour cent. De l'autre côté du golfe, l'habile directeur de cet établissement a fait creuser une autre mine plus riche encore que la première. Cette année il a commencé à faire des lingots de cuivre, et il en a déjà chargé plusieurs bâtiments.

Les mines creusées tout récemment sont loin d'offrir l'aspect grandiose et pittoresque des mines du Danemora et de Fahlun, qui descendent jusque dans les entrailles de la terre ; mais ce qui m'a paru curieux à Kaafiord, c'est de voir cette ruche d'abeilles formée si promptement par la volonté d'un homme, et ce mélange d'ouvriers de divers pays et de diverses races rassemblés sur le même filon, dirigés par la même main. Il y a ici des Russes, des Anglais, des Allemands, des Norvégiens, des Lapons. Chaque année, au printemps, il arrive des Suédois et des Finlandais qui travaillent là pendant l'été, vivent pauvrement, épargnent presque tout ce qu'ils gagnent, et s'en retournent avec deux ou trois cents francs au commencement de l'hiver ; et tous ces hommes, d'une nature rude, vivent ensemble en bonne intelligence. Il est rare qu'on ait à signaler parmi eux une rixe ou une infraction au règlement. Lorsqu'un pareil cas se présente, les directeurs des mines sont eux-mêmes juges du délit ; et si le coupable est condamné à payer une amende, elle retombe dans la caisse des pauvres. En même temps que le maître cherche à maintenir parmi les ouvriers une discipline sévère, il travaille aussi à leur donner des garanties de sécurité pour l'avenir. S'ils tombent malades, le médecin les visite gratuitement ; s'ils sont hors d'état de travailler, la caisse des pauvres vient à leur secours. Une loi d'équité les gouverne dans leurs jours de travaux ; une loi de bienfaisance les soutient dans leurs jours d'inquiétude. Ce sont ces sages institutions qui les retiennent dans leur devoir et les attachent à l'établissement.

Nous partîmes de Kaafiord avec une barque à voiles du pays et cinq rameurs. C'était le soir : une teinte de lumière plus douce s'étendait sur le paysage. Des flocons de vapeur, mêlés à la fumée de la fonderie, enveloppaient les mines que nous avions visitées le matin. A travers ces nuages flottants on distinguait la chapelle en bois, bâtie au-dessus de l'eau, à la pointe du rocher, comme celle de Guillaume Tell; çà et là quelques pins élevant leur tête arrondie au milieu des habitations d'ouvriers; au bas le golfe bleu et limpide, et dans le fond trois montagnes de neige serrées, fermant, comme un rempart inaccessible, cette enceinte pittoresque.

Une brise fraîche avait enflé la grande voile carrée de notre embarcation; et en voyant fuir derrière nous le sommet des îles et la pointe des promontoires, nous calculions déjà l'heure à laquelle nous aborderions dans le port de Hammerfest. Mais bientôt la mer s'aplanit, la voile se reploya sur le mât qui la soutenait, et nos rameurs prirent leurs avirons. Notre marche était moins rapide, mais charmante. A minuit, le soleil brillait encore à l'horizon; de grands jets de lumière couraient sur les vagues comme une fusée, et la mer, où le dernier souffle de la brise venait de s'endormir, était çà et là blanche comme l'acier, rouge comme la lame de cuivre qui sort de la fournaise, verte comme l'herbe des champs. C'était la nuit, mais une nuit semblable à une aurore de printemps. L'eider au plumage brun courait encore sur la grève, le goéland se berçait dans le sillage argenté de notre barque, et les algues du rivage élevaient leur tête humide au-dessus de l'eau comme pour aspirer un rayon bienfaisant de lumière. Nous passions entre des montagnes aux pointes aiguës fortement tranchées, les unes arrondies à leur sommité comme une tour, d'autres portant une crête allongée et crénelée comme un rempart, et de temps à autre une barque laponne glissait à côté de nous, comme pour nous apprendre qu'entre les baies dont nous ne voyions pas le fond, il y avait des hommes, et sur les rocs nus, des habitations.

Au bout de la grève nous en apercevons une, et nous dirigeons notre barque de ce côté. Ce n'est pas une maison, c'est une espèce de tanière informe, surchargée de terre et de touffes de gazon. Elle est située au pied d'un roc aigu qui la menace chaque jour d'un éboulement de pierres ou d'une avalanche ; et l'on n'y arrive qu'à travers une longue couche de fucus glissants. A l'intérieur, le sol est nu, les murailles nues. On ne voit ni chaises, ni tables, ni meubles. Deux pierres posées au milieu de cette sombre enceinte servent de foyer ; un peu de paille et quelques peaux étendues sur la terre humide servent de lit. Un homme portant une blouse de laine grise et de grandes bottes de pêcheur est à la porte : c'est le propriétaire de cette habitation. Je m'assieds à côté de lui, sur une pierre couverte de mousse, et il me raconte son existence. Il est né dans le district de Tromsö, et dès son enfance il a été à la pêche l'hiver comme l'été. Un jour qu'il se trouvait par hasard sur cette côte, il y jeta ses filets et en retira une quantité de beaux poissons. Cette découverte le décida à demeurer ici. Il assembla çà et là quelques poutres éparses et bâtit sa cabane. Son père, pauvre pêcheur comme lui, ne lui avait pas laissé, en mourant, un seul schelling. Sa femme avait eu pour dot une génisse ; cette génisse lui donna quelques veaux. Avec le produit de sa pêche il acheta une demi-douzaine de brebis. Sa fortune n'est pas allée plus loin. L'hiver, il laisse sa femme filer la laine et va à la pêche. L'été, sa femme émigre aussi ; elle conduit son petit troupeau dans une île voisine, afin d'épargner le gazon qui croît autour de leur demeure. En automne, ils se rejoignent tous deux, ils font leur récolte de foin, qui est parfois si court, qu'au lieu de le couper avec la faucille, ils sont obligés de le cueillir avec la main. Quand vient l'hiver, leurs génisses et leurs brebis couchent à côté d'eux dans leur cabane, et ils les nourrissent avec le peu d'herbe qu'ils ont amassée, avec les fucus de la côte et des têtes de poisson bouillies dans l'eau. Cet homme, qui me racontait ainsi sa vie misérable, a un regard intelligent et parle un pur norvégien. Au commencement de notre conversation, trompé par la forme de ses habits, je lui ai demandé s'il n'était pas Lapon, et il s'est révolté à cette question. Il veut bien être pauvre, mais non pas Lapon.

En fouillant dans sa demeure, je trouve une petite caisse de livres usés et sales. Ce sont des ouvrages de piété, des psaumes, des sermons et deux volumes dépareillés d'un voyage dans les mers du Sud. Il me raconte qu'il a acheté ces livres à Tromsö, dans une vente publique, et qu'il les a tous lus. « En voici un seulement, me dit-il, que j'ai essayé de lire plusieurs fois, mais que je n'ai pas compris. » C'était une grammaire latine. Un de nos rameurs, nous entendant prononcer le mot de latin, et séduit par l'idée d'apprendre cette langue, s'avance aussitôt et achète cette grammaire.

Dans cette même cassette, d'où nous venions de voir surgir un rudiment classique, je découvre deux petits cahiers plus intéressants encore. L'un est le livret en partie double où le marchand inscrit ce que le pêcheur lui doit et ce qu'il a payé. Toute la vie de ce malheureux est là dedans, toutes ses joies et toutes ses anxiétés. Quelquefois il a été en retard de 5 à 6 écus, puis il s'est remis péniblement au courant. Il est allé chez le marchand dans un jour de joie, et il a acheté pour 5 schellings d'eau-de-vie [1], pour 15 schellings de tabac; il a

---

1. Le schelling de Norvège vaut environ cinq centimes de notre monnaie.

acheté une demi-tonne de farine qui lui a coûté bien cher, du chanvre pour faire ses filets, un mouchoir d'indienne pour sa femme, un peu de sucre et de café et une tasse en faïence pour le boire. Tout cela formait une longue addition qu'il n'a pu acquitter qu'en allant plusieurs nuits de suite à la pêche. L'autre livre est un *ABC*, qu'il a cherché à copier pour apprendre à écrire. Mais les encouragements lui manquaient ainsi que les conseils, et, après avoir moulé patiemment les vingt-quatre lettres de l'alphabet, voyant l'écriture du marchand si nette et si courante, il a désespéré d'arriver jamais jusque-là et s'est arrêté.

À un mille de cette demeure, nous aperçûmes une cabane de Lapons. Nous entrâmes par une porte de trois pieds de hauteur dans une espèce de galerie enfumée où un pâle rayon de lumière descendait à travers l'ouverture pratiquée dans le toit. D'un côté, quelques peaux de renne formaient le lit de toute la famille; de l'autre était l'étable des brebis; au milieu, le foyer, et dans le fond, des vases en bois destinés à contenir le lait. C'était là tout l'ameublement de l'habitation. Une femme, tenant à la main une branche de bouleau, remuait, dans une chaudière de fer, des os de poisson; une jeune fille, assise sur une pierre, faisait du fil avec des nerfs de renne qu'elle déchirait entre ses dents et qu'elle tordait ensuite sur son genou, et une demi-douzaine de pauvres enfants, au visage pâle, au regard languissant, au corps amaigri, étaient groupés silencieusement entre leur mère et leur sœur aînée. Tous portaient une grossière robe de laine, tous avaient les yeux humides et rougis par la fumée. L'arrivée de quatre étrangers, à deux heures du matin, au milieu de cette famille solitaire, ne lui causa ni surprise ni émotion. La vieille femme resta la tête penchée sur sa chaudière, la jeune fille continua à tordre son fil de renne, et les enfants, inoccupés et immobiles, portèrent sur nous un regard plus hébété que curieux. Mais tout à coup un de nos compagnons de voyage s'avisa d'ouvrir son sac de tabac à fumer, et nous vîmes l'œil brun de la vieille femme étinceler : elle tendait la main avec une expression de convoitise peinte sur tous les traits de son visage. La jeune fille, qui jusque-là semblait à peine nous avoir remarqués, accourut aussitôt en articulant des mots inintelligibles pour nous. Quand elles eurent toutes deux les mains pleines de tabac, l'une d'elles en mit une partie dans sa bouche, et enveloppa soigneusement le reste dans un morceau de toile ; l'autre alla chercher sous ses peaux de renne une vieille pipe noire, et se mit à fumer avec un air de joie et de volupté inexprimables. Un autre de nos compagnons offrit à la vieille femme une pièce de monnaie norvégienne en papier représentant une valeur d'un franc. Mais elle la prit comme si elle ne savait ce que c'était, et, lorsque nous sortîmes, elle remercia celui qui lui avait donné du tabac et ne s'occupa nullement de celui qui lui avait remis de l'argent.

Ce fut là notre dernière halte. Nous avions expié chacune de ces excursions à terre par les douleurs que nous faisaient éprouver une armée de cousins qui voltigeaient autour de notre barque et nous harcelaient sans cesse, comme pour nous punir d'avoir envahi leur territoire. Nul vent ne soufflait dans notre voile, mais nos rameurs réalisaient tout ce que j'avais entendu dire de la force et de la persévérance des rameurs norvégiens. Ils portaient sans se lasser le poids de leurs lourds avirons. Tantôt debout, tantôt assis, ils nous faisaient courir sur la mer immobile. A huit heures du matin, nous touchions à la pointe du Hvalö, et, deux heures après, nous abordions à la cale du port Hammerfest.

HAMMERFEST

A ANTOINE DE LATOUR

Dans une des baies de Hvalö, à droite en venant de la pleine mer, on aperçoit cinq ou six maisons bâties au bord des rochers, surmontées d'un clocher en bois et défendues par deux pacifiques canons où les oiseaux viennent nicher : c'est Hammerfest, la dernière ville du Nord. Elle est plus grande qu'on ne le croirait au premier abord; plus de la moitié de ses habitations sont cachées dans un ravin, et lorsque, par une matinée d'été, on gravit la montagne rocailleuse qui la domine, un point de vue imposant se déroule aux regards. Au pied de la montagne est la ville avec ses jolies maisons de marchands, ses magasins rouges et ses cabanes de pêcheurs, s'étendant comme une ceinture au bord de l'eau; avec son port creusé dans une enceinte de collines, couvert de barques et de bâtiments de commerce; puis, de l'autre côté de la baie de Fuglenäs[1], langue étroite de terre où s'élèvent aussi quelques habitations, on découvre la mer où flotte la grande voile carrée du bateau norvégien, et, dans le lointain, les montagnes de Sorö aux cimes échancrées et couvertes de glaces éternelles.

1. Promontoire des Oiseaux.

Dès le milieu du moyen âge, le nom de Hammerfest apparaît dans les annales du commerce de Finmark. Ce n'était alors qu'un groupe de cabanes; mais le port, sûr et commode, était déjà connu des marchands de Bergen et des pêcheurs russes, qui tantôt se contentaient de jeter leurs filets à la mer, et tantôt exerçaient sur les côtes le métier de pirates. Le commerce du Finmark, monopolisé pendant un siècle, réduisit la population de cette contrée à une espèce de servage, et la plongea dans une profonde misère. En 1789, le gouvernement danois comprit enfin les funestes résultats du pacte qu'il avait conclu avec une société avide et cruelle. Le commerce devint libre, et Hammerfest reçut en même temps ses privilèges de ville marchande. Dans la pensée des rédacteurs de l'ordonnance de 1789, cette ville devait prendre un rapide accroissement. On la croyait destinée à devenir le point central du commerce dans le Nord, l'entrepôt du Finmark et d'Archangel; mais ces espérances ne se réalisèrent pas : Hammerfest resta longtemps un lieu de passage et rien de plus. M. Léopold de Buch, qui la vit en 1821, en fait un tableau fort triste. « Toute la ville, dit-il, y compris la demeure du prêtre, se compose de neuf habitations, quatre marchands, une maison de douane, une école et un cordonnier. Sa population ne s'élève pas à plus de quarante-quatre personnes. On n'y trouve aucune subsistance, pas même du bois pour se chauffer [1]. »

Dans l'espace de trente ans, cette humble cité est sortie de l'état d'anéantissement auquel M. de Buch semblait la condamner. Si le savant voyageur y revenait aujourd'hui, il y trouverait environ quatre-vingts maisons et quatre cents habitants, plusieurs larges magasins, deux auberges portant le titre d'hôtel, des ouvriers, des fabriques, voire même un jeu de billard.

---

1. *Reis nah Norwegen*, von Leopold von Buch, IIe th.

C'est par l'industrie des marchands que ce progrès s'est opéré, et les marchands composent toute l'aristocratie de la contrée. Ceux qui ont le bonheur d'être nommés agents consulaires de quelque pays étranger jouissent d'un immense privilège. On leur donne le titre de *consul*, et leur femme, au lieu de s'appeler simplement *madame*, prend le titre de *frue*. Dans les circonstances habituelles de la vie, la décoration du consul est une broderie; dans les graves occasions, il passe avant tous les autres marchands. Le prêtre est trop modeste pour ne pas laisser la place libre à ces sommités nobiliaires. Le chef de la douane pourrait seul leur disputer la prééminence, avec son pantalon à bandes d'or et sa casquette constamment ornée d'un ambitieux galon.

L'été, cette petite ville de Hammerfest offre un tableau riant et animé : elle voit arriver près de deux cents bâtiments, soit norvégiens, soit étrangers, dans l'espace de quelques mois [1]. Les uns, il est vrai, ne font que traverser la baie pour se diriger sur Archangel ou Tromsö; d'autres vont d'île en île compléter leur cargaison; mais un grand nombre s'arrêtent là. Ils apportent de la farine, du chanvre, des étoffes, et prennent en échange du poisson et de l'huile de poisson, des peaux de renne, de chèvre, de loutre, de renard, et de l'édredon. Hammerfest est la capitale commerciale de tout le Vest-Finmark. Elle attire à elle la plupart des produits de la contrée, c'est-à-dire la chasse, la pêche, et répand en détail, dans les diverses stations marchandes du district, les denrées étrangères qu'elle a reçues.

Les Russes arrivent en grand nombre dans cette ville. Depuis l'ordonnance de 1789, ils ont conquis tout le commerce de Finmark, affermé jusqu'alors aux négociants de Bergen. A peine voit-on par année deux ou trois bricks suédois, danois ou allemands; mais chaque

---

[1]. *Beretninger om den œconomiske Tilstand i Norge*, p. 330.

jour de bon vent amène plusieurs *lodie* russes. Ce sont de courts navires à trois mâts, la plupart si vieux et si usés qu'on ne les croirait pas capables de résister à un orage. Les plus petits ne sont pas même cloués: de l'avant à l'arrière les planches sont cousues avec du chanvre. On raconte que l'empereur de Russie, voyant un jour un de ces navires entrer dans le port de Saint-Pétersbourg, en fut si frappé, qu'il l'exempta à l'avenir de tout droit de douane. Avec ces frêles bâtiments qui effrayeraient un matelot de Portsmouth, les Russes doublent le cap Nord et pénètrent dans toutes les baies de l'océan Glacial. Tandis que les uns exploitent ainsi le commerce de Finmark, d'autres vont stationner près des bancs de pêche. Plus habiles et plus actifs que les Norvégiens, ils ramènent souvent un bateau chargé de poisson d'un lieu où leurs concurrents ne retirent qu'un filet à moitié vide. Il leur est défendu de pêcher à un mille de la côte, mais ils dépassent chaque jour les limites qui leur sont imposées. Ils fatiguent par leur persévérance l'attention de ceux qui doivent les surveiller. A l'est, à l'ouest, au nord, ils cernent de toutes parts la côte de Finmark. Ils y reviennent sans cesse. N'était la forteresse de Vardöhus qui les force à rebrousser chemin, ils seraient paisiblement installés sur le sol norvégien.

A côté du navire russe apparaît la pauvre barque du Finnois, qui vient apporter au marchand le poisson qu'il a péniblement pêché pendant plusieurs mois, et régler une partie de ses vieilles dettes. Sur la plate-forme en bois qui entoure les magasins, on aperçoit toutes sortes de costumes, on entend parler toutes les langues du Nord. Et le marchand est là, alerte et affairé, la casquette de peau de loutre sur la tête, la plume sur l'oreille, courant de son comptoir à son entrepôt, tantôt attiré par une balle de farine dont il faut mesurer le poids, tantôt par une addition, et faisant un cours de philologie russe, suédoise, laponne, allemande, en même temps qu'un cours d'escompte. C'est sa saison de labeur. C'est de ces trois ou quatre mois de combinaisons et d'écritures que dépendent ses succès de toute une année. Alors il expédie des bâtiments de pêche au Spitzberg et des charges de poisson en Espagne et en Portugal. Toute la journée s'écoule ainsi dans un perpétuel enchaînement d'affaires, et, le soir, viennent les causeries autour du bol de punch. Alors ces honnêtes marchands s'abandonnent avec joie à leur franchise de cœur, à leurs habitudes hospitalières, et, s'il y a un étranger parmi eux, ils sont pour lui d'une bonté et d'une prévenance sans égales. A défaut des grandes questions politiques et des nouvelles de Bourse, qui n'ont ici qu'un lointain et faible retentissement, on s'occupe beaucoup des nouvelles du district, et chaque anecdote, tombant au milieu de cette société paisible, produit une commotion qui passe en quelques heures du salon du consul à la cabane du pêcheur. L'état de la température joue surtout un grand rôle dans les conversations, et le baromètre est l'oracle de toutes les maisons. Les femmes, qui en sont encore à l'enfance de l'art, s'abordent en se disant : « Nous avons aujourd'hui vent d'est »; et les hommes, qui sont beaucoup plus avancés, disent : « Nous aurons demain vent du nord ». Puis l'été est une merveilleuse époque qui apporte chaque jour quelque événement inattendu. C'est un navire étranger qu'on n'avait pas vu depuis deux années et qui tout à coup reparaît dans le port, c'est un voyageur qui entre avec ses armes et bagages dans l'hôtel de M. Bangh; et jusqu'à ce qu'on sache au juste qui il est, à quels heureux commentaires ne sera-t-il pas livré !

Que si, à travers les brouillards flottants et les nuages épais qui voilent ordinairement le ciel de Hammerfest, on voit tout à coup surgir un beau soleil, si les montagnes des îles apparaissent au loin avec leurs flancs bleuâtres et leur cime étincelante, si la mer que nul vent n'agite se déroule comme un lac d'argent entre la ville et les rochers, c'est un beau et poétique spectacle; et l'étranger qui, pour le voir, est monté au sommet du Tyvefield, n'oubliera pas l'aspect grandiose de cet horizon où la terre et les eaux semblent se disputer l'espace, et cette mer orageuse qu'une heure de calme aplanit, qu'une clarté vermeille colore, et cette nature sévère qui soudain se déride et sourit à ceux qui la contemplent. Un soir, au mois d'août, j'ai vu, du haut de ces pics élancés comme une flèche de cathédrale, le soleil, un instant voilé par un léger nuage, se lever à minuit dans tout son éclat. Alors la mer était éblouissante de lumière; les montagnes avaient une teinte d'azur comme les horizons lointains des contrées méridionales, et les lacs posés aux flancs des collines, endormis dans leur bassin de granit, ressemblaient à des coupes de cristal. Lorsque ces beaux jours apparaissent, il se fait dans la ville un grand mouvement. Chacun veut jouir de ce tableau si rare, hélas! et si rapide. Les affaires sont suspendues; les femmes sortent pour voir les plantes qu'elles cultivent avec tant de soin, et les hommes, assis sur un banc, se dilatent au soleil. Mais ces jours d'épanouissement n'apparaissent que de loin en loin; un brouillard épais voile l'azur du ciel; le froid recommence au beau milieu de l'été, puis bientôt les bâtiments étrangers disparaissent l'un après l'autre, les entrepôts se ferment, les affaires cessent, tout retombe dans un profond silence. Voici l'hiver. Et quel hiver! des nuits sans fin, un ciel noir, un sol glacé. A midi, au mois de décembre, il faut se placer bien près de la fenêtre pour pouvoir lire quelques pages. Du matin au soir la lampe est allumée dans toutes les maisons, et plus d'étrangers, plus de mouvement, plus de nouvelles. La poste, qui doit venir trois fois par mois, n'arrive plus qu'à des époques indéterminées. Celle qui passe à travers les montagnes de Suède est souvent arrêtée par la nuit et les mauvais chemins; celle qui vient de Drontheim par mer rencontre encore plus d'obstacles. La ville, naguère si occupée et si vivante, est maintenant comme un monde à part, isolé de l'univers entier. Les pauvres gens qui l'habitent cherchent alors tous les moyens possibles de se distraire. Ils ont formé une association pour se procurer des livres danois et allemands. Ils se rassemblent le soir tantôt chez l'un, tantôt chez l'autre, si les tourbillons de neige ne les empêchent pas de sortir. Ils boivent du punch, ils fument, ils jouent aux cartes. Les plus lettrés d'entre eux doivent se résigner à ces distractions monotones; car lire ou écrire longtemps à la lueur d'une lampe est chose impossible. Un de leurs grands plaisirs, lorsque parfois le ciel s'éclaircit, est de prendre les longs patins en bois norvégiens et de s'en aller courir à travers les rocs et les montagnes, dont les flots de neige effacent toutes les aspérités.

Vers la fin du mois de janvier, ils commencent à chercher à l'horizon les première lueurs du soleil qui les a fuis pendant si longtemps. D'abord on ne distingue dans la brume sombre qu'une teinte rougeâtre, mais c'est le signe que chacun connaît et dont chacun se réjouit. C'est le signe précurseur de ce soleil qui va raviver la terre et les hommes. Le premier qui l'a vu surgir l'annonce à haute voix, et tout le monde accourt sur la colline; et, ce jour-là, c'est fête dans toutes les familles. Peu à peu la teinte rouge grandit. C'était une ligne informe, c'est maintenant un large disque qui traverse les nuages, et qui, de semaine en semaine, s'arrête plus longtemps à l'horizon, jusqu'à ce qu'il y reste sans relâche des mois entiers.

L'île de la Baleine (Hvalö), où Hammerfest est bâtie, est une terre rocailleuse qui ne produit ni arbres ni fruits. Je l'ai traversée deux fois, et, sur ses huit ou dix lieues d'étendue, je n'ai trouvé que des crêtes de montagnes dépouillées de végétation, çà et là quelques maigres bouleaux, de la mousse de renne dans les vallées, et des masses de neige, d'où les torrents s'échappent en mugissant. Dans la baie de Hammerfest, toutes les peines que le marchand s'est données pour avoir un jardin sous sa fenêtre n'ont abouti qu'à faire germer un peu de cerfeuil, une tige de salade. Au mois d'octobre, toute végétation cesse, tout se fane ; les fleurs même, que l'on garde avec les plus grandes précautions dans les appartements, meurent faute d'air et de lumière.

Dans l'intérieur de l'île, il n'existe aucune habitation ; mais sur la côte, au bord des golfes, le pêcheur est venu bâtir sa cabane là où il a pu trouver un peu d'herbe et de gazon. J'avais grande envie de voir ces habitations si pauvres et si isolées ; et lorsqu'un jour M. Aale, le digne prêtre de Hammerfest, me proposa de me conduire au delà de l'île dans une de ses trois paroisses, j'acceptai son offre avec joie.

Nous partîmes à pied un samedi matin avec un jeune Lapon qui devait nous servir de guide et porter nos provisions. Après avoir gravi une première crête de montagnes, nous descendîmes à Ryppefiord, jolie petite baie où un pêcheur a bâti cinq ou six cabanes en bois à mesure que la pêche l'enrichissait. C'est un homme intelligent, qui a lui-même donné des leçons à son fils et l'a mis en état d'être maître d'école de la paroisse. Il nous conduisit dans une île appelée *Kirkegaardö* (l'île du Cimetière). C'était là qu'on enterrait autrefois les suicidés. La justice ecclésiastique de cette contrée était plus sévère que la nôtre : elle rejetait ces malheureux hors de la communauté chrétienne ; elle les isolait au milieu d'une île déserte. Quelquefois aussi on enterrait là ceux qui étaient morts victimes d'une tempête ou d'un accident. Peu importe, disent les philosophes, dans quel lieu repose notre corps quand l'âme ne l'habite plus ; et cependant, j'en suis sûr, bien des étrangers, à qui l'on parlait de cette redoutable île du Cimetière, ont dû frémir à l'idée qu'en faisant naufrage sur la côte, ils pouvaient subir cet ostracisme de la mort, et être enterrés là, loin de leur pays, au sein de l'océan Glacial, seuls avec des hommes marqués pendant leur vie d'une tache honteuse. Le peuple dit qu'autrefois, à certaines époques de l'année, on voyait ces malheureux se lever au milieu de la nuit. Ils erraient sur les rochers au bord de la grève, et l'on distinguait dans l'ombre les blancs replis de leur linceul. Les uns imploraient une barque pour pouvoir aller visiter leur demeure ; d'autres mêlaient le cri de leurs remords au gémissement des vagues, au souffle de la tempête. L'un d'eux, un jeune homme (son histoire fut longtemps populaire dans le Nord), avait tué un officier danois qui tentait de séduire sa fiancée. On le voyait apparaître à certains jours, probablement le jour de son crime ; et tout seul à l'écart, assis sur une pointe de terre, il demandait que le prêtre vînt bénir la tombe où il ne pouvait dormir, et que sa bien-aimée vînt y jeter quelques fleurs.

L'honnête Norvégien qui nous racontait ces traditions en savait encore plusieurs autres. Il nous dit aussi que, pendant l'hiver de 1800, à la pêcherie de Lofodden, une nuit, il avait vu apparaître un homme armé de la tête aux pieds, portant l'étendard anglais d'une main et de l'autre brandissant une épée du côté du Danemark. Il prédit alors qu'il y aurait bientôt une grande bataille entre les Danois et les Anglais. Personne ne voulut le croire ; et, l'année suivante, l'amiral Nelson brûlait la flotte danoise dans le port de Copenhague.

De retour sur la côte de Hvalö, nous continuâmes notre route à travers les rudes aspérités des rocs, les ravins humides et fangeux, les broussailles tortueuses, la neige et les torrents. Le bateau qui devait nous conduire à Hvalsund nous attendait à Söholm. A quelque distance de là, nous aperçûmes une tente de Lapons. Ils avaient abandonné dans une île voisine leurs rennes aux soins d'un gardien, et ils étaient venus s'installer là pour pêcher. Leur tente se composait de cinq à six bandes de vadmel vieilles et noircies, posées sur quatre piquets et ouvertes par le haut pour laisser sortir la fumée. Une vieille femme était accroupie auprès d'un foyer, écrasant du sel sur une planche. Les hommes étaient dehors avec leurs robes en peau de renne, immobiles et apathiques. Du poisson séchait sur des perches à quelques pas d'eux, et des entrailles de poisson jonchaient le sol. En face de leur demeure, de l'autre côté de l'eau, on voyait s'élever une pyramide en pierre. C'était une de ces pierres saintes, une des *passe-vare* où les Lapons allaient autrefois offrir des sacrifices. Mais autour de ce lieu vénéré, dont les idolâtres ne s'approchaient que la tête nue et le front incliné, il n'existe plus ni cornes de bélier, ni pieds de renne, ni rien de ce qu'ils avaient coutume d'immoler au dieu de la chasse et au dieu du tonnerre, à *Sarakka*, la déesse des enfantements, et à *Jabbe Akka*, la mère de la mort. Les missionnaires du XVIIIe siècle les ont convertis, et les passe-vare ne subsistent plus que comme des monuments d'une ancienne superstition qui a perdu son empire.

Le soir, après quatorze heures d'une marche pénible et d'une navigation contrariée par le vent, nous arrivâmes à Hvalsund, dans la maison du marchand. Ces marchands des petites îles du Nord sont tenus d'héberger les voyageurs, mais ils ont en même temps le droit de se faire payer, et jamais ils ne veulent rien recevoir. Ils ouvrent à l'étranger qui vient les voir leurs armoires et leurs celliers. La maîtresse de maison emploie pour lui ses meilleures recettes de cuisine, la jeune fille tire du buffet la plus belle nappe, et le père de famille apporte sur la table avec un naïf orgueil la vieille bouteille de vin de Porto qu'il réserve pour les grandes occasions. Chacun ainsi s'empresse autour de l'étranger, et, quand il s'en va, on lui tend la main et on le remercie d'être venu.

Hvalsund est une de ces stations de commerce où abordent chaque année quelques *lodie* russes et quelques bateaux, où les habitants des montagnes et des côtes viennent apporter leurs peaux de renne, leur poisson, et faire leurs approvisionnements de l'année. En 1763, on y bâtit une chapelle. C'est depuis ce temps le chef-lieu d'une paroisse peuplée de Lapons. Le prêtre de Hammerfest y vient trois fois par an célébrer l'office divin. Il envoie un exprès au marchand pour lui annoncer le jour de son arrivée; le marchand l'annonce à un Lapon qui le répète à un autre, et la nouvelle court ainsi à quinze lieues à la ronde, de fiord en fiord, de montagne en montagne, et le dimanche toute la communauté accourt.

Elle était déjà réunie sous nos fenêtres, le matin, quand nous nous éveillâmes. Ceux-ci étaient venus à pied, ceux-là en bateau, et leur physionomie, leur costume, leur attitude, tout dans ces groupes étranges m'offrait un singulier et curieux tableau. Le caractère distinctif de ces assemblées de Lapons, c'est l'indolence. Les uns se tiennent debout au soleil; d'autres assis sur le gazon. Ils restent là des heures entières muets et immobiles. Les plus heureux sont ceux qui ont une vieille pipe et un peu de tabac. En hiver, ils portent de lourdes peaux de renne sur le corps; en été, des blouses de vadmel (*kofte*) gris ou bleu, surmontées d'un collet orné de broderies en fil rouge, serrées au milieu du corps par une ceinture de cuir et ornées d'un galon de drap rouge et quelquefois d'une lisière à la partie inférieure. Leurs longs cheveux flottent sur leurs épaules, et un bonnet en drap de diverses couleurs, taillé comme une calotte, leur couvre la tête. Ils n'ont ni linge ni bas; un pantalon étroit descend jusqu'à leurs souliers, et quelques-uns portent de grandes bottes en cuir. Sur la poitrine, ils ont une poche en toile suspendue au cou par un épais cordon et cachée sous leur blouse. C'est là qu'ils mettent leur bourse, leur tabac, leur cuillère en corne de renne, des aiguilles à coudre, du fil, un briquet et de l'amadou. Le costume des femmes ressemble à celui des hommes. C'est la même blouse sans collet, la même ceinture et les mêmes souliers en cuir, terminés en pointe et garnis de foin en dedans. Mais leur pantalon ne descend guère que jusqu'aux genoux ; le reste de la jambe est caché par les cordons de souliers qu'elles tournent et retournent de manière à en faire une espèce de bas. Leur bonnet est en étoffe de couleur, surmonté, comme celui des femmes d'Islande et de Normandie, d'une pointe pareille à un cimier de casque. Elles portent à leur ceinture leur bourse, leur tabac et tout ce dont elles ont besoin pour coudre. Quelques-unes ont eu la singulière idée d'adjoindre à leur antique costume lapon un fichu d'indienne. C'est une chose hideuse à voir que cette étoffe de Mulhouse tombant sur une peau de renne ou sur une blouse de vadmel. Elles ont une prédilection particulière pour tout ce qui ressemble à un bijou. Elles portent à leurs doigts de lourdes bagues d'argent ou de cuivre grossièrement travaillées, et sur leur ceinture des boutons d'argent. La plupart sont laides. Leur type de figure est celui qui a été souvent décrit par les historiens : la face plate, les joues creuses, les pommettes saillantes. Mais elles ne sont ni si laides, ni si petites, ni si sales qu'on l'a dit, et, parmi celles que j'ai vues à Hvalsund, il y en avait plusieurs remarquables par la finesse de leurs traits et la douce expression de leur visage.

Quand le prêtre parut sur le seuil de l'habitation, les Lapons, hommes et femmes, s'approchèrent de lui et vinrent le saluer selon leur coutume nationale, en lui passant la main autour de la taille comme pour l'embrasser. Ils ont pour leur prêtre un véritable attachement et un profond respect. Quand ils lui parlent, ils l'appellent toujours *cher père*, *excellent père*. Quand il entre dans leur demeure, ils se lèvent aussitôt, le prennent par la main et le conduisent au fond de leur cabane, à la place d'honneur. En général, les pauvres Lapons ont été durement calomniés. Les voyageurs qui n'ont fait que voir de loin les sombres demeures où ils vivent, leur ont prêté bien des vices dont ils sont, pour la plupart du moins, très innocents. Il suffit de rester quelque temps parmi eux, de les suivre dans les diverses situations de la vie, pour être touché de ce qu'il y a de bon, de simple et d'honnête dans leur nature. J'ai souvent interrogé à ce sujet les hommes qui ont le plus de rapports avec eux, les prêtres, les marchands, les pêcheurs, et il n'en est pas un qui ne m'ait fait l'éloge de leur douceur de caractère et de leur hospitalité. On les accuse seulement quelquefois de s'abandonner avec trop peu de retenue au plaisir de boire, et de montrer trop de méfiance dans leurs relations. Le premier défaut vient de la pauvreté de leur vie, et, quant au second, la nature qui les trompe chaque jour, l'élément rigoureux qui les poursuit sans cesse, ne leur enseignent-ils pas la méfiance, et la supériorité pratique des hommes avec lesquels ils ont un compte à régler ne leur en fait-elle pas une loi?

L'heure de l'office sonna, et nous nous dirigeâmes vers l'église. En un instant, la nef fut pleine de Lapons. Le prêtre prêchait dans leur langue, et, quoique son sermon, comme il avait lui-même l'humilité de l'avouer, ne fût ni correctement écrit ni correctement prononcé, tous l'écoutaient avec attention. Au sermon succéda le chant des psaumes; la plupart des Lapons avaient leur livre à la main et joignaient leur voix à celles du chœur. Cependant les désirs vulgaires se mêlaient encore à cette pieuse cérémonie. Au beau milieu du chant, je vis une vieille femme traverser la foule et s'approcher d'un homme assis près de la chaire. Elle lui dit quelques mots à l'oreille; alors il tira gravement de sa poche une pipe, la lui donna, et la vieille femme sortit avec un visage radieux.

Dans l'après-midi, il y avait une joyeuse assemblée chez le marchand. Plusieurs dames étaient venues de Hammerfest visiter Hvalsund, et l'on buvait du punch et l'on chantait. Pendant ce temps, les Lapons entraient au magasin, achetant pour quelques schellings d'eau-de-vie et de tabac, ou implorant un crédit que le prudent caissier ne leur accordait pas sans de longs préambules et de nombreuses restrictions. L'un d'eux, attiré par notre gaieté bruyante, s'avança vers la maison du marchand et entr'ouvrit doucement la porte du salon. Nous lui fîmes signe de s'approcher. Il vint s'asseoir par terre à nos pieds et écouta. Dans ce moment on entonnait une mélodie tendre et plaintive. Le Lapon baissa la tête et essuya une larme qui coulait sur ses joues. « Oh! me dit-il, quand il s'aperçut que je le regardais, nous ne chantons pas ici, nous, mais nous chanterons au ciel [1]. » Je lui donnai quelques schellings, et je lui

---

[1]. Nous ne pouvons résister au plaisir de citer le sonnet qui fut écrit en réponse à cette lettre :

> Pendant que tu disais ta ballade de France.
> Sous le toit de ton hôte un vieux Lapon entra,
> Qui s'assit à tes pieds, dans un pieux silence,
> Longtemps te regarda chanter et soupira.
>
> Puis ses yeux s'animant d'un rayon d'espérance :
> « Nous ne chantons pas, nous, mais une heure viendra,
> Où Dieu prenant pitié de sa grande souffrance.
> Dans un monde meilleur le Lapon chantera ».
>
> Et tu crois, ô vieillard, que sur d'autres rivages,
> Parce qu'elle est plus haut, la nue a moins d'orages,
> Et que l'homme au bonheur chante un hymne éternel?
>
> Ah! qu'il en est aussi dont les âmes blessées
> Traînent avec ennui le poids de leurs pensées,
> Et disent comme toi : Nous chanterons au ciel!
>
> ANTOINE DE LATOUR.

Eu, septembre 1838.

demandai s'il avait beaucoup de rennes et beaucoup de moutons, s'il était riche. « Dieu est riche, répondit-il, mais l'homme est pauvre. » Et, pendant une demi-heure, il entremêla ainsi à sa conversation des paroles bibliques. C'était un Lapon des frontières de la Russie, qui vient à Hvalsund chaque été avec son troupeau et s'en retourne l'automne dans les montagnes. « Où demeures-tu? lui dis-je quand il nous quitta. — Le Lapon, répondit-il, n'a point de patrie et point de demeure. Il porte sa tente d'un lieu à l'autre; mais, si tu veux venir l'hiver prochain à Kitell, tu demanderas Ole Olssen, et je te recevrai. » Le lendemain, au moment où j'allais partir, il vint à moi, et me dit en me présentant une vieille pièce de monnaie norvégienne : « Tu es un bon étranger, toi, tu ne méprises pas le pauvre Lapon. Garde cela pour souvenir de moi, et viens me voir à Kittell. Je te dirai comment nous vivons. » Puis il me tendit la main et s'éloigna.

Le prêtre exerce sur toute cette communauté une sorte de juridiction paternelle. C'est lui qui règle les mariages, qui apaise les querelles, qui donne des conseils au père de famille et des encouragements à l'enfant. Si deux époux ne peuvent s'accorder, ils s'adressent au prêtre. Si deux voisins ont à traiter quelque épineuse question d'intérêt, ils prennent pour arbitre le prêtre; et si le Lapon et le marchand sont mécontents l'un de l'autre, c'est encore le prêtre qui s'interpose entre eux. Le soir, il y avait un procès à juger. Il s'agissait de deux jeunes fiancés qui demandaient à rompre leur contrat. Le jeune homme, séduit par les sept cents rennes de sa future, aurait encore volontiers consenti à ensevelir dans le silence ses griefs; mais la jeune fille avait invariablement pris sa résolution. Les deux partis, accompagnés de leurs témoins, comparurent devant le prêtre, et quand la fiancée eut déclaré qu'elle voulait redevenir libre, le jeune homme redemanda les présents qu'il lui avait faits. Elle prit une clef cachée sous sa robe, ouvrit une vieille caisse en bois, et en tira une bague d'argent, une ceinture de cuir ornée de quelques plaques d'argent, et trois mouchoirs d'indienne. Le jeune homme rassembla ces objets, les retourna de tous côtés pour voir s'ils étaient en bon état; puis, quand cet examen fut fini, il raconta au prêtre que ses fiançailles lui avaient coûté beaucoup d'argent, que sa fiancée avait bu dix-huit pots d'eau-de-vie, et il demandait 10 dalers (50 fr.) pour s'indemniser de ses dépenses, de ses voyages et de ses chagrins. A cette déclaration inattendue, la jeune Laponne jeta sur lui un regard d'une magnifique fierté, puis elle en appela aux témoins, et il se trouva qu'au lieu de dix-huit pots d'eau-de-vie, l'innocente fille n'en avait bu que trois. Le prêtre lui dit de donner cinq francs à son rigoureux fiancé. Il les reçut avec autant de joie que s'il n'avait pas osé les espérer. Puis tous deux, à la demande de leur juge, se tendirent la main en signe d'oubli du passé et se séparèrent.

Le lendemain, les Lapons étaient retournés dans leurs demeures. Pour nous, nous avions un nouveau voyage à faire. Le pêcheur finnois qui, pendant sept mois de l'année, sert de maître d'école à la communauté, était venu de Revsboten, situé à douze lieues de Hvalsund, chercher le prêtre pour administrer les sacrements à sa vieille mère malade. Nous partîmes à midi dans une petite barque montée par trois hommes; le maître d'école nous servait lui-même de pilote. Nous longeâmes la côte occidentale de Hvalö, et je vis reparaître autour de moi les sites sombres de ces mers du Nord, les grands rocs aigus, isolés et debout au milieu des vagues, comme des pyramides au milieu du désert, les montagnes de neige ceignant l'horizon, de temps à autre un coin de terre aride où le pétrel s'arrête dans son vol, comme pour voir de quel côté soufflera la tempête, et de toutes parts une solitude profonde, un silence de mort.

Le soir, des nuages épais s'amoncelèrent autour de nous, l'azur du ciel disparut, et nous n'entrevîmes plus que les vagues noires et les masses confuses des montagnes, qui présentaient dans l'ombre toutes sortes de formes étranges. Il était deux heures du matin lorsque nous arrivâmes à Revsboten : le ciel était encore chargé de nuages; mais une clarté rougeâtre se montrait à l'horizon. A la lueur de cette pâle aurore, nous aperçûmes, sur une pointe de terre, une tente de Lapons nomades; près de nous un torrent, et au bord du torrent la cabane de gazon habitée par la vieille femme. « Irons-nous maintenant visiter ta mère? demanda le prêtre à Per Nilsson, le maitre d'école. — Oui, je le désirerais, répondit-il; je sais qu'elle veut te voir dès que tu arriveras. Attends-moi à la porte, je vais lui dire que tu es venu. »

Nous restâmes à la porte, tandis que les rameurs tiraient la barque sur la grève. Il faisait froid, humide, et nos manteaux, mouillés par le brouillard, ne pouvaient nous réchauffer; Per Nilsson revint un instant après appeler le prêtre. Nous le suivîmes en nous courbant jusqu'à terre pour franchir le seuil de son habitation. C'était une pauvre cabane laponne occupée par deux familles. D'un côté, étaient les peaux de rennes servant de lit; de l'autre, un métier à tisser, quelques seaux en bois posés sur des planches, une marmite suspendue au-dessus du foyer, rien de plus. Deux femmes, qui avaient revêtu à la hâte leur tunique de vadmel, étaient assises sur leur lit, et, dans un coin obscur, la malade poussait des cris de douleur. Une lèpre incurable lui avait dévoré une partie du palais, et sa voix, inintelligible pour tout autre que pour son fils, ressemblait à un râlement de mort. Le prêtre se posa devant son lit. Per Nilsson lui servit d'interprète. La malheureuse, sentant qu'elle n'avait plus guère de jours à vivre, voulait recevoir aussitôt la dernière communion. Le prêtre prit ses vêtements, son calice, et commença les prières des agonisants. Comme il craignait de se tromper en parlant une langue qui ne lui était pas familière, il priait en norvégien, et le fils de la malade, la tête inclinée, les mains jointes, traduisait à sa mère mourante les saintes paroles. C'est une scène que je n'oublierai jamais : cette cabane de pêcheur au milieu du désert ; cette malade, consolée par la foi dans ses douleurs; ce prêtre avec ses vêtements sacerdotaux, debout dans l'ombre; un fils traduisant à sa mère les exhortations de l'agonie; deux femmes silencieuses et comme atterrées par la douloureuse majesté de ce tableau ; auprès d'elles un jeune enfant endormi dans son ignorance; nulle étoile au ciel; nulle autre clarté dans cette retraite obscure qu'un rayon pâle de la lune descendant par le toit; le vent sifflant sur les vagues de la mer, et le torrent aux flots orageux grondant à côté de nous; c'est tout ce que j'ai vu dans ma vie de plus terrible et de plus imposant.

Quand la cérémonie fut achevée, la malade remercia Dieu et s'endormit. Per Nilsson nous mena dans une espèce de hangar où il renfermait ses provisions. Il étendit quelques peaux de rennes sur le plancher; nous nous couchâmes là-dessus, et nous dormîmes d'un profond sommeil. Quelques heures plus tard, quand Per Nilsson ouvrit la porte, le prêtre lui demanda comment se trouvait sa mère. « Elle va bien, dit-il ; tes prières l'ont fortifiée et réjouie ; elle est assise dans son lit et voudrait te voir. » Nous rentrâmes dans la cabane, et tandis que le digne pasteur portait encore une consolation dans le cœur de la malade, les deux autres femmes préparaient notre déjeuner. La première faisait bouillir du poisson dans la marmite qui avait servi la veille à cuire des plantes marines; la seconde pétrissait sur une planche des galettes de farine d'orge qu'elle rôtissait ensuite au moyen d'une pierre plate posée sur le feu. Un enfant nous apporta la marmite en plein air et mit une douzaine de galettes sur le gazon. Nous n'avions ni assiettes ni fourchettes; nous pêchâmes avec la pointe d'un canif les queues de poisson qui flottaient dans l'eau, puis nous allâmes boire au torrent, et la nouveauté de ce déjeuner nous fit oublier ce qu'il avait de peu confortable. Pendant ce temps, nos rameurs mangeaient une espèce de gruau composé d'huile et de foie de poisson. Quand ils eurent achevé ce triste repas, dont l'aspect seul me causait un profond dégoût, nous demandâmes à partir. Mais le bon Per Nilsson, qui devait encore être notre pilote, était retenu tantôt par sa mère, tantôt par sa femme; puis il allait se promener sur la grève, tenant un enfant de chaque main, et, lorsque nous regardions du côté du bateau, il regardait d'un autre côté. Enfin il s'arracha à son foyer et à ses affections; il dit adieu à l'un, à l'autre, et rama bravement pendant huit heures pour nous reconduire sur le sol de Hvalö.

LE CAP NORD

A M. ALFRED DE VIGNY

De Hammerfest au Cap Nord il n'y a guère qu'une trentaine de lieues, et, de tous les habitants de la ville, le prêtre est le seul qui ait été voir cette dernière limite de l'Europe. Le voyage n'est cependant ni aussi pénible ni aussi dangereux que certains touristes l'ont dépeint. Nous l'avons fait en trois jours; d'autres l'ont fait en moins de temps encore. Mais il est vrai de dire qu'autour de ces rochers qui forment la pointe du cap la mer est rarement calme. Même quand le vent se tait, les longues vagues de l'océan Glacial roulent avec fracas, comme si elles étaient encore soulevées par l'orage de la veille, et la côte est hérissée de brisants, où les flots impétueux se précipitent avec un rugissement pareil au bruit du tonnerre. Là, si l'on est surpris par l'ouragan, nul asile ne s'offre à la barque fragile, nulle terre ne la protège, et, si le vent contraire persiste, l'excursion de trente lieues peut durer trente jours.

Pour moi, dès mon arrivée en Finmark, j'avais regardé ce voyage au Cap comme le terme obligé d'un séjour dans le Nord. Tandis que je faisais mes préparatifs, un de mes compatriotes, M. de Saint-Maur, arriva à Hammerfest, et nous résolûmes de partir ensemble. Le bateau était amarré dans le port, les matelots avaient déjà revêtu leurs tuniques de cuir et leurs longues bottes; mais le vent du nord soufflait avec violence. Il était impossible de mettre à la voile ou de ramer. Nous restâmes ainsi toute une semaine, regardant à l'horizon et consultant les nuages. Enfin il s'éleva une légère brise d'ouest, et nous nous embarquâmes.

Toute cette mer est parsemée d'îles arides, habitées seulement par quelques familles de pêcheurs, visitées par les Lapons, qui y conduisent leurs rennes au mois de mai et s'en retournent au mois de septembre. Le nom de ces îles indique leur nature. C'est l'île de la baleine, de l'ours, du renne, du goéland : *Hvalö, Biœrnö, Renö, Maasö*. De longues bandes de neige les sillonnent toute l'année, et des brouillards épais voilent souvent leurs sommités.

Au delà de Maasö, les îles cessent du côté du nord; on entre dans la pleine mer, et bientôt on aperçoit les trois pointes de Stappen, qui s'élèvent comme trois obélisques au milieu de l'Océan. Celle du milieu, plus haute et plus large que les deux autres, avait frappé les regards des Lapons; ils la saluaient de loin comme une montagne sainte, et venaient sur sa cime offrir des sacrifices. Autrefois il y avait là quelques habitations; il y avait aussi une église à Maasö. Quand Louis-Philippe fit le voyage du Cap Nord, il s'arrêta une nuit chez le sacristain de Maasö, une autre chez un pêcheur de Stappen. Son voyage dans le Nord a déjà passé à l'état de tradition populaire. Les pêcheurs se le sont dit l'un à l'autre, les pères l'ont répété à leurs enfants; et les naïfs chroniqueurs de cette odyssée royale n'ont pu s'en tenir à la simple réalité; ils l'ont agrandie et brodée selon leur fantaisie. On raconte donc qu'une fois il arriva ici des contrées du Sud, de ces contrées merveilleuses où les arbres portent des pommes d'or, un grand prince qui cachait, comme dans les contes de fées, son haut rang et sa fortune sous le simple habit de laine norvégien. D'abord on le prit pour un étudiant curieux qui cherchait à s'instruire en parcourant le pays, ou pour un marchand qui voulait connaître l'état de la pêche de Lofodden, d'autant qu'il était doux, honnête, et nullement difficile à servir. Mais bientôt on reconnut que c'était un personnage de distinction, car il avait avec lui un compagnon de voyage (M. le comte de Montjoye) qui ne lui parlait jamais qu'en se découvrant la tête, qui couchait sur le plancher, tandis que le prince couchait dans un lit. Une fois la femme d'un paysan, chez lequel les deux voyageurs avaient passé la nuit, entra dans leur chambre au moment où ils s'habillaient, et elle vit que, sous son grossier vêtement de vadmel, le prince avait un habit de drap fin, tout couvert de croix et d'étoiles en diamants.

On dit aussi qu'une vieille Norvégienne, à qui il avait fait l'aumône, lui dit en lui prenant la main pour le remercier : « Les gens de ce pays te regardent comme un de ces voyageurs que nous voyons quelquefois passer; mais moi, je sais bien que tu es plus grand que le *Fogde* et l'*Amtmand* [1], et même que l'évêque de Drontheim. Je sais que tu es un prince, et, vois-tu, la vieille Brite ne ment pas, tu seras roi un jour. »

A l'époque où Louis-Philippe voyageait dans ces contrées si peu connues, il n'avait point d'habit de drap fin sous sa blouse de vadmel, point de croix de diamants sur la poitrine. Le désir de voir, d'observer, de s'instruire, lui avait fait entreprendre avec de faibles ressources cette longue et difficile excursion. Il venait de son collège de Reichenau, n'emportant pour toute fortune qu'une modique lettre de change sur Copenhague; et quand la bonne Brite lui prédit qu'il deviendrait roi, le prince dut lui répondre par un singulier sourire d'incrédulité. C'était en 1795; on ne songeait guère alors à faire des rois en France.

1. Les deux fonctionnaires supérieurs de la province.

L'église de Maasö a été transportée à Havsund ; le sacristain est mort; le pêcheur a émigré, et les deux îles sont désertes. Sur toute la côte de Finmark, on pourrait citer plusieurs de ces émigrations produites seulement par le défaut de bois. Quand le Norvégien va s'établir au bord de la mer, il cherche une baie qui ne soit pas trop éloignée des bouleaux; mais si les Lapons arrivent là en été, ils ravagent sa chétive forêt, ils coupent l'arbre par le milieu, et cet arbre ne repousse plus. Au bout de quelques années, le pauvre pêcheur, surpris par la disette de combustible, est forcé de fuir le sol où il avait bâti sa demeure. Il dit adieu à ses pénates, et va chercher ailleurs un lieu moins dévasté. Parfois aussi toute sa famille s'éteint sur le roc désert qu'elle occupait; sa frêle cabane tombe en ruine, et personne ne songe à en recueillir les débris ou à l'habiter.

En face de Stappen nous voyons s'élever une longue côte rocailleuse, coupée par une baie profonde, et projetant de toutes parts des lignes irrégulières, des cimes aiguës : c'est l'île qui porte à son extrémité le Cap Nord. On l'a nommée l'île Maigre; on aurait pu dire l'île Désolée, c'eût été plus juste encore.

A Giestvär, dans ce golfe ouvert au milieu des écueils, il y a pourtant encore une habitation et un marchand, le dernier marchand du Nord. Nos matelots ne l'avaient appris que par tradition, et nous errâmes sur les vagues, tantôt à l'est, tantôt à l'ouest, cherchant le haut d'un toit, et ne rencontrant partout que des pointes de roc. Enfin nous aperçûmes les mâts d'un bâtiment russe qui avait jeté l'ancre au fond de la baie; ils guidèrent notre marche. A côté du bâtiment était une cabane en bois servant de magasin, et rien de plus. Mais plus loin, derrière un amas de rochers couverts de plantes marines et de mousse, on voyait un nuage de fumée qui fuyait le long de la montagne. C'était la demeure du marchand, une pauvre demeure, où toute une famille se resserre péniblement pour laisser un peu de place au voyageur; à côté, une maison plus chétive encore, où l'on trouve quelques flacons d'eau-de-vie, quelques sacs de farine, du fil et du cuir : c'est la boutique. Près de là, deux cabanes en terre, habitées par des pêcheurs, et tout autour, les rocs nus, les aspérités sauvages, l'aridité, le silence du désert et l'océan Glacial. L'été, il arrive ici une douzaine de petits navires russes qui viennent chercher du poisson, car il y a sur la côte des pêcheries abondantes. Les premiers apparaissent au mois de juin, et les plus tardifs s'en vont au mois de septembre. A partir de cette époque, les habitants de Magerö ne voient plus aucun étranger et n'entendent plus aucune nouvelle. Le reste du monde est clos pour eux. La vague gémit sur leur rivage, l'orage gronde sur leur tête, et la nuit les enveloppe.

Cependant, quand nous fûmes près de l'habitation, la mère de famille vint à nous avec un front riant, et deux jeunes filles à l'œil bleu, aux cheveux blonds, nous tendirent cordialement la main en nous disant : « Soyez les bienvenus! » Pour ces malheureux jetés ainsi à l'extrémité du globe, isolés du reste des hommes, l'étranger inconnu qu'un bateau amène sur leur plage lointaine n'est pas un étranger. C'est un hôte aimé qui leur apporte un rayon de vie dans leur froide solitude; et quand la digne femme du marchand venait nous demander ce que nous désirions, il y avait dans son regard une sorte de sollicitude pleine de douceur; et quand Marthe et Marie, ses deux filles, passaient devant nous, leurs yeux bleus et leurs lèvres innocentes nous souriaient comme si elles eussent vu en nous des frères.

Bientôt la chambre que nous devions occuper fut prête, la table nettoyée et couverte d'une nappe blanche. Nous avions apporté avec nous des provisions de voyage, mais la bonne Mme Kielsberg était là qui épiait nos désirs et courait avec empressement, tantôt à son armoire, tantôt à la cuisine, chercher ce dont nous avions besoin. Jamais l'hospitalité norvégienne ne m'a plus touché. La pauvre femme ne pouvait placer devant nous ni linge damassé ni couverts d'argent; mais elle nous apportait sa dernière assiette et sa dernière goutte de crème. Après avoir récapitulé dans sa tête toutes ses richesses, elle prit une clef qui pendait à sa ceinture, ouvrit un buffet et en tira un flacon de liqueur qu'elle gardait pour les grands jours de fête. Hélas! c'est la bouteille d'huile de la veuve, et j'aurais voulu avoir la puissance du prophète pour la remplir sans cesse.

Tandis qu'elle restait là, occupée à nous servir, je l'interrogeais sur le passé, et elle me racontait sa vie, comment elle avait vécu jeune fille au milieu de ses parents à Drontheim, et comment elle avait quitté cette ville, qui lui semblait une grande ville, pour venir habiter cette solitude. « Il y a de cela vingt ans, disait-elle; mon mari, trouvant trop de concurrence ailleurs, avait sollicité le privilège de Giestvär. Il me demanda s'il ne m'en coûterait pas trop de me séparer du monde où j'étais habituée à vivre. Mais moi, je lui répondis que je le suivrais avec joie partout où il irait. Nous étions jeunes alors, et nous faisions de beaux projets; nous espérions pouvoir, au bout de quelques années, vendre notre établissement et retourner à Drontheim avec nos enfants. Nous arrivâmes dans cette île, où il n'y avait rien qu'une cabane de pêcheur. Nous bâtimes cette maison que vous voyez, le magasin, l'étable, et d'abord tout parut répondre à nos vœux. Je passai des années de joie dans cette pauvre demeure. Mais bientôt une longue suite de malheurs vint détruire nos espérances, et maintenant je ne demande plus à m'en retourner dans le monde où j'ai vécu, dans la ville où je suis née. Maintenant mes parents sont morts, sans que j'aie pu les embrasser une dernière fois; mon mari est malade et mon fils s'est noyé l'automne dernier à la pêche. » En prononçant ces mots, sa voix trembla; ses deux filles, qui la virent prête à pleurer, se suspendirent à son cou, et ses larmes s'arrêtèrent sous leurs baisers.

Pendant qu'elle s'abandonnait ainsi à ses souvenirs, minuit sonnait à la pendule enfumée de notre chambre, et, à cette heure où l'ombre enveloppait les contrées méridionales, notre ciel du Nord s'éclaircit. Le soleil, qui n'avait pas paru de tout le jour, projeta une lueur pâle à l'horizon. La brume qui inondait la vallée se leva de terre et s'entr'ouvrit; les nuages, chassés par le vent, se déchirèrent sur le flanc des montagnes et s'enfuirent. A travers leurs crevasses, on voyait poindre des teintes bleuâtres, des cimes dentelées. La mer et les rochers se découvraient peu à peu à nos regards dans toute leur étendue. C'était comme une décoration de théâtre au lever du rideau. La brise venait du sud; elle devait nous conduire en peu de temps au Cap Nord. Nous appelâmes nos matelots qui s'apprêtaient déjà à dormir; mais en leur donnant une ration d'eau-de-vie, nous leur fîmes oublier le sommeil, ils hissèrent gaiement la voile, et nous partîmes.

De Giestvär au Cap Nord, on compte environ cinq lieues. Au sortir de la baie, on ne voit plus à gauche que la pleine mer et à droite la côte de l'île. C'est une haute muraille formée de couches perpendiculaires rongées, broyées par les vagues et les orages, et sillonnées de distance en distance par des torrents de neige. A sa sommité, on n'entrevoit ni plantes ni arbustes, et sa base est hérissée de brisants où les vagues, même par un temps calme, bondissent, écument et se brisent avec colère. Du côté du sud, un rayon de lumière s'étendait comme un bandeau de pourpre à l'horizon. Mais ici tout était noir, la mer, les rocs et les cavités creusées par les flots dans le flanc des montagnes. Nulle autre voile que la nôtre ne flottait dans l'espace. Nul vestige humain ne se montrait à nos yeux. On ne voyait que la mouette perchée sur la pointe de l'écueil et le pélican noir qui levait son grand cou au-dessus de l'eau, comme pour regarder quels étaient les téméraires qui venaient le troubler dans son sommeil.

Après avoir longé pendant plus d'une heure ce boulevard de rochers, notre pilote nous montra une sommité plus large, plus élevée que les autres, et qui s'avançait plus au loin dans la mer : c'était le Cap Nord. Il ressemble à une grande tour carrée, flanquée de quatre épais bastions. C'est la tour au pied de laquelle les vagues s'épuisent en vains efforts; c'est la citadelle de l'Océan. Du côté de l'ouest et du nord, il était impossible d'y aborder. Nous ne voyions partout qu'une chaîne d'écueils et un rempart escarpé s'élevant à pic du sein de la mer. Notre guide nous fit doubler sa pointe, et nous entrâmes dans une petite baie creusée au milieu de la montagne. Là nous fûmes surpris par un singulier point de vue. Devant nous était une enceinte de rocs partagés par larges bandes comme l'ardoise, ou broyés comme la lave; au milieu, l'eau de la baie verte abritée contre les vents, unie comme une glace; et sur la rive de ce port paisible, au pied des cimes nues et escarpées, un lit de fleurs et de gazon et un ruisseau d'argent fuyant entre les blocs de pierre. Sur ses bords fleurissait le *Vergissmeinnicht* aux yeux bleus, la renoncule à la tête d'or, le géranium sauvage avec sa robe violette et ses feuilles veloutées, le petit œillet des bois, et, un peu plus loin, de hautes tiges d'angéliques cachaient, sous leurs larges rameaux, des touffes d'herbe. Je ne saurais dire l'effet que produisit sur moi cette végétation inattendue. C'était comme un dernier rayon de vie sur cette terre inanimée, comme un dernier sourire de la nature dans l'aridité du désert.

Tandis que nos matelots couraient aux plantes d'angéliques, dont ils faisaient d'amples provisions, je me penchais sur le sol humide pour entendre le murmure du ruisseau tombant par petites cascades d'une pierre à l'autre, filtrant à travers les pointes d'herbe et courant sur la grève. Je regardais ces jolies fleurs bleues, mollement épanouies, et ma pensée s'en allait bien loin d'ici chercher dans nos vallées des fleurs semblables. Puis, en restant là, il me venait de singulières réflexions : je me disais que cette eau fraîche et pure qui courait follement dans les vagues de l'Océan ressemblait à ces intelligences chastes et candides qui vont se perdre dans le tourbillon du monde, et ces fleurs solitaires, écloses au bord de la mer Glaciale, étaient pour moi comme ces douces pensées d'affection qu'une âme fidèle conserve au sein d'une société refroidie par l'égoïsme. J'avoue que ces réflexions et plusieurs autres encore, dont je fais grâce au lecteur, étaient peu à l'avantage du monde. Mais où serait-il permis d'enfanter de sombres rêveries, si ce n'est au Cap Nord ?

Je fus tiré de mes monologues misanthropiques par la voix de mon compagnon de voyage, qui me montrait la cime de la montagne et s'élançait sur les pointes des rochers. Cette montagne n'a pas plus de mille pieds de hauteur; mais elle est droite, roide et difficile à gravir. Ici on rencontre un amas de pierres broyées qui se détachent du sol et roulent en bas quand on y pose le pied; là des bandes de mousse humide où l'on glisse sans rencontrer aucun point d'appui, ou de larges masses de rochers auxquelles il faut se cramponner avec les mains pour pouvoir les franchir.

Après avoir quitté les tiges d'angéliques et les touffes de fleurs, on n'aperçoit que de frêles bouleaux courbés jusqu'à terre, et étendant autour d'eux, dans une sorte de convulsion, leurs rameaux débiles, comme pour chercher un peu de sève et de chaleur. Plus haut, ces plantes mêmes disparaissent. On ne trouve plus qu'un sol nu ou chargé de neige.

Le sommet de la montagne est plat comme une terrasse, couvert d'une terre jaunâtre parsemée çà et là de mousse de renne et de morceaux de quartz d'une blancheur éclatante. Nous courûmes avec une joie d'enfant sur ce vaste plateau, car nous venions d'atteindre le but de nos vœux et de nos efforts. Tantôt nous nous penchions sur la crête du roc pour mesurer de l'œil la profondeur de l'abîme, et entendre la vague fougueuse gémir sur les écueils ; tantôt nous cherchions dans le lointain une habitation humaine, et de toutes parts nous ne voyions que la terre dépeuplée. Puis tout à coup, saisis par l'enchantement de cette grave nature, nous restions là, debout, immobiles et pensifs, contemplant le spectacle étalé sous nos yeux. A notre droite s'élevait la terre ferme, le Nordkyn, la dernière pointe de l'Europe ; à gauche, une longue ligne de montagnes échancrées et couvertes de vapeurs, et devant nous la mer Glaciale, la mer sans borne et sans fin : *boundless, endless* [1], l'immensité. A l'est, le soleil déployait encore son disque riant, et jetait un sillon doré sur les vagues ; mais au nord et au sud, les nuages, repoussés un instant par le souffle du matin, se rapprochaient l'un de l'autre et pesaient comme une masse de plomb sur l'Océan. C'était la nuit d'Israël avec la colonne de feu, le chaos avec le rayon de lumière céleste ; et l'idée de la solitude lointaine où nous nous trouvions, l'aspect de cette île jetée au bout du monde, le cri sauvage de la mouette se mêlant aux soupirs de la brise, au mugissement des ondes, tous les points de vue de cette étrange contrée, et toutes ces voix plaintives du désert, nous causaient une sorte de stupeur dont nous ne pouvions nous rendre maîtres. Ceux qui ont vu les forêts vierges de l'Amérique ont peut-être éprouvé la même émotion. Ailleurs la nature peut ravir l'âme dans la contemplation de ses magnifiques beautés ; ici elle la saisit et la subjugue.

[1]. Byron, *Child-Harold.*

En face d'un tel tableau, on se sent petit, on courbe la tête dans sa faiblesse, et si alors quelques mots s'échappent des lèvres, ce ne peut être qu'un cri d'humilité et une prière.

Descendre du haut du Cap Nord était plus difficile encore que d'y monter. Nous ne pouvions nous tenir debout sur les pentes de mousse glissantes et les tables de roc perpendiculaires. Il fallait nous asseoir sur le sol et nous traîner à l'aide de nos mains. Si nous faisions un faux pas, nous courions risque de nous précipiter dans la vallée, et si nous heurtions trop fortement un bloc de pierre détaché du sol, il roulait avec fracas le long de l'étroit sentier, et pouvait atteindre dans sa chute ceux qui nous précédaient. Mais, après deux heures de marche, toute la caravane remonta saine et sauve à bord du bateau. Par un bonheur insigne, au moment où nous tirions notre ancre de fer amarrée aux pierres de la grève, le vent tournait à l'est. On eût dit que nous l'avions acheté, comme les voyageurs d'autrefois, de quelque sorcier lapon, tant ce changement de direction venait à propos.

En arrivant à Giestvär, nous trouvâmes la famille du marchand réunie pour nous attendre. Marthe et Marie avaient revêtu leur robe neuve, leur tablier de couleur, et le bonnet à rubans bleus qu'elles ne portent qu'aux jours de fête. Dans notre modeste chambre, leur mère avait placé sur la table la jatte de lait que ses vaches venaient de lui donner, et l'on avait préparé avec beaucoup de soin deux lits de plume pour nous reposer de nos fatigues. Mais nous connaissions déjà trop les contrées du Nord pour ne pas profiter du vent capricieux qui promettait alors d'enfler notre voile, et nous dîmes adieu à regret à cette maison hospitalière où nous avions été reçus avec tant de cordialité. « Adieu pour toujours ! murmura Mme Kielsberg en nous serrant la main. — Oh ! non, pas pour toujours ! » s'écrièrent ses enfants. La bonne mère secoua la tête et ne répondit rien. Les jeunes filles s'avancèrent sur la pelouse pour nous saluer encore. En observant cette attitude silencieuse de la mère et celle de ses enfants, il me semblait voir l'expérience triste qui se souvient du passé et l'espérance aventureuse qui regarde vers l'avenir.

Le soir, nous nous arrêtâmes à Havsund. C'est un détroit riant, bordé par deux collines couvertes de verdure. Sur l'une de ces collines s'élève la maison du prêtre de Hammerfest, qui vient ici deux fois par an passer quelques semaines; sur l'autre, l'église nouvellement bâtie et la demeure du marchand avec ses magasins. La terre ne porte ni plantes potagères ni arbres; les nuits d'hiver y sont aussi longues, aussi obscures qu'au Cap Nord : mais les observations de température, faites sous la direction de M. Parrot, professeur à Dorpat, présentent ici un résultat curieux. Au mois d'août, le thermomètre ne s'élève pas à plus de dix degrés. Au mois de janvier, par les plus grands froids, il ne descend pas à plus de douze. L'hiver dernier, on en compta une fois treize, mais c'était un événement extraordinaire. La côte est fort peu habitée, et l'intérieur des montagnes est complètement désert. Toute la paroisse, qui s'étend à plus de vingt lieues de distance, ne renferme que trois cent soixante Lapons et cent vingt Norvégiens. Mais au mois de mai un grand nombre de bateaux de Nordland, Helgeland et Finmark, se rassemblent dans les environs pour pêcher, et une douzaine de bâtiments russes viennent ici, chaque année, prendre une cargaison de poisson.

Le marchand de Havsund est un homme riche et habile. Dans l'espace de quelques années, il a construit des magasins, il a fondé une fabrique d'huile de poisson. Sa maison, dont il a été lui-même l'architecte, est bâtie avec élégance et ornée avec goût. Tout cela lui donne une satisfaction de propriétaire dont il aime à jouir devant ses hôtes. Il nous promena du comptoir au salon, et à chaque pas il nous regardait comme pour saisir sur nos lèvres une exclamation et dans nos yeux un sentiment de surprise. Mais ceci n'était encore que le prélude de son triomphe. Le soir, tandis que nous étions à table, il s'approche mystérieusement de la pendule dorée dont il venait d'enlever le globe; il tire un ressort, et ne voilà-t-il pas que la magique pendule se met à jouer un air de *Fra Diavolo*! Non, je n'oublierai jamais le regard tout à la fois triomphant et inquiet, le regard scrutateur qu'il jeta sur nous au moment où l'on entendit résonner les premières notes de musique. Si alors nous avions voulu commettre un meurtre moral, nous n'aurions eu qu'à montrer aux yeux de notre hôte un visage indifférent. Mais nous ne fûmes pas si cruels; nous applaudimes à la féerie de sa pendule, et, par reconnaissance, il vida un grand verre de vin à la prospérité de notre pays. Ce toast, dont nous le remerciâmes avec sincérité, n'était que le commencement d'une horrible trahison. Le malheureux partit de là pour entamer une dissertation politique, dans laquelle il passa en revue toute l'Europe. En vain je me débattis contre le piège perfide qu'il venait de me tendre; en vain j'essayai de le ramener à sa nature d'habitant de Havsund : mes efforts furent inutiles. Quand je lui parlais des Lapons, ses voisins, il suivait l'armée de don Carlos en Espagne; quand je lui demandais quel avait été le produit de la pêche dans les années dernières, il énumérait le budget de l'Angleterre. Je vis que la lutte était impossible. Je courbai la tête comme un martyr, et j'écoutai patiemment jusqu'à ce qu'il lui plût de mettre fin à ses digressions. Mais le lendemain il m'attendait déjà de pied ferme, et je n'échappai que par la fuite au développement d'une nouvelle théorie. « Bon Dieu! me disais-je en reprenant la route de Hammerfest, où faudra-t-il donc aller pour éviter la politique, si elle doit nous poursuivre jusqu'au 71° degré de latitude? »

BOSSEKOP

A C. CLERGET

Si jamais quelque enfant studieux de Finmark s'avise d'écrire l'histoire de Hammerfest, j'espère qu'il citera dans les annales de cette ville le 21 juillet 1838 comme un jour mémorable. Ce jour-là, les deux officiers de marine chargés de la topographie des côtes avaient arboré dans le port le pavillon royal de Suède et de Norvège; l'évêque arrivait de Vardöhus; le *fogde*, cette haute puissance du district, montait d'un pas majestueux l'escalier en bois servant de cale; le bateau à vapeur amenait plusieurs belles dames de Finmark, et la corvette française élevait au-dessus des bâtiments de commerce son haut mât surmonté de la flamme guerrière. Ce jour-là, les rues de la petite ville présentaient un tableau inusité. De tous côtés on voyait des matelots portant quelque coffre sur leurs épaules, des voyageurs cherchant une demeure, et des habitants de la ville courant au-devant d'eux avec cet admirable sentiment d'hospitalité dont j'ai déjà parlé plusieurs fois, et que je ne peux assez louer. Toutes les physionomies avaient un air de vivacité qui ne se manifeste que dans les grandes circonstances, et dans toutes les maisons la table était mise. On ne pouvait franchir le seuil d'une porte sans voir briller aussitôt le flacon de vin de Porto sur la nappe effrangée, sans entendre le cliquetis des verres et la joie bruyante d'un cercle de convives qui se souhaitaient réciproquement la bienvenue. Enfin, que dirai-je de plus? ce jour-là, dans la bonne cité de Hammerfest, on ne comptait pas moins de quatorze uniformes brodés, dorés, accompagnés du sabre et de l'épaulette. Le matin, on recevait des visites d'étrangers, et le soir on devait avoir un bal, un bal donné par les officiers de la *Recherche*. Déjà la salle de M. Bang était revêtue de pavillons de toutes couleurs; des baïonnettes réunies en faisceau formaient des candélabres tels qu'on n'en avait jamais vu dans cette paisible ville de commerce, et les lames de sabre étincelaient entre les lustres. On avait pensé à revêtir cette salle militaire d'une guirlande de fleurs; mais la chose fut impossible : tous les vases de porcelaine, où les dames de Hammerfest entretiennent d'une main vigilante le géranium et le réséda, n'auraient pas suffi à faire un bouquet, et les fleurs des montagnes, la violette pâle, la renoncule, commençaient à se faner. Mais le maître *cook* fit des prodiges. Le punch avait un arome merveilleux, les confitures auraient fait oublier à un helléniste le miel des abeilles de l'Hymette, et le souper était servi avec une magnificence royale. On dansa jusqu'au matin, et, quelques heures après, cette fête s'en allait dans le passé comme un rêve. Les étrangers commençaient déjà à faire leurs préparatifs de départ, et nous qui, depuis plusieurs mois, avions vécu d'une même pensée et voyagé dans un même but, nous allions nous disperser. De vingt personnes composant notre société d'exploration, les unes retournaient en France, d'autres en Norvège, d'autres devaient passer l'hiver à Finmark, et M. Gaimard, M. Robert et moi, nous partions pour la Laponie.

Grâce à la constante et inappréciable bienveillance du roi de Suède, nous avions, pour faire ce voyage, un prêtre instruit, un guide excellent, M. Lästadius, qui a toujours vécu en Laponie, et a traversé plusieurs fois ce pays de long en large, tantôt pour suivre ses études de botaniste, tantôt pour recueillir des traditions d'histoire et de mythologie. Cependant nous ne passâmes pas devant la *Recherche* sans un certain sentiment de tristesse. Elle était encore immobile dans le port, appuyée sur son ancre, tandis que le bateau à vapeur sillonnait déjà la vague paisible. Au cri d'adieu que nous lui adressâmes, les officiers accoururent sur la dunette; les matelots montèrent dans les enfléchures et sur les huniers pour nous saluer encore une fois. Un peu plus loin, nous entendions des *hurrah* répétés par une foule nombreuse; c'étaient les habitants de la ville qui venaient se rassembler sur la grève, et nous exprimaient une dernière pensée d'affection, un dernier vœu. L'aspect de notre corvette, avec ses officiers étendant encore vers nous une main de frère, et ses matelots penchés sur les vergues; l'aspect de cette population qui se pressait au bord du rivage, et ces signes d'adieu, ces mouchoirs agités dans l'air, ces cris partis du cœur, avaient quelque chose de saisissant. Plus d'une paupière alors devint humide, plus d'un regard fut voilé par une larme. Dans ce moment, nous quittions, à l'extrémité du Nord, nos compatriotes que nous ne reverrions peut-être pas de longtemps, et des étrangers dont nous étions devenus les amis et que nous ne reverrions peut-être jamais.

Le soir, nous arrivâmes à Kaafiord. Le directeur des mines, M. Crowe, nous reçut avec sa cordialité habituelle. L'arrivée subite de douze personnes ne l'effraya point. Sa table s'allongea, et ses chambres se garnirent de lits à volonté.

Le lendemain, nous partîmes pour Bossekop. M. Gaimard devait présider à l'installation de nos compagnons de voyage, qui devaient faire là, pendant l'hiver, une série d'observations astronomiques et magnétiques, et moi j'avais voulu m'associer à son voyage, curieux de voir un lieu que ces observations illustreront sans doute.

Bossekop (baie de la Baleine) est une colline élevée au bord d'un des golfes d'Alten, revêtue en été d'une belle verdure et parsemée d'habitations. Au milieu s'élève celle de l'ancien marchand du district, M. Clarck, qui acheta, il y a une vingtaine d'années, ce terrain, et y fonda une colonie. La plupart des pêcheurs finlandais, groupés autour de sa demeure, payent encore chaque année à sa veuve une redevance de trois à quatre jours de travail. La maison de M. Clarck, bâtie en face de la mer, est large et commode. C'est là que nos compatriotes demeureront. Au nord et au sud, ils ont déjà commencé à établir leur observatoire, et les bateaux de Kaafiord leur ont apporté tous leurs instruments en bon état.

Près de Bossekop s'étend une forêt de pins traversée par une belle avenue comme un parc. Cette terre présente un phénomène curieux. A quelques lieues de distance, on ne trouve plus aucune trace de végétation, et ici on voit des pins, des bouleaux, des enclos de gazon, des champs ensemencés. A Murbakken, un paysan industrieux a fait d'une moitié de colline un joli jardin, coupé par plusieurs plates-bandes traversées par des lignes d'arbres et parsemées de fleurs. Quand nous le visitâmes, deux rosiers sauvages venaient de s'épanouir au pied du mur qui les protège; le bon propriétaire les contemplait avec une joie naïve. En nous montrant leurs légers rameaux et leurs boutons à demi ouverts, il cherchait à lire dans nos yeux un sentiment de surprise; on eût dit qu'il nous montrait une plante inconnue. Puis, après nous avoir raconté avec une grande précision en quelle année il avait planté ces précieux arbustes et quelle peine il avait eue à les préserver de l'orage, il en coupa deux petites branches et nous les offrit, non sans jeter un long regard sur la tige, comme pour être bien sûr qu'il ne l'avait pas trop cruellement blessée. Un peu plus loin, à Königshofmark, on trouve un jardin plus large encore et plus riche : il y a là des plates-bandes couvertes de pavots et d'autres chargées de petits pois. Quand on vient des rochers de Hammerfest, c'est une véritable merveille.

Auprès de Bossekop, on aperçoit pourtant une colline rocailleuse pareille à celles qui parsèment l'Océan jusqu'au Cap Nord : elle s'élève au bord de la mer, et termine, comme une forteresse, le circuit de la baie. Du haut de son sommet, on découvre un large et imposant horizon : d'un côté, les ruines de Kaafiord, d'où s'échappent sans cesse des tourbillons de fumée; de l'autre, le détroit de l'Étoile, les montagnes couvertes de neige, le golfe coupé de distance en distance par la pointe d'un roc, resserré en d'autres endroits comme un lac, puis se déroulant au large et fuyant dans le lointain. Là-bas la vie industrielle, ici la vie maritime et aventureuse; la barque du pêcheur suivant comme une couleuvre les sinuosités de la côte, et le brick à la lourde mâture se berçant sur les vagues.

Sur ce rocher où j'étais venu m'asseoir par une belle soirée pour contempler dans une heure de rêverie solitaire, les deux côtes du golfe; les chaînes de montagnes et les petites habitations de Bossekop, riantes et paisibles comme des strophes d'idylle, sur ce rocher dont une vague caressante venait, avec un doux murmure, baiser les contours, je n'aperçus qu'un pauvre pin dont les branches courbées sur la pierre semblaient appeler en vain une autre plante. Sa cime était déjà dépouillée d'écorce et jaunie; la terre qui recouvrait ses racines commençait à se dessécher, et le vent qui passait à travers ses rameaux rendait un son triste. Je regardai ce malheureux arbre qui dépérissait ainsi dans l'isolement, et la conversation suivante s'engagea entre nous :

LE VOYAGEUR.

Au bord de l'Océan, pauvre arbre solitaire,
Sans force et sans appui, j'ai pitié de ton sort.
Comment es-tu venu tout seul sur cette terre?
Comment as-tu vécu sous ce ciel froid du Nord?

L'ARBRE.

Un soir le vent du sud apporta sur son aile
Un germe fugitif à ce roc décharné.
Le printemps souriait et la mer était belle.
Et le ciel rayonnant, à l'heure où je suis né.
Puis, lorsque j'ai grandi, sur ce sol que j'ombrage,
J'ai penché mes rameaux et mon front agité;
Je cherchais un soutien pour les heures d'orage,
Un rameau caressant pour les beaux jours d'été.
Mais au milieu du calme, au sein de la tempête,
Nulle plante fidèle à mon sort ne s'unit.
Nul autre arbre isolé n'élève ici la tête,
Nul oiseau sur ce roc ne vient faire son nid.
Je n'entends que la voix de l'orage qui gronde,
Ou le cri du corbeau qui m'annonce l'hiver;
Je ne vois que le sol qui se penche sur l'onde,
Et le bateau pêcheur qui s'enfuit vers la mer.

LE VOYAGEUR.

Oh! ta plainte m'émeut, car elle me rappelle
La douleur qui traverse aussi le cœur humain.
Ne puis-je transplanter ta tige qui chancelle,
Et te voir reverdir par un riant matin?

L'ARBRE.

Non, jamais, plus jamais. Ma sève est épuisée,
Mes rameaux ont perdu leur première vigueur;
Et nul soleil fécond, nulle douce rosée,
Ne peuvent raviver ma force et ma fraîcheur.
Sous ce ciel qu'un rayon pâle et furtif colore,
Au printemps j'aurais pu gaiement me balancer;
Mais je suis resté seul : je languis et j'implore
La nuit d'hiver qui doit bientôt me renverser.

A une demi-lieue de Bossekop est Altengaard, l'ancienne demeure des gouverneurs de Finmark. C'est une belle habitation située au pied des bois, au milieu d'une grande plaine unie comme le Champ de Mars, et bordée par les eaux du golfe. Depuis vingt ans, le gouverneur reste à Tromsö, et la maison qui lui était destinée vient d'être transformée en hôpital.

Après avoir visité en détail la pharmacie et les salles des malades, encore vides et fraîchement peintes, mais qui présenteront bientôt l'aspect d'une douloureuse misère, nous remontâmes à cheval, et en courant à travers la plaine, nous arrivâmes à Elvbakken, l'un des plus beaux hameaux de la Norvège. Qu'on se figure, dans une enceinte de montagnes escarpées, les unes toutes nues, les autres couvertes, sur leurs flancs ou à leurs sommités, d'une large banderole ou d'un manteau de neige, au bord du fleuve d'Alten qui vient se jeter dans le golfe, une plaine verte, divisée par enclos, et dans chaque enclos un champ d'orge, une maison de paysan, une grange. Toutes ces habitations sont à peu près construites sur le même modèle. En entrant, on trouve la cuisine, puis une chambre avec un métier à tisser, et plus haut une autre chambre. Voilà tout. Mais ces maisons nous parurent plus propres et mieux entretenues que celles que nous voyions depuis longtemps sur notre route. Ce village est occupé en grande partie par une colonie de Finlandais, ou *Quäner*, comme on les appelle ici, qui ont émigré à différentes époques pendant les guerres de la Suède avec la Russie. Ces hommes sont actifs et industrieux. Ils se distinguent entre tous les habitants du Nord par leur assiduité au travail et leur vie économe. Ils sont à la fois pêcheurs, charpentiers, forgerons. Ils construisent eux-mêmes leur maison, leur bateau; ils fabriquent leurs instruments de pêche et d'agriculture, et le cordonnier de Bossekop dit qu'il n'a pas d'ouvrage, parce que les Quäner font des souliers pour tout le pays. Cette existence laborieuse leur donne généralement plus d'aisance qu'on n'en trouve dans la contrée. Ils gardent leurs couvertures de peaux de rennes et leurs meubles grossiers; mais les hommes et les femmes portent d'excellents habits de laine, et il n'est pas rare de voir briller dans leurs armoires un service d'argenterie. Au mois de novembre, les Lapons des montagnes se rassemblent ici avec leurs *pulke* légers et leurs rennes. Ils apportent des quartiers de viande sèche, des fourrures, et en échange ils prennent de la farine, du tabac, de l'eau-de-vie. Toute la plaine est alors couverte de tentes et de chariots; les rennes courent sur la colline, les Lapons chantent en buvant leur verre d'eau-de-vie. C'est une foire singulière que beaucoup de gens vont voir par curiosité.

Après avoir passé par tant de côtes arides et d'îles dépeuplées, nous éprouvâmes une joie naïve à contempler ce joli hameau, à franchir la haie des enclos, à nous arrêter tantôt pour chercher une fleur au milieu de l'herbe épaisse, tantôt pour cueillir un épi d'orge au milieu du sentier. Tout cela était pour nous comme un souvenir des campagnes de France; et lorsque, après avoir gravi le Sandfall, nous vimes se dérouler, de chaque côté de nous, deux larges prairies, l'une couverte d'habitations, l'autre de bouleaux verts, toutes deux entourées de rocs élevés et de pics de neige, il nous semblait voir un des beaux paysages de la Suisse ou des Pyrénées.

Au delà du fleuve d'Alten, la végétation diminue et s'étiole graduellement, à mesure qu'on gravit les montagnes. Mais alors on retrouve dans les entrailles de la terre d'autres productions plus abondantes et plus variées. C'est là que sont les mines de Raipass, avec leurs riches filons de cuivre, leurs aiguilles de cristal et leurs feuilles d'amiante. Elles furent découvertes, comme celles de Kaafiord, au XVIIe siècle, creusées légèrement, puis abandonnées. En 1832, M. Crowe en commença l'exploitation, et maintenant il y emploie cent ouvriers. Le minerai qu'il en retire donne 60 et 80 pour 100. Il n'y en a pas de plus riche dans le Nord entier. Déjà un large chemin, exécuté à grands frais, va de Bossekop à

Raipass. Les ouvriers ont construit leurs habitations entre les maigres pins qui parsèment le flanc de la montagne. Une boutique leur est ouverte ; un caissier vient les payer à jour fixe. Leur nombre s'accroît à mesure que la mine s'élargit. Quelque jour peut-être Raipass aura, comme Kaafiord, son église, son école et son médecin.

Mais l'industrie qui fait ses miracles a aussi ses tristesses. De retour dans la vallée, nous entrâmes dans une cabane de paysan pour boire du lait. Une jeune fille était assise dans une pauvre chambre, seule devant un berceau. A côté d'elle était un rouet qu'elle venait de quitter pour prendre soin de l'enfant qui avait pleuré en s'éveillant. Son regard était si doux et si timide, sa figure si belle et si chaste, qu'on l'eût prise elle-même pour une jeune sœur de cet enfant qu'elle berçait dans ses bras avec un sentiment de tendresse et de pudeur inexprimable. Notre guide nous dit qu'elle avait été séduite par un ouvrier, que cet enfant était le sien, et qu'elle restait là seule et résignée, travaillant sans cesse pour subvenir à sa subsistance. Nous lui demandâmes si celui qu'elle aimait encore ne viendrait pas un jour la chercher pour l'épouser. « Oh ! oui, dit-elle, en baissant la tête, il viendra. » Et en même temps elle embrassait son enfant, comme pour puiser dans ce baiser un nouvel espoir. Sterne, en la voyant, eût ajouté un chapitre à celui de *Marie*, et Wordsworth aurait dit : « Pauvre Ruth ! *Poor Ruth!* »

Notre excursion sur cette côte du golfe d'Alten se termina par une visite à la maison du fogde. Elle est bâtie dans une situation riante et pittoresque, entre deux forêts de pins, au bord de la mer. Le fogde est, après l'*amtmand*, la première autorité de la province. Il n'y en a qu'un dans le Vest-Finmark, et il remplit en même temps les fonctions de *sorenskriver*. En sa qualité de fogde, il perçoit les impôts ; il est chargé des travaux de recensement, d'arpentage et d'administration. C'est un sous-préfet et en même temps un receveur des contributions. En sa qualité de sorenskriver, il est à la fois juge, notaire, commissaire-priseur et receveur d'enregistrement. Son traitement fixe n'est pas considérable, mais il perçoit pour chacun de ses actes un droit proportionnel déterminé par une ordonnance, et on lui accorde en outre une indemnité pour les voyages qu'il doit entreprendre, soit pour affaires du gouvernement, soit pour affaires particulières. Il se rend trois fois par an dans chaque province, pour présider au *thing*, c'est-à-dire pour percevoir les impôts et juger les différends. Il a là, sous ses ordres, un homme qui porte le titre de *länsmand*, qui est payé aussi pour chacun de ses actes, selon une taxe générale. C'est l'officier de la police, c'est le bourgmestre de la paroisse, l'expéditionnaire du juge et l'huissier du percepteur. Pendant la durée du thing, c'est-à-dire pendant une session de sept à huit jours, il est constamment attaché à la personne du fogde. Le reste du temps, si l'on signale un délit dans la paroisse, c'est à lui que l'on s'adresse pour faire arrêter le coupable, et c'est lui qui porte la sentence de contrainte au contribuable en retard.

LAPONIE

A IRÉNÉE FOBLANT

Les deux saisons les plus favorables pour voyager en Laponie sont l'hiver et l'été : l'hiver, avec le léger traineau, le *pulke*, conduit par un renne ; l'été, à pied ou à cheval. Au commencement de l'automne, tout le pays est inondé de pluie, et les marais, que l'on franchit encore au mois de juillet, deviennent en peu de temps impraticables. Une excursion au cap Nord, et la difficulté de nous procurer des chevaux dans une contrée où l'on ne trouve que des rennes et des bateaux, nous firent ajourner notre départ jusqu'à la fin du mois d'août. Nous expiâmes ce retard involontaire par une fatigue inattendue.

Nous étions huit voyageurs. Pour nous transporter avec nos bagages (que nous avions pourtant allégés autant que possible), nos provisions, nos guides, il ne nous fallait pas moins de vingt chevaux. Il en vint six d'un côté, quatre de l'autre. On en prit dans la vallée, dans les montagnes, et enfin nos chevaux se trouvèrent tous réunis un soir dans la cour de M. Crowe. Le même jour arriva notre guide, un vieux Lapon de six pieds de haut, droit et robuste comme un pin. En le voyant courir avec agilité d'un endroit à l'autre, et présider à nos préparatifs de départ, on l'aurait pris pour un jeune enfant des montagnes, et il a soixante-dix ans. Sa tête est déjà chauve, mais ses membres n'ont encore rien perdu de leur force. C'est, du reste, un homme intelligent et éclairé. Il a été quatre ans maître d'école à Kautokeino, dix ans länsmand dans un district. Il a lu plus d'une fois la Bible d'un bout à l'autre, et il parle norvégien comme un livre. Maintenant il a abdiqué ses dignités pour vivre de sa vie première, de sa vie nomade. Après avoir doté ses enfants, il lui est resté deux cents rennes, qu'il conduit tantôt au bord de la mer, tantôt sur les montagnes. L'été, il va à la pêche pendant quelques semaines ; et si ses voyages de pâtre et de pêcheur ne l'enrichissent pas, ils lui donnent du moins ce dont il a besoin : une tunique de laine, du tabac et de la farine de seigle. Le lait mêlé avec de l'eau est sa boisson habituelle, la montagne est son domaine, et, l'hiver comme l'été, au milieu des amas de neige comme au bord des vagues, il se fait, avec quelques piquets, un refuge contre la tempête, et s'endort paisiblement sous sa tente de vadmel.

Le 29, avant dix heures du soir, nos provisions étaient placées dans des corbeilles d'écorce, nos chevaux sellés et bridés. Notre guide, avec son grand bâton, était déjà en tête de notre caravane, et trois nouveaux personnages venaient de s'adjoindre à nous : c'étaient un ouvrier suédois, une jeune fille de Torneå, qui était venue travailler aux mines de Kaafiord, et qui s'en retournait, emportant avec elle ses épargnes de quelques mois, et un enfant orphelin qui allait chercher une famille aux environs de Karesuando. Ces pauvres gens n'auraient pu voyager seuls ; ils n'avaient point de tente et point de guide. En les prenant avec nous, nous faisions un acte de charité, et il nous semblait que cette charité nous porterait bonheur.

Quelques nuages noirs s'amoncelaient à l'horizon, et la nuit commençait à nous envelopper ; mais des étoiles scintillaient encore dans l'espace azuré ; de temps à autre la lune éclairait notre marche. Nous passions à travers des rochers, des broussailles, des ruisseaux, et cette route entourée d'ombres et de lumière, ces rayons argentés tombant sur le feuillage vert des arbres ou sur la surface aplanie des eaux, avaient un aspect romantique dont nous subissions tous le charme. A minuit, nous vîmes une lumière briller entre les bois, et bientôt nous nous arrêtâmes auprès de la maison d'un paysan qui nous accompagnait avec ses chevaux. Un grand feu pétillait dans la cheminée, des branches de sapin, dispersées sur le plancher, répandaient dans cette demeure champêtre une odeur aromatique. En ce moment les nuages couvraient entièrement le ciel, la pluie tombait à flots. Nous arrivions assez tôt pour échapper à l'orage et pour sentir le prix d'un asile dans les dangers du froid et de l'obscurité.

Le lendemain, cette maison présentait un joli point de vue. Devant nous s'étendait un lac limpide entouré de bouleaux; on l'appelle le lac des poissons (Kalajervi). A côté s'élevait l'habitation du paysan, avec un enclos de gazon; plus loin, un rempart de rocs escarpés portant sur sa cime une longue rangée de pins. L'orage avait cessé; les rayons du soleil perçaient à travers les brouillards du matin : les gouttes de pluie scintillaient sur les rameaux d'arbres et les pointes d'herbe. Une jeune fille s'en allait le long de la colline, chassant devant elle la chèvre capricieuse, la génisse rebelle; et le pittoresque ensemble de ces eaux, de ces bois, la fraîcheur de la vallée, le tintement de la clochette du troupeau entre les plantes touffues, la maison de notre hôte pareille à un chalet, me retenaient immobile et silencieux au bord du lac; et, en promenant mes regards autour de moi, je me demandais si nous étions bien dans le Nord au 70ᵉ degré de latitude, ou si je n'avais pas été transporté la nuit, par enchantement, dans un vallon de Franche-Comté. Mais notre guide nous dit de partir, et, cette fois, il fallait dire adieu à toutes les scènes riantes et animées, pour entrer dans le désert de la Laponie.

Bientôt les traces de chemins disparaissent et ne se montrent plus que de loin en loin. Nous passons, en nous courbant sur la croupe de nos chevaux, au milieu d'une forêt d'aunes et de bouleaux, dont les branches touffues et croisées ou les racines sortant de terre nous arrêtent à chaque pas; puis nous descendons dans la rivière de Kaafiord. Il fallait voir alors notre caravane se déroulant au milieu des eaux : notre vieux Lapon, le premier, s'avançant d'un pas ferme sur les pierres glissantes; puis les chevaux de bagage conduits par les paysans couverts d'un vêtement de cuir; les chevaux de selle marchant à leur suite, et toute cette troupe suivant les sinuosités de l'onde, tantôt cachée à demi par un groupe d'arbres, tantôt allongée sur une seule ligne, tantôt serpentant comme le cours de la rivière. Après avoir cheminé ainsi pendant plusieurs heures, nous abordâmes au pied d'une montagne qu'il fallait franchir : c'était l'un des passages les plus difficiles de notre route. A peine avions-nous fait quelques pas, que nous fûmes obligés de mettre pied à terre et de tirer nos chevaux par la bride. Pendant ce temps, ceux qui portaient les bagages essayaient de gravir la pente escarpée, et la caravane, naguère encore alignée comme un escadron, ne tarda pas à être dans un complet désordre. Quelques chevaux s'arrêtaient tout court sous la verge du guide; d'autres tentaient de fixer leurs pieds dans le sol et retombaient en arrière. Les plus robustes, après avoir été en avant, s'appuyaient contre les bouleaux qui se brisaient sous leur pression. A peine avions-nous fait le tiers du chemin, que cinq d'entre eux s'affaissèrent sous leur fardeau et glissèrent au bas de la montagne. Nous accourûmes à la hâte, les croyant à demi morts. Tous les cinq étaient encore sains et saufs; mais, après cette rude épreuve, nous vîmes qu'il était impossible de les conduire avec leur charge au sommet de la montagne. Chacun de nos hommes prit une partie des paniers, qu'il porta péniblement sur ses épaules; après quoi les chevaux marchèrent en meilleur ordre. Les flancs de cette montagne, que nous avions eu tant de peine à gravir, étaient couverts d'une végétation abondante. A travers la mousse épaisse, on distinguait le *rubus camerorus*, au suc frais et légèrement acide, à la couleur rose comme une framboise; le *myrtile* portant sur ses tiges légères les petites baies bleues aimées dans ce pays, et l'*impetrum nigrum*, qui donne d'autres baies plus petites encore et plus foncées. A côté des arbustes au feuillage sombre, s'élevait la renoncule jaune sous les branches rampantes du bouleau nain. De là nos regards planaient sur un vaste espace. Nous voyions se dérouler devant nous la plaine de Kaafiord, avec les bois épais qui l'inondent et la rivière qui la sillonne. Plus loin on apercevait la fumée des mines, le golfe d'Alten, les montagnes de Bossekop. Nous pouvions distinguer encore les lieux où nos amis allaient séjourner, et leur adresser un dernier adieu.

Sur la cime de la montagne nous trouvâmes un plateau nu et dépouillé de plantes; un peu plus loin, des touffes d'herbe et une forêt de bouleaux dévastée par le temps et l'orage plus que par la hache du bûcheron. Nos chevaux et nos hommes étaient également fatigués, et nous nous décidâmes à rester là, quoique nous n'eussions pas fait dans la journée plus de cinq lieues. Mickel Johansson, notre pilote lapon, prit dans sa poche de toile une cuillère en bois couverte d'un peu de soufre; il y mit de l'amadou, un morceau d'écorce, et, avec les branches desséchées de la forêt, nous alluma en quelques instants un grand brasier. Nous dressâmes notre tente au milieu des arbres, tandis que nos guides en faisaient autant de leur côté. Bientôt la chaleur du foyer raviva leurs membres engourdis par l'humidité : la ration d'eau-de-vie que nous leur distribuâmes réveilla leur gaieté, et les cris de joie succédèrent parmi eux aux soupirs qu'ils avaient quelquefois exhalés sous leur lourd fardeau. Après souper, M. Lästadius s'assit sur une peau de renne auprès du feu, alluma sa pipe, et nous proposa de nous raconter des traditions laponnes. Nous nous rangeâmes à la hâte autour de lui, et il nous parla de Stallo.

Stallo était un géant monstrueux, dont le nom s'est perpétué de siècle en siècle sous la tente laponne. On cite de lui des aventures merveilleuses qui, si je ne me trompe, cachent sous leur apparence fabuleuse un point de vue historique. D'après les notions, du reste assez décousues et assez incomplètes, que j'ai pu recueillir sur ce personnage étrange, il me semble qu'il représente une époque de l'histoire de Suède dont le fait essentiel paraît aujourd'hui indiquer le temps où une race d'hommes grands, forts et bien armés, chassa vers le Nord les tribus éparses qui occupaient les parties méridionales de la contrée. Cette haute stature, cette puissance surhumaine que l'on attribue à Stallo, les Lapons, avec l'exagération de la peur, n'ont-ils pas dû l'attribuer également aux Goths, quand ils se trouvèrent face à face avec eux? Ces combats perpétuels, où le géant lutte par la force contre des adversaires qui se défendent par la ruse, ne représentent-ils pas exactement le combat qui eut lieu entre les deux peuples? De même que l'invasion des Goths dans le Nord et la migration forcée des Lapons sont environnées d'un voile épais, de même aussi l'origine de Stallo. Ceux qui racontent si bien ses courses aventureuses, ses luttes violentes et ses actes de cruauté, ne savent ni en quel temps ni en quel lieu il est né; mais on sait comment il est mort. Un jour un pêcheur lapon, renommé par sa force, trouva dans son bateau une lourde pierre; il la prit d'une main vigoureuse, et la jeta à une longue distance de lui, en s'écriant : « Si

Stallo était là, je la lui lancerais à la tête. » Stallo, qui avait apporté cette pierre dans la barque pour éprouver la force du pêcheur, y mit le lendemain une autre pierre plus lourde encore. Le Lapon l'enleva en répétant la même menace que la veille. Le troisième, il en trouva une si haute et si large qu'à peine put-il la tirer de son bateau, et cette fois il s'éloigna sans murmurer une parole. A quelque distance, il rencontre Stallo qui l'attendait, et qui le provoque. La lutte s'engage. Le Lapon, après de courageux efforts, se sentant près de succomber, appelle les dieux de la montagne à son secours, et leur promet les dépouilles de son ennemi s'il parvient à s'en rendre maître. Les dieux exaucent sa prière ; Stallo chancelle. Le Lapon se précipite sur lui, le renverse, et lui coupe la tête.

Les deux histoires que M. Lästadius nous raconta présentent un singulier caractère d'astuce et de barbarie.

Un jour, après toutes ses déprédations, Stallo se trouva dans un tel dénuement, qu'il résolut de manger un de ses enfants. Il avait un garçon et une fille. Il appela sa femme, et lui demanda lequel des deux il devait tuer. La mère proposa le garçon, qui courait toujours à travers champs, et ne lui servait à rien. Stallo, par le même motif, proposa sa fille. Il s'établit là-dessus une discussion opiniâtre. Enfin le père l'emporta, et la fille, qui, sans être vue, avait assisté à cet affreux entretien, et qui venait d'entendre prononcer son arrêt, s'échappa à la dérobée, et prit la fuite. Elle arriva dans une habitation laponne où on la reçut charitablement, et quelques années après elle épousa le fils de celui qui lui avait donné asile. Lorsqu'elle fut devenue mère, son mari lui dit : « N'irons-nous pas voir tes parents ? — Non, répondit-elle, j'ai peur qu'ils ne me tuent. » Il se moqua de ses frayeurs, attela les rennes aux traîneaux, et partit avec elle. Stallo et sa femme les reçurent avec de grands témoignages d'affection, et la jeune épouse s'abandonna gaiement à leurs démonstrations de tendresse. Mais le lendemain, tandis qu'elle était sortie avec son mari, sa mère entre dans leur tente, trouve leur enfant au berceau, lui tord le cou et le mange. Son fils, qui la regardait, lui en demande un morceau, et elle lui dit : « Attends jusqu'à demain, je te donnerai le cœur de ta sœur ». Quand la jeune femme revient, elle voit ce qui s'est passé, et devine ce que ses parents projettent encore. Il ne lui reste plus d'autre parti à prendre que la fuite. Tandis qu'elle concerte avec son mari ses moyens d'évasion, son père entre avec un sourire amical, et, après avoir causé pendant quelques instants de choses et d'autres, il dit à son gendre : « A quelle heure, mon ami, dors-tu le mieux? — Vers le matin, répondit le Lapon. Et vous, beau-père? — Vers minuit. »

A minuit, le gendre, ne distinguant plus aucune lumière et n'entendant aucun bruit, laisse sa tente debout pour ne pas éveiller de soupçon, et s'en va; sa femme attelle au traîneau un renne vigoureux, et se cache derrière un arbre. Aux premiers rayons du matin, le père arrive avec une grande pique, qu'il enfonce dans la toile de la tente en murmurant : « Là est le cœur de mon gendre, là est le cœur de ma fille ». Un instant après, arrive la mère avec un baquet pour recueillir le sang; mais la jeune femme, qui les observe, s'écrie : « Vous n'aurez ni le cœur de votre gendre ni celui de votre fille ». Puis elle monte dans son traîneau, et fait galoper le renne. Le père lui crie : « Attends-moi, attends; je veux mettre ta dot dans ton traîneau ». Elle s'arrête, elle attend; et, au moment où le vieux Stallo pose les mains sur le bord de l'*ackija* (traîneau), elle prend une hache et les lui coupe. Après lui arrive sa femme, qui fait la même prière, subit le même sort, et s'écrie : « Jette-moi du moins mes doigts qui sont tombés dans ton traîneau, misérable enfant! »

L'autre histoire présente des mœurs plus caractéristiques encore.

Il y avait une fois deux frères nommés Sotno, qui avaient une sœur fort belle et un grand troupeau de rennes. A dix milles d'eux vivaient trois frères de Stallo, redoutés dans tout le pays. Une nuit, ils s'introduisirent dans la demeure des Sotno, enlevèrent Lyma, leur sœur, et tout ce qui leur appartenait; mais, la jeune fille, en s'éloignant, laissa tomber sur la route des excréments de renne, pour guider ses frères dans leurs recherches. Le soir, ceux-ci arrivent près de la demeure des Stallo, et s'arrêtent au bord d'une source, pensant bien que leur sœur viendrait y puiser de l'eau. Un instant après elle apparaît, et ils lui donnent leurs instructions. « Nous savons, lui disent-ils, que, quand les frères Stallo ne trouvent pas leur nourriture parfaitement propre, ils s'en éloignent avec dégoût. Lorsque tu prépareras leur soupe, jettes-y, comme par mégarde, un peu de cendre : ils la repousseront, et tu nous l'apporteras. » Les choses se passèrent comme ils l'avaient prévu : les trois Stallo se mirent en colère en voyant de la cendre et du charbon tomber dans la chaudière de cuivre où cuisait leur soupe. Ils ordonnèrent à Lyma de la jeter dehors, et elle l'apporta à ses frères. « Maintenant, lui dirent-ils, si l'aîné des Stallo cherche encore à te séduire, tu ne résisteras pas, comme tu l'as fait jusqu'à présent, à sa passion; tu te laisseras conduire sur sa couche, mais tu lui enlèveras la ceinture de fer qu'il a coutume de porter sur lui, et tu déroberas à sa vieille mère le tube magique dont elle se sert pour tirer le sang de ses victimes. » Lyma parvient à remplir leurs instructions, elle s'empare de l'instrument de sorcellerie, et le cache; elle dénoue la ceinture de fer, et la jette au feu. Pendant ce temps, ses frères amènent leurs rennes auprès de la demeure où elle est renfermée, et les font battre entre eux. Le plus jeune des Stallo se lève pour apaiser le bruit ; les deux Sotno l'attendent à la porte et le tuent. Le même bruit recommence ; un autre frère sort et tombe également sous la hache de ses ennemis. Enfin l'aîné des Stallo, ignorant le sort de ses deux frères, s'avance sur le seuil de son habitation et reçoit un coup mortel. Les deux Sotno prennent alors les vêtements de leurs victimes, et entrent dans la tente, car ils voulaient savoir où étaient enterrés les trésors des Stallo. Celui qui portait les vêtements du plus jeune s'avance près de la vieille mère, pose la tête sur ses genoux, et se met à causer de ses rennes et de ses voyages ; puis tout à coup, interrompant le cours de sa conversation : « Mais dis-moi, bonne mère, s'écrie-t-il, où est donc le trésor de mon frère aîné ? — Ne le sais-tu pas ? — Non, je l'ai oublié. — Il est sous le seuil de la porte. — Et celui de mon second frère ? — Ne le sais-tu pas ? — Non, je l'ai oublié. — Il est sous le second pilier de la tente. » Un instant après il lui dit : « Et mon trésor, à moi, pourrais-tu m'indiquer où il est ? » La vieille, irritée de son peu de mémoire, lève la main pour le frapper, mais il l'apaise par ses humbles paroles, et elle lui dit : « Ton trésor est près de moi. — Ah ! chère mère, s'écrie alors la jeune fille, tu ne sais pas maintenant à qui tu parles. — Serait-ce par hasard à Sotno ? — Précisément. » La vieille cherche son instrument de sorcellerie et ne le trouve plus. Les deux frères la tuent, fouillent dans la terre, trouvent les trésors et s'en retournent avec leur sœur.

Pendant que le pasteur de Karesuando nous faisait ce récit, nos hommes s'étaient retirés dans leur tente. Notre guide seul était resté auprès de nous. Il écoutait d'une oreille attentive ces récits qu'il avait entendus dans son enfance, et quelquefois ajoutait un trait de plus à l'esquisse du prêtre. Un silence profond régnait alors autour de nous. On n'entendait que le tintement lointain d'une clochette suspendue au cou d'un cheval, et le murmure des branches de bouleau balancées par le vent. A voir alors les étincelles de notre foyer qui jaillissaient comme des fusées, notre tente debout dans l'ombre, et cette forêt ténébreuse, et nous tous, couchés par terre autour du conteur, on eût dit une assemblée d'Arabes écoutant une des traditions d'Antar.

Ce fut là notre plus belle halte. Le lendemain, nous nous réveillâmes avec la pluie; les champs inhabités de la Laponie s'ouvraient devant nous. Dès ce moment il fallait dire adieu aux riants enclos de verdure que nous avions retrouvés encore près de Kaafiord, adieu aux légères tiges de bouleau flottant au souffle de la brise, aux aunes suspendus au bord de l'eau et aux sentiers fuyant sur la mousse dans les profondeurs de la forêt. Nous ne devions plus rencontrer sur notre route la vie champêtre, la vie animée, les belles génisses blanches que l'on conduit au pâturage, les troupeaux de moutons dispersés comme des flocons de neige sur le flanc de la colline, et la cabane du pâtre ouverte au bord du vallon. Nous voici dans le désert des montagnes. Ici l'on ne retrouve aucune trace de vie humaine, nul chemin et nulle habitation. On ne distingue au loin qu'un immense plateau couvert de mousse de renne, jaune comme du soufre; vers le nord, des montagnes revêtues d'une neige perpétuelle, étincelantes comme un glacier, et de loin en loin un lac solitaire où des joncs à demi desséchés se courbent sous le vent avec un murmure plaintif, où la perdrix blanche et le canard sauvage s'arrêtent dans leur course en poussant un cri rauque. De noirs brouillards enveloppent l'horizon, et le soleil ne jette que de temps à autre une lumière blafarde à travers les nuages.

Tout le sol a été soulevé par la gelée d'hiver, détrempé par la neige, arrosé par la pluie. L'été n'est pas assez long pour le sécher, et nulle plante vigoureuse ne peut y prendre racine. Tantôt nous passons sur des dalles de rocs décomposées et dissoutes par le froid, tantôt sur des mottes de terre humides et vacillantes qui tremblent sous le pied comme celles d'Islande; tantôt nous tombons dans de larges marais où nos chevaux enfoncent jusqu'au poitrail. Notre guide va devant nous, sondant le terrain avec son bâton et mesurant la profondeur de l'eau. La forme des montagnes, le cours des rivières, lui servent d'indication. Mais quelquefois il s'arrête, il hésite, il appelle auprès de lui un autre guide. Nous les voyons tous deux qui se consultent, regardent de côté et d'autre, cherchent un détour; puis ils font un signe, et la caravane se remet en route à leur suite.

Dans cette contrée sans culture, la marche de chaque jour ne peut pas être réglée d'après la volonté du voyageur, mais d'après les rares espaces de terrain où il croit un peu d'herbe pour les chevaux. Nous sommes parfois obligés de faire sept à huit lieues avant de pouvoir nous arrêter, et lorsque l'on arrive à l'une de ces stations, on n'y trouve que de grandes herbes marécageuses et point d'arbres. Pour faire du feu, il faut arracher les bouleaux nains couchés par terre avec leurs longues racines, ce qui donne beaucoup de fumée et peu de chaleur. Les peaux de renne que l'on emploie pour se couvrir sont imprégnées d'eau. On dort sur une terre humide, sous une tente mouillée, et on se lève le lendemain transi de froid. Souvent, à la fin du mois d'août, une gelée blanche couvre tout à coup le sol et les chevaux n'ont plus rien à manger. Dans ces occasions, nous avions plus de pitié pour eux que pour nous. Nous les voyions privés de pâture, grelottant sous le froid, obéissant encore à la bride qui les guidait, gravissant avec courage les pentes escarpées, se jetant sans frayeur dans la vase des marais, pareils à ces excellents chevaux qui nous avaient portés dans les terres fangeuses de Skalhot ou sur les roches glissantes des Pyrénées.

Un soir, nous aperçûmes, à quelque distance de notre campement, un tourbillon de fumée. C'était le premier indice d'habitation que nous eussions rencontré depuis plusieurs jours. Nous nous dirigeâmes de ce côté, conduits par notre fidèle guide que nulle fatigue n'effrayait. Au haut d'un pic de roc, nous vîmes une tente de Lapons et un troupeau de rennes couché dans le ravin. C'était un curieux spectacle que cette quantité de rennes avec leurs peaux de toute couleur, leurs cornes serrées l'une contre l'autre comme les rameaux d'une épaisse forêt, les unes couvertes encore d'un léger duvet, d'autres nues et grises, d'autres qui venaient de perdre l'épiderme velu qui les enveloppe au printemps, et qui étaient rouges comme le corail. Les chiens, gardiens attentifs du troupeau, annoncèrent notre arrivée par leurs aboiements. Les rennes se levèrent et s'enfuirent comme des biches sur le penchant de la colline, en faisant entendre un léger craquement d'articulations qui ressemble au pétillement d'une fusée ou à la détonation d'une machine électrique. Les Lapons vinrent au-devant de nous avec une expression de surprise qu'une demi-fiole d'eau-de-vie transforma aussitôt en bienveillance. La tente était habitée par deux familles qui avaient mis en commun leurs troupeaux, et s'en retournaient à petites journées passer l'hiver aux environs de Kautokeino, après avoir pêché sur les côtes de Norvège. Les deux hommes portaient un vêtement en peau de renne sale et déchiré ; les femmes n'étaient ni plus élégantes ni plus propres. Dans la tente, composée, comme toutes les tentes laponnes, de quelques lambeaux de laine étendus sur des pieux, on ne voyait que deux ou trois vases en bois, une chaudière posée sur le feu, et un berceau à côté. Au milieu de cette société nomade qui nous entourait avec une sorte d'affection depuis que nous l'avions laissée goûter à notre flacon de voyage, nos regards s'arrêtèrent sur une jeune fille à la contenance modeste, au visage doux et gracieux. C'était une orpheline que ces pauvres gens avaient recueillie par charité et qu'ils conduisaient avec eux à travers les marais profonds et les montagnes escarpées. La pauvre enfant semblait contente de son sort. Elle allait gaiement avec une des femmes laponnes au milieu du troupeau de rennes, jetant un lacet sur celui qu'elle voulait traire, et le renne semblait la reconnaître et la ménager. Il accourait auprès d'elle et se laissait docilement museler par sa petite main. Quand sa tâche fut finie, elle vint en souriant nous offrir du lait. C'était la première fois que je goûtais cette boisson des Lapons nomades. Je la trouvai douce, onctueuse, légèrement aromatisée. Peut-être, je l'avoue, l'eussé-je bue avec moins de plaisir, si elle m'avait été présentée par la vieille femme.

Avant de partir, nous voulions acheter un renne. Aslack, le plus riche des deux Lapons, prit une longue corde à laquelle il fit un nœud coulant, et alla dans le troupeau chercher sa victime. La malheureuse bête qu'il avait déjà immolée dans sa pensée semblait pressentir sa destinée. Au moment où il approchait, elle s'enfuit sur la colline, puis elle redescendit poursuivie par les chiens, et tenta de se cacher au milieu des autres rennes. Mais le Lapon la suivait d'un œil vigilant, et, au moment où elle se tenait tapie par terre, il lui lança un lacet avec l'adresse d'un *gaucho* et la saisit par les cornes. En vain le malheureux renne se débattit sous le lien perfide qui l'enlaçait. Aslack le tenait d'une main vigoureuse. Il lui mit une lanière de cuir au col et l'amena à notre tente. Là il le tua en lui plongeant un couteau entre les deux jambes de devant, et laissa la lame dans la plaie pour empêcher le sang de tomber. C'est une coutume atroce. Le renne tué de la sorte meurt dans d'horribles convulsions; mais le Lapon tient essentiellement à ne pas perdre le sang de sa victime, et l'intérêt étouffe chez lui le sentiment de la pitié. Il tient aussi beaucoup à ne pas endommager la vessie, dont il fait une espèce d'outre. Nous abandonnâmes volontiers à notre Lapon le sang et la vessie, et nous ne lui fîmes qu'un chagrin, ce fut de le payer avec du papier. Il avait demandé instamment une ou deux pièces d'argent, mais nous n'en possédions pas une seule, et il s'en retourna avec le regret de ne pouvoir cette fois augmenter sa collection de *blanka*. Tous les voyageurs ont signalé cet amour des Lapons pour l'argent, et nous avons eu plusieurs fois occasion de l'observer. En Finmark, le Lapon, avant de conclure un marché, établit pour première clause qu'il sera payé en écus. En Suède, il ne reçoit qu'avec peine le rixdaler nouvellement frappé. Il lui faut les vieilles pièces du temps de Gustave III, dont ses parents lui ont appris à connaître la valeur. A Kautokeino, nous avons vu un Lapon refuser de nous vendre ce qu'il était venu luimême nous offrir, parce qu'il nous était impossible de lui donner de l'argent. On sait, à n'en pouvoir douter, que plusieurs Lapons ne tiennent tant aux *species* et aux *rixdalers* sonores que pour avoir le plaisir de les renfermer dans un coffre et de les enfouir. De même que les paysans d'Islande, ils ne veulent entendre parler ni de maisons de banque ni de caisses d'épargne. Ce qu'ils ont amassé, ils le mettent en réserve, ils le dérobent à tous les regards, et quelquefois ils le cachent si bien, que s'ils viennent à mourir avant d'avoir révélé l'endroit où est enterré leur trésor, il est à jamais perdu pour leur famille. Il y a encore un autre motif qui leur fait préférer la monnaie d'argent à celle de papier : c'est le danger qu'ils courent d'altérer ou de perdre celle-ci en voyageant au milieu des intempéries de toutes les saisons.

Le lendemain, nous fûmes surpris par la visite d'une vieille Laponne qui habitait la tente d'Aslack, et qui venait nous demander un peu de tabac et d'eau-de-vie. Elle portait dans une vessie une provision de lait mêlé avec de l'herbe hachée, épais comme de la bouillie, et qu'elle prenait avec le bout du doigt. C'est la nourriture la plus sale, la plus repoussante, que j'aie jamais vue. Un instant après, nous rencontrâmes une vingtaine de rennes portant sur le dos le bagage de la tente. Ils étaient attachés à la suite l'un de l'autre avec une lanière et s'en allaient en broutant du bout des lèvres la mousse blanche.

Après cinq jours de marche, nous aperçûmes du haut d'une colline les deux vertes vallées de Kautokeino avec leurs habitations séparées par le fleuve d'Alten. Il n'y a là que huit demeures de paysans, entourées d'une cinquantaine de magasins en bois posés sur des piliers qui de loin ressemblent à autant de maisons. Ces magasins ou *stabur* appartiennent les uns aux habitants du pays, d'autres aux Lapons nomades qui y déposent leurs vêtements, leurs provisions, et viennent de temps à autre les reprendre pendant l'hiver. De l'autre côté du fleuve est l'église, bâtie sur un point élevé, comme pour attirer les regards du voyageur et lui dire : « Ici est un lieu de repos ». Le prêtre qui la dessert a trois autres paroisses dans le Nord. L'une de ces paroisses, Kielvig, est située auprès du cap Nord. Il a plus de cent lieues à faire pour venir de là à Kautokeino. Il entreprend ce voyage chaque année au mois de novembre et reste ici tout l'hiver. Les Lapons qui conduisent leurs rennes à sept ou huit milles de distance (vingt et une ou vingt-quatre lieues) viennent une ou deux fois par mois à l'église. Si loin qu'ils soient pendant l'été, ceux qui sont immatriculés dans la paroisse de Kautokeino lui appartiennent toujours. C'est là qu'ils doivent se marier, baptiser leurs enfants, enterrer leurs morts. Il y a aussi dans ce village une école où les jeunes Lapons doivent venir prendre des leçons jusqu'à ce qu'ils soient confirmés. On y compte ordinairement une trentaine d'élèves qui apprennent à parler et à lire le norvégien. L'enseignement religieux est un des éléments fondamentaux de leur éducation. Le maître d'école, qui est en même temps sacristain, reçoit environ deux cents francs de traitement. Le prêtre dirige cette institution, préside aux examens, et donne l'*exequatur* à ceux qui ont atteint un degré suffisant d'instruction.

Une fois ce devoir de pasteur et de chef d'institution rempli, les cinq mois qu'il doit passer dans cette sombre contrée sont bien longs et bien tristes. Il est là seul, livré à lui-même, entouré pendant plusieurs semaines d'une nuit perpétuelle. Un jour, je rencontrai à Hammerfest cet apôtre de l'Évangile, et je lui demandai comment il employait son hiver. « Je n'ai pas d'autre moyen de distraction, me dit-il, que la lecture et l'étude ; mais je ne peux lire tout le jour à la lumière, mes yeux se fatiguent, et c'est là ce qui m'afflige. Je quitte ma femme et mes enfants pour venir ici. Je passe des semaines, des mois dans le silence de la solitude. Aucun être n'encourage mes efforts ; aucun être ne s'associe à ma pensée. Je suis seul dans mes heures de mélancolie, seul dans mes heures d'espoir. C'est une époque d'exil que je traverse en relisant les psaumes. Le monde entier est loin de moi ; mais la main de Dieu me soutient, et le sentiment du devoir me console. » Et quand je l'entendais parler ainsi, je me disais : « Heureux ceux qui emportent dans la solitude un sentiment de foi ! Heureux ceux à qui l'Évangile a ouvert un monde de douces pensées, où ils se réfugient avec un front serein et un cœur calme, quand le monde les abandonne ! »

Nous couchâmes dans la maison de ce vertueux prêtre, ouverte, comme un caravansérail, aux pèlerins de la Laponie ; et, quoique nous n'eussions pour lit qu'un peu de foin, nous éprouvions cependant une grande joie, celle de nous sentir à l'abri du vent et de la pluie. C'est cette même maison qui avait reçu Louis-Philippe dans le cours de son voyage septentrional. Une femme de quatre-vingt-dix ans, que nous allâmes visiter dans sa cabane, se souvenait encore de l'avoir vu. « Je ne sais, nous dit-elle, si c'était un prince ; mais je sais que c'était un grand personnage, dont nos voisins s'entretinrent longtemps au foyer de mon père. »

Après avoir visité l'église, l'école et les maisons des deux rives du fleuve, les unes habitées par les Lapons, les autres par les Finlandais, nous partimes de Kautokeino; nous nous retrouvâmes sur une route sauvage, nue et dépeuplée, comme celle que nous avions parcourue deux jours auparavant. Puis, un peu plus loin, nous vimes reparaitre les tapis de mousse de renne, les bouleaux à la tige légère, au feuillage élégant. Ils étaient dispersés à travers la campagne, comme des groupes d'arbres dans un grand parc, et ce retour de végétation souriait à notre pensée et égayait nos regards. Ailleurs, nous avions été absorbés par le spectacle d'une nature déserte et désolée; ici nous commencions à songer aux régions du Sud. L'aspect d'un rameau vert, les pointes de gazon autour d'un tronc d'arbre, rappelaient à notre souvenir les belles forêts, les riches vallées de la France. Si une fleur s'était épanouie sur ce gazon, si une hirondelle avait rasé la surface du sol, nous aurions demandé à la fleur quel vent du sud l'avait apportée dans ces plaines lointaines, et, comme le captif de Béranger, nous aurions dit à l'hirondelle de nous parler de notre mère et de notre sœur. Mais il n'y avait point encore de plante fleurie, point de chant d'oiseau; et cette végétation ne nous plaisait tant que parce que nous la comparions aux tiges sans sève, aux racines avortées que nous avions vues à quelques lieues de là. Déjà les derniers jours d'août l'avaient flétrie; les grands bouleaux avaient une teinte jaune ou pourprée, et les bouleaux nains, couchés sur le sol, étaient rouges comme du sang.

A midi, nous arrivâmes à Kalanito (prairie de pêche). Il y a là une cabane et deux hangars, bâtis en forme de cône avec des pieux recouverts de mousse. C'est la dernière habitation de Finmark. Elle appartient à un paysan qui passe l'été à Kautokeino, et vient ici l'hiver. Il possède une cinquantaine de rennes, qu'il donne à garder à un Lapon nomade, deux vaches et dix brebis. Il récolte un peu d'herbe autour de sa demeure, et complète ses moyens de subsistance en allant à la pêche une partie de l'année.

Le lendemain, nous étions dans la Laponie russe. Nous trouvâmes à Suwajervi (lac profond) une autre cabane non moins misérable, non moins délabrée que celle de Kalanito. Une vieille femme nous fit entrer dans une chambre sombre, où des poissons fumés pendaient au plancher entre des bottes de pêcheur et des lambeaux de vêtements. Nous demandâmes du lait, et on nous l'apporta dans un vase si sale que nul de nous n'eut le courage d'y porter les lèvres. Les planches de la porte étaient disjointes, les vitres de la fenêtre remplacées par des chiffons. Le vent soufflait de toute part. Nous essayâmes de nous réchauffer en nous serrant autour de la cheminée; mais elle était remplie de broussailles vertes et humides d'où il ne sortait qu'un nuage de fumée. La pluie n'avait pas cessé de tomber depuis plusieurs jours, la terre était imprégnée d'eau, et les marais devenaient de plus en plus difficiles à franchir. Nous avions quitté à Kautokeino notre vieux Lapon, notre bon Mickel, qui avait déclaré ne pas connaître assez bien le reste de la route pour pouvoir nous conduire. Nous avions pris à sa place un guide inexpérimenté, qui nous menait au milieu des broussailles les plus épaisses, sur le terrain le plus mobile. Nous arrivâmes le soir au bord d'un marécage qu'il fallait traverser. Le premier d'entre nous qui essaya de passer enfonça jusqu'aux genoux, et son cheval tomba si lourdement dans la vase qu'il fallut quatre hommes pour le relever. Un autre le suivit, et ne fut pas plus heureux. Son cheval resta couché dans l'eau, suant, soufflant, essayant d'étendre ses jambes d'un côté ou de l'autre, de se cramponner à quelques racines, et ne trouvant aucun appui. Si un cheval de bagage avait été engagé dans la même voie, il était infailliblement perdu. Nous allâmes à la recherche d'un autre chemin, et nous ne le trouvâmes qu'après avoir fait un long détour inconnu à notre guide. A peine ce premier obstacle était-il franchi que nous en rencontrâmes un second, puis un troisième ; et il fallait à chaque instant tâter le terrain, prendre les chevaux par la bride, les soutenir de chaque côté, ou leur faire faire de larges circuits pour les conduire sur la terre ferme. Cependant on ne voyait plus au ciel aucune ligne d'azur et aucune étoile. La nuit sombre ne nous permettait pas même de distinguer le sentier étroit qu'il fallait suivre et les rameaux d'arbres qui se croisaient sur notre tête. Tantôt nous glissions au bord d'une pente rapide, tantôt nous nous heurtions la tête contre les branches de bouleaux ; à travers cette route parsemée de flaques d'eau ou de dalles glissantes, le plus sûr encore était de nous abandonner à l'instinct de nos chevaux. Nous les laissâmes sonder eux-mêmes avec le pied le sol que nous devions parcourir, et ils nous portèrent ainsi pendant plus de deux heures. Vers le milieu de la nuit, nous vîmes briller dans les ténèbres un grand feu. M. Lästadius, qui nous avait précédés, l'avait fait allumer comme un phare, pour nous servir de guide. Nous traversâmes sur les légers bateaux du pays le fleuve Muonio, et, un instant après, la chaleur d'un poêle, l'aspect d'un lit, l'accueil amical de toute une famille, nous faisaient oublier nos fatigues. Nous étions dans le presbytère de Karesuando.

KARESUANDO

A CUVILLIER FLEURY.

Dans la carte du baron suédois Hermelin, publiée en 1792, Karesuando n'est indiqué que comme un point secondaire. Il appartenait alors au pastorat d'Enontekis. Depuis la réunion de la Finlande à la Russie, l'église d'Enontekis a été transportée à Palajokki, et Karesuando est devenu un chef-lieu de paroisse. Il n'y a là que six habitations grossièrement construites, pauvres et délabrées. Elles sont occupées par des Finlandais qui n'ont pour toute ressource que les produits de leur pêche et de leurs bestiaux. Le sol qui les entoure est coupé par le fleuve Muonio, traversé par plusieurs lacs et souvent inondé d'eau. On ne peut ni le cultiver ni l'ensemencer, et lorsque l'été est assez chaud pour que le foin puisse sécher, c'est une heureuse année. La demeure du prêtre est, comme celle des paysans, composée de plusieurs cabanes en bois tombant en ruines. Il y a un jardin où il est parvenu à faire croître des navets, et une ferme qu'il exploite lui-même, car ses revenus sont si modiques, qu'il pourrait à peine subsister, s'il ne vivait de la vie des paysans, s'il n'avait comme eux sa récolte de foin et son troupeau. L'État lui donne 75 francs par an. Il en reçoit 40 du fonds ecclésiastique, et vingt-huit tonnes de grain, évaluées à peu près à 600 francs. Le Lapon qui possède trente rennes doit lui en donner un demi chaque année, plus deux paires de gants et un fromage. Le colon finlandais ou *nybyggare* lui donne une livre de poisson, deux paires de gants et une livre de beurre. Son casuel est très précaire et très minime. D'après la taxe générale, il doit percevoir trente sous pour un enterrement, trente pour un mariage, autant pour un baptême; mais la plupart de ses paroissiens sont si pauvres que, souvent, ils ne peuvent lui payer ce léger tribut. Dans une habitation isolée comme celle-ci, où tout ce qui sert aux besoins de la vie journalière doit être payé fort cher, avec ces fractions de dîme, ces tonnes d'orge, ces casuels mal assurés, le prêtre ne parvient qu'avec une rigide économie à pourvoir à l'entretien de sa famille. Le jour où nous entrâmes chez lui, et où nous déposâmes sur sa table un de nos flacons de voyage : « Voilà la première fois, nous dit-il, qu'on boit du vin dans cette maison ». Comme les paysans, il ne boit ordinairement que du lait, il ne mange que du pain d'orge, du poisson, et, de temps à autre, de la chair de renne.

Nous aurions eu pitié de cette existence de prêtre dans cette triste et froide habitation, si nous n'avions vu la veille celle du missionnaire. Cet homme qui a fait comme le prêtre des études universitaires, et qui doit au besoin le remplacer, reçoit chaque année vingt-cinq tonnes de grain, rien de plus. Il voyage tout l'hiver dans les montagnes pour surveiller les *catéchistes*, examiner l'instruction qu'ils donnent aux Lapons, et les aider de ses encouragements, de ses conseils. Il va d'une tente à l'autre par le froid, par la neige, couche au milieu de la fumée, et partage la malheureuse existence de la famille nomade. Nous entrâmes dans une chambre étroite, l'unique chambre de la maison. Nous trouvâmes là un homme jeune encore, mais faible et maladif, déjà chauve et aveugle à demi : c'était le missionnaire. Il avait devant lui une tasse de lait, une galette d'orge, et un livre qu'il lisait comme un ermite des anciens temps, en prenant son frugal repas. Près de son lit étaient placés quelques rayons de bibliothèque, où nous aperçûmes des classiques latins et suédois, les poésies de Tegner, de Franzen, et l'histoire de Suède de Geiier. Il n'avait pu acheter ces ouvrages que par de nombreuses privations ; mais c'était là son cercle d'amis, sa consolation, sa joie. Il nous montra avec un sentiment d'affection chacun de ces livres, qu'il avait souvent lus et relus d'un bout à l'autre. Il nous raconta ses pèlerinages d'hiver, ses haltes dans les tentes laponnes, et quand nous lui demandâmes si cette vie ne lui semblait pas bien pénible : « Oh ! non, répondit-il, j'y suis habitué, et je l'aime. Je suis, il est vrai, privé de toutes les jouissances du luxe ; mais, mes vingt-cinq tonnes de grain me suffisent, et je me sens heureux. — Heureux ! me disais-je en le quittant : est-ce donc toujours parmi les parents du pauvre Babouk qu'il faudra aller chercher le bonheur? »

La paroisse de Karesuando s'étend à une longue distance. On n'y compte que huit cents habitants, dont six cents Lapons, le reste Finlandais, et pas un seul Suédois. L'été, l'église est peu fréquentée : les Lapons errent alors sur les côtes de Norvège; mais l'hiver ils se rassemblent dans les environs du hameau, et viennent assez régulièrement le dimanche assister au sermon du prêtre. Il y a là, au mois de février, à l'époque du *thing* [1], une foire considérable. Les Lapons y viennent de plus de quarante lieues à la ronde. Ils apportent sur leurs petits traîneaux de la chair de renne, des fromages, des fourrures, et prennent, en échange, du tabac, de l'eau-de-vie, de la farine.

Le 10 septembre au matin, nous quittâmes Karesuando

---

1. Assemblée générale où le *fodge* perçoit les impôts et juge les procès.

pour descendre le fleuve Muonio. On nous amena quatre barques longues et étroites, recourbées aux deux bouts, et glissant sur l'eau comme des coquilles de noix. Deux personnes seulement peuvent s'asseoir dans ces bateaux; deux rameurs se tiennent sur l'avant, et le pilote est debout à l'arrière avec une lourde rame qui lui sert de gouvernail. Le fleuve est large, imposant, et coupé par un grand nombre de cascades : c'est une chose curieuse à voir. C'est un écueil parfois dangereux; mais beaucoup moins dangereux et moins effrayant que certains voyageurs ne l'ont représenté. La pente de la cascade est adoucie par sa longue étendue. Quelquefois, on peut à peine la remarquer; mais souvent les larges vagues qui tombent tout à coup de leur niveau grondent, bouillonnent, écument, se brisent contre des quartiers de rocs, puis soudain s'arrêtent contre un espace d'eau calme et rebondissent sur elles-mêmes. Le bateau descend ces cascades avec la rapidité d'une flèche, et, si le pilote n'est pas habile pour le gouverner, ni les rameurs assez forts pour résister au choc violent des flots, on court risque de se briser contre les rocs dont les pointes apparaissent à la surface de l'eau.

Le peuple, avec son instinct poétique, a symbolisé ces chutes d'eau. Dans ses récits traditionnels, la cascade porte ordinairement un nom d'homme. Elle a des yeux et des oreilles; elle chante, elle sourit, elle s'emporte. Elle voit venir le pêcheur qui veut la maîtriser, et le lance avec fureur d'une vague à l'autre pour le punir de sa témérité. Elle voit venir la jeune fille des champs, défiante et craintive, et la berce mollement sur ses flots assouplis. L'imagination du peuple a aussi poétisé les bancs de rocs qui rendent le passage de la cascade si difficile. Ceux-ci ont été apportés par les géants, qui voulaient en faire un pont pour aller d'une rive à l'autre; ceux-là, par les sorciers, qui voulaient entraver les voyages du pêcheur; et tout cela forme une poésie féconde, variée, non écrite, mais vivant dans la mémoire des paysans, et se perpétuant dans les contes du soir.

Depuis 1809, le fleuve Muonio sert de limite aux deux nations. La partie droite appartient à la Suède, la partie gauche à la Russie. Les habitants de l'une et l'autre rive sont tous Finlandais. Ils ont vécu autrefois ensemble dans des relations journalières ; ils formaient une même communauté, ils avaient les mêmes lois et les mêmes intérêts. Maintenant la politique a divisé cette vieille tribu, et le fleuve qui réunissait autrefois les hommes d'une même race est devenu pour eux une barrière, une ligne de démarcation. Mais les habitudes du passé et les liens du cœur l'emportent sur les contrats de la diplomatie. Le traité de 1809, conclu par la force du sabre, écrit avec la pointe d'une baïonnette, ce traité n'a pu anéantir en un jour tant de souvenirs enracinés dans le cœur de la nation finlandaise, tant d'affections particulières, tant d'alliances de familles. Les colons des deux rives du Muonio vivent ensemble comme par le passé. Ils parlent la même langue, se servent de la même monnaie et partagent les mêmes affections. La Russie a suivi, à l'égard de la Finlande, la politique dont la Prusse lui avait donné l'exemple à l'égard des provinces rhénanes : elle lui a laissé une partie de ses lois et de ses institutions. Cependant elle s'efforce, par tous les moyens possibles, d'effacer peu à peu dans ce pays les souvenirs suédois, et d'y introduire un nouvel esprit et une nouvelle prépondérance. Ainsi elle a commencé par transférer à Helsingfors l'université d'Abo, qui, par son voisinage de la Suède, par ses traditions, devait subir l'influence de Stockholm plus que celle de Saint-Pétersbourg. Elle a créé dans cette université une chaire de russe, et, dès maintenant, les Finlandais qui aspirent à exercer une fonction publique doivent présenter un certificat constatant qu'ils savent la langue russe. Elle a essayé de se faire aimer en diminuant les impôts, en accordant au peuple une constitution semi-libérale et semi-despotique. Enfin elle a placé à la tête de cette contrée, enclavée aujourd'hui dans l'empire sous le titre de *grande principauté de Finlande*, un gouverneur général et un sénat, dont les membres, nommés par l'empereur [1], tendent sans cesse à consolider la domination russe.

Au point de vue purement financier, la possession de la Finlande ne présente certes aucun avantage à la Russie. On peut même dire sans exagération et démontrer par des chiffres qu'elle lui coûte plus qu'elle ne lui rapporte. Mais, sous le rapport politique, c'est une conquête inappréciable. Elle arrondit ses frontières, elle lui livre le golfe de Bothnie, et lui ouvre l'entrée des royaumes scandinaves. Il suffit de jeter un coup d'œil sur la carte pour voir combien il importait à la Russie de s'adjoindre cette vaste province, et de quel intérêt il était pour la Suède de la conserver. Aussi, pendant près de huit siècles, ces deux puissances n'ont cessé de se la disputer. L'une et l'autre la regardaient comme un rempart nécessaire pour se préserver de tout envahissement. Le rempart est maintenant du côté de la Russie, et les Suédois ne prononcent encore qu'avec un amer ressentiment le nom de leur malheureux Gustave IV, qui, par sa folle témérité, leur fit perdre cette province, à laquelle ils étaient unis par les liens de l'intérêt politique et de l'affection. Plusieurs fois déjà, quelques-uns de ces hommes qui se passionnent pour un rêve ont exprimé le désir chevaleresque de voir Charles XIV convoquer le ban et l'arrière-ban de ses armées pour anéantir le traité de 1809 et reprendre cette province, que la Suède appelle encore sa sœur. Leur projet de conquête, leur plan de campagne n'est qu'une utopie. La Suède n'est pas assez forte pour entreprendre une guerre pareille, et la Finlande, qui a combattu si opiniâtrement autrefois pour repousser

---

1. *Reglementer för Regerings-Conseilen i Finland.*

la domination russe, ne ferait vraisemblablement aucun effort aujourd'hui pour s'en affranchir. Il est bien vrai que les Finlandais conservent encore une profonde sympathie pour le royaume dont ils ont longtemps partagé la bonne et la mauvaise fortune; mais, comme l'a très bien fait observer un publiciste suédois, l'intérêt du présent, l'espoir de l'avenir, neutralisent déjà dans leur cœur les souvenirs du passé [1]. Les principaux habitants du pays ont été ralliés au parti russe par des places et des décorations; d'autres, par un allégement dans les redevances des biens seigneuriaux; tous, par l'attrait d'une constitution. La Finlande a d'ailleurs éprouvé, dans ses longs moments de crise, que la Suède pouvait à peine la défendre. Livrée pendant plusieurs siècles au pillage des Russes, elle a transigé avec ses haines nationales, et, pour conserver son bien-être matériel, elle s'abandonne maintenant à la protection de ceux qui l'envahissaient autrefois.

De Drontheim au cap Nord, nous avions vu la végétation décroître graduellement, s'affaisser, disparaître. En descendant le Muonio, nous la vimes renaître et grandir. Les deux bords du fleuve sont plats comme les plaines de Hollande et couverts de verdure. D'abord on entre dans la région des bouleaux, puis, à quelques milles de distance, on voit surgir des pins à la tête arrondie, à la tige légère, comme ceux que l'on rencontre après avoir traversé le Dovre. Un peu plus loin, on aperçoit des sapins élancés, menus, portant des branches courtes, pareils aux perches de houblon qui entourent les collines de Bamberg. Dans certains endroits, ces sapins sont mêlés aux bouleaux dont le feuillage commence à jaunir, et ces longues tiges, debout au milieu des branches mobiles qui flottent à tous les vents, présentent un joli coup d'œil. Mais bientôt la végétation des bouleaux diminue, s'efface,

---

1. *Om Allians-Tractaten emellan Sverige och Ryssland år* 1812.

et, là où elle s'arrête, s'arrête aussi la Laponie. Dès ce moment, toute la côte, jusqu'aux environs d'Umeå, n'est connue que sous le nom de Nordbothnie, et l'on ne retrouve la vraie vie laponne qu'à une assez longue distance de la mer.

À mesure que la végétation augmente, les habitations reparaissent plus grandes et plus nombreuses. De distance en distance, on distingue sur le rivage la ferme finlandaise avec les petites cabanes qui l'entourent. Les hommes travaillent dans les champs, et les femmes s'en vont, le râteau sur l'épaule, recueillir le foin qu'ils ont fauché le matin. A moitié chemin, nous entrons dans une de ces fermes. Ceux qui l'habitent sont loin, mais la porte est ouverte. Le feu brille dans la cheminée, et les jattes de lait frais sont posées sur la table. Le vol est si rare, parmi les habitants de ce pays, qu'ils ne le redoutent pas, et, lorsqu'ils sortent, ils laissent leur maison ouverte, comme si, même pendant leur absence, ils ne voulaient pas se priver du plaisir d'offrir un asile à l'étranger qui passe.

Après ces habitations éparses, nous rencontrons trois grands hameaux : celui de Kättisuvando, placé dans une situation pittoresque au bord du fleuve; celui d'Œfver-Muonio, et celui de Muonioniska, chef-lieu d'un pastorat considérable appartenant à la Russie. Il y a là un paysan qui, d'après certaines conventions faites avec l'autorité du canton, est tenu de loger les voyageurs et de les héberger. Le *härradhöfding* a oublié de lui prescrire les précautions qu'il devait prendre pour que les malheureux étrangers qui lui arrivent n'eussent pas du moins à regretter l'abri des bois, et l'aubergiste, en homme de conscience, s'en est tenu aux termes du traité. Il n'y a rien à attendre ni de sa cave ni de son armoire; mais, à quelque heure du jour qu'on vienne le surprendre, on est à peu près sûr de trouver chez lui une couche de paille, du pain noir et du lait caillé en abondance.

Dans ce hameau et dans les hameaux voisins situés sur l'autre rive, les paysans ne se contentent plus de récolter du foin, d'élever des bestiaux. Ils veulent semer de l'orge, et cette ambition agricole les plonge souvent dans la misère. Souvent la moisson, surprise par le froid, ne peut pas mûrir. Ils récoltent leur orge à moitié verte. Ils la portent dans une espèce de four et la font sécher à un feu ardent, puis ils la battent et la pétrissent avec la paille. On nous a montré le pain qu'ils mangent la plupart du temps : c'est une galette de paille jaune où il n'entre guère qu'un quart de farine. Un autre malheur dans leurs années de disette, c'est que ces épis avortés, dont ils parviennent si difficilement à faire du pain, ne peuvent leur donner de semence pour l'année suivante. Ils sont obligés d'en acheter, et ils la payent cher.

Plusieurs fois les hommes intelligents du pays leur ont représenté combien il vaudrait mieux renoncer à cette funeste culture, mettre leurs champs en prairie et se livrer à l'éducation des bestiaux, qui les enrichit presque toujours; mais ces remontrances sont inutiles. Le paysan répond qu'il veut faire comme ses pères ont fait. Jeune, il s'est réjoui de conduire la charrue à travers les sillons; vieux, il veut la conduire encore. Il a pour le sol qui lui appartient une sorte d'affection enfantine, et pour ses travaux de laboureur une préférence que nulle déception ne peut affaiblir. L'aspect des pâturages ne lui cause qu'une faible joie; mais l'aspect d'un champ d'orge où les épis se développent et commencent à jaunir, fait battre son cœur et l'enorgueillit : car c'est là le fruit de ses travaux, de sa patience, de son habileté. Que si alors on tente de lui représenter ses vrais intérêts, il se retranche dans ses souvenirs de jeunesse, dans l'attachement naïf qu'il a pour ses sillons. « Oh! voyez, disait un jour un paysan finlandais à un prêtre qui cherchait à le détourner de ses fausses spéculations de laboureur; voyez, la terre est noire. Il me semble qu'elle est couverte d'un voile de deuil, qu'elle souffre, qu'elle a faim. C'est elle qui nous a nourris, mon père et moi. Comment voulez-vous que je l'abandonne, que je la laisse languir, quand je peux, avec un sac de semence, la rendre si riante et si belle? »

Ainsi le pauvre paysan de Nordbothnie continue à suivre le même système. Son champ est pour lui comme une loterie à laquelle il porte chaque année avec un nouvel espoir et une nouvelle résignation le fruit de ses sueurs et de ses épargnes. Souvent il s'endette pour entretenir ce lot rongeur auquel il ne veut pas renoncer. Les années de disette l'accablent; mais une récolte féconde lui rend sa joie et son audace. Quand nous arrivâmes à Muonioniska, nous fûmes témoins d'une de ces heureuses émotions. C'était la première fois depuis sept ans que l'orge était vraiment mûre. Cette fois on ne la portait plus au four pour la faire sécher, on la dressait gaiement par faisceaux sur des perches, comme du lin sur des quenouilles. Dans les familles, on commençait à pétrir du pain plus pur, et le laboureur, en comptant ses belles gerbes, regardait d'un air malicieux le marchand qui, cette année, ne pourrait pas bénéficier sur le prix de la semence.

La ressource la plus assurée du Finlandais de Nordbothnie est le produit de ses bestiaux. Quand le paysan est parvenu à amasser quelques centaines de livres de beurre, il les porte en Norvège, où on les paye mieux qu'en Suède. Il voyage avec ses chevaux le long du fleuve, qui se couvre de glace au mois d'octobre et ne dégèle ordinairement que vers le milieu de mai. Au pied des montagnes, il trouve des rennes, des *ackija* (traineaux) et des Lapons. Pour cinq francs il a un attelage qui le conduit jusqu'à Finmark. Il vend son beurre à Alten, à Talvig, à Kaafiord, prend en échange les diverses denrées dont il a besoin. Chaque *lispund* de beurre vaut à peu près dix francs. Quand le paysan a payé ses frais de voyage, fait sa provision d'eau-de-vie, de tabac, il lui reste encore de quoi acquitter ses impôts et porter le dimanche quelques schellings à l'offrande. De temps à autre, il peut vendre aussi des peaux, de la viande fumée et du poisson.

Du reste, il mène une vie sobre et économe. Il ne boit que du lait mêlé avec de l'eau, parfois un peu d'eau-de-vie, et ne mange que du pain noir. S'il a quelque aisance, il tue au commencement de l'hiver une génisse qu'il sale, et le dimanche sa femme en fait bouillir un morceau. Le jour de Noël est le seul où il sorte de son abstinence habituelle. Ce jour-là, on brasse dans sa maison de la bière, qui est, comme dans toute la Suède, connue sous le nom de bière de Noël (*Julöl*); on pétrit des gâteaux, on découpe un morceau de génisse, et toute la communauté, parents, enfants, voisins et domestiques, s'assied à la même table, et se réjouit comme les bergers de Bethléem de la venue du Sauveur.

Un grand jour aussi pour lui est celui où l'un de ses enfants se marie. La cérémonie nuptiale a lieu ordinairement en hiver, car alors les paysans sont plus libres et les voyages plus faciles. Une semaine avant le jour solennel, deux ou trois messagers vont par différentes routes inviter à la noce les propriétaires et les domestiques des gaards du voisinage. Puis l'heure de la réunion arrive. La chambre des fiançailles est tapissée de rameaux verts; les pièces de bœuf rôtissent au foyer, et les flacons d'eau-de-vie brillent sur la table. La bonne mère de famille a préparé, pour cette grave circonstance, son linge le plus fin et sa vaisselle la moins ébréchée. Les voisins sont venus à son secours, et tout ce qu'il y a d'assiettes de faïence et de cuillères d'argent à plusieurs lieues à la ronde est réuni ce jour-là dans la maison des fiancés. Bientôt on entend le galop des chevaux qui amènent les convives. Les légers traîneaux glissent dans la cour de la ferme. On court au-devant des nouveaux

venus, on leur serre la main, on les fait asseoir près du
feu, on leur sert de la bière et de l'eau-de-vie ; puis, un
instant après, le son des grelots recommence, les étrangers arrivent de tous côtés, et dans l'espace de quelques
heures, deux à trois cents personnes se trouvent rassemblées dans la même enceinte. Après le déjeuner,
les fiancés s'avancent, conduits par leurs parents. Le
jeune homme porte un habit de fin vadmel, un gilet à
boutons brillants, et la jeune fille une ceinture d'argent
et une couronne dorée. Tous deux s'asseyent au milieu
de la salle sur des sièges recouverts d'un manteau de
soie. Le prêtre les bénit ; puis, lorsque les prières sont
achevées, il va se mettre devant une table sur laquelle
un domestique vient de poser un large plateau. Il adresse
une allocution aux convives, et leur recommande le
jeune couple qui va entrer en ménage. Chacun connait
d'avance le dernier mot de cette charitable harangue, et
chacun tire sa bourse. D'abord viennent les parents, qui
déposent dans le plateau de beaux écus neufs recueillis
exprès pour cette solennité, puis les riches voisins, qui
y portent parfois jusqu'à quinze ou vingt francs, et les
domestiques, qui apportent aussi leur offrande ; après
quoi on se met à table, on boit, on danse, on fait une
ample consommation de bière et d'eau-de-vie. Les convives restent là deux ou trois jours, couchent dans la
grange, et viennent tour à tour s'asseoir à la même table.
Mais en comptant leurs recettes, il est rare que les
nouveaux mariés n'aient pas un ample bénéfice sur les
frais de leur hospitalité.

Cette race finlandaise, que je voyais pour la première
fois dans son propre pays, m'intéressait beaucoup. J'aimais à étudier sa physionomie, à la suivre dans les habitudes de sa vie. Les femmes sont blanches, fraîches,
bien faites. Nous en avons vu une à Kilangi qu'on aurait
pu citer partout comme une beauté remarquable. Quand
elle était jeune fille, elle attira souvent l'attention des

voyageurs, et beaucoup de riches étrangers, nous dit notre guide, tentèrent de la séduire; mais ni les douces paroles ni les promesses brillantes ne purent l'émouvoir : elle resta dans l'humble demeure où elle était née, et devint une bonne et heureuse femme de paysan.

Les hommes sont généralement grands et forts. Sur leur figure pâle et dans leurs yeux bleus, on remarque une expression de calme qui ressemble parfois à de la mélancolie; mais l'espèce de résignation passive dans laquelle ils vivent habituellement ne fait que masquer l'énergique trempe de leur caractère. Ils sont fermes et tenaces dans leurs résolutions, inflexibles dans leurs sentiments de haine, admirables dans leur dévouement. On m'a cité deux anecdoctes qui peignent assez bien les traits distinctifs de leur caractère dans deux situations opposées. Un Finlandais, qui avait à se plaindre de son maître, conçut le projet de le tuer, et nourrit pendant cinq ans cette fatale pensée. Il n'attendait qu'une occasion favorable pour exécuter son crime. Dès qu'elle se présenta, il la saisit avec empressement. Traduit devant ses juges, il avoua le meurtre qu'il venait de commettre, et, comme on l'engageait à se repentir et à demander pardon à Dieu avant d'aller paraître devant lui, il joignit les mains, fit sa prière et dit qu'il mourait avec la joie d'avoir lui-même enlevé la vie à un misérable.

L'autre anecdocte que l'on me racontait dans le pays est un exemple de générosité d'âme presque fabuleux. Deux officiers firent naufrage en allant de Stockholm à Abo, et se sauvèrent avec leur domestique et un Finlandais sur quelques planches à demi brisées. Ce radeau improvisé était trop faible pour les porter tous quatre. L'un des officiers se prit à pleurer en parlant de sa femme et de ses enfants. « Vous les reverrez, dit le Finlandais, qui l'avait écouté avec une profonde émotion; adieu, vivez heureux. » Au même instant il se précipite dans les vagues, et la nacelle allégée continue sa route.

Les maisons finlandaises sont remarquables par leur adroite distribution et leur propreté. Chaque ferme se compose, comme je l'ai dit, de plusieurs corps de logis, et chaque corps de logis, chaque chambre même a un nom particulier. Ordinairement on entre dans une grande cour carrée, fermée par quatre édifices. Le plus large, le plus élevé, est l'habitation du paysan. Là est le *kammare*, la chambre où l'on garde les larges seaux de lait, et où couche le chef de famille; à côté est la *pörte*, vaste salle chauffée par le feu de la cuisine et du four, où l'on fait cuire tous les deux jours la galette d'orge. C'est là que les habitants de la ferme se reposent après leurs travaux, c'est là qu'ils couchent sur le plancher ou sur un banc. Vis-à-vis est la chambre où les femmes filent et tissent la laine. A côté de ce premier édifice est la petite maison réservée aux voyageurs; en face, la grange; plus loin, l'écurie. En sortant de cette enceinte, on trouve les *stabur*, ou magasins en bois pareils à de grands coffres, où la famille enferme une partie de ses vêtements et de ses provisions. Près de là est la cabane où l'on fait cuire pendant l'hiver, dans une grande chaudière, les plantes marécageuses et les branches d'arbres qui servent de nourriture aux bestiaux; puis le *seano* ou maison de bains. Ce dernier bâtiment, que l'on retrouve dans toute la Finlande et dans toutes les provinces où les Finlandais ont établi une colonie, ne renferme qu'une grande salle carrée, qui se ferme hermétiquement de tous côtés. Au fond, de larges bancs sont élevés contre la muraille à quelques pieds du sol. Au milieu est le foyer. Trois fois par semaine, pendant la saison du travail, et chaque samedi, pendant l'hiver, les habitants de la ferme se réunissent là le soir, dans un état complet de nudité. On fait chauffer des dalles au feu; puis on jette sur ces dalles de l'eau bouillante, ce qui produit en quelques instants une vapeur épaisse et une chaleur concentrée qui s'élève souvent jusqu'au delà de quarante degrés. Pendant ce temps, les baigneurs se tiennent debout sur le banc : et lorsque la sueur ruisselle de leurs membres, ils se frappent avec des verges pour s'exciter encore. Après avoir passé une demi-heure dans cette température, dont l'idée seule effraye celui qui n'en a pas, comme eux, contracté l'habitude, ils sortent tout nus, et vont tranquillement s'habiller dans leur chambre.

Ces gaards renferment ce qui est nécessaire à l'exploitation d'une ferme : on y trouve une forge, un atelier de menuiserie. Les Finlandais fabriquent eux-mêmes leurs instruments d'agriculture; les femmes tissent, cousent les vêtements, et le soir donnent des leçons à leurs enfants. Il n'y a point d'écoles dans les campagnes de Finlande, mais on trouve dans chaque maison une Bible, un livre de psaumes, un catéchisme, et tout le monde sait lire.

A un demi-mille de Muonioniska est la cascade d'*Eyanpaïkka*, la plus forte et la plus redoutée de toutes celles que l'on rencontre sur ce grand fleuve; son nom en finlandais signifie *demeure du vieux*. C'est là qu'habite le vieux Neck entre les rochers; lorsqu'un pilote maladroit s'approche trop près de sa grotte, il se lève avec colère, il agite sa baguette magique, les vagues s'enflent, et le torrent vengeur emporte dans l'abime la barque téméraire.

Cette cascade a près d'un quart de lieue de long; des rocs nus la bordent de chaque côté comme un rempart; des sapins échevelés la dominent; des troncs d'arbres déracinés roulent dans ses flots; l'horizon est de tous côtés fermé par des rochers et des bois; la forêt est silencieuse et déserte; on n'entend que le craquement d'une tige vieillie qui se brise sous l'effort du vent, ou le fracas des flots qui se précipitent contre les pierres. C'est un magnifique océan de désolation, un poème dans la solitude, un tableau sublime dans le désert.

Ordinairement, les voyageurs descendent sur le rivage, en arrivant auprès de cette cascade, et vont par terre, au delà de l'endroit redouté, attendre leur bateau. Les pêcheurs et les paysans de la côte, habitués à la franchir chaque jour, n'osent pas même s'y hasarder sans un pilote. Il y avait autrefois ici quatre pilotes; deux d'entre eux sont morts après de pénibles fatigues, le troisième s'est noyé l'été dernier. « Il voulait jouer, me dit un de nos rameurs, avec les diables blancs (les vagues) de l'Eyanpaïkka; mais ils se sont élancés vers lui, et il n'a pas résisté longtemps. En deux tours de main, voyez : la barque s'en allait par morceaux, comme un vieux poisson sec, et le pilote avait plus d'eau dans le gosier qu'il n'est permis à un chrétien d'en boire. »

Le quatrième pilote est un jeune homme au regard expressif, à la figure mâle et hardie. Il porte de grands cheveux blonds flottant sur ses épaules, une jaquette verte, comme celle des chasseurs du Tyrol, et des pantalons en cuir. Son nom est aussi romantique que le métier qu'il exerce : il s'appelle Carl Regina. C'est lui maintenant qui guide tous les bateaux de paysans et de voyageurs dans ce passage difficile; on lui paye un *rixdaler*, 30 sous, pour jouer ainsi sa vie.

Les habitants de Muonioniska n'avaient pas manqué de nous raconter les nombreux accidents arrivés sur cette cascade; mais leur récit ne faisait que nous donner, à M. Gaimard et à moi, un plus grand désir de la descendre. On nous disait d'ailleurs que, quelques jours auparavant, deux voyageurs anglais avaient reculé d'effroi en la voyant, et s'étaient hâtés de prendre le chemin de terre. Nous tenions à nous montrer plus courageux que les Anglais.

Bientôt nous entendons le bruissement du torrent, nous voyons les flots d'écume qui jaillissent dans l'air.

La cascade apparaît sombre et fougueuse, secouant sa tête échevelée entre ses rideaux de sapins. « Le vieux Neck est en colère! s'écrie l'un des matelots; il n'aime pas les étrangers. » Mais nous sommes décidés à voir de près le vieux Neck, et nous restons dans le bateau. Le pilote est debout, le gouvernail à la main, l'œil attentif, les cheveux au vent. Les deux rameurs serrent avec force leurs avirons et tiennent le regard fixé sur leur guide pour obéir à son moindre signe, à sa parole, à son mouvement. En nous penchant sur le bord de la barque, nous voyons les rochers dont la cascade est hérissée : les uns dressent leur cime aiguë à la surface de l'eau; d'autres sont cachés sous une nappe d'écume, et le bateau tourne, serpente, glisse entre les écueils, et bondit comme un coursier sans frein sur le dos des vagues. Tantôt le flot, repoussé par les rocs, heurte avec violence notre barque fragile; tantôt il se dresse dans l'air et rejaillit sur nous comme une pluie d'orage. Puis nous tombons d'un degré de la cascade à l'autre. La lame se creuse et s'affaisse sous nous, et le fond de l'eau ressemble à un lit de soie bleue, et les bandes d'écume qui nous entourent à des franges d'argent. Mais la cascade gronde de nouveau, s'irrite, nous poursuit, et nous lance de vague en vague, d'écueil en écueil. Tout ce mouvement de l'eau, cette force du torrent, cette variété d'aspects, nous donnent une foule d'émotions saisissantes et rapides comme un rêve. En un clin d'œil le rêve est fini. En trois minutes l'espace orageux est parcouru, et l'on rentre dans le lit paisible du Muonio. Mais nous avions été si heureux de faire cette première course, que nous voulûmes la recommencer, à la grande surprise de nos rameurs, qui n'avaient pas l'habitude de voir les voyageurs entreprendre deux fois de suite ce trajet redouté sur toute la côte.

A partir de là, le paysage est plus large et plus varié,

les forêts sont plus hautes et les maisons plus nombreuses. Les gîtes où nous nous arrêtons ne sont pas élégants, mais propres, spacieux, et la politesse affectueuse avec laquelle on nous reçoit nous fait oublier les privations matérielles que nous devons y subir. Deux jours après avoir traversé l'Eyanpaïkka, nous nous reposâmes de nos heures de fatigue et de nos heures d'abstinence dans la riante habitation de Kengisbruk. C'est une forge qui date de plus de deux siècles, la forge la plus septentrionale de la Suède. Lorsque nous y arrivâmes, elle venait d'être vendue, et les anciens maîtres l'avaient déjà quittée pour faire place aux nouveaux. Il n'y avait dans la maison du directeur de l'établissement qu'une jeune fille qui nous reçut avec une grâce parfaite. Nous trouvâmes là des livres, des journaux, et tout ce qui était pour nous, depuis quelque temps, un luxe inusité : des rideaux de mousseline aux fenêtres, des chaises couvertes en toile de Perse, et un plancher parqueté.

Le lendemain, nous dîmes adieu à regret à la jeune fille qui nous était apparue comme une fée dans cette demeure abandonnée des hommes. Une forêt de bouleaux s'étendait devant nous; un torrent grondait à nos pieds. Les lueurs argentées d'un beau matin d'automne scintillaient sur les flots et à travers les arbres. Les pointes d'herbes revêtues d'une légère gelée brillaient aux premiers rayons du soleil comme des perles. La mésange de Sibérie (*parus Sibericus*) au plumage gris, le pinson des Ardennes (*montifringilla*) aux ailes noires, à la poitrine jaune, au collier brun, et la linotte à la tête tachetée de rouge, gazouillaient leur prière sur les rameaux verts agités par un vent frais. La fumée montait avec des étincelles de feu au-dessus des fourneaux, et la cloche appelait les ouvriers au travail. Nous nous en allions à pas lents, regardant de tous côtés ce paysage pittoresque, tantôt nous retournant pour voir encore la cime des forges cachées dans le vallon, tantôt nous arrêtant au bord de l'eau. Dans ce moment, cette belle et fraîche matinée du Nord avait une teinte méridionale. Je la contemplais avec un vague sentiment de joie, et je la saluais avec une douce mélancolie; car ces lieux que j'aimais, j'allais bientôt les quitter, et déjà j'essayais de transporter l'émotion du moment dans la rêverie du souvenir :

> Sur les coteaux le jour se lève,
> Frais et riant comme un beau rêve.
> Parmi les bouleaux argentés,
> Et sur les champs que l'on moissonne,
> Les doux rayons d'un ciel d'automne
> Répandent de molles clartés.
>
> Ici sous un voile de brume,
> La cascade bruyante écume ;
> Là le fleuve paisible et pur
> Dans la plaine s'enfuit, s'efface,
> Et sur la rive qu'il embrasse
> Jette un soupir, un flot d'azur.
>
> Et loin du bruit, et loin du monde,
> Gaîment je m'élance sur l'onde,
> Heureux de voir dans le lointain
> Se dérouler le paysage,
> De songer à mon grand voyage,
> De respirer l'air du matin.
>
> Lorsque l'oiseau sous la bruyère
> S'élève et chante sa prière,
> Je prie aussi, je dis : « Mon Dieu!
> Laisse-moi demeurer encore
> Dans cet abri que l'on ignore,
> Sous ton regard, sous ton ciel bleu.
>
> « Que la nature soit le temple
> Où ton œil ému me contemple!
> Que la grande voix du désert,
> Le bruit des eaux sur le rivage,
> Le chant caché dans le feuillage,
> Soient mon cantique et mon concert! »
>
> Ces souvenirs des jours tranquilles,
> Dans la vaine rumeur des villes,

Un jour je les emporterai.
Si le cruel destin m'oppresse,
Ils me suivront dans ma tristesse,
Et souvent je les bénirai.

Nous étions au confluent des deux fleuves. Le Torneå bondissant, mugissant, courait se précipiter dans le Muonio. A côté, un petit ruisseau, sorti d'une source voisine, suivait paisiblement la même route. En les voyant descendre tous deux dans le même lit, il me semblait voir une image de la vie, et je me disais : « C'est ainsi que passent les destinées humaines, les unes hardies et imposantes, les autres obscures et timides. Mais qu'importe le bassin de granit d'où elles s'échappent, ou l'humble sillon qu'elles se creusent? elles s'en vont toutes vers le même but, elles tombent toutes dans le grand fleuve de l'éternité. »

A Kengisbruk, le Muonio perd son nom. Le Torneå, qui vient d'arriver, lui impose le sien. C'est une de ces injustices qui s'exercent parmi les fleuves comme parmi les hommes. Le Torneå entraine à sa suite son puissant rival, et tous deux se déroulent dans l'espace, élargissent leur couche, s'arrondissent autour d'une île, ou s'étendent en face de la côte, comme les eaux d'un lac.

Vers midi, nous arrivâmes dans une maison plus élégante encore que celle de Kengis. Elle appartient à M. Ekström, paysan riche et intelligent, qui a lui-même fait son éducation et celle de sa famille. Il était absent lorsque nous nous présentâmes pour le voir; mais sa femme vint au-devant de nous, et nous fit entrer dans un joli salon, où nous aperçûmes des gravures choisies, des livres, des cahiers de musique et un piano. C'était le premier que nous voyions depuis longtemps. Sous les fenêtres s'étendait un jardin potager, parsemé de quelques tiges de fleurs, et d'un autre côté était la ferme avec une plantation d'arbres. Pendant que nous observions les embellissements de ce domaine champêtre, deux jeunes filles, habillées avec autant de simplicité que de bon goût, entrèrent dans le salon et nous saluèrent avec le sourire de la bienveillance sur les lèvres. Nous les priâmes de chanter. Elles s'assirent devant le piano, et chantèrent des mélodies de Suède et de Norvège et des poésies finlandaises, dont nous aurions voulu emporter avec nous les tons suaves et mélancoliques ; puis elles se levèrent et nous offrirent l'une après l'autre du vin de Porto, des biscuits, du café. Leur mère était là qui les encourageait à nous servir, et qui nous apportait elle-même la tasse et le flacon. Au moment où nous allions quitter cette bonne et honnête famille pour rejoindre notre bateau, nous nous aperçûmes que les deux jeunes filles n'avaient parlé suédois avec nous que par modestie, car elles comprenaient et parlaient facilement le français. Nous leur demandâmes qui leur avait appris cette langue, et elles nous dirent que c'était leur père. Qui leur avait appris la musique? C'était leur père. Nous inscrivîmes avec un sentiment de respect sur notre album de voyageur le nom de cet excellent homme et celui de ses deux filles, pareilles à deux violettes cachées dans la solitude et le silence des bois.

Le soir nous franchissions le cercle polaire, et le lendemain nous arrivions à Œfver Torneå. En face, sur la côte suédoise, est le village de Mattarengi, qui se compose d'une vingtaine d'habitations dispersées le long d'une colline peu élevée. Au pied s'étend une île tellement exposée aux inondations, qu'elle ne peut être habitée. On y a seulement construit des *stabur* destinés à renfermer la récolte de foin. De l'autre côté du fleuve est la montagne d'Avasaxa, couverte de sapins. Elle n'a guère plus de cinq cents pieds de haut, et son aspect n'est nullement imposant; mais elle a été illustrée par les observations de Maupertuis, et le 25 juin de chaque année elle est visitée par une foule de curieux. Au soixante-sixième degré de latitude, ce jour-là n'est interrompu ni par la nuit, ni par le crépuscule. Du haut d'Avasaxa, on voit à minuit le soleil s'incliner à l'horizon, puis se relever aussitôt et poursuivre sa route. Les Anglais accourent surtout en grand nombre pour contempler ce phénomène. Il en vint un, il y a quelques années, de Brighton, qui avait entrepris ce long voyage dans l'unique but de monter le soir au sommet de l'Avasaxa, de saluer le soleil de minuit et de retourner immédiatement en Angleterre. Il était arrivé le 22 juin, et attendait avec impatience l'heure solennelle où son guide viendrait le chercher pour le conduire au sommet de la montagne. Le 25 juin apparait enfin, l'horizon est pur, le ciel bleu. Vers le soir l'Anglais se met en route, le cœur agité par de douces émotions; mais voilà qu'au moment où le phénomène boréal doit surprendre les regards, des nuages épais s'amoncellent au-dessus du fleuve, montent dans les airs, et cachent le soleil de minuit. Le malheureux ne put résister à une telle calamité. Il rentra chez lui et se pendit.

Mattarengi nous offrait peu de sujets d'étude. Le village est habité par des Finlandais semblables à ceux que nous avions déjà rencontrés le long de notre route. Il n'y a ni école publique dans le pastorat ni société de lecture. Les parents apprennent eux-même à lire à leurs enfants; le prêtre va les voir une fois par an, et cet examen de quelques heures est pour eux un puissant encouragement.

L'orge ne mûrit guère mieux ici qu'à Muonioniska; mais les habitants de cette côte trouvent une grande ressource dans la pêche du saumon, qui est presque toujours fort abondante. Ils fabriquent aussi du goudron, et ils commencent à faire de la potasse avec des feuilles de bouleau.

Nous visitâmes le prêtre et l'organiste, qui, depuis

quarante ans, a fait sans interruption des observations météorologiques; puis nous nous remîmes en route. Nous traversâmes avec un pilote les deux longues cascades de Vuoiena et de Makakoski, et quelques heures après nous arrivâmes à Haparanda.

HAPARANDA

A AMÉDÉE PICHOT

Un jeune écrivain suédois, qui a publié un livre intéressant sur les provinces voisines du golfe de Bothnie, fait un triste tableau des environs de Haparanda. Dans un voyage, l'émotion du moment n'est souvent que le résultat d'une émotion précédente. La corde intérieure que l'on entend vibrer a déjà été ébranlée auparavant, et le son qu'elle rend est tout à la fois l'écho d'une sensation passée et la mélodie d'une sensation actuelle. Quand M. Engström visita Haparanda, il venait du Sud, et nous, nous arrivions du Nord. Notre point de comparaison n'était plus le même. Il y avait longtemps que nous ne voyions plus que des habitations éparses ou des hameaux avec une pauvre église en bois, et tout à coup nous apercevons les quatre clochers de Torneå, et ses cinq moulins à vent. Il y avait longtemps que nous ne voyions rien que des bouleaux chétifs ou des tiges de sapins, et sur le bord du fleuve nous trouvons des massifs d'arbres verts encore et des sorbiers chargés de grappes rouges.

Haparanda est d'ailleurs une jolie ville située au bord d'une large baie, une ville peu étendue, il est vrai, mais qui chaque année s'agrandit et tend à s'accroître davantage. Dans l'espace de six mois, sa population a presque doublé, et son commerce a pris un développement considérable. C'est de là qu'on envoie à Stockholm des navires chargés de beurre, de peaux, de goudron, et c'est là qu'on apporte un grand nombre de denrées qui doivent ensuite se répandre dans les provinces les plus reculées. Il y a là un bureau de poste important qui sert de communication entre le Sud et le Nord. Les lettres arrivent deux fois par semaine à Haparanda, et partent tous les quinze jours pour les limites septentrionales de la Nordbothnie, tous les mois pour les paroisses laponnes et le Finmark. En 1833, le gouvernement a fondé dans cette ville une école élémentaire où l'on enseigne la géographie, l'histoire, le français, l'allemand. On y compte une trentaine d'élèves.

En face de Haparanda est la vieille cité de Torneå, bâtie sur une île, séparée de la terre suédoise, ici par les eaux de la baie, là par un étroit ruisseau qui souvent se dessèche en été. D'après les règles adoptées pour la délimitation des deux pays, en 1809, Torneå devait appartenir à la Suède, car cette ville est plus près de la rive droite du fleuve que de la rive gauche. D'un côté la force ou la supercherie, de l'autre la faiblesse, en ont fait une ville russe, et cette transaction causera sa ruine. Au moment même où Torneå fut réunie à la Russie, ses plus riches négociants partirent avec leurs marchandises. Il n'y reste plus aujourd'hui que des négociants de second ordre, dont les opérations commerciales sont, comme par le passé, toutes concentrées en Suède, mais qui, en leur qualité de Russes, ne peuvent les continuer sans payer des droits considérables. Ainsi la lutte n'est plus égale. Haparanda, favorisée par sa situation, soutenue par ses privilèges de ville suédoise, se développe, s'enrichit, et Torneå décline. Déjà cette ville n'est plus que le simulacre de ce qu'elle a été. Ses places publiques sont mornes et silencieuses; ses maisons dépeuplées tombent en ruine, et l'herbe croit dans ses rues. Il y a pourtant ici cinq cent cinquante habitants. Il n'y en a guère que trois cents à Haparanda. Il y a à Torneå une église finlandaise, une église russe, quatorze marchands et une garnison de vingt Cosaques. Il n'y a à Haparanda qu'une seule église et neuf marchands, et l'aspect de ces deux villes diffère complètement. L'une est muette et sombre, l'autre riante et animée. L'une est comme le tombeau d'une vieille génération, l'autre comme le point central d'une race jeune et active.

Le 17 septembre, nous nous remîmes en route. Nous étions dans la partie de la Suède désignée par les géographes sous le nom de Nordland; elle s'étend du 60° degré 30 minutes jusqu'au delà du 68° degré de latitude, et embrasse dans sa vaste circonférence les provinces de Gestrikland, Helsingeland, Medelpad, Angermannie, Vestrebothnie et Nordbothnie. C'est une étrange et curieuse contrée, qui a toutes sortes de formes pittoresques et de charmants aspects. Là sont les hautes montagnes sans fleurs et sans verdure, du haut desquelles l'œil ne découvre qu'un long espace désert et un océan de neige [1]; les marais de Laponie où le voyageur tremble de s'égarer; les fleuves puissants qui se précipitent du sommet des montagnes comme des torrents, et dont le cours majestueux et solennel ressemble parfois à celui de la mer; là sont les grandes plaines vertes parsemées de bouleaux, les beaux lacs frais et limpides comme ceux qui font rêver la muse de Wordsworth, et

---

1. Telle est, entre autres, celle de Sulitelma, située dans la Laponie de Piteå. Sa hauteur s'élève à 5 796 pieds; à sa base même elle est presque constamment couverte de neige, et du haut de sa cime glacée, aussi loin que la vue peut s'étendre, on n'aperçoit que des montagnes et des plateaux de neige. A plusieurs milles à la ronde, on ne trouve aucune habitation.

les chalets bâtis comme des nids d'oiseaux au bord de ces lacs.

A l'extrémité méridionale du Nordland est la jolie ville de Gefle, active et riante comme l'espérance dans un cœur jeune; à l'autre extrémité est le pastorat de Karesuando, silencieux et morne comme une pensée qui s'affaisse dans l'âme fatiguée du vieillard. De Karesuando à Haparanda, on descend le fleuve Muonio et le Torneå. De Haparanda à Umeå, il n'y a qu'une immense forêt de pins et de sapins, une forêt de cent quarante lieues, traversée çà et là par quelques grands fleuves sur lesquels on ne trouve point encore de ponts, et coupés par d'étroits vallons. Il y a je ne sais quel plaisir plein de charme et de mélancolie à voyager au sein de ces bois sombres et silencieux. C'est une solitude qui agit avec une douce puissance sur l'âme et la porte au recueillement. On ne pourrait rester là avec une mauvaise pensée ni subir l'orage d'une mauvaise passion. Cet air pur et balsamique qui se joue dans vos cheveux semble descendre jusqu'à votre cœur; ce vague murmure de la forêt résonne à votre oreille comme une mélodie. Puis, de tout côté, l'aspect du monde vous est fermé; vous ne voyez que ces grands bois qui vous cachent sous leurs verts rameaux comme les parois mystérieuses d'une cathédrale, et au-dessus de votre tête le ciel. Les traditions du peuple parlent d'une jeune fée à l'œil mélancolique, au front voilé, que l'on voit passer sur la pelouse, qui parfois s'arrête à l'entrée d'une avenue, jette un regard dans le lointain, puis baisse la tête, et s'éloigne en poussant un doux soupir. Cette jeune fée, c'est le génie des rêves qui s'emparent de vous au milieu des forêts du Nord, qui parfois vous laissent entrevoir, par une des innombrables avenues de la pensée, le tableau du monde, pour vous ramener ensuite avec plus d'abandon dans le calme de la retraite.

Pour moi, je ne crois pas que j'oublie jamais le bonheur que j'ai ressenti à suivre dans toute sa longueur cette route si peu fréquentée. Je partais au point du jour avec les oiseaux de passage qui s'élevaient du milieu des bruyères, planaient dans les airs, et semblaient par leurs cris saluer le voyageur qui revenait comme eux des régions polaires, et comme eux retournait vers les régions du Sud. C'était par un beau mois d'automne. Une légère gelée blanche scintillait sur les verts rameaux de sapins et se fondait aux premiers rayons du soleil. Un ciel pur s'étendait sur ma tête, une douce lumière se répandait peu à peu à travers les sinuosités profondes de la forêt. Cette nature était si calme, que son réveil ressemblait encore à un repos parfait; il y avait tant d'harmonie entre les diverses teintes du paysage, entre cette mélancolique clarté du jour d'automne et cette verdure de bois, que tout formait comme un grand tableau où la main du peintre le plus habile n'aurait pu ajouter aucun ton ni adoucir aucune nuance. Jusque-là, chose extraordinaire, on n'avait encore point vu tomber de neige. Il y avait comme un renouvellement ou une prolongation de l'été qui formait de charmants anachronismes. La gelinotte s'en allait sautillant au pied des arbres et becquetant le sol comme si elle eût encore cherché des brins de mousse pour faire son nid; le coq de bruyère, ce roi des forêts du Nord, se promenait fièrement aux rayons du soleil, sans crainte des pièges de l'hiver et sans crainte du chasseur. Sur les bords de la route, la légère campanule élevait encore sa corolle violacée comme une améthyste, et l'on voyait les fleurs de l'åkerbär [1], trompées par cette chaleur inattendue, qui recommençaient à éclore, pareilles à ces pensées d'amour ou de poésie qui surgissent trop tard

---

[1]. Petit fruit rouge que l'on ne trouve que dans les provinces du Nord et qui a le goût de la framboise.

et s'affaissent bientôt sous le poids de la vieillesse, cet hiver de l'homme.

J'étais seul et libre. Deux chevaux vigoureux m'entraînaient avec rapidité sur une route plate, ferme et sablée. De temps à autre j'aimais à ralentir ma course pour voir un nouveau paysage qui se découpait dans le lointain, pour suivre le cours d'un des grands fleuves de Laponie, ou pour contempler l'effet pittoresque d'un hameau bâti au-dessus de la colline. Je m'arrêtais pour causer avec les bonnes gens que je rencontrais sur ma route, j'entrais dans le chalet hospitalier. La mère de famille m'apportait ce qu'elle pouvait offrir de meilleur, le lait le plus frais dans la plus belle tasse de faïence. Le paysan, à qui je parlais de sa récolte, de ses champs, de ses bestiaux, me reconduisait, quand je voulais m'en aller, jusqu'aux limites de son humble domaine, et me disait en me secouant la main : *Välkommen en annan gång* : « Sois le bienvenu une autre fois ».

Le soir, toute cette nature septentrionale, si grave à la fois et si attrayante, avait un aspect plus imposant et plus recueilli. C'était une charmante chose à voir que les clartés du soleil couchant, colorant d'un dernier reflet l'onde argentée des fleuves, le miroir des lacs, puis s'effaçant peu à peu derrière le rideau de la forêt. Alors, à la lueur pâle et incertaine de la lune, des hautes tiges élancées des sapins, les vieux troncs usés par le temps ou brisés par l'orage, prenaient toutes sortes de formes fantastiques qui me rappelaient les contes terribles de mon enfance et les naïves ballades du nord de l'Allemagne; alors tout était muet et endormi autour de moi. Je n'entendais que le bruit des roues de ma voiture glissant sur le chemin solitaire, et les affectueuses apostrophes que le postillon adressait de temps à autre à ses chevaux pour les encourager. C'était l'heure des doux souvenirs et des douces tristesses, l'heure où je pouvais m'écrier comme le poète anglais :

> Spirit of love and sorrow, hail!
> Thy solemn voice from far i hear
> Mingling with evening's dying gale.
> Hail, with thin sadly pleasing tear [1].

Ainsi livré au charme de cette solitude, subjugué par la féerie de ces nuits, je poursuivais ma route sans en mesurer la longueur, sans calculer le temps, et quand je voyais briller la lampe du *gästgifvaregård* où je devais m'arrêter, je me disais : « Déjà! » et je regrettais que ma course fût sitôt finie.

Quand on arrive dans l'Angermannie, on passe tout à coup d'une terre plate et uniforme à une contrée montagneuse et pittoresque, coupée par de longues allées fraîches et riantes comme celles du Guldbrandsdal, parsemée de grands lacs aussi poétiques que ceux de la Suisse, et traversée par un fleuve dont les rives accidentées ont souvent la grâce, le prestige des rives du Rhin, et la majesté des rives du Danube. Là, le paysage varie à chaque instant; on passe d'une enceinte de rochers à une longue et verte prairie, d'une colline aride et hérissée de quelques arbres chétifs à un champ de seigle, d'un chalet à une forge. A l'un des détours de la route, on ne voit qu'une profonde forêt; on descend quelques centaines de pas, et l'on est au bord de la mer. Les voiles flottent entre une haie de sapins, et les bâtiments viennent jeter l'ancre au bord d'un vallon. L'Angermannie est, avec la Dalécarlie, la plus belle partie de la Suède.

Ce qui fait surtout le charme de ces voyages dans les provinces du Nord, c'est le caractère de leurs habitants. Nulle part je n'ai vu une population plus digne d'exciter la sympathie. Elle occupe un sol rude, difficile à cul-

---

[1] « Esprit d'amour et de douleur, salut! J'entends de loin la voix solennelle mêlée au murmure mourant du soir. Salut avec cette larme douce et triste! » (Mme Radcliff.)

tiver, qui ne donne que de loin en loin une maigre récolte. A voir les terres arides, les pâturages ingrats qui entourent les hameaux, on se demande quels peuvent être les moyens de subsistance des habitants de cette contrée. Hélas! ces moyens sont bien minimes et bien précaires; mais le Nordlandais est sobre, économe, industrieux, et c'est par ces vertus qu'il échappe à la misère. En été, quand il a labouré ses champs ou récolté ses foins, il fabrique de la potasse avec les feuilles du bouleau, du goudron avec la résine des pins; en hiver, il va à la chasse, tend des pièges aux oiseaux, et fait des cargaisons de coqs de bruyère et de gelinottes qu'il expédie jusqu'à Stockholm. S'il est dans le voisinage d'une forge, il charrie du fer ou du minerai; s'il est sur le bord d'une route, il transporte les voyageurs. Une de ses principales ressources est le produit de ses bestiaux. Grâce à tous ces moyens habilement ménagés, grâce surtout à ses habitudes d'ordre et de tempérance, le Nordlandais, malgré les gelées trop promptes qui détruisent sa moisson, les étés pluvieux et les rudes hivers, parvient à se créer une sorte de bien-être que l'on reconnait dès que l'on franchit le seuil de son habitation. Tout y est propre et rangé avec soin : il y a de grands plats d'étain polis et luisants dans la cuisine, de la vaisselle de faïence dans l'armoire, des rideaux aux fenêtres, du linge fin et même de l'argenterie dans le buffet. La chambre des voyageurs est disposée avec une sorte de sollicitude maternelle. Là sont les objets de luxe que le Nordlandais ne se procure qu'à grands frais dans la ville voisine : les tentures en papier de couleur, le canapé servant de lit, la petite table en bois peint, la glace avec un cadre d'acajou, ou quelques gravures ou lithographies suspendues aux murailles. Quand vous arrivez là, une jeune fille vous sert en quelques instants un souper composé de tout ce que la maison possède de plus recherché : du beurre, des œufs, du gibier rôti, de la crème excellente. Elle déroule sur le lit des draps en toile d'une blancheur et d'une finesse telles qu'on n'en trouve pas dans nos riches maisons en France. Vous demandez votre compte : le souper, le logis, le déjeuner, tout cela coûte quinze à vingt sous.

Après avoir visité cette demeure du paysan immatriculé depuis longtemps dans la paroisse, et qui n'a eu parfois qu'à soutenir ou à développer les éléments de bien-être que lui légua son père, il faut voir la pauvre cabane du colon qui a dû lui-même porter pour la première fois le soc de la charrue dans une terre aride, et lui livrer d'une main inquiète la première semence. Le colon, ou, comme les Suédois l'appellent, le *nybyggare* (nouveau constructeur), est ordinairement un domestique qui, à l'aide de quelques épargnes, croit pouvoir conquérir sa liberté; un soldat qui a fini son temps de service, ou un Lapon qui vend le reste de son troupeau de rennes, et renonce à la vie nomade. L'État livre au colon une certaine étendue de terrain à défricher, et l'exempte de toute taxe, de toute imposition pendant vingt, trente, et quelquefois cinquante ans. L'État lui donne en outre trois tonnes de grains la première et la seconde année de son installation, et deux tonnes la troisième, après quoi tout est fini. Il se bâtit lui-même sa cabane en bois, arrache les racines d'arbres et les quartiers de roc de son champ, creuse, bêche, et chaque soir, en se mettant à genoux avec sa femme et ses enfants, il prie Dieu de venir à son secours. Tout pour lui dépend du succès des premières années, du temps où l'État lui donne ce qu'il faut pour ensemencer un champ. Si la gelée vient détruire son espoir, si du sillon creusé avec tant de peine il ne sort que des épis vides, souvent le malheureux est forcé d'abandonner cette maison qu'il venait de construire, cet enclos qu'il avait déblayé, et de se remettre au service avec tous les siens. Si, au contraire, il fait une bonne récolte, s'il peut acheter quelques vaches et un cheval, vendre du beurre et charrier du minerai, il est sauvé; il se crée peu à peu une petite rente, et parvient à se prémunir contre les mauvaises années. La plupart des nybyggares sont pauvres, mais au moins ils vivent, et pour ces malheureux à qui la fortune a tout refusé, à qui la nature accorde si peu, toute la question est de vivre; ils vivent, ils sont libres, ils ont un domaine qui leur appartient, qu'ils peuvent agrandir et léguer avec de meilleures chances d'avenir à leurs enfants. La Suède a une immense ressource dans ces terres non défrichées. On voit, par les rapports quinquennaux des gouverneurs de Vestrebothnie et de Nordbothnie, que la population de ces deux provinces augmente d'une manière notable. Cet accroissement est en grande partie le résultat des migrations de prolétaires qui viennent là avec leur famille enrichir leur pays en cultivant un nouveau terrain.

Le Nordlandais est grand, fort, endurci au froid et à la fatigue. J'ai passé une fois dans cette contrée, enveloppé dans une lourde pelisse; le paysan qui me servait de postillon n'avait que sa veste de vadmel, et ne souffrait pas de la gelée comme moi. Les femmes sont d'une taille ferme, élancée; elles s'habillent avec goût et nattent leurs cheveux avec grâce. Leur physionomie, ainsi que celle des hommes, a un caractère de douceur et de résignation touchant. Cette expression de leur figure est parfaitement celle de leur caractère. Je ne connais pas de nature plus honnête, plus franche, plus facile à satisfaire, que celle des habitants de la Nordbothnie et de la Vestrebothnie. Si vous les rencontrez sur votre route, pas un d'eux ne passera sans ôter le premier son bonnet de laine pour vous saluer; s'ils conduisent une charrette, ils la mèneront jusqu'au bord du fossé pour faire place à votre voiture. S'il vous arrive un accident, ils accourront aussitôt pour y remédier, puis s'éloigneront sans demander ni attendre la moindre récompense.

Ils naissent en quelque sorte avec le sentiment de leur pauvreté; ils apprennent de bonne heure à aimer le travail, à supporter les privations, et le plus petit secours qu'on leur donne leur cause une joie sincère. Un jour j'avais pour postillon un enfant de quatorze ans, d'une figure douce et aimable. Le long de la route, je lui demandai qui il était : il m'apprit que son père avait douze enfants; lui était le plus jeune de tous. Ses frères et ses sœurs servaient dans différentes fermes, et il avait dû faire comme eux. Dès l'âge de dix ans, il était entré comme domestique chez le maître de poste du village voisin ; là il gagnait sa nourriture, deux chemises et une paire de souliers, rien de plus. « Comment! lui dis-je, rien de plus? Pas même un peu d'argent? pas même tous tes vêtements? — Non, monsieur, me répondit-il avec une admirable résignation. Si vous saviez! les récoltes sont si mauvaises! les pauvres gens ont tant de peine à vivre! Je suis bien content d'être dans la maison de mon maître, de l'aider dans ses travaux, et de gagner ainsi ma nourriture. Toutes les années, ma mère et mes sœurs me font une veste, un pantalon, et je n'ai besoin de rien. » Quand je le quittai, je lui mis dans la main quelques shellings. Il les compta avec surprise, me regarda en silence, comme pour savoir si je ne m'étais pas trompé, puis je vis une larme rouler dans ses yeux, et il me dit : « Vous m'avez donné autant que ma pauvre mère me donne quand je vais la voir à Noël ».

Une autre fois, c'était un vieux soldat qui avait fait la campagne de Finlande et celle de Norvège, qui occupait une *boställe* [1] sur les bords de la route, et recevait en

---

1. L'armée suédoise est divisée en deux parties : l'une qu'on appelle l'armée enrôlée ou soldée; l'autre, l'armée *indelta*. Celle-ci ne reçoit point de paye en argent et ne fait point le service de garnison. Les régiments sont dispersés dans les diverses provinces; chaque officier, chaque sous-officier et soldat a la jouissance d'une propriété qu'on appelle *boställe*, qu'il fait

outre une pension annuelle de six rixdalers-banco (environ douze francs). Il me racontait qu'il devait dans quelques années être libéré du service et quitter sa boställe. Mais il avait déjà pris ses précautions pour l'avenir : tout en restant soldat, il était devenu nybyggare; il s'était choisi un joli emplacement entre le lac et la forêt; son champ était défriché et sa maison construite. Il aurait, en raison de ses campagnes et de ses blessures, le maximum de la pension, environ quarante francs par an; il aurait trois vaches, quelques moutons, un cheval, et il envisageait son avenir plus joyeusement que le marchand parisien qui, après avoir vendu pendant dix ans du sucre et des épices, s'en va dans une province acheter un château et devient seigneur de village.

Mais autant les hommes de cette contrée sont bons et serviables quand on les traite avec ménagement, autant ils deviennent rétifs, obstinés et quelquefois violents, dès qu'on emploie avec eux la force ou les menaces : car ils allient à leur douceur habituelle de caractère un sentiment de fierté qui ne tolère ni le dédain ni l'arrogance. Ils sont fiers de leur pauvreté honnête, de leur vie laborieuse, mais indépendante. Si limitée que soit l'éten-

---

valoir lui-même, et dont le revenu remplace pour lui la solde régulière. A mesure qu'il avance en grade, il change de domaine et en prend un meilleur. En se retirant du service, il quitte sa *boställe* et reçoit une pension de retraite. En automne, tous les régiments de l'*indelta* se réunissent dans les divers campements qui leur sont assignés pour faire l'exercice; c'est là le seul service auquel ils soient astreints en temps de paix. Le reste de l'année ils sont laboureurs, et malgré le peu de durée de leurs exercices, de l'avis de tous ceux qui les ont vus manœuvrer, ces régiments forment d'excellentes troupes. L'organisation de l'*indelta* date de la fin du xviie siècle; ce fut Charles XI qui exécuta cette sage réforme en reprenant une quantité de terres affermées à la noblesse pour de très minimes redevances et en les divisant ainsi entre les officiers et les soldats.

due de leur domaine, ce domaine est à eux, et personne n'a le droit de leur en demander compte. Ils ne prétendent pas qu'on les traite comme de grands propriétaires, mais ils ne veulent pas non plus qu'on les croie fermiers. *Ni maître ni esclave* (*Hvarken herr, eller slave*), c'est là leur devise. Toute leur modestie et tout leur orgueil sont dans ce peu de mots.

Il n'y a point d'école publique dans les campagnes de la Vestrebothnie et de la Nordbothnie. Les parents font eux-mêmes, sous la direction du prêtre, l'éducation de leurs enfants et, pauvres ou riches, tous les paysans de ces provinces savent lire; mais ils n'en sont pas encore venus, comme les paysans de la Norvège, à s'associer entre eux pour recevoir des journaux et se procurer des ouvrages de littérature. Ils lisent ce que lisaient leurs pères : la Bible, les sermons des prédicateurs suédois et le catéchisme de Luther. Leur esprit simple et naïf n'a pas encore été agité par la polémique des partis; leurs principes héréditaires n'ont pas encore été mis en discussion, et leur science politique et sociale se résume souvent dans ces deux mots : *Dieu et le Roi*.

Il y a quelques années qu'il se forma parmi eux une société qui d'abord obtint le suffrage des hommes éclairés, mais qui peu à peu en est venue à un état de secte dissidente. On l'appelle la société des *Lecteurs*. Dans l'origine, son unique maxime était de lire et de travailler, de travailler toute la semaine avec patience, avec résignation, et de lire le dimanche la Bible et les livres de Luther. Mais, en prenant l'habitude d'étudier la Bible, le paysan voulut avoir le droit de l'interpréter. Il repoussa le texte des commentateurs, l'explication des prêtres, et se fit une doctrine à lui. On vit des paysans s'en aller à travers les campagnes comme des missionnaires, rassembler dans une grange la population des hameaux, et s'écrier que l'enseignement des prêtres n'était qu'un mensonge; que la parole de Dieu se trouvait dans la Bible, dans le catéchisme de Luther, et que les autres livres devaient être brûlés. Bientôt cette doctrine des lecteurs, si simple, si morale et si respectable dans ses premières manifestations, dégénéra en un mysticisme qui produisit des scènes extravagantes. Les apôtres ambulants disaient que les hommes étaient encore enveloppés de ténèbres et plongés dans l'iniquité; qu'ils devaient être éclairés tout d'un coup comme saint Paul, et convertis subitement par un effet de la grâce divine; que la foi était le seul moyen de salut, et qu'avec une foi vive et profonde, les œuvres étaient inutiles. Ils enseignaient aussi que le corps pouvait impunément s'abandonner au vice, se vautrer dans la fange, pourvu que l'âme restât en contemplation devant Dieu. On vit alors des jeunes filles quitter leurs vêtements, persuadées que la foi les empêcherait de sentir les rigueurs de l'hiver. D'autres, par le même principe, prirent la résolution de ne plus manger, et quelques prosélytes très fervents transgressèrent sans remords les commandements de Dieu et de l'Église, en se disant que leurs âmes ne prenaient point part à leurs joies charnelles.

Une fois que la société des lecteurs en fut venue à ce degré d'aberration, on comprend que non seulement les prêtres, mais les fonctionnaires civils, durent la combattre de tout leur pouvoir. Cependant ils engagèrent la lutte avec prudence : car, malgré ces égarements, il y avait au fond de cette association des lecteurs, un tel principe d'honnêteté et de vertu que les hommes sages craignaient, en l'attaquant avec une rigueur outrée, de provoquer une réaction trop violente et d'anéantir à la fois le bien et le mal. Ce fut par de douces exhortations, par de tendres remontrances, que les prêtres parvinrent à ramener les apôtres de la société à des principes plus sains.

Aujourd'hui cette association subsiste encore, mais

dégagée de la plupart de ses fausses doctrines, et ramenée à son essence primitive. J'ai rencontré dans la paroisse de Skellefteå un jeune paysan qui en faisait partie, et qui savait, je crois, toute l'Écriture sainte par cœur, car à chaque instant il en citait quelque nouveau verset. Son père et sa mère étaient aussi de la société des lecteurs, ainsi que sa sœur, jolie blonde, aux yeux bleus un peu trempés de mysticisme, avec laquelle, je l'avoue, j'aurais mieux aimé lire le roman de Lancelos du Lac à la manière de Paolo que la Bible à la façon des méthodistes. Cette famille accomplissait religieusement les deux principales maximes de l'association, travaillan- du matin au soir chaque jour de la semaine, et le diman- che faisant une lecture pieuse.

Après la joie que l'on éprouve à vivre au milieu de cette intéressante et honnête population, il en est une autre non moins douce à ressentir : c'est de passer successivement par toutes les gradations de l'existence pociale et de la prospérité matérielle; c'est de voir, à partir des derniers marais de la Laponie, à mesure que l'on avance vers le Sud, un sol moins aride et une race d'hommes moins misérable ; c'est de voir les magnifiques forêts de sapins succéder aux chétifs bouleaux, les champs d'orge aux pâturages déserts, et les hameaux aux chalets isolés. A Haparanda, on trouve déjà de belles et riches maisons qui pourraient faire l'ornement d'une grande ville, un commerce actif et des bâtiments qui vont jusqu'au Brésil porter les productions du Nord. A Piteå, il y a une école où l'on enseigne le latin, l'alle- mand et le français.

Après quatre jours de marche, nous arrivâmes à Umeå. C'est une ville de quatorze cents âmes, située à trois lieues de la mer, au bord du fleuve qui porte son nom. On y trouve plusieurs grandes rues coupées régulière- ment, des maisons bien bâties, une école latine et une librairie, la première que nous ayons rencontrée dans le Nord depuis Drontheim. Le libraire reçoit les ouvrages d'histoire et de littérature en commission. Il n'achète que les livres de prières, qu'il relie lui-même et transporte dans les différentes foires des environs.

Cette ville est la résidence du gouverneur, le chef-lieu de la Vestrebothnie, vaste province qui ressemble beaucoup à celle que nous venions de parcourir. Le long de la côte, le sol est plat, bien cultivé et fécond ; mais à l'ouest, on retrouve les plaines marécageuses et les pâturages arides de la Laponie. La population est plus nombreuse que dans la Nordbothnie. Elle s'élève à peu près à cinquante habitants par mille carré.

Il y avait près d'Umeå un écrivain dont je connaissais les œuvres et que je désirais voir. C'était M. Grasfström, le poète le plus septentrional qui existe probablement en Suède. Je le trouvai chez le gouverneur, qui, sans s'effrayer de notre triste accoutrement de voyageur, avait bien voulu nous inviter à dîner. C'est un homme jeune encore, qui après avoir occupé pendant quelques années une chaire de professeur à l'école royale de Carlsberg, est devenu pasteur d'Umeå et, pour compléter sa vie poétique, a épousé la fille d'un excellent poète, la fille de Franzen.

Il habite un presbytère de campagne, à une lieue de la ville. Après le dîner, il me proposa de m'y conduire, et j'acceptai avec joie. Nous traversâmes, dans une voiture légère, une grande forêt de sapins, une plaine qui venait d'abandonner ses gerbes d'orge aux moissonneurs ; puis nous aperçûmes à l'entrée d'un hameau une belle et large maison entourée d'un enclos : c'était la sienne. Cette demeure est dans une charmante situation : elle est posée au bord d'une colline d'où le regard plane sur un vaste espace. Près de là est l'église, au milieu d'un cimetière, une église gothique du XVe siècle, remarquable par sa structure simple et élégante. La colline est partagée par un ravin profond que la fonte des neiges a creusé. Au bas est le fleuve, dont les grandes lames descendent majestueusement vers la mer. On voit que ce fleuve s'étendait autrefois sur la côte; mais, comme me le disait M. Grafström, les fleuves du Nord ressemblent aux vieillards dont le corps s'affaisse sous le poids des années. Celui-ci a quitté son ancienne couche et s'en est fait une nouvelle au pied de la vallée. De l'autre côté est une montagne dont les flancs nus et la cime revêtue de sapins sombres forment un contraste frappant avec les verts enclos et les champs féconds qui entourent le presbytère. Dans le lointain, on apercevait les dernières maisons d'Umeå et les mâts des navires. C'était le soir. L'ombre commençait à descendre; mais une lumière argentée imprégnait encore tout le paysage et il y avait tant de calme dans la campagne, tant de recueillement autour de la vieille église qu'on se sentait arrêté là par une de ces vagues et mystérieuses influences dont on ignore la cause et dont on subit le charme.

Lorsque nous rentrâmes au presbytère, la fille de Franzen avait déjà posé sur la table la nappe blanche et les tasses de porcelaine. On nous servit du thé et, ce qui était plus rare, du melon mûri par un beau rayon de soleil sur cette terre boréale. La chambre où nous étions réunis était ornée de gravures et de tableaux. Dans une chambre voisine, j'avais trouvé une collection nombreuse d'ouvrages de littérature et quelques-uns de ces bons recueils de poésies dont la vue seule rappelle de douces heures de méditation; toute cette demeure, retirée à l'écart, loin du bruit et du monde, cette heureuse vie de famille consacrée par les muses, éclairée par l'amour, soutenue par la foi, était elle-même une charmante poésie.

Le lendemain au matin, nous nous embarquions sur le bateau à vapeur *le Nordland*. Le ciel était d'un bleu limpide; le fleuve avait une clarté transparente. Une longue ligne de brouillards argentés flottait sur la plaine, se découpait au souffle de la brise et s'enfuyait en légères banderoles. Le soleil projetait sur les maisons d'Umeå un rayon de pourpre; les oiseaux chantaient dans les sillons, et, dans le moment où nous descendions sur le rivage, les rameaux d'arbres, balancés par le vent, laissaient tomber à nos pieds les perles de la rosée. Le bateau allait nous mener vers le Sud, et cette nature septentrionale m'apparaissait, au dernier moment, plus belle et plus attrayante que jamais; on eût dit qu'elle s'était parée ce jour-là pour les voyageurs, ainsi qu'une femme chérie qui, à l'heure où on la quitte, nous laisse voir en elle plus de grâce et de tendresse, comme pour imprimer dans l'âme un dernier désir et un dernier regret. Quand le bateau vira de bord, quand le canon donna le signal du départ, je me retournai vers cette terre du Nord que j'avais été si heureux de parcourir. Je lui dis adieu avec des larmes dans le cœur, et quand elle disparut à mes yeux, quand je me trouvai seul sur la pleine mer, il me sembla que je venais d'ensevelir encore un des rêves dorés de ma jeunesse.

LES FÉRÖE

A MADAME LA COMTESSE LISINKA DE B.

Le 14 juin 1839, à midi, la corvette *la Recherche*, commandée par M. le capitaine Fabvre [1], appareillait dans le port du Havre pour entreprendre un second voyage au Spitzberg. Le ciel était pur, la mer calme; une foule de spectateurs venaient de se ranger le long du quai, les uns pour satisfaire un sentiment de curiosité, d'autres pour nous envoyer encore un dernier adieu. Debout sur la dunette, nous regardions tour à tour la terre de France qui s'effaçait peu à peu derrière nous, l'espace immense qui se déroulait à nos yeux, et tour à tour notre pensée allait du passé à l'avenir, des regrets d'affection aux désirs de voyage.

Un dernier cri jeté du haut de la grève, un mouchoir que nous voyions s'agiter dans l'air, nous rappelaient douloureusement les trésors d'amour auxquels il nous fallait renoncer; puis la vague limpide, flottant au bord de notre navire, semblait, dans un doux murmure, nous parler des pays lointains. Hélas! quel est le voyageur qui n'a point passé par ces alternatives de souvenir et d'attente, de regret et d'espoir? Quel est celui qui, au

---

[1]. Les autres officiers du bâtiment étaient MM. de Langle, Genet, Chastellier, Saint-Vulfranc, enseignes de vaisseau; Normand et Feray, élèves de première classe.

moment de quitter le sol natal, n'a pas senti d'avance germer dans son cœur la douleur de l'éloignement, et ne s'est pas dit ce que le pigeon casanier disait à son frère :

L'absence est le plus grand des maux.

Mais une sorte de loi instinctive, une force indéfinissable et souvent irrésistible, l'attrait mystérieux des choses ignorées, le besoin de voir, et ces rêveries aventureuses qu'on appelle généreusement amour de la science, et quelquefois aussi la fatigue d'un esprit malade nous obsèdent, nous pressent, nous poussent hors du cercle où notre vie semblait devoir s'écouler dans un repos uniforme. Nous partons sans emporter, comme Énée, nos dieux domestiques, et nous allons au loin sans songer qu'à notre retour nous frapperons en vain à la porte d'ivoire par laquelle passèrent les rêves dorés de notre jeunesse; qu'à la place des douces affections qui charmaient notre vie, nous ne retrouverons peut-être que le deuil, l'indifférence, l'oubli.

Tandis que nous nous abandonnions aux tristes réflexions du départ, la brise, qui d'abord n'enflait que légèrement nos voiles, comme pour nous retenir plus longtemps en vue du sol de France, fraichit tout à coup et nous poussa rapidement au large; puis elle tourna contre nous, et nous nous mîmes à louvoyer péniblement pour sortir de la Manche. Le cinquième jour, nous n'avions pas encore doublé la côte d'Angleterre; nous étions au pied du château de Douvres. Au vent contraire succédèrent le calme et la pluie, les deux accidents atmosphériques les plus ennuyeux dans un voyage maritime. Quand les voiles privées de vent s'affaissent et tombent avec lourdeur le long des mâts; quand la brume enveloppe l'horizon, et qu'une pluie incessante fatigue la patience des promeneurs les plus intrépides, l'aspect d'un navire présente un tableau assez singulier. Tandis que les matelots, la tête enveloppée comme des moines dans le capuchon de leur caban, se tiennent silencieusement accroupis au pied des bastingages ou contre la chaloupe, les passagers s'en vont cherchant quelque distraction. Celui-ci écoute les récits de la vie nomade et les histoires de naufrages ; celui-là ébauche un dessin auquel un mouvement de roulis imprime tout à coup une tache ineffaçable ; cet autre essaye de se dérober la vue des nuages du ciel en s'entourant d'un nuage de fumée. Il en est qui se mettent hardiment à l'étude ; mais bientôt l'impatience les gagne aussi, l'ennui se peint sur leur figure ; ils ferment leur livre pour venir voir où est le cap, pour demander combien on file de nœuds, et consulter l'expérience du timonier sur l'état de l'atmosphère et les probabilités d'un changement de temps.

Le 25, enfin, le vent tourna au sud, et le 28, dans la nuit, nous aperçûmes une grande masse de rocs carrés, debout au milieu de l'Océan comme une forteresse : c'était une des îles qui forment l'archipel des Férōe. Au nord, on distinguait plusieurs lignes successives de roches, et des montagnes, les unes échancrées et ondulantes, d'autres taillées à vive arête, s'élançant d'un seul jet au-dessus des vagues, et portant dans les airs leur tête couronnée de neige. En examinant leur surface, on voyait qu'il n'y avait là ni arbre ni végétation : c'étaient des roches nues comme celles d'Islande, scindées çà et là par des baies profondes, ou séparées l'une de l'autre par les flots. La brume grisâtre qui retombait comme un voile de deuil le long de ces montagnes, les longues bandes de vapeurs qui ceignaient le sommet, les flots orageux qui se brisaient à leur pied, tout contribuait à donner à ces îles l'aspect le plus sombre et le plus étrange. De tous côtés nous cherchions une pointe de clocher, une habitation, et nous n'en distinguions point, car il n'y a là que de pauvres cabanes situées à une longue distance l'une de l'autre, cachées au pied des rocs, si étroites et si basses, qu'on ne les découvre que lorsqu'on arrive sur le lieu même où elles sont construites. Vers le matin, nous tirâmes un coup de canon pour appeler un pilote; mais nous n'éveillâmes qu'une troupe de mouettes et de stercoraires qui s'enfuirent en poussant un cri rauque et plaintif. Du côté des montagnes on ne voyait aucun mouvement; on eût dit une terre déserte ou ensevelie dans le silence de la mort. Une heure après, nous répétâmes notre signal, et nous finîmes par apercevoir dans le lointain une barque qui s'avançait vers nous, portant un mouchoir rouge au haut d'une perche : c'était la barque du pilote. Il monta à bord de notre bâtiment, et, pour se donner plus d'assurance, mit dans sa bouche une moitié de tige de tabac. Pendant que nous virions de bord pour éviter les écueils et pénétrer dans le détroit de Thorshavn, le Féröien examinait avec une curiosité d'enfant les manœuvres et l'attirail de la Recherche. Jamais il n'avait vu, disait-il, un aussi beau navire. L'habitacle en cuivre lui fascinait les yeux, et le cabestan était pour lui une chose prodigieuse. Cet homme avait, du reste, une bonne et honnête physionomie, qui semblait nous présager l'honnêteté des insulaires que nous allions voir, en même temps que son costume nous annonçait leur misère. Sa veste de vadmel et son pantalon avaient été si souvent rapiécés qu'à peine distinguait-on l'étoffe première, sur laquelle une main plus patiente qu'habile avait fait une espèce de mosaïque avec une quantité de morceaux de toutes couleurs et de toutes formes. Son bonnet n'était qu'un lambeau de vadmel plissé par le haut, et sa chaussure un carré de peau de mouton plié sur le pied et lacé avec une courroie.

Après avoir couru des bordées pendant plusieurs heures, le pilote nous fit jeter l'ancre dans une baie assez large, mais peu sûre, en face de Thorshavn. C'est la grande ville du pays, ou, pour mieux dire, l'unique ville, le séjour du gouverneur, du juge, le centre du commerce; bref, la cité dont le pêcheur raconte les merveilles à ses enfants, comme un provincial débonnaire raconte celles de Paris. Il y a huit siècles que le nom de Thorshavn était déjà écrit dans les chroniques du pays, et ce nom indique encore son origine païenne. C'est là que les habitants des Féröe se rassemblaient autrefois chaque année pour juger leurs querelles et délibérer sur leurs intérêts; c'est là qu'en l'an 998 le peuple adopta la religion chrétienne, et, sur la fin du XVIe siècle, se convertit au protestantisme. Enfin, que dirai-je de plus? On y compte aujourd'hui une dizaine de fonctionnaires publics et six cent cinquante habitants. La situation de cette ville est singulière et très pittoresque. Qu'on se représente au fond du golfe un demi-cercle de montagnes escarpées et sauvages. Là s'élève une langue de terre, ou plutôt un banc de roche posé en droite ligne au milieu des flots, au centre du cercle, comme une flèche au milieu d'un arc. C'est sur ce banc de roche que la plupart des maisons ont été construites. Elles sont rangées symétriquement sur deux lignes, et serrées l'une contre l'autre comme les boutiques de la place de Leipzig dans les grands jours de foire. Les rues qui traversent ce triple amas d'habitations sont si étroites, que deux chevaux n'y marcheraient pas de front, et si rocailleuses, si escarpées, que, pour pouvoir y passer en certains endroits avec quelque chance de sécurité, il faut se cramponner au roc avec les pieds et les mains. En hiver, par un jour de verglas, la descente d'un de ces rocs peut être regardée comme un exercice d'équilibriste assez hasardeux. Du reste, l'aspect des maisons est en parfaite harmonie avec celui des rues. A part celles qui appartiennent au gouvernement et qui sont occupées par les fonctionnaires, presque toutes ne sont que de pauvres cabanes bâties sur le même modèle, non pas comme celles d'Islande, avec des blocs de lave, ni comme celles de Norvège, avec de grosses poutres arrondies, mais tout simplement avec quelques douzaines de planches clouées l'une contre l'autre : c'est un genre d'habitation qui forme la transition entre la tente nomade et l'édifice cimenté. Elles sont si frêles que, l'hiver, on est obligé de les amarrer avec des câbles pour que le vent ne les emporte pas. Les maisons n'ont qu'un rez-de-chaussée, et sont uniformément coupées en deux parties par une cloison. D'abord, on entre dans la cuisine, qui n'a ni planches sur le sol, ni fenêtres : le jour y pénètre ou par la porte ou par la cheminée. Pour tout meuble, on y trouve quelques vases en terre, quelques ustensiles en bois, un ossement de dauphin pour siège, et d'autres ossements servant de pelle ou de fourgon. La seconde pièce est éclairée par deux ou trois vitraux : c'est là le séjour habituel de la famille; c'est là que les femmes cardent la laine, tissent le vadmel; c'est là que père, mère, enfants, reposent entassés l'un près de l'autre sur quelques planches recouvertes d'un peu de paille. Cet espace étroit, privé d'air, inondé par la fumée du feu de tourbe, exhale une odeur nauséabonde, à laquelle l'étranger s'habitue difficilement. Mais quelle douce surprise n'éprouve-t-on pas lorsqu'au milieu de cette lourde atmosphère on voit surgir des physionomies dont la misère n'a pu altérer l'heureuse expression, des femmes remarquables par l'harmonie de leurs traits, la fraîcheur de leur teint, et des enfants d'une grâce charmante ! Toute cette population des Féröe est fort belle. Pendant le temps que nous avons passé à Thorshavn et sur les autres côtes, nous n'avons pas rencontré un seul être difforme ou estropié, et souvent, dans nos promenades à travers la ville, nous nous arrêtions, surpris tout à coup par la mâle et forte stature d'un pêcheur, ou le regard plein de candeur et le visage riant d'une jeune fille.

Un soir j'entrai dans une des cabanes les plus sombres que nous eussions encore rencontrées. La mère de famille vint à nous, et nous remercia, avec une touchante simplicité, de vouloir bien visiter sa demeure. C'était une jeune femme dont les inquiétudes matérielles, le travail, peut-être le besoin, avaient attiédi le regard et décoloré la figure, et qui pourtant souriait encore d'un sourire si doux qu'à le voir en passant on n'eût pas deviné tout ce qu'il cachait de souffrance. Elle portait sur ses bras un enfant dont ses lèvres effleuraient de temps à autre les cheveux bouclés. Une petite fille, que l'approche de quelques étrangers avait fait fuir, s'était réfugiée près d'elle et la tenait par un pan de sa robe, en roulant sur nous de grands yeux bleus étonnés; et trois autres enfants, debout près de la fenêtre, formaient le fond du tableau. La pauvre mère nous raconta sa vie, ses longues veilles d'hiver, ses travaux dans les champs ou près du foyer. Après nous avoir ainsi dépeint, sans recherche et sans emphase, son existence laborieuse, au lieu de se plaindre et de murmurer, elle bénissait la Providence qui avait pris soin d'elle et des siens. « Nous sommes de pauvres gens, disait-elle; mais, grâce à Dieu, tout va bien encore dans notre modeste demeure. Mon père, en mourant, me laissa pour héritage un bateau. Mon mari est bon pêcheur; moi, je travaille pour les riches pendant l'hiver, et je cultive, pendant l'été, un petit champ pour lequel nous n'avons à payer qu'une faible redevance. Ainsi les jours s'en vont, et au bout de l'année il se trouve que nous avons encore de quoi acheter assez d'orge pour nous nourrir, assez de laine pour nous habiller. Le temps le plus rude fut celui où mes enfants étaient si jeunes, que, pour m'occuper d'eux, il fallait renoncer à mon travail de chaque jour;

mais les voilà qui grandissent, et bientôt ils pourront m'aider. »

A ces mots, elle jeta sur eux un regard joyeux, et les enfants semblaient, par l'expression de leur physionomie, confirmer son espoir. Pour moi, en l'écoutant parler avec tant de calme et de résignation, je condamnais les élégies écrites sur des tristesses mensongères, et j'admirais cette sagesse de la Providence, qui répand sous le chaume les germes féconds de l'espoir, et met dans le cœur des pauvres une source infinie de douces satisfactions.

Cette ville de Thorshavn, composée de quelques centaines de cabanes, est pourtant une ville de guerre. A l'entrée du port on aperçoit une forteresse construite autrefois par le héros des Féröe, Magnus Heinesen [1], pour protéger sa terre natale contre les invasions des corsaires. C'était jadis, disent les gens du pays, un bastion assez large, défendu par plusieurs bonnes pièces, d'artillerie. Mais la guerre a éclaté, et le fort de Thorshavn a eu son jour de deuil et de désastre. La résignation passive avec laquelle il se soumettait à son sort ne

---

1. C'était le fils d'un Norvégien qui s'établit aux Féröe, et, après la Réformation, devint prêtre. Magnus se dévoua à la vie maritime et se distingua de bonne heure par sa hardiesse et son courage. Avec un bâtiment mal équipé et une troupe peu nombreuse, il s'en allait intrépidement à la rencontre des flibustiers anglais et allemands qui infestaient alors les côtes d'Islande et de Féröe. Frédéric II, pour le récompenser de ses services, lui donna le commandement d'une corvette danoise. Ce fut avec cette corvette que Magnus s'empara d'un bâtiment anglais chargé de marchandises des Féröe. Les Anglais réclamèrent et prétendirent que leurs denrées provenaient des îles Shetland. L'ennemi juré des pirates fut lui-même accusé de piraterie, et paya de sa tête un crime supposé. Magnus fut exécuté en 1589. Peu de temps après, son innocence fut reconnue, et celui des juges qui avait le plus contribué à faire prononcer sa sentence fut condamné à une amende considérable. Il existe aux Féröe plusieurs chants traditionnels sur ce héros du peuple.

l'a point empêché d'être dévasté. En 1808, les pêcheurs de Nordö signalèrent une frégate portant le drapeau français. Bientôt cette frégate apparut dans la rade de Thorshavn, et vint fièrement jeter l'ancre au pied de la forteresse. On reconnut alors que ce vaisseau, paré de notre pavillon, était une frégate anglaise, et il était facile de deviner ses intentions; car le Danemark, allié à la France, se trouvait alors fort peu dans les bonnes grâces de l'Angleterre. Le gouverneur ne pouvait penser à se défendre sans compromettre le sort de la ville. Il envoya à bord de la frégate douze hommes en qualité de parlementaires. Les Anglais les retinrent prisonniers. Il en renvoya douze autres, qui furent également arrêtés. Les habitants de Thorshavn, indignés d'une telle perfidie, voulaient courir aux pièces de canon et engager le combat; mais les Anglais ne leur en donnèrent pas le temps. Ils descendirent à terre en grand nombre, s'emparèrent de la forteresse, enclouèrent les canons, démolirent une partie du bastion, puis retournèrent à bord de la frégate. L'histoire ne nous a pas conservé le nom de ces hommes qui vinrent avec tant d'audace dans une mer paisible, masqués par un pavillon étranger, qui eurent la gloire de faire prisonniers vingt-quatre pêcheurs, de descendre en plein jour sur une terre sans défense, et de dévaster un bastion abandonné. Il faut croire que les annales maritimes anglaises sont, à cet égard, plus complètes que celles des Föröe. Les héros de cette glorieuse campagne doivent être inscrits tout près de ceux qui, dans un temps d'armistice, allèrent un matin, sans aucune déclaration de guerre, incendier la flotte de Copenhague.

Maintenant la forteresse de Thorshavn n'est plus qu'un bastion en terre, défendu par quelques canons, et gardé par une troupe de vingt-quatre chasseurs qui joignent à leur métier de soldat celui de matelot. Ce sont eux qui conduisent la barque du gouverneur ou du *land-*

fogde dans leurs excursions à travers les différentes iles.

La meilleure défense de Thorshavn n'est pas dans ce simulacre de forteresse, mais dans l'aspect de ses rues et de ses environs. Comment la cupidité humaine pourrait-elle être éveillée, comment une idée de vengeance pourrait-elle se soutenir à la vue de ces collines incultes, de ces habitations dépourvues de tout objet de luxe, occupées par des familles souffrantes et résignées? Autour de Thorshavn, il n'y a ni arbre ni moisson; seulement çà et là quelque maigre enclos de verdure et quelque champ d'orge plus maigre encore, où le laboureur ne récolte souvent que des *tiges de paille avortées*, des épis sans grain. Les habitants de cette ville sont plus à plaindre encore que ceux des campagnes, car le sol qu'ils occupent ne leur permet pas d'élever des bestiaux; ils n'ont pour toute ressource que le produit de leur pêche ou de leur industrie. Les femmes tricotent une certaine quantité de bas de laine, et sont malheureusement obligées de les vendre à un très bas prix. Aussi, tandis que les autres petites villes du Nord, Reykíavick, Tromsö, Hammerfest, s'accroissent d'année en année et s'embellissent, la ville de Thorshavn reste complètement stationnaire. Pas un particulier ne parvient à s'y enrichir, pas un pêcheur ne peut élever une maison à la place de sa chétive cabane. La vie soucieuse à laquelle sont condamnés ces pauvres gens comprime leur développement intellectuel. Presque tous savent lire, beaucoup savent écrire; mais ils ne s'associent pas comme les paysans norvégiens du Guldbrandsdal, pour se procurer des livres et des journaux, et on ne trouve pas chez eux, comme chez les paysans d'Islande, des sagas imprimées ou manuscrites. Il y a maintenant dans chacune des Féröe une école ambulante ou une école fixe; mais tous ceux qui aspirent à devenir prêtres ou à occuper quelque emploi civil doivent faire leurs études en Danemark. Grâce au zèle de quelques hommes intelligents, on a cependant fondé une bibliothèque à Thorshavn. Le gouvernement lui a donné une somme de 1500 francs. Divers particuliers lui ont envoyé des livres. Les prêtres, les fonctionnaires, les principaux habitants des Féröe, payent chaque année pour l'agrandir une légère contribution. Avec ces faibles ressources, on est parvenu à rassembler près de cinq mille volumes, parmi lesquels il se trouve un assez grand nombre d'ouvrages choisis.

C'est dans cette ville aussi que demeure l'unique médecin des Féröe. Il reçoit des appointements fixes et doit traiter gratuitement les pauvres du pays. Mais il est impossible qu'un seul homme puisse porter secours à toutes les familles dispersées sur tant de côtes différentes. Souvent la mer est si grosse et le vent si orageux qu'on ne peut aller d'une île à l'autre, et, tandis que le médecin ou le prêtre attend que la vague se calme pour pouvoir porter au malade un dernier remède ou une dernière consolation, l'humble enfant des Féröe meurt comme il a vécu, avec douleur et résignation.

Enfin on trouve encore à Thorshavn un hôpital : ce n'est qu'une modeste maison en bois bâtie au bord de la mer; mais elle est ouverte aux étrangers comme aux hommes du pays. Ceux qui y entrent y sont traités avec une pitié touchante et une sollicitude qui ne se dément jamais. Quand nous arrivâmes dans cette ville, il y avait là un matelot de Boulogne. Une nuit, au milieu d'un violent orage, il avait été saisi sur le pont par une vague, jeté contre le grand mât, et il s'était cassé la jambe. Son capitaine essaya de la lui redresser à l'aide de quelques planchettes et d'un peloton de ficelle, puis il le conduisit à Thorshavn et retourna en France. Le malheureux était là depuis deux mois, seul au milieu d'un peuple étranger dont il ne comprenait pas la langue, incapable de se lever, et ne voyant du matin au soir que les brumes ou les flots de la mer. Le médecin venait le voir tous les jours, et, pour tâcher de le distraire dans sa solitude, il lui enseignait à lire. Sa plus grande joie, depuis qu'il était là, avait été d'apprendre notre arrivée. Il s'efforçait de se lever sur son lit pour voir par la fenêtre le haut des mâts du navire, et, quand nous entrâmes dans sa chambre, il salua militairement le capitaine, et nous raconta dans son langage simple et naïf sa rude traversée en Islande, et son arrivée aux Féröe. On remarquait à la vivacité de son regard le bonheur qu'il éprouvait à voir des compatriotes, à entendre parler sa langue, et quand nous lui demandâmes s'il avait besoin d'argent : « Non, répondit-il, je n'ai besoin de rien ; mais si, comme je crois, vous avez des matelots de Boulogne à bord, je voudrais bien qu'il leur fût permis de venir me voir ».

Notre première impression, en pénétrant dans les défilés rocailleux de Thorshavn, avait été assez pénible. Cependant à peine avions-nous passé quelques jours dans cette ville, que nous songions déjà à regret qu'il faudrait bientôt la quitter. Dans la maison des fonctionnaires comme dans celle du pêcheur, partout nous avions été reçus avec un empressement cordial. Quand nous passions dans les rues, nous ne voyions que de bonnes et franches physionomies, des femmes qui s'inclinaient gracieusement à notre approche et des hommes toujours prêts à nous servir de guides, à nous conduire dans leurs bateaux. Puis, si l'intérieur de la ville n'offre qu'un triste coup d'œil, ces montagnes qui bordent le golfe, ces îles bleuâtres qu'on aperçoit dans le lointain, sont magnifiques à voir. J'aimais à monter le soir au-dessus de la colline où s'élève la forteresse, à regarder au-dessous de moi cette humble cité du Nord, avec ses toits de gazon et de lambris, ces cabanes pareilles à des bateaux qu'un coup de vent aurait poussés sur la côte, et cette mer sillonnée de distance en distance par une grande roche noire ou une montagne. Déjà nous commencions à retrouver ces belles nuits crépusculaires des régions septentrionales. Le soleil ne disparaissait que très tard à l'horizon, et, quand on cessait de le voir, la surface du ciel restait imprégnée d'une douce lumière. Seulement, il y avait plus de silence que dans le jour, et on n'entendait que le bruit mélancolique de la vague qui roulait sur le sable du rivage, puis se retirait en lui laissant comme trophée une frange d'écume, une guirlande d'algue. Il y a dans ces heures de solitude passées au bord de la mer, dans ce murmure uniforme et plaintif des flots, dans cet espace immense où la pensée s'enfuit de vague en vague avec le regard, un charme que nul idiome ne peut peindre, que nul chant ne peut exprimer. En sortant de là, on se sent plus léger et plus fort. Il semble que la brise qui court sur les flots rafraîchit l'âme, et que la vue de l'espace agrandit l'intelligence.

Mais je ne donnerais qu'une idée bien imparfaite des Féröe, si je me bornais à parler de Thorshavn et de ses collines. Tout cet archipel offre aux regards étonnés de l'artiste les situations les plus romantiques, les points de vue les plus pittoresques. Il se compose de vingt-cinq îles, dont dix-sept sont habitées. En allant d'une de ces îles à l'autre, tantôt on passe sous une masse de pierre percée comme un arc de triomphe, tantôt au pied d'un roc imposant comme une pyramide, aiguisé comme une flèche. Ici vous voyez s'ouvrir, à la base d'une montagne, une grande caverne sombre où le pêcheur entre hardiment avec son bateau pour poursuivre les phoques qui vont y chercher un refuge; là c'est une muraille à pic dont le pied de l'homme n'a jamais touché les parois glissantes; plus loin, une roche minée à sa base par les vagues qui la battent sans cesse, et projetant sur la mer son front chauve noirci par le temps.

L'histoire de ces îles ressemble beaucoup à celle de

l'Islande. Elles furent, comme l'Islande, découvertes dans un jour d'orage, peuplées, au temps de Harald aux beaux cheveux, par une colonie de Norvégiens, soumises d'abord à une sorte de gouvernement oligarchique, puis assujetties par la Norvège et réunies avec celle-ci, l'Islande et le Groënland, au Danemark, à la fin du xv° siècle. Elles sont maintenant administrées par un fonctionnaire danois qui a le titre de gouverneur, et divisées en six districts ou *syssel*. On y compte trente-neuf églises partagées entre sept prêtres. C'est une rude tâche pour les prêtres que de visiter, à certaines époques de l'année, ces paroisses disséminées sur l'Océan. Aussi leurs prédications ne peuvent-elles être très régulières. Souvent ils se trouvent arrêtés par l'ouragan et retenus loin de leur demeure pendant des semaines entières [1]; souvent aussi ils n'accomplissent qu'au péril de leur vie leur mission évangélique, et ce qu'il y a de plus triste encore dans les fonctions qu'ils viennent remplir dans ces îles, ce ne sont pas les rudes et dangereux voyages auxquels ils sont condamnés, c'est leur isolement. Ils habitent sur quelque grève silencieuse, au milieu de deux ou trois cabanes, et ils apportent là les souvenirs d'une autre contrée et d'une autre existence, car ils sont tous Danois, et ils ont tous pris leurs grades à l'université de Copenhague.

L'archipel des Féröe s'étend du 61ᵉ degré 15 minutes de latitude jusqu'au 62ᵉ degré 21 minutes. Sur toute cette surface, on ne compte pas plus de sept mille habitants. L'intérieur des îles est complètement désert. C'est au fond des bois seulement et le long des côtes

---

1. Autrefois il y avait sur différents points des Féröe des sources d'eau bénite où les parents pouvaient aller baptiser leurs enfants, lorsque la mauvaise saison les empêchait de les porter au prêtre. Cet usage n'existe plus. Les parents portent le nouveau-né chez le prêtre, et souvent compromettent son existence par les fatigues et les dangers du voyage.

que le paysan bâtit sa demeure; c'est là qu'il a son enclos de verdure, et quelquefois son champ d'orge ou de pommes de terre. D'après les calculs de M. de Born, qui a mesuré ce pays en divers sens, il n'y a aux Féröe qu'une soixantième partie du sol livrée à la culture. Le reste n'est qu'une croûte pierreuse revêtue d'une couche de terre légère et sans consistance.

La vraie richesse des Föröiens consiste dans leurs moutons [1]. Le mouton est presque pour eux ce qu'est le renne pour le Lapon, le phoque pour le Groënlandais, ou le cocotier pour les habitants de la Guyane. Il leur donne tout ce dont ils ont besoin : nourriture, laine, suif; et ce qu'ils peuvent mettre en réserve après avoir tissé leurs vêtements, ils le vendent pour se procurer les différentes choses qu'ils ne trouvent pas dans leur pays. Plusieurs Féröiens ont des troupeaux de cinq à six cents moutons, quelquefois plus; mais ce qui est étrange, c'est la négligence avec laquelle ils traitent cet animal, qui est pour eux une ressource si précieuse. Pas un fermier ne s'est encore avisé de construire une étable pour ses moutons, ou tout au moins un hangar où ils puissent trouver un refuge dans la mauvaise saison. Les malheureuses bêtes errent en tout temps sur les montagnes. L'hiver elles sont forcées de chercher, comme les rennes, leur nourriture sous la neige. Si cette neige est durcie par le froid, elles périssent de faim; quelquefois elles sont englouties sous une avalanche; pendant les jours les plus rigoureux, elles cherchent un refuge dans les cavernes. Des tourbillons de neige en ferment souvent l'entrée, et les moutons restent là des semaines entières privés de boisson et d'ali-

---

[1]. C'est de là aussi que vient probablement le nom des îles (*Faarö*, îles des brebis). Puisque nous en sommes à cette étymologie, je ferai observer en passant que c'est un pléonasme de dire les *îles* Féröe, le mot *ö*, placé à la fin de ce nom, signifiant déjà îles.

ments. On en a vu qui, dans leur longue disette, en étaient venus à se ronger leur laine. Au mois de juin, le paysan se met à la recherche de son troupeau avec des hommes habitués à ces courses et des chiens exercés à traquer le mouton récalcitrant dans les ravins et les grottes. Chaque paysan reconnait ses brebis à une marque particulière, et il les prend l'une après l'autre pour les tondre. Mais cette opération se fait encore d'une manière barbare. Le Féröien ne coupe pas la laine du mouton, il l'arrache avec la main, et quelquefois si violemment, qu'il met la pauvre bête tout en sang; après quoi il lui rend sa liberté, et elle reprend sa vie sauvage. Les chevaux sont également abandonnés l'hiver et l'été à travers champs. On les va chercher à deux époques de l'année, la première fois pour porter l'engrais dans les prairies, la seconde pour porter la tourbe dans les fermes. Les vaches, grâce au produit journalier de leurs mamelles, ont seules le privilège de manger à un râtelier et de dormir dans une étable.

La chasse est encore pour les habitants de ces îles une ressource assez considérable. Il n'y a ici, il est vrai, ni ours, ni loups, ni renards; mais peu de pays renferment une aussi grande quantité d'oiseaux. On les trouve par centaines sur les côtes et sur les montagnes. Les Féröiens les poursuivent avec une rare intrépidité; ils ne se bornent pas à tuer ceux qui errent sur la grève et planent sur la colline : ils gravissent, pour les dénicher, les sentiers les plus rudes et les rocs les plus escarpés. Si la roche où l'oiseau va faire son nid est tellement élevée, tellement polie à sa surface, que le Féröien ne puisse s'y cramponner, il monte au sommet en faisant un détour, se suspend à une corde dont deux ou trois de ses compagnons tiennent le bout, et se laisse descendre jusqu'à l'endroit où il a vu l'oiseau se poser. Quand il s'est emparé de sa proie, il tire une ficelle attachée au bras d'un de ses compagnons, et ceux-ci le hissent au haut de la montagne. Mais parfois il arrive que la corde s'engage dans des interstices de roc, et que l'imprudent chasseur reste suspendu entre ciel et terre, ne pouvant ni descendre ni remonter. Il y a quelques années, un paysan de Nordö passa ainsi tout un jour et toute une nuit au milieu des rocs, privé de nourriture, demi-nu, exposé au froid, et torturé par la corde qui lui serrait les flancs. Dans son désespoir, il allait ronger la corde avec les dents, au risque de se tuer en tombant dans l'abime, lorsque d'autres paysans arrivèrent à son secours. On parvint, après beaucoup d'efforts, à le délivrer de son affreuse situation, et, en posant le pied sur le sol, il tomba évanoui.

La pêche était autrefois, dans ces îles, une des occupations les plus importantes et les plus fructueuses; depuis plusieurs années, elle est beaucoup moins abondante, soit que les bancs de poissons aient changé de place, soit qu'ils aient réellement diminué; mais il reste toujours la pêche du dauphin, et celle-là pourrait faire oublier aux Féröiens toutes les autres. Dès qu'un pêcheur a reconnu en pleine mer la présence d'un troupeau de dauphins, il le signale aussitôt aux habitants de la côte, en arborant un pavillon particulier. Ceux-ci vont sur la montagne, allument un feu de gazon, et bientôt ce signal télégraphique annonce à toutes les îles la joyeuse nouvelle. Les tourbillons de fumée flottent dans les airs, les feux éclatent de sommet en sommet; leur nombre, leur position, indiquent aux habitants des côtes éloignées l'endroit où se trouvent les dauphins. A l'instant, le pêcheur détache sa barque du rivage; ses parents, ses voisins accourent à la hâte se joindre à lui; des femmes leur préparent des provisions, et ils s'élancent gaiement sur les flots. A Thorshavn, il y a ce jour-là un mouvement dont on ne saurait se faire une idée. Des femmes, des enfants, s'en vont effarés à travers la ville en criant : *Gryndabud, gryndabud* (nouvelle du dauphin)! A ce cri de bénédiction, toutes les portes s'ouvrent, toutes les familles sont en rumeur : c'est à qui ira le plus vite à son bateau, à qui sera le plus tôt prêt à fendre la lame avec l'aviron ou à déployer la voile. Le gouverneur et le landfogde accourent aussi, et se mettent à la tête de la caravane, avec leur chaloupe conduite par dix chasseurs en uniforme, et portant au haut du mât la banderole danoise. Quand les pêcheurs sont réunis à l'endroit désigné, ils se mettent en ordre de bataille, s'avancent, selon la position des lieux, en colonne serrée, ou forment un grand demi-cercle ; ils enlacent dans cette barrière les dauphins étonnés, les poursuivent, les chassent jusqu'à ce qu'ils les amènent au fond d'une baie. Là, le cercle se resserre, les dauphins sont pris entre la terre et les bateaux, arrêtés d'un côté par la grève où le moindre mouvement imprudent les fait échouer, retenus de l'autre par des mains armées de pieux. Dans ce moment-là seulement les pêcheurs sont préoccupés d'une singulière superstition. Ils ne veulent voir sur le rivage ni femmes ni prêtres, car ils prétendent que les femmes et les prêtres doivent mettre en fuite le dauphin. Une fois que cet obstacle a disparu, il se fait un carnage horrible. Les pêcheurs frappent, égorgent, massacrent, le sang ruisselle à flots, la mer devient toute rouge, et ceux des dauphins qui pourraient encore s'échapper perdent dans la vague ensanglantée leur agilité instinctive, et tombent, comme les autres, sous le fer acéré. Souvent on compte les victimes par centaines. Quand le carnage est fini, on traîne les dauphins sur le sable ; le *sysselmand* apprécie la valeur de chaque poisson, leur grave une marque sur le dos, et le gouverneur en fait le partage. D'abord on en prend, à titre de dîme, une part pour le roi, pour l'église, pour les prêtres, une autre pour les fonctionnaires, une troisième pour les pauvres, une quatrième pour ceux qui se sont associés à la pêche, tant par barque et tant par homme.

Celui qui a découvert le troupeau a droit de choisir le plus gros des dauphins. Ceux qui ont été blessés ou qui ont souffert quelque avarie dans cette expédition ont une part supplémentaire; enfin on en réserve encore une partie pour les propriétaires du sol où la pêche s'est faite, et celle-ci est presque toute dévolue au roi, qui est le plus grand propriétaire du pays. Quand le partage est achevé, les animaux sont dépecés, on en tire la peau qui sert à faire des courroies, la chair et le lard qui forment une des meilleures provisions de la famille féröienne. Avec la graisse, on fait de l'huile, et la vessie desséchée sert de vase pour la contenir. Les entrailles doivent être portées par chaque bateau en pleine mer, afin de ne pas infecter la côte. Un dauphin de moyenne grandeur donne ordinairement une tonne d'huile qui se vend, à Torshavn, de 30 à 40 francs. La chair et le lard ont à peu près la même valeur. Le pêcheur recueille avec soin tous les débris de sa capture, et s'en retourne en triomphe dans sa famille.

Les maisons que l'on trouve le long des côtes sont en général plus vastes et plus confortables que celles de Thorshavn. Elles se composent, comme dans toutes les campagnes du Nord, de plusieurs petits bâtiments, dont chacun a une destination particulière. D'abord on aperçoit le corps de logis, élevé près de l'enclos, construit moitié en pierre, moitié en bois. Il y a là une large cuisine, une chambre où les femmes se réunissent pour tisser le vadmel, une autre où l'on garde les provisions. A côté est l'étable, un peu plus loin une grange avec un four en terre où l'on fait, comme dans le nord de la Finlande, mûrir l'orge en l'exposant pendant vingt-quatre heures à une température ardente; puis deux ou trois cabanes en planches disjointes. Le fermier y suspend, au mois de novembre, des moutons entiers au moment où ils viennent d'être égorgés. L'air qui pénètre de tous côtés dans la cabane les dessèche peu à peu.

Au mois de mai ou de juin, cette viande ainsi séchée est ferme, compacte, pleine de suc. On la mange sans la saler et sans la cuire, et, dussé-je choquer le goût des gastronomes, j'avouerai que j'en ai mangé plusieurs fois avec plaisir. C'est, du reste, un aliment très commode pour le pêcheur. Au moment d'entreprendre quelque excursion, il entre dans son *kiadl*, coupe un quartier de mouton, et s'en va sans avoir à songer ni au feu de la cuisine ni aux épices. La plus belle habitation que nous ayons vue est Kirkeboe. Elle est située entre la mer et les montagnes, auprès d'une petite île peuplée d'eiders. Là s'élevait autrefois un couvent de moines dont on ne voit plus de vestiges; là demeuraient les évêques catholiques. Près de la maison du fermier, on aperçoit encore les murailles d'une église gothique, dont l'évêque Hilaire voulait faire la cathédrale des Féröé. Mais la réformation mit fin aux travaux, et cette église inachevée est là comme un monument de la chute rapide du catholicisme dans ces îles lointaines.

Le caractère des Féröiens est doux, honnête, hospitalier. L'isolement dans lequel ils vivent, la monotonie de leurs travaux, leur donnent un flegme habituel qui touche de près à l'indolence. La nature sombre qui les entoure les rend taciturnes et mélancoliques; mais les rudes excursions auxquelles ils sont souvent condamnés, les soins matériels qui les obsèdent, n'éteignent point dans leur cœur le sentiment de pitié pour les autres. Au milieu de leurs souffrances, ils se souviennent de ceux qui souffrent. L'étranger ne frappe jamais inutilement à leur porte, et le pauvre n'implore pas en vain leur commisération. S'il se trouve dans le district quelque orphelin en bas âge et sans fortune, on peut être sûr qu'un paysan se hâtera de le prendre sous sa protection et de lui donner asile.

Le meurtre est parmi eux une chose inouïe, les querelles sont rares et peu dangereuses. Les annales judiciaires des différentes îles n'ont guère d'autres crimes à enregistrer que des vols de peu d'importance. Les mœurs sont pures. A peine compte-t-on chaque année un ou deux enfants naturels dans tout le pays. Autrefois, quand une jeune fille devenait enceinte, elle devait payer une amende : si ensuite elle se mariait, au lieu de poser sur sa tête, comme les autres, une guirlande de fleurs, elle était condamnée à porter une calotte rouge. Maintenant encore, quand un pareil cas se présente, elle est privée des deux chevaliers d'honneur qui conduisent à l'église la jeune fille sans tache ; elle s'en va toute seule avec celui qui l'a choisie pour femme.

Leur costume est à la fois simple et gracieux. Les hommes ont une veste ronde, bleue ou verte comme celle des Tyroliens, un gilet de laine avec des boutons brillants, une culotte et des souliers plats en peau de mouton. Quelques-uns portent de longs cheveux dont ils forment une natte qui tombe sur leurs épaules à la manière des jeunes filles de Berne. Les femmes portent un mantelet de tricot à manches courtes, qui leur serre étroitement la taille et monte jusqu'au col, un grand jupon flottant et un charmant petit bonnet en soie qui leur laisse le front découvert et s'aplatit au sommet de la tête. Autrefois elles avaient pour les grandes occasions, surtout pour les jours de fiançailles, des costumes d'or et d'argent comme ceux des Islandaises. M. Giraud, qui nous accompagnait dans notre voyage, a dessiné une jeune fille avec cet ancien costume solennel, et, à la voir silencieuse et immobile sur sa chaise, avec ses cheveux relevés sur la tête et poudrés, sa robe de damas, ses manchettes de dentelle, on eût dit un portrait du temps de Louis XV. Mais ce luxe d'emprunt, qui souriait à des imaginations naïves, disparait peu à peu, et maintenant la jeune fille ne croit pouvoir mieux se parer pour un jour de noces qu'en s'habillant comme une bourgeoise de Copenhague qui copie, autant que faire se peut, la bourgeoise de Paris.

Les anciennes coutumes et les anciennes traditions tombent aussi çà et là en désuétude. Néanmoins, dans les iles du Nord, on voit encore de vieilles femmes qui prétendent retrouver, au moyen de certains sortilèges, les choses volées, et guérir les maladies, et des paysans qui, le soir, au coin du feu, répètent avec une parfaite bonne foi les contes du temps passé. Ils parlent des *Huldefolk*, esprits mystérieux qui habitent le flanc des montagnes, vivent de la même vie que les hommes, et possèdent de gros troupeaux qui passent invisibles à travers les pâturages. « J'ai connu, me disait un paysan de Thorshavn, une jeune fille qui était toujours poursuivie par les Huldefolk. Elle alla trouver le prêtre pour en obtenir quelque conseil, mais il ne put la secourir. Enfin elle se maria, et dès ce moment les Huldefolk cessèrent de la poursuivre. J'ai connu aussi un pêcheur qui a rencontré plusieurs fois ces habitants de la montagne; moi, je le crois, ajouta-t-il naïvement, mais pourtant je ne les ai pas vus. » Il y a une autre espèce d'esprits qu'on appelle les *Vallarre*. Ce sont de jolis petits nains, plus petits encore que ceux d'Allemagne; ils demeurent sous les pierres qui avoisinent les maisons, et sont d'une nature si douce et si craintive, qu'ils ne peuvent souffrir aucune rumeur. Une querelle les effraye, un blasphème les fait fuir. Tant qu'ils vivent en bonne intelligence avec les habitants de la maison près de laquelle ils sont venus chercher un asile, ils leur portent bonheur, ils les guident, sans être vus, dans leurs courses, et les aident dans leurs travaux; mais, si le paysan qu'ils se plaisaient à secourir les offense, ils deviennent pour lui des ennemis implacables. Quelques personnes croient à la *Mara*, monstre hideux qui parfois surprend l'homme dans son sommeil, se pelotonne, s'accroupit sur sa poitrine et l'oppresse.

On ne peut s'en délivrer qu'en faisant le signe de la croix et en prononçant le nom de Jésus. On raconte aussi dans ces îles, comme dans presque toutes les contrées du Nord, que les morts peuvent revenir sur terre, soit pour se venger d'une offense, soit pour acquitter une dette qui les tourmente dans le tombeau, soit pour donner une dernière marque d'affection à ceux qu'ils ont aimés. Quand ils reparaissent dans le lieu où ils ont vécu, ils ont le pouvoir d'exaucer le désir de ceux qui les rencontrent. Il faut aller les attendre la nuit de Noël sur un chemin en croix, prendre garde de prononcer un seul mot en les voyant, ou de faire un seul geste; car alors le mort disparaît, et l'on ne peut plus rien espérer.

Autrefois on avait aussi une grande peur des sorciers. Quand une vache faisait son premier veau, on avait coutume de lui arracher quelques poils entre les cornes, afin de la préserver de tout sortilège. Quand on recommençait à la traire, on prenait d'abord quelques cuillerées de son lait pour en faire une libation aux esprits du foyer.

Enfin il y a une foule d'histoires sur les *Nikar* ou esprits des eaux, sur les monstres de l'Océan et les hommes de mer qui attirent sur le rivage les jeunes femmes et les emportent dans les flots. On a vu dans ce pays des baleines qui auraient fait honte à celle de Jonas. Dans une des îles du Nord, quatre paysans prirent un jour un bateau et allèrent à la pêche. Le soir ils ne revinrent pas; le lendemain et le surlendemain on les chercha sans pouvoir les trouver. Un mois après, une baleine échoue sur la côte, on la tue, on l'ouvre, et la première chose que l'on aperçoit dans ses entrailles, ce sont les quatre pêcheurs, assis dans leur bateau et courbés encore sur leurs avirons. A Quanesund, des paysans, en allant à la pêche, entendaient chaque matin des cris singuliers et ne voyaient personne. Un jour enfin ils parvinrent à apercevoir un homme de mer, s'en emparèrent et le conduisirent dans leur demeure. Le lendemain, ils le prirent avec eux en retournant à la pêche. Au moment où ils passaient au delà des bancs de poissons, l'homme de mer se mit à rire. Ils revinrent en arrière et firent une excellente pêche. Chaque matin ils allaient ainsi sur les flots avec leur guide mystérieux, dont ils avaient appris à interpréter le ricanement et le silence ; chaque soir ils le ramenaient à Quanesund, lui donnaient pour nourriture du poisson cru, l'enfermaient dans une étable et faisaient une croix sur la porte. Un jour qu'ils avaient oublié de faire cette croix, l'homme de mer s'enfuit, et jamais on ne l'a revu. Sur la côte de Stromö, il y a une famille qui prétend descendre d'un phoque. C'est là, je l'avoue, une étrange généalogie ; mais, comme elle m'a été expliquée de la manière la plus positive par un des membres de cette famille, j'ai bien dû la prendre au sérieux. Il faut savoir d'abord qu'il y a des femelles de phoques qui, en jetant sur la grève leur peau de poisson, prennent aussitôt une gracieuse forme de femme. Un matin, un pêcheur en vit une si belle, qu'il en devint aussitôt amoureux. Il l'emmena dans sa demeure, enferma soigneusement la peau de phoque dans un coffre, épousa la femme, qui devint mère de plusieurs enfants. Mais un jour, en allant à la pêche, il oublia la clef de son coffre ; la femme s'en aperçut, reprit sa peau de phoque, courut sur la grève et s'élança dans les flots.

Le souvenir des anciens temps, le caractère national des Féröiens, se sont conservés aussi dans la célébration de plusieurs fêtes, dans celle de Noël par exemple, et dans les cérémonies du mariage. Comme autrefois, on voit des jeunes gens qui, pour toucher le cœur de celle qu'ils désirent épouser, se choisissent un orateur. C'est un pêcheur renommé pour son intelligence, un paysan habile à composer des vers. Quand le jour du mariage est arrêté, on envoie des invitations dans tout le district. Parents, amis, hommes, femmes, enfants, arrivent à pied, à cheval, et s'entassent pêle-mêle dans la maison du fiancé. On fait rôtir pour ce jour-là des moutons et des veaux tout entiers. L'eau-de-vie coule dans de grands vases, la bière bout dans la chaudière, la table est mise du matin au soir, et les convives agissent sans gêne; car, avant de s'en aller, ils sont, comme en Finlande, soumis à une collecte, et laissent tous quelques *species* sur le plateau qu'on leur présente. La noce dure trois jours. Le plus beau, le plus pompeux, est celui où les fiancés reçoivent la bénédiction nuptiale. Le soir, tout le monde se met à danser. Cette danse des Féröe est très curieuse à voir. Les danseurs se pressent, se prennent par la main, sans distinction de rang, d'âge, de sexe, et forment une longue chaîne. Ils n'ont point d'instruments de musique pour se donner la mesure, mais ils savent les chants traditionnels et les mélodies anciennes avec lesquels ils ont été bercés. L'un d'eux entonne une strophe, les autres l'attendent au refrain et le chantent ensemble. Ce chant, composé seulement de quelques modulations, est grave, mélancolique, imposant. Au milieu des fortes vibrations des voix d'hommes, on entend de temps à autre percer la voix aiguë d'une jeune fille; mais en général ces accentuations rustiques sont très justes et parfaitement d'accord. Au moment où le chant commence, la chaîne marche, tourne, se déroule d'abord lentement et avec une sorte de grâce nonchalante, comme les naïves rondes de Bretagne, quand le bigneu fait entendre l'air populaire : *An ini gos*; puis bientôt elle s'anime, elle a des mouvements plus vifs et plus rapides. Les chants choisis pour ces solennités sont presque tous des fragments ou des imitations des *Kämpeviser* danois, des histoires de guerriers, des récits de combats et d'amour, comme les strophes de la *Jérusalem*, que chantent les gondoliers de Venise. Peu à peu la danse prend le caractère d'une scène théâtrale. Les conviés s'associent au récit du chanteur, ils suivent avec émotion les péripéties du drame, s'agitent, se passionnent, balancent les bras, frappent du pied, et par leur pantomime expriment en quelque sorte tout ce que le poète a voulu exprimer dans ses vers, et le musicien dans ses mélodies. Les femmes seules, comme s'il leur était défendu de montrer de l'émotion, gardent, au milieu de cette animation générale, une réserve impassible. Elles ne font aucun mouvement, elles se laissent entraîner. A les voir parfois le soir, avec leurs regards immobiles et leur figure blanche, suivant avec joie et cependant avec une sorte de mélancolie les vives ondulations de cette chaîne qui se déroule comme un serpent et se précipite comme un tourbillon, on dirait des jeunes filles emportées par une force irrésistible dans les danses des esprits.

Au milieu de ce bal dramatique, un homme frappe sur une poutre pour avertir la mariée qu'il est temps de se retirer dans sa chambre; mais la mariée doit faire semblant de ne pas l'entendre, et continuer à danser. Bientôt après, un second coup résonne, et elle ne s'en émeut pas davantage. Enfin, au troisième coup, la mariée s'en va, et il est convenable, disent les bonnes gens, qu'avant de se mettre au lit, elle pleure un peu. Le marié ne tarde pas à la suivre; et, quand tous deux sont dans leur chambre, les convives récitent à haute voix une prière et entonnent un psaume.

Une fois ces jours de fête passés, le paysan des Féröe reprend sa vie de labeur et de privations. Soit qu'il laboure son sol ingrat, soit qu'il aille par les froides matinées d'hiver à la pêche, il ne boit toute l'année que de l'eau, il ne mange que du pain noir; car il est né dans la pauvreté, et il en porte constamment le poids. Les flots et la terre ne lui donnent souvent qu'un moyen d'existence précaire, et ses faibles ressources sont encore amoindries par le monopole commercial qu'il subit comme une loi de servage. Le commerce des Féröe était libre autrefois. Les habitants allaient eux-mêmes à Bergen échanger les productions de leur pays contre celles dont ils avaient besoin. Plus tard, ils renoncèrent à ces voyages; mais les marchands des villes hanséatiques venaient chaque été négocier avec eux des échanges de denrées. Un jour, Frédéric II s'empara de ce commerce comme d'une propriété particulière, et l'afferma à une société de Lubeck et de Hambourg. De cette époque date le régime du monopole, et depuis il a été parfois plus ou moins rigoureux, mais il n'a plus cessé. En 1607, le roi transmit le privilège de ce commerce à des négociants de Bergen; Frédéric III l'abandonna généreusement à un homme dont il voulait récompenser les services, et qui le transmit comme un fief à son fils. La dureté avec laquelle les possesseurs de ce monopole traitèrent les malheureuses îles excita des plaintes si réitérées et si éloquentes, qu'à la fin le gouvernement vint à leur secours et reprit le privilège confié à des mains injustes; mais c'était pour l'exploiter lui-même, et en vérité cela ne valait guère mieux. En 1790, le roi, obsédé par de nouvelles sollicitations, promit de rendre le commerce libre dès qu'une occasion opportune se présenterait, et, chose singulière, cette occasion ne s'est pas encore présentée. Nous nous croirions vraiment blâmable si, sans y avoir réfléchi, nous osions prêcher dans ce cas une émancipation qui certes peut avoir aussi ses inconvénients. Mais nous avons vu de près les funestes résultats du monopole qui pèse sur la population des Féröe, nous avons entendu les plaintes du pêcheur et du paysan, et tout ce que nous avons vu et entendu a excité en nous une profonde pitié. Jamais nulle part, nous croyons pouvoir le dire sans crainte d'être démenti, une loi de monopole n'a été dictée avec aussi peu de ménagement et exécutée avec autant de rigueur. Il n'y a pas plus de trois ans qu'il n'existait pour toutes les Féröe que le magasin de Thorshavn. Les paysans du Nord et du Midi devaient louer un bateau, payer des rameurs, entreprendre un voyage difficile et souvent dangereux pour venir recevoir à Thorshavn, selon la taxe, le prix de leurs pauvres denrées. Il arriva un jour que, dans un de ces voyages, un bateau périt avec douze hommes. Ce malheur fit impression, et le gouvernement s'est enfin décidé à établir des entrepôts sur différents points. Il y en a un, depuis 1836, à Trangisrangfiord, un autre à Bordö. On en établit maintenant un troisième à Vestmanna. Mais ce n'est guère là qu'un léger adoucissement à un état de choses affligeant ; la racine du mal existe encore tout entière. D'après les anciennes ordonnances, le prix des denrées féröiennes et des denrées danoises destinées à être offertes en échange devait être déterminé par la moyenne de leurs différents prix de vente pendant cinq années. Jusque-là il y avait au moins, dans les dispositions de la loi, quelque apparence de justice, quoique ce maximum imposé aux paysans soit encore une dure nécessité ; mais voici qu'en 1821 il survient une ordonnance qui ajoute au prix moyen des denrées danoises une surcharge de trente-trois pour cent, et, en 1834, une autre ordonnance qui prescrit pour les denrées des Féröe une diminution de cinquante pour cent, ce qui fait pour les malheureux condamnés à de telles transactions un déficit net de quatre-vingt-trois pour cent. Et qu'on ne pense pas qu'il soit facile aux Féröiens de se soustraire à ces marchés cruels : ils ne peuvent négocier qu'avec les représentants du gouvernement. S'ils essayent de livrer à d'autres la moindre denrée, ils s'exposent à être traduits devant le juge comme des malfaiteurs. Il y a quelques années, une jeune femme donna à un pêcheur de Dunkerque quelques tissus de laine en échange d'une paire de boucles d'oreilles ; elle fut accusée, jugée, et condamnée à une amende de soixante francs. Un paysan paya la même amende pour avoir échangé avec des matelots anglais du poisson contre quelques bouteilles d'eau-de-vie. Cette loi de proscription à l'égard des étrangers est si rigoureuse qu'il n'est pas même permis aux Féröe d'avoir des relations avec les îles les plus voisines. Les bâtiments danois n'arrivent à Thorshavn qu'au mois de mai, et font leur dernier voyage au mois de septembre. Tout le reste du temps, les habitants des Féröe sont privés de nouvelles et séparés du monde entier. Ils pourraient recevoir en hiver des lettres et des journaux par les îles Shetland. Depuis plusieurs années, ils en demandent instamment la permission, et n'ont pu encore l'obtenir. En vérité, quand on voit de telles misères, on est tenté de dire, avec un voyageur anglais [1] qui a visité aussi les Féröe, et qui a vu comme nous les tristes conséquences du monopole : « Il semble que la politique du gouvernement danois soit de maintenir les habitants des Féröe dans un état de pauvreté et de dépendance continuelles ».

Cette hideuse loi de monopole entrave toute espèce de travail et paralyse toute industrie. Une grande paire de bas de laine tricotée se vend à Thorshavn deux francs. Comment est-il possible que de pauvres femmes aiment à travailler, quand la matière qu'elles emploient et le fruit de leurs veilles doivent être livrés à un tel prix? On dit que les ordonnances qui règlent le monopole assurent aux Féröe une provision annuelle de denrées à un prix déterminé; mais ces denrées, ne les auraient-elles pas plus facilement et à meilleur prix, si elles pouvaient profiter du bénéfice d'une concurrence? On dit enfin que les impôts de ce pays étant très minimes, le monopole doit être considéré comme un supplément

---

[1]. Mackensie.

nécessaire. Soit ; mais que, dans ce cas, on élève les impôts, et qu'on donne, non pas aux étrangers, mais seulement à tous les négociants danois, la liberté d'entrer dans les divers ports des Férōe, comme ils entrent aujourd'hui dans ceux d'Islande. Je suis sûr que les habitants béniront le jour où le gouvernement prendra cette mesure.

Ces pauvres gens, en me parlant de leurs souffrances, m'ont souvent répété que le roi les ignore, qu'il est juste, bon et compatissant; que s'il savait jusqu'où va parfois leur détresse, il viendrait à leur secours : mais ceux qui le savent et qui le lui taisent assument sur leur tête une triste responsabilité.

BEEREN-EILAND — LE SPITZBERG

A MON PÈRE

Le 17 juillet, nous partimes de Hammerfest avec un vent du sud qui semblait devoir nous conduire rapidement au Spitzberg. *La Recherche* filait huit nœuds grand largue. Le canot du pilote, amarré au couronnement, dansait sur la mer comme une coquille. Une lame le jeta sur le flanc, une autre lame le fit chavirer; en trois coups de vague, il était entr'ouvert et mis en pièces. Debout sur les bastingages, le pilote suivait d'un œil désolé ses catastrophes et nous conjurait de retourner à Hammerfest, afin de sauver les dernières planches de sa malheureuse barque. Mais on la suspendit à une poulie, on la hissa à bord; le charpentier y mit une nouvelle étrave, le forgeron de nouveaux clous et le pauvre Norvégien, qui avait cru voir s'abîmer dans les flots son bien le plus précieux, son patrimoine, son bateau de pilote, s'en alla tout joyeux avec sa chère barque.

Le 18, nous étions arrivés à peu près à la latitude de Beeren-Eiland. La température sous-marine avait subitement baissé de trois degrés, ce qui nous faisait croire au voisinage des glaces. Le ciel était brumeux, la mer sombre, le vent froid. Nous regrettions déjà l'atmosphère de Hammerfest, voire même celle du cap Nord. Nous étions déjà au 74° degré 30 minutes de latitude. Le 19, nous espérions arriver à Beeren-Eiland, dont l'approche ne nous était pas, comme l'année dernière, interdite par une épaisse ceinture de glaces flottantes ; mais nous cherchâmes en vain cette île à l'endroit indiqué par les cartes anglaises et hollandaises [1]. Nous ne l'aperçûmes que le lendemain, et le 21, à midi, nous jetions l'ancre à trois milles environ de la côte.

Cette île fut découverte en 1596. La Hollande, délivrée du joug espagnol, commençait à donner à sa marine le développement que plus tard elle porta si loin. Déjà ses navires exploraient la mer Baltique, la mer du Nord, l'Océan et la Méditerranée. Son commerce d'Orient était encore entravé par ceux dont elle avait rejeté la domination. Pour échapper à leur poursuite, les Hollandais résolurent de chercher au nord-est un passage pour aller dans les Indes. En 1594, les Provinces-Unies équipèrent dans ce but trois bâtiments : *le Cygne* commandé par Corneliss ; *le Mercure*, par Ysbrandtz, et *le Messager*, par Barentz. Les deux premiers s'étant avancés jusqu'à quarante lieues du détroit de Waigatz, et voyant la terre se prolonger au sud-est, crurent avoir découvert le passage et reprirent la route de Hollande pour annoncer cette nouvelle, Barentz s'avança au nord-est jusqu'au 77° degré 25 minutes de latitude. Les glaces l'empêchèrent de pénétrer plus avant ; il vira de bord et arriva en Hollande à la fin de septembre.

L'année suivante, les états généraux équipèrent une flotte de sept navires. Le commandement en fut confié à Heemskerke, et Barentz en fut nommé pilote-major. Malheureusement la flotte mit à la voile trop tard et

---

1. Scoresby fixe cette île au 18° degré de longitude. D'après les observations des officiers de *la Recherche*, elle doit être portée au 16° degré 29 minutes 10 secondes.

n'alla pas au delà de la côte septentrionale du détroit de Waigatz. Le 15 septembre, elle repassa ce détroit, et le 18 novembre, elle était de retour en Hollande. Les états généraux, découragés par le résultat de ces deux expéditions, se refusèrent à en solder une troisième. Ils promirent cependant une prime assez considérable à celui qui parviendrait à découvrir le passage tant désiré, et la ville d'Amsterdam résolut de faire une nouvelle tentative. Elle équipa deux navires, dont l'un fut confié à Heemskerke, l'autre à Corneliss. Barentz servait de guide à cette expédition et en était, à vrai dire, le personnage le plus influent. Le 23 mai 1596, les bâtiments arrivèrent aux îles Shetland. Le 9 juin, ils découvrirent une île dont aucun voyageur n'avait encore fait mention. Barentz descendit à terre avec quelques matelots, et se sentit péniblement ému à l'aspect de cette nature inculte, aride, déserte. Il donna à cette montagne nue qui s'élevait devant lui le nom de montagne de Misère (*Jammerberg*), et quelques-uns de ses hommes ayant tué un ours blanc d'une grandeur extraordinaire, il appela cette île : Ile de l'Ours (*Beeren-Eiland*).

De là Barentz et Corneliss continuèrent leur route au nord, et le 17 juin ils se trouvèrent par 80 degrés 11 minutes de latitude, c'est-à-dire au delà de l'île d'Amsterdam. Les documents que nous avons sur cette partie de leur voyage sont peu explicites; mais il paraît bien démontré que ce furent ces navires hollandais qui découvrirent la côte nord-ouest du Spitzberg. Dans tous les cas, on ne connaît aucun bâtiment qui ait visité ces parages avant eux [1].

1. En 1553, les Anglais avaient expédié une flotte au Nord, dans le but de chercher un passage pour aller au Cathay; mais on ne sait par quels lieux passa Willoughby, qui avait le commandement de cette flotte, et que l'on trouva mort un an après sur la côte orientale de Laponie. Quant à Chancelor qui commandait un des principaux bâtiments de l'escadre, il alla à Vardöhuus, et de là en Russie.

Barentz avait entrepris ce voyage avec toute la joie et toutes les espérances d'un vrai marin, et il ne devait jamais en revenir. Au mois de juillet, il arriva de nouveau sur les côtes de la Nouvelle-Zemble. Le 19, il fut pris par les glaces et parvint cependant à s'avancer un peu plus à l'ouest; mais là, il fallut hiverner. La rigueur du climat, les privations de toute sorte, épuisèrent ses forces. Il tomba malade, et le 10 juin ses compagnons de voyage l'ensevelirent en pleurant sur la côte où il était venu, à trois époques différentes, chercher une route vers l'Orient.

Si, dans ce voyage, Barentz et ses compagnons ne purent parvenir au but qu'ils s'étaient proposé, ils obtinrent cependant d'importants résultats. De là date la découverte de Beeren-Eiland et de la côte nord-ouest du Spitzberg, qui plus tard attira une quantité de bâtiments de pêche et devint pour un grand nombre d'armateurs une source de prospérité.

En 1603, l'aldermann Cherry équipa un navire qu'il destinait à une exploration dans le Nord, et dont il confia le commandement à Steven-Bennet. Ce navire, en revenant de Cola, se trouva en vue de Beeren-Eiland. Bennet, qui ne connaissait pas, ou qui peut-être, pour faire une galanterie à son patron, feignit de ne pas connaitre cette ile, lui donna le nom d'île Cherry (*Cherry-Island*). C'est ainsi qu'elle est désignée dans toutes les cartes anglaises. Si aride, si pauvre que soit cette terre du Nord, c'est un acte de justice pourtant que de lui rendre son nom primitif et de restituer à Barentz le stérile honneur de l'avoir découverte. Bennet revint à Beeren-Eiland en 1606. D'autres bâtiments anglais y abordèrent en 1608 et 1609. Enfin la *Société moscovite*, établie à Londres, s'en empara comme d'une conquête, et l'Angleterre, fidèle à ses principes d'envahissement, défendit aux Hollandais de pêcher sur la côte découverte par un Hollandais. Mais, à mesure que la pêche du Nord devint moins productive, les Anglais mirent moins d'ardeur à défendre leur privilège. Aujourd'hui nul peuple ne réclame plus la propriété de Beeren-Eiland. Les Norvégiens y viennent encore, quand les glaces l'entourent, pour pêcher le morse et le phoque; les Russes y passent assez souvent l'hiver. Un négociant de Hammerfest, M. Aagaard, a fait construire il y a quelques années, au nord de cette île, une cabane pour servir de refuge à ceux qui seraient retenus par l'orage ou enfermés pour tout l'hiver par les glaces. A l'ouest, on trouve encore une autre cabane bâtie par les Russes. Toutes deux ne sont qu'un grossier assemblage de poutres mal fermé et mal couvert; la pluie, le vent, y pénètrent de toutes parts. Avant de pouvoir s'y installer, il faut d'abord enlever les couches de glaces amassées sur le sol et suspendues aux parois de ces malheureux asiles. On nous a cependant cité un Russe qui passa sept hivers dans une de ces cabanes. Un capitaine de bâtiment norvégien y resta deux années de suite. Il tua dans la première année six cent soixante-dix-sept morses, trente renards bleus et trois ours blancs; mais le second hiver fut si rigoureux que les matelots ne purent que très rarement aller à la pêche. Les ours blancs, poussés par la faim, montaient jusque sur le toit de la cabane et se laissaient tuer presque à bout portant.

Il n'y a point de port à Beeren-Eiland. Ce qu'on appelle *Norhavn-Sorhavn* (port du Nord et port du Sud) n'est qu'une baie mal garantie contre le vent et mal découpée. Quand les pêcheurs arrivent en vue de cette île, le capitaine envoie ses canots à terre et reste avec le navire à une assez grande distance du rivage, afin de pouvoir immédiatement prendre le large, si la brume venait à envelopper l'horizon, ou si le vent chassait de son côté les glaces flottantes. La première fois que les marchands de Hammerfest expédièrent des bâtiments de pêche dans ces parages, plusieurs hommes furent ainsi abandonnés à terre. Le capitaine, surpris par un de ces brouillards condensés qui dans le Nord rendent le voisinage des côtes si dangereux, avait été obligé d'appareiller et de regagner la pleine mer. Le vent l'empêcha de retourner en arrière, et les malheureux, jetés ainsi sur la côte déserte sans armes, sans provisions, résolurent de s'en retourner avec leurs canots. Ils recueillirent tout ce qu'ils avaient de chair de phoque et de chair de morse, se mirent en route, et, après des fatigues inouïes, arrivèrent à Hammerfest. Quelques jours après, ils s'embarquèrent de nouveau pour Beeren-Eiland, furent de nouveau abandonnés et tentèrent encore de regagner Hammerfest. Cette fois leur bateau était si petit que, pour pouvoir y rester tous, quelques-uns d'entre eux étaient obligés de se coucher dans le fond en guise de lest. A moitié chemin, ils furent surpris par un orage épouvantable. Des pêcheurs anglais virent la pauvre barque vaciller et trembler sous l'effort du vent, et ne purent lui porter secours. Enfin le calme revint, et, après dix jours de périls, d'anxiété, de misère, les courageux Norvégiens abordèrent à Magerö, d'où ils regagnèrent avec d'autres embarcations la terre à laquelle ils avaient plus d'une fois déjà dit à jamais adieu.

Nous prîmes deux canots pour aller à terre, et nous errâmes longtemps avant de trouver un endroit où nous puissions aborder. De tous côtés nous ne voyions qu'une longue ligne de brisants sur lesquels la mer lançait des flots d'écume, et des rocs dont nous ne nous lassions pas de contempler les formes bizarres : ceux-ci s'élançaient dans l'air comme des obélisques; ceux-là, minés à leur base, ressemblaient à des édifices usés par le temps et près de s'écrouler; d'autres ressemblaient à ces idoles monstrueuses qu'adorent certains peuples sauvages. Mais celui qui s'élevait devant nous était de tous le plus étrange; à le voir de loin, on l'eût pris pour une grande tour carrée, destinée à compléter quelque large fortification. Rien n'y manquait, ni les angles saillants pareils à ceux d'un bastion, ni le couronnement crénelé, ni la terrasse plate sur laquelle deux pierres posées transversalement faisaient assez l'effet de deux mortiers. Les flancs de cette masse de roc avaient été de toutes parts creusés et traversés par la lame. On y voyait de larges ouvertures pareilles à celles des grottes souterraines que l'on aperçoit parfois dans les montagnes; des arcades arrondies ou effilées en ogive, comme celles d'une vieille église; des pilastres lourds et massifs, comme ceux du style byzantin. La couleur de ce rocher ajoutait encore à l'étrangeté de son aspect; ses nuances primitives avaient été complètement dénaturées par l'eau de mer. Aussi haut que la vague pouvait monter, on ne voyait qu'une surface raboteuse revêtue d'une couleur verdâtre, et au-dessus un granit jaune comme de l'ocre. Sur toute la terrasse de ce rocher et sur toutes les aspérités saillantes de ces angles, nous apercevions une innombrable quantité de points blancs pareils à des boules de neige : c'étaient autant d'oiseaux de mer qu'un coup de fusil arracha tout à coup à leur bienheureux *farniente*, qui s'élevèrent dans l'air comme un nuage, et s'enfuirent en poussant des cris rauques et tristes comme le bruit de la rafale que l'on entend parfois gronder sur les mers.

Un peu plus loin, on apercevait une montagne élevée et nue, dont un large bandeau de brume cachait la sommité [1]. A partir de cette montagne, la terre s'incline graduellement comme une dune, et forme une longue plaine ondoyante, dont la pointe septentrionale semble s'abaisser jusqu'au niveau de la mer. Tandis que quel-

1. Un de nos compagnons de voyage en a pris la hauteur avec le baromètre; elle s'élève à 1 100 pieds. Les plus hautes montagnes du Spitzberg ont de 2 000 à 3 000 pieds.

ques-uns de nos compagnons s'en allaient, ceux-ci avec leurs crayons, ceux-là avec leur baromètre ou leur fusil, du côté de la montagne, je me dirigeai vers le nord avec M. Gaimard. A peine avions-nous posé le pied sur la grève, que nous fûmes arrêtés par un torrent, puis par une fondrière, et un peu plus loin par des masses de neige qui avaient déjà acquis la consistance du glacier. Une fois parvenus au milieu de la plaine, nous ne vîmes plus autour de nous qu'une terre grisâtre et sablonneuse, pareille à celle qu'on voit apparaître au bord des côtes quand la marée se retire; çà et là on distinguait une flaque d'eau sombre et silencieuse, une bande de neige dont les contours commençaient à fondre, et pas une fleur, pas une plante, si ce n'est quelque frêle renoncule qui penchait languissamment sur le sol son bouton doré, quelque racine de mousse de renne ou une tige étiolée de cochléaria. A l'horizon, le regard n'apercevait qu'une mer rembrunie, coupée çà et là par l'écume de la houle; sur notre tête s'étendait un ciel chargé de brouillards, où de temps à autre on voyait surgir péniblement un soleil pâle comme le disque de la lune. Sous cet amas de nuages, sous ce flambeau sans chaleur, la terre inanimée, la terre chargée de neige et de glace, ressemblait à un large tombeau entouré d'une draperie de deuil et éclairé par une lampe sépulcrale. Nulle terre du Nord ne m'était encore apparue sous un aspect aussi lugubre, nulle île dépeuplée ne m'avait encore fait concevoir une idée aussi effrayante d'un naufrage. Dans ce moment nous tournions avec une sorte d'anxiété nos regards du côté de *la Recherche*, et notre cœur se dilatait à la vue de ses mâts se dressant comme des flèches au-dessus des vagues. C'était là notre refuge, c'était la demeure où nous retrouvions les souvenirs de France; à défaut de tout ce que nous regrettions, c'était pour nous le foyer de famille, la retraite du cœur, la patrie.

Pendant que nous errions à travers la plaine déserte, une brume épaisse s'étendait sur les flots et commençait à nous envelopper. On tira de la *Recherche* trois coups de canon pour nous rappeler à bord, et nous retournâmes joindre nos bateaux, en traversant le même sol et les mêmes amas de neige. Cette île était autrefois très fréquentée par les pêcheurs; maintenant les morses qu'on y venait chercher ont pris une autre direction. Les ours blancs n'y abordent plus qu'en hiver, portés sur les glaçons flottants qui se détachent de la pointe méridionale du Spitzberg. Les oiseaux de mer sont seuls restés fidèles à cette côte, comme pour proclamer, du haut de leurs pics de granit, avec leurs cris sauvages, la désolation de l'île entière. A peine étions-nous arrivés à bord de la corvette que la brume envahit l'espace; les rochers, les montagnes de Beeren-Eiland, se voilèrent peu à peu, puis tout disparut. En regardant autour de nous, nous ne voyions plus que les flots battus par le vent; il semblait que nous venions de faire un rêve ou de visiter une terre emportée subitement par les enchanteurs.

Nous poursuivîmes notre route vers le nord, tantôt contrariés par le vent, fatigués par la pluie, cernés par la brume, tantôt récréés par un jour de calme, par l'aspect d'une teinte d'azur, qui, surgissant peu à peu sous le nuage, s'étendait au large et bientôt occupait toute la surface du ciel. Le 26, l'atmosphère était libre et pure. Nul brouillard ne flottait sur notre tête, nul vent n'agitait notre navire. La mer aplanie était parsemée de méduses brillantes comme de la nacre. Au-dessus de nous s'élevait un ciel large et bleu, tacheté seulement çà et là de quelques nuages légers pareils à des flocons de laine. Assis sur la dunette, nous regardions, dans une rêveuse nonchalance, ce tableau différent de celui qui depuis quelques jours attristait nos regards, et parfois nous nous demandions si quelque fée ne nous avait pas ramenés, par un coup de baguette, sous le ciel méridional. Nous nous trouvions alors au 76° de latitude. A minuit, le soleil était à 5° 26' au-dessus de l'horizon, et projetait sur les vagues un large rayon de lumière pareil à une lame d'or et d'argent.

Le lendemain, cette magie d'un jour azuré avait disparu; la mer était de nouveau inondée de vapeurs, le thermomètre était descendu à un degré. Le soir la neige tombait à flocons. A travers les vapeurs flottantes, nous distinguâmes dans le lointain le pic recourbé de Hornsund et les montagnes couvertes de neige qui l'entourent. De temps à autre, une baleine élevait au-dessus des vagues sa tête monstrueuse, et lançait dans l'air un jet d'eau qui retombait en poussière. Du reste, tout était morne et silencieux. Les oiseaux mêmes, qui chaque jour voltigeaient autour de notre navire, commençaient déjà à nous abandonner. Nul cri ne frappait notre oreille, nulle voile n'attirait nos regards. *La Recherche* était seule sur l'Océan.

Le 28 était un jour de fête : nos amis célébraient en France un anniversaire national, et nous voulûmes nous y associer de notre mieux dans ces mers lointaines. Le *chef de gamelle* fit tirer de la cale les fruits du Sud qu'il tenait en réserve pour ce jour solennel. La table fut allongée pour donner place au capitaine, à ses commensaux et à la jeune femme qui n'avait pas craint de braver les dangers et les fatigues de notre navigation pour voir les images grandioses des régions du Nord. Notre dîner fut gai et plein de charme. Chaque toast que nous portions était un souvenir adressé à notre pays. A une si longue distance du monde où l'on a vécu, le souvenir est comme un baume vivifiant qui retrempe l'âme et rafraîchit la pensée. Dans l'ennui d'un isolement profond, il est si doux de prononcer le nom de ceux que l'on aime, et de rêver qu'à un certain jour, à une certaine heure, nos vœux d'affection se croisent avec les leurs! Du reste, si nous en venons jamais à raconter les joies de cette journée, nous ne l'appellerons pas une chaude journée de juillet. Nous ne pouvions sortir de notre chambre sans être munis d'un très respectable vêtement de laine. Une pluie neigeuse tombait sur le pont et le thermomètre marquait un degré, autant qu'en France dans un beau jour de janvier.

A force de louvoyer, nous arrivâmes, le 30, assez près de l'île du Prince-Charles pour pouvoir en mesurer l'étendue et en distinguer les formes. C'était un beau et curieux spectacle, un singulier mélange d'ombre et de lumière, de montagnes noires comme du charbon et de plateaux de neige éblouissants. Un large brouillard ondoyait le long de cette île; on le voyait monter, descendre, s'ouvrir comme un rideau pour laisser apparaître une pyramide de roc, un sommet de montagne, puis se refermer et envelopper dans ses vastes plis la terre que nous cherchions à observer. Puis venait un coup de vent qui déchirait ce brouillard comme une gaze, et en faisait flotter au loin les lambeaux. Un rayon de soleil, éclatant aussi tout à coup entre les nuages, dorait la neige des montagnes et jetait un bandeau de lumière sur ces sommités confuses. Sous cette lumière subite on voyait poindre çà et là une autre cime qui d'abord ne paraissait qu'un point presque imperceptible, puis s'étendait au large, et semblait, comme une jeune fille fatiguée du vêtement qui l'incommode, rejeter avec impatience sa robe de brume pour découvrir ses blanches épaules.

Nous longeâmes cette île, et le lendemain nous arrivâmes en face de sept montagnes de glace rangées comme un collier de perles au bord de la mer. De loin on ne distingue pas les parois escarpées de ces glaces éternelles; on ne voit qu'un immense plateau qui, d'un côté, semble descendre jusqu'au niveau des vagues, et de l'autre monte graduellement et s'enfuit dans le lointain. De ce plateau éclatant de blancheur s'élèvent sept pics aigus, aux flancs noirs, aux angles déchirés. A les voir ainsi isolés l'un de l'autre debout dans l'espace, on croirait voir autant d'îles sortant d'un océan de neige.

Cependant nous avions atteint le 79° de latitude, et nous commencions à approcher de notre but. Le 31 au matin, nous vîmes apparaître les hautes montagnes entre lesquelles se trouve la baie de Hambourg, et un peu plus loin la baie de Magdeleine, où nous voulions aborder. Mais le vent était toujours contraire, la brume menaçait à chaque instant de nous entraver dans notre marche. Un rayon de soleil fugitif luisait sur notre tête, puis s'éclipsait aussitôt pour faire place à de lourds nuages d'où tombaient des flocons de neige. Le pilote nous disait, en voyant ce temps orageux, que l'été n'était pas encore venu. Il est possible qu'il vienne parfois récréer ces froides régions; mais ce qu'il y a de sûr, c'est que cette année nous l'avons vainement attendu.

Enfin, après mainte et mainte bordée, nous entrâmes dans la baie de Magdeleine. Une petite île en marque l'ouverture. Un rocher la barre un peu plus loin, et deux longues lignes de montagnes aux cimes aiguës, aux flancs rocailleux, la bordent de chaque côté. Jusque-là nous n'avions point encore vu les glaces flottantes. C'était un fait singulier qui étonnait notre pilote lui-même. Ordinairement les glaces s'avancent jusqu'à Beeren-Eiland, et quelquefois au delà. Cette année, elles avaient été probablement poussées à l'est, et nous avions suivi une autre direction. Mais bientôt d'énormes blocs vinrent contre le navire, poussés par la brise, entraînés par le courant. Les uns ressemblaient par leur lourde masse à des quartiers de roc; d'autres avaient pris, dans le frottement continu des vagues, les formes les plus bizarres. Ceux-ci étaient arrondis comme un œuf, ceux-là taillés comme une pyramide. Il y en avait qui étaient creusés à leur base comme une voûte, d'autres qui, sur leur surface plane, portaient des arcs-boutants ou de longues tiges tordues pareilles à des rameaux d'arbre. Tous étaient d'une couleur bleue limpide qui se reflétait dans les vagues, et dont les nuances délicates variaient sans cesse avec l'ombre d'un nuage ou la clarté du jour. Nous passâmes entre ces masses pesantes comme entre des écueils. Pour éviter leur choc, le timonier était à chaque instant obligé de mettre la barre à tribord ou à bâbord. Par un effet d'optique que je ne puis expliquer, le fond de la baie paraissait tout près de nous, et, à mesure que nous avancions, semblait fuir en arrière. Vers quatre heures, nous doublâmes la pointe d'une presqu'île, et nous jetâmes l'ancre dans un bassin arrondi, où tout semblait devoir nous garantir des vents. Je ne saurais dire quel profond saisissement, quel mélange de terreur et d'admiration j'éprouvai à la vue des lieux où nous allions nous installer pour plusieurs semaines. C'était là ce Spitzberg que je désirais tant voir, cette terre étrange que j'avais d'avance cherché à me représenter dans mes rêves. Mes rêves étaient au-dessous de la réalité. De tous côtés je n'apercevais que des montagnes taillées à pic qui ont fait donner à ce pays le nom de Spitzberg [1]; des cimes dentelées comme une scie, des rocs noirs et humides traversés par de larges ruisseaux de neige qui tombent du haut de la montagne comme des bandeaux d'argent, se déroulent à sa base et s'étendent au loin comme un lac; des glaciers dont les parois battues par les flots, labourées par le vent et crevassées par la chaleur, ressemblent à des remparts ouverts et sillonnés par le canon; des plateaux de neige fuyant comme une route lointaine entre les montagnes; et devant nous la mer, la mer sombre et terrible, où nul autre bruit ne résonne que le sifflement de la rafale et le bruit douloureux du goéland, cet oiseau dont le nom en langue bretonne signifie pleureur; où l'on ne voit que

---

1. Montagne pointue.

l'écume des vagues soulevées par l'orage et les blocs de glace emportés par le vent.

Sur les montagnes, on ne trouve qu'une mousse noire et humide, qui n'a point de racine dans le sol, et se détache comme une motte de terre dès qu'on y pose le pied. Dans quelque creux de vallée, parfois le botaniste découvre encore la renoncule à tête jaune, le pavot blanc, le saxifrage débile, le lichen jaune, dont la racine est entourée d'une couche de glace; l'azalea, cette fidèle fleur des montagnes, cette dernière parure des terres les plus arides, ne croit pas même ici. M. Ch. Martins a cherché vainement autour de la baie deux fleurs qui éclosent encore à Bellsound : la silène avec ses petites clochettes roses, et la dryade à huit pétales. Il a trouvé la *phipsia algida*, mais flétrie par le froid et condamnée à ne plus fleurir. Les montagnes ne sont que des rocs nus, et les plaines, des terres marécageuses sans plantes et sans verdure. Mais lorsque le vent vient à balayer la surface de la neige, on aperçoit une végétation mystérieuse qui se cache sous sa froide enveloppe : c'est la neige rouge, composée d'une multitude de petites plantes qu'on ne distingue qu'au microscope; puis la neige verte qui, d'après l'opinion d'un naturaliste, n'est qu'une transformation de la neige rouge, et dans laquelle on aperçoit des animaux infusoires qui se nourrissent de cette plante comme les animaux herbivores des plantes de la prairie.

Sur les bords de la mer, on ne voit flotter ni varechs ni goémons. La grève est triste comme la montagne, l'espace est désert. Partout la solitude et partout un silence solennel qui saisit l'âme comme un silence de mort. Parfois seulement, on aperçoit un phoque qui vient se poser sur un banc de glace, et tourne autour de lui ses grands yeux verts étonnés; parfois un dauphin blanc qui fait jaillir autour de lui des flots d'écume, puis plonge tout à coup et disparait. Il n'y a de vie que sur certains endroits de la plage et sur certaines sommités. Là est le goéland, vautour de la grève; le stercoraire, moins fort en apparence, mais plus vorace et plus courageux, qui le poursuit pour lui enlever sa proie; la jolie mouette blanche, qui, du bout de son aile, effleure à peine la vague orageuse; le guillemot aux pattes rouges et au plumage noir; le pétrel, qui semble se plaire dans le bruit de la tempête; l'eider, qui dépose sur le roc aride son précieux duvet, et la godde, dont le cri ressemble à un ricanement, comme si l'oreille de l'homme ne devait entendre ici qu'un soupir de douleur ou un rire sardonique. Le cygne, si beau à voir passer dans les plaines d'Islande, et le lagopède, habitant des neiges du Dovre, ne viennent pas jusqu'au Spitzberg. Les ours blancs sont rares : on ne les voit apparaître dans ces parages qu'en hiver; l'été ils ne s'éloignent pas des glaces. Les renards sont plus fréquents : nos compagnons de voyage en ont tué plusieurs bleus et blancs; mais ils sont beaucoup plus petits que ceux de l'Islande et du Finmark. Il y a aussi des rennes dans certaines parties du Spitzberg; on ne les rencontre pas le long des côtes; ils sont sauvages et très difficiles à approcher. Personne ne pourrait dire comment ces animaux subsistent; on ignore de quoi ils se nourrissent en été; c'est bien pis en hiver.

Dès le lendemain de notre arrivée, toutes nos embarcations sillonnaient la baie, et tous les matelots étaient en mouvement. Le maître charpentier dressait sur le bord de la presqu'île l'observatoire destiné à faire des expériences de magnétisme; un peu plus loin, le voilier posait deux tentes, l'une pour nous servir d'abri contre le mauvais temps, l'autre pour protéger les instruments. Le météorologue installait de tous côtés ses baromètres et ses thermomètres; le géologue s'armait de son marteau; le chasseur, de son fusil, et les peintres, plus occupés encore que nous tous, ne savaient pas où commencer, tant il y avait autour d'eux de points de vue nouveaux, de sites pittoresques, de scènes admirables.

Pour moi, je ne me lassais pas de contempler ce grand panorama qui se déroulait autour de nous sous un aspect si grandiose, et dont les teintes, les couleurs, les formes même, varient à chaque instant. Parfois, on ne voyait qu'un ciel sombre, ou une mer de brouillards flottant sur une autre mer. Le fond de la baie, les plateaux de neige, les cimes des montagnes, tout était inondé d'une vapeur ténébreuse, sans lumière et sans reflet. A travers cette ombre épaisse, on ne distinguait que des masses confuses, des chaines de rocs interrompus, des cimes brisées, une terre sans soleil, une nature en désordre, une image du chaos. Si dans ce moment le vent venait à ébranler les parois des montagnes de glace on entendait l'avalanche tomber avec un fracas semblable à celui du tonnerre, et ce bruit sinistre au milieu de l'obscurité, cette chute d'une masse pesante dont les éclats scintillaient dans l'ombre comme des étincelles de feu, tout portait dans l'âme une impression de terreur indéfinissable. Mais, lorsque le soleil venait à reparaitre c'était une magnifique chose que de voir sortir de la brume les montagnes avec leurs pics élancés, et les plateaux de neige sans ombre et sans tache, et les glaciers qui, en reflétant les rayons de lumière, prenaient tour à tour des teintes d'un bleu transparent comme le saphir, d'un vert pur comme l'émeraude, et brillaient de tous côtés comme les facettes d'un diamant. Vers le soir, les nuages remontaient à la surface du ciel; une ombre mélancolique s'étendait au loin. Une brise du nord ridait la surface de la mer, comme une pensée de tristesse qui tout à coup surprend et trouble un cœur paisible. Le soleil disparaissait peu à peu dans les plis ondoyants de la brume, et ne projetait plus à l'horizon qu'une lueur jaunâtre et vacillante, pareille à celle d'un cierge qui s'éteint dans la nuit. Alors l'eider cessait de se plaindre, la mouette de crier, et rien n'interrompait plus ce sombre repos du soir que le souffle de la brise courant par rafales entre les cimes des montagnes, et le retentissement des glaces flottantes que la vague ou le vent chassait l'une contre l'autre.

La presqu'île avec son observatoire, ses tentes, ses longues piques plantées en terre et garnies de thermomètres, présentait aussi un point de vue très pittoresque. De là, les peintres aimaient à dessiner la corvette avec les masses de glaces qui parfois l'entouraient comme un rempart, et parfois la voilaient jusqu'à la hauteur des bastingages. De là nous aimions à voir la pleine mer ouverte devant nous, l'entrée de la baie par laquelle nous songions à reprendre le chemin de France. Cette presqu'île est le cimetière de ceux que la mort a surpris sur cette grève désolée. Elle est parsemée de cercueils qui ont été enterrés avec soin et recouverts de quartiers de roc qui forment une sorte de tumulus. Mais le vent a renversé ces amas de pierres, la gelée a soulevé le cercueil, les planches se sont disjointes, et les ossements du mort ont été emportés par l'orage ou sont tombés en poussière dans une couche de neige et de glace. Sur chacune de ces tombes s'élève une simple croix en bois portant une inscription : une date et un nom. Quelle autre épitaphe oserait-on faire dans un lieu comme celui-ci ? Deux lettres initiales placées au revers de l'inscription sont probablement le signe modeste de celui qui creusait ce sol pour ouvrir un dernier asile à son compagnon de voyage, pour donner une sépulture à son frère. Une de ces croix, entre autres, attira mon attention. Il y avait là un nom que je connaissais, le nom d'un pêcheur hollandais dont j'avais lu l'histoire et le naufrage. En le voyant je me rappelais ce que ce malheureux avait souffert loin de son pays et loin des siens. Je rassemblai les pierres qui avaient protégé ses ossements; je les remis sur son cercueil, et, en accomplissant ce pieux devoir, j'éprouvai une émotion de tristesse que ces vers, si imparfaits qu'ils soient, exprimeront peut-être mieux que la prose.

Sur le plateau désert enfermé par cette onde,
Où la brume s'étend comme un voile de deuil,
Mon âme a palpité d'une pitié profonde,
Pauvre pêcheur du Nord, en voyant ton cercueil.

Le marchand t'avait dit : « Va sur la mer lointaine,
Explore les écueils et poursuis tour à tour
Le phoque monstrueux, le morse et la baleine;
Puis viens. Je te promets de l'or à ton retour. »

Et toi pour enrichir ton enfant et ta femme,
Tu partis, tu quittas le rivage natal,
Et chassé par le vent, et battu par la lame,
Ton navire atteignit l'océan Glacial.

Là peut-être un matin, en tressaillant de joie,
Tu vis trembler au loin de longs bancs de poissons;
Ils voguaient à fleur d'eau, facile et riche proie;
Et gaîment à l'assaut tu lançais tes harpons.

Mais un nuage noir enveloppa l'espace,
Tout soleil s'éteignit; le pilote alarmé
Criait : « Il faut partir! » Déjà les blocs de glace
Flottaient et se pressaient; le golfe était fermé.

Et l'on dut rester là, sur la lande sauvage,
Sans abri, sans espoir pendant les mois d'hiver;
Interrogeant sans fin, sous le glas de l'orage,
L'incertain crépuscule au fond d'un ciel de fer.

. . . .

Un jour tu t'endormis, l'œil terne, le front pâle,
En adressant aux tiens un triste et dernier vœu,
En murmurant le nom de la rive natale,
Et Flessingue si douce, et ta prière à Dieu.

Un pêcheur t'enterra sur la plage déserte;
Et pour que les ours blancs ne pussent arracher
Tes membres au linceul, ta tombe fut couverte
Des sables du coteau, des débris du rocher.

Repose en paix au sein du sol qui te protège,
Après ton long voyage et tes jours agités;
Mieux vaut peut-être, hélas ! dormir sous cette neige
Que sous un marbre noir au seuil de nos cités.

> Si, comme je le crois, si la mort n'est qu'un songe,
> Ton âme, en s'éveillant sur ce sol étranger,
> N'aura pas vu du moins le douloureux mensonge
> De nos larmes d'un jour, de notre deuil léger.
>
> Le flot qui se balance au vent de la tempête
> Gémit l'hymne éternel sur ton cercueil glacé;
> Et l'étranger qui passe ici, penchant la tête,
> S'attendrit sur ton sort, pauvre être délaissé!

Cette baie Magdeleine et les autres baies du nord et du sud étaient autrefois beaucoup plus fréquentées qu'elles ne le sont aujourd'hui. Au XVIIe siècle, quatre nations revendiquaient à main armée le privilège d'y venir pêcher la baleine. Pour soutenir leurs prétentions, les armateurs furent obligés de joindre à leurs bâtiments de transport des bâtiments de guerre. L'amour du gain ne connait pas de limites, et les glaciers du Spitzberg furent plus d'une fois ébranlés par les cris de guerre et les coups de canon des spéculateurs qui se disputaient l'exploitation des golfes déserts, comme ailleurs on se disputait la possession d'une province. En 1606, il s'était formé en Angleterre une société connue sous le nom de *Société moscovite*, qui avait pour but d'exploiter les contrées du Nord. Pendant plusieurs années, les bâtiments de cette société furent les seuls qui entreprirent d'aller pêcher la baleine au Spitzberg. Quand les Hollandais voulurent essayer la même spéculation, les Anglais s'y opposèrent et leur prirent plusieurs bâtiments. En 1613, la compagnie moscovite reçut de Jacques Ier un privilège qui lui accordait le droit de pêche absolu dans les mers polaires et en excluait les autres nations. Elle arma sept bâtiments de guerre, chassa des baies du Spitzberg les Hollandais, les Français, les Biscayens, et fit ériger sur la côte une croix portant le nom de l'Angleterre et celui du roi. Dès ce jour, elle changea le nom du Spitzberg et l'appela *la nouvelle terre du roi Jacques* (*king James new land*). En 1614, elle envoya treize navires sur ces côtes, dont elle s'était attribué la possession exclusive; mais les Hollandais y arrivèrent avec quatorze bâtiments de pêche, quatre bâtiments de guerre, et effrayèrent leurs concurrents. L'année suivante, nouveaux armements et nouvelle contestation. Le Danemark se mêla aussi à cette guerre; il envoya trois bâtiments dans le Nord pour faire payer un péage aux Anglais, qui s'y refusèrent énergiquement. La lutte dura jusqu'en 1617. Enfin les partis rivaux firent un traité de paix et se partagèrent l'océan Glacial. Les Anglais, dans ce contrat, obtinrent la part la plus large; leur domaine s'étendait de Bellsound jusqu'à la baie Magdeleine. Les Hollandais occupaient l'île d'Amsterdam, la baie de Hollande et deux autres baies. Les Danois, les Hambourgeois, étaient placés entre les Anglais et les Hollandais. Les Français et les Espagnols devaient aller stationner au nord dans la baie de Biscaye. La pêche était très abondante; toutes ces grèves, aujourd'hui si mornes, si délaissées, offraient alors un singulier mouvement d'hommes, d'embarcations, de navires. Un historien raconte qu'en 1697 il arriva dans le district des Hollandais cent quatre-vingt-huit navires qui, dans un très court espace de temps, avaient pris dix-neuf cent cinquante baleines. Dans le commencement de ces expéditions, les pêcheurs emportaient avec eux les baleines presque tout entières, ce qui leur faisait un chargement considérable et en grande partie inutile. Plus tard ils établirent à terre des chaudières pour fondre la graisse, et alors ils ne mirent plus sur leurs bâtiments que les tonnes d'huile et les parties de la baleine qui avaient une valeur réelle. Les Hollandais, séduits par les bénéfices considérables de cette pêche, avaient envie, sinon de coloniser le Spitzberg, au moins d'y former une station durable. En 1633, sept hommes entreprirent de passer l'hiver dans cette froide contrée, et surmontèrent heureusement les dangers, les souffrances, auxquels ils s'étaient dévoués pendant dix longs mois.

L'année suivante, sept autres Hollandais, encouragés par leur exemple, voulurent braver les mêmes périls, mais ils furent tous victimes de leur témérité. Le 20 octobre, le soleil disparut complètement à leurs yeux. Un mois après, ils commencèrent à ressentir une première atteinte de scorbut, et le mal alla toujours en augmentant. Le 24 janvier, l'un d'eux succomba dans de violentes douleurs; un autre ne tarda pas à le suivre, puis un troisième. Ils voyaient alors fréquemment des ours blancs; mais ils étaient déjà trop exténués pour sortir de leur cabane et engager une lutte avec ces animaux voraces. Leurs gencives s'enflaient sans cesse, et bientôt leurs dents tremblantes ne leur permirent plus de manger du biscuit. Le 24 février, ils revirent une faible lueur de soleil. Le 26, ils cessèrent d'écrire leur journal. Celui qui le rédigeait traça d'une main vacillante ces dernières lignes : « Nous sommes encore quatre ici couchés dans notre cabane, si faibles et si malades que nous ne pouvons nous aider l'un l'autre. Nous prions le bon Dieu de venir à notre secours, et de nous enlever de ce monde de douleurs où nous n'avons plus la force de vivre. »

Les Hollandais qui arrivèrent au Spitzberg en été trouvèrent la cabane de leurs malheureux compagnons fermée en dedans, sans doute pour empêcher les ours et les renards d'y entrer. Deux de ces pauvres aventuriers étaient étendus dans leur lit; deux autres avaient cherché à se rapprocher : ils étaient couchés sur de vieilles toiles, et leurs genoux touchaient presque leur menton. A côté d'eux était une carcasse de chien rongée jusqu'aux os, et la moitié d'un autre qu'ils avaient eu sans doute le dessein de faire cuire.

Un demi-siècle plus tard, on attachait déjà beaucoup moins d'importance à ces projets de colonisation, car les baleines devenaient d'année en année plus rares, et les armateurs, par conséquent, moins empressés à envoyer des bâtiments dans ces lointains parages. Les

Anglais continuèrent plus longtemps que les autres cette pêche à laquelle ils avaient attaché tant de prix. Scoresby était encore au Spitzberg en 1818 et 1822. Il est heureux pour la science qu'il ait entrepris ces expéditions. Son récit de voyage est l'un des meilleurs livres qui existent sur la nature et les principaux phénomènes des mers polaires. Après lui, on n'a plus vu au Spitzberg que deux ou trois bâtiments anglais, dont les recherches infructueuses achevèrent de décourager ceux qui déjà n'équipaient plus, sans de grandes hésitations, un navire pour ces contrées. Maintenant la baleine *mysticetus*, que l'on venait autrefois chercher ici, a complètement disparu des baies du Spitzberg. On ne trouve que la baleine *boops*, si difficile à harponner que les pêcheurs n'essayent pas même de la poursuivre.

Les Russes, qui, depuis le commencement du XVIIe siècle, venaient avec de petits navires poursuivre sur ces côtes le phoque, le dauphin blanc, et surtout le morse, continuèrent leurs explorations, et il y a une vingtaine d'années que les marchands de Finmark et du nord de la Norvège ont entrepris la même pêche, qui alors était très facile et très abondante. Les navires faisaient parfois deux voyages dans un seul été, et revenaient avec un chargement complet ; mais cette pêche commence à devenir aussi très précaire et souvent très infructueuse. Les morses ont pris une autre direction ; il faut aller les chercher le long des bancs de glace, tantôt à l'est, tantôt à l'ouest, et souvent on ne les trouve pas. Les navires employés à ces expéditions portent ordinairement deux canots et dix à douze hommes. Quand le navire est au mouillage, le capitaine et le cuisinier restent à bord. Les hommes vont dans les canots à la recherche des morses, avec des provisions pour un jour ou deux ; ils doivent être prêts à rallier le bâtiment dès que la brume menace de les envelopper, ou dès qu'ils peuvent pressentir l'approche d'un orage.

Les navires de Hammerfest destinés à la pêche du morse partent au mois de mai, quelquefois au mois d'avril, et ne reviennent qu'en septembre. Peu de jours se passent dans ces deux traversées sans qu'ils aient à lutter contre le vent, l'orage, le froid ou la neige. Pour toutes provisions, ils n'emportent que de la viande salée, du biscuit noir et de l'eau-de-vie de grain. Quelquefois ils se font, comme les Russes, une boisson avec de l'eau et de la farine fermentée; le plus souvent, ils ne boivent que de l'eau. Leur voyage à travers les glaces flottantes est souvent dangereux; leur pêche ne l'est guère moins. Le morse harponné lutte encore avec vigueur contre ceux qui cherchent à l'égorger; plus d'une barque a été rudement ébranlée par ses fortes secousses, et plus d'un pêcheur en a été victime. Les pauvres Norvégiens bravent tous ces périls, supportent toutes ces fatigues pour le salaire le plus minime. Quand un bâtiment revient de son expédition au Nord, le marchand qui l'a équipé prend les deux tiers de la pêche; l'autre tiers se partage entre le capitaine et les matelots. Dans les dernières années, cette part était si misérable que nul pêcheur ne voulait plus, à ce prix, s'exposer aux dangers d'un voyage au Spitzberg. Les marchands ont fait un autre contrat : ils donnent au matelot une solde fixe, vingt, vingt-cinq ou trente francs par mois. Ils prennent pour eux les cinq sixièmes de la pêche; le reste est pour l'équipage. Malgré ces nouveaux arrangements, les pêcheurs ne font souvent qu'une mauvaise campagne, et les marchands, avec l'édredon, les morses et les phoques, les peaux d'ours et de renard recueillis sur leur navire, éprouvent souvent un déficit considérable; aussi le nombre des bâtiments destinés à la pêche du morse diminue-t-il sans cesse. En 1830, il y avait encore sur les côtes du Spitzberg des bâtiments de Vardö, Drontheim, Hammerfest, Bergen, Copenhague, Flensbourg. Cette année, il ne s'y est trouvé que quatre petits bâtiments de Hammerfest, deux de Bornholm, et quatre de Copenhague.

Les Russes y viennent toujours en assez grand nombre ; ils partent d'Archangel au mois de juillet, avec de lourds bâtiments qui ne peuvent manœuvrer entre les glaces. Pour pouvoir pêcher avec quelque chance de succès, ils sont obligés de rester tout l'hiver dans la baie qu'ils ont choisie, et chaque année plusieurs d'entre eux succombent à cette téméraire entreprise. En 1837, il est mort vingt-deux Russes au cap Sud. En 1838, un équipage de dix-huit hommes s'arrêta aux Mille-Iles. Six mois après, leur cabane était silencieuse et leur bâtiment désert : ces dix-huit hommes avaient cessé de vivre.

L'histoire de toutes ces côtes du Spitzberg est une douloureuse page dans les annales des voyages maritimes. Combien de navires ont été tout à coup surpris par les glaces et arrêtés au milieu de l'Océan pendant l'hiver! combien de catastrophes terribles dont nous savons à peine quelques détails! Combien de courageux matelots qui s'éloignaient de leur pays avec l'espoir d'y revenir un jour plus riches et plus heureux, et qui ont été emportés par les flots, ou ensevelis par un compagnon fidèle sur ces plages glacées!

En 1743, un marchand russe de Mesen équipa pour le Spitzberg un bâtiment monté par quatorze hommes. Ils se dirigèrent vers l'est et pénétrèrent jusqu'au delà du 77° degré de latitude. Là ils furent tellement cernés par les glaces, qu'ils perdirent tout espoir de franchir cette barrière avant la fin de l'hiver. Quatre d'entre eux prirent une embarcation pour explorer la côte, trouvèrent une cabane et y passèrent la nuit. Pendant ce temps le navire fut écrasé par les glaces ; les quatre matelots, en s'éveillant, n'en virent plus aucun vestige. Mais leur destinée n'était guère moins effrayante que celle de leurs compagnons : ils n'avaient de provisions que pour un jour ou deux ; ils n'avaient pour toutes armes qu'un couteau, une hache, un fusil, de la poudre pour douze coups, et pour ustensiles une chaudière et un briquet. Avec ces tristes ressources, isolés comme ils l'étaient sur une île lointaine, condamnés à passer l'hiver au milieu des glaces, ils ne pouvaient s'attendre qu'aux souffrances les plus cruelles et à la mort. Cependant ils ne se laissèrent pas décourager : ils commencèrent par enlever la neige de la cabane qui devait leur servir de refuge. Avec leurs douze coups de fusil ils tuèrent douze rennes; avec les débris d'un navire, dispersés sur la côte, ils se fabriquèrent les meubles les plus nécessaires. Ils eurent le bonheur de tuer un ours, prirent ses nerfs pour en faire une corde, et se façonnèrent un arc. Dès que leurs provisions commençaient à diminuer, ils allaient à la chasse du renne, du renard et de l'ours. La chair de l'ours était une de leurs friandises; pour se préserver du scorbut, ils la mangeaient crue, buvaient du sang de renne tout chaud, et faisaient une ample consommation de cochléaria. Après six années passées dans cet abandon, ils aperçurent enfin un navire, et, par bonheur, c'était un navire russe qui se dirigea vers eux aux signaux qu'ils lui firent, et les reconduisit à Archangel.

En 1835 il arriva aux Mille-Iles, sur la côte méridionale du Spitzberg, un événement qui a de l'analogie avec celui que nous venons de raconter. Quatre matelots norvégiens furent envoyés à terre pour explorer le fond d'une baie. A peine avaient-ils fait un ou deux milles, qu'ils se trouvèrent surpris par une de ces brumes subites qui semblent s'élever du sein de la mer et voilent en un instant le ciel et les flots. Hors d'état de regagner le navire ou d'arriver dans la baie vers laquelle ils se dirigeaient, ils se laissèrent guider par le bruit de la lame tombant sur un banc de rochers et atteignirent heureusement une petite île. Deux jours après, la brume s'étant éclaircie, ils se préparèrent à joindre le navire; mais bientôt le brouillard trompa de nouveau leur attente. Dépourvus d'instruments et ne sachant de quel côté se diriger, ils s'abandonnèrent à la Providence, et parvinrent encore à aborder dans une île. Le lendemain, à leur grande joie, ils aperçoivent le navire à une distance de quelques milles; ils courent à la hâte dans leur bateau et se mettent à ramer; lorsque le vent se lève, le navire part et disparait à leurs yeux. Le soir, les malheureux, épuisés de faim, accablés de fatigue, sont obligés de relâcher sur une côte. Pendant la nuit, un orage violent éclate, et le navire s'éloigne. Deux jours après, cependant, ils allaient d'île en île, cherchant s'ils ne le découvriraient pas; mais tout fut inutile. Ils revinrent sur une côte où ils avaient trouvé trois cabanes, et résolurent de s'y installer pendant l'hiver. Jusque-là ils n'avaient vécu que de chair de morse abandonnée sur la grève. Un jour même ils en étaient venus à regretter cette nourriture corrompue, car ils n'avaient trouvé pour tout aliment que du cochléaria. Ils parvinrent enfin à surprendre quelques morses vivants, et éprouvèrent une singulière jouissance à manger cette chair fraîche. Un matin ils étaient allés à la pêche avec leur bateau, et le sort les avait favorisés : ils avaient tué plusieurs morses et se préparaient à regagner leur cabane. En ce moment, les glaçons flottants, qui s'étaient rapprochés peu à peu, se rejoignirent et leur fermèrent le passage. Ils ne voyaient devant eux qu'une masse de glace compacte, et leur île dans le lointain. Ils eussent pu l'atteindre en abandonnant leur bateau et leur pêche; mais c'était là une perte à laquelle ils n'avaient pas la force de se résoudre. L'idée leur vint qu'un coup de vent pourrait bien ouvrir le passage qu'un coup de vent avait fermé. Dans cet espoir, ils tirèrent leur bateau, leurs morses sur la glace, et attendirent. Ils restèrent là deux jours, courant de long en large pour se réchauffer, et souffrant horriblement du froid et des tourbillons de neige que le vent chassait contre eux. A la fin, ne pouvant plus se tenir debout, ils se couchèrent sur la glace, hors d'état de faire la moindre tentative pour se sauver, et résignés à mourir. Au moment où ils s'abandonnaient ainsi à leur désespoir, ils sentirent que les glaces commençaient à se mouvoir; bientôt ils les virent se fendre, s'écarter; ils remirent leur barque à flot et regagnèrent leur demeure.

Ces matelots avaient été abandonnés au mois de septembre. Au commencement de novembre, la mer fut envahie par les glaces, et l'hiver leur apparut dans toute sa rigueur. Ils se firent une lampe avec le fond d'une bouteille; la graisse de morse leur servait d'huile, et une corde leur servait de mèche. Ils firent des aiguilles avec de vieux clous, du fil avec des bouts de câble, et se façonnèrent des vêtements avec des peaux d'animaux. Après avoir ainsi pourvu aux premières nécessités de la vie, ils cherchèrent un moyen de se distraire, car les heures leur semblaient horriblement longues. Ils fabriquèrent des cartes avec des planchettes, sur lesquelles ils gravaient un signe de convention; et, chose étrange! dans leur délaissement, dans leur misère, ils se passionnaient tellement en jouant avec ces planchettes, qu'ils en venaient parfois à se battre.

Au commencement de décembre, l'un d'eux fut attaqué du scorbut et mourut trois semaines après. Il était d'une nature indolente, et ses camarades n'avaient pu réussir à lui faire prendre l'exercice nécessaire dans ces régions boréales. Les ours blancs avaient commencé à se montrer au mois d'octobre. Au milieu de l'hiver, les Norvégiens les virent venir fréquemment jusqu'à la porte de leur cabane, et en tuèrent plusieurs à coups de lance. Un jour ils en dépecèrent un, et mangèrent son foie avec avidité. Le lendemain ils ressentirent de violents maux de tête, puis une profonde lassitude, et tous leurs membres se pelèrent. Au mois d'avril, ils tuèrent leur dernier ours. Il n'y avait plus autour d'eux ni monstres marins ni oiseaux, et bientôt ils furent tellement dépourvus de provisions, qu'ils en étaient réduits à mâcher des peaux de morse. Le 20 juin, ils aperçurent à une longue distance un bâtiment qui se dirigeait de leur côté. Le 22, ils n'en étaient plus qu'à six milles. Ils courent à leur barque et arrivèrent à bord du navire, commandé par le capitaine Eschelds, d'Altona, qui s'empressa de leur donner les secours dont ils avaient besoin dans leur déplorable situation. Quelques jours après, ils montèrent sur un autre navire, commandé par un capitaine de Vardö, et retournèrent avec lui en Finmark, où on les croyait à jamais perdus. Ils rapportaient, comme souvenir de leur séjour au Spitzberg, les cartes en bois qui leur avaient donné de si violentes émotions, et racontèrent leur hivernage au pasteur Aal, qui a bien voulu me transmettre leur récit.

Je n'en finirais pas si je voulais redire les scènes douloureuses, les événements sinistres dont ces côtes du Spitzberg ont été le théâtre : le signe de la souffrance, les vestiges de la mort sont encore là. Dans toutes les baies où nous avons posé le pied, nous avons trouvé le sol creusé par la bêche du fossoyeur, le cercueil et la croix de bois. On rencontre surtout un grand nombre de ces tombes sur un des versants de l'île d'Amsterdam; cette terre est la terre des morts, les vivants l'ont abandonnée, les morts seuls sont restés. Il est triste d'errer à travers ces tumulus de pierre renversés par l'orage, ces cercueils usés par le temps sur cette côte que nul soleil n'égaye, que nulle fleur ne décore, au bord de cette mer où le son lugubre de la rafale, le gémissement de la vague, ressemblent à un éternel chant de funérailles. Mais plus triste encore est l'aspect d'une autre grève où nous arrivâmes un soir, à la fin d'une de nos excursions : c'est à la pointe nord-ouest du Spitzberg. Là on ne trouve point de tombe, les pêcheurs n'ont pas séjourné si loin; là il n'y a plus de traces humaines, et presque plus aucune trace de vie; les montagnes, la grève, sont également nues. Le botaniste, après avoir parcouru les pics de roc et les vallées, s'en revint sans avoir pu même trouver une de ces fleurs débiles qui éclosent encore auprès de la baie Magdeleine, et le chasseur parcourut toute la grève sans voir un oiseau. Tandis que mes compagnons poursuivaient de côté et d'autre leurs explorations, je m'assis, avec un indicible sentiment de mélancolie, sur un bloc de granit au bord de la mer; je ne voyais plus devant moi que l'immense espace des flots, coupé par les trois îles de Cloven Cliff, Fuglesang et Norway. L'Océan était sombre et immobile; le ciel chargé çà et là de quelques nuages lourds, et de tous côtés couvert d'un voile brumeux; seulement, sur un des points de l'horizon on distinguait une lueur blanchâtre qui se déroulait sous les nuages comme un ruban d'argent : c'était le reflet des glaces éternelles. J'étais seul alors au milieu de la solitude immense; nul bruit ne frappait mon oreille, nulle voix ne venait m'interrompre dans mon rêve. Les rumeurs de la cité, les passions du monde étaient bien loin. Mon pied foulait une des extrémités de la terre, et devant moi il n'y avait plus que les flots de l'Océan et les glaces du pôle. Non, je ne saurais exprimer toute la tristesse, toute la solennité de l'isolement dans un tel lieu, tout ce que l'âme, ainsi livrée à elle-même et planant dans l'espace, conçoit en un instant d'idées ardentes et d'impressions ineffaçables. Si dans ce moment j'ai désiré tenir entre mes mains la lyre du poète, ce n'était qu'un vœu fugitif. J'ai courbé le front sous le sentiment de mon impuissance, et ma bouche n'a murmuré que l'humble invocation du chrétien.

FIN

TABLE DES MATIÈRES

Préface de la première édition.................................... v

Le Mecklembourg : Aspect du pays. — Schwerin. — Ludwigslust. — Mœurs des paysans. — Traditions populaires. — Histoire et mythologie...................... 1

Hambourg : Panorama de la ville. — Histoire. — Esprit des habitants. — La côte de Holstein. — La tombe de Klopstock.. 43

Lubeck : Histoire primitive. — La cathédrale. — La danse des morts. — Overbeck.................................. 53

Kiel : Le bateau à vapeur. — Traditions de la mer Baltique.. 69

Copenhague : Histoire. — Monuments. — La place royale. — La belle Dyveke. — L'Oestergade. — Les titres honorifiques.. 80

Établissements littéraires de Copenhague : Université. — Bibliothèque. — Schumacher, comte de Griffenfeld. — Musées. — Thorvaldsen.................................. 95

Paysages danois : Le parc. — Elseneur. — Le tombeau d'Hamlet. — Roeskilde. — L'évêque Absalon. — L'académie de Sorö. — Le château des Fredensborg. — Frédériksborg. — Chrétien IV. — Mathilde et Struensée...... 117

Aspect de la Suède : Manière de voyager. — Beauté du pays. — Coutumes suédoises. — Tableau d'hiver........ 142

Les mines de Danemora et Fahlun........................ 157

Skokloster : Le Mälar. — Histoire du château. — La famille Brahe. — Ebba Brahe et Gustave-Adolphe. — La bergère du Nord.. 167

TABLE DES MATIÈRES.

STOCKHOLM : Tableau de la ville. — Histoire. — Monuments. — Mœurs des habitants. — Les Kalas. — L'exposition des fiancées... 184

UNIVERSITÉS SUÉDOISES : Lund. — La cathédrale. — Organisation universitaire. — Excursion champêtre. — Upsal. — Anciennes traditions. — La cathédrale. — Les professeurs. — La bibliothèque................................ 201

CHRISTIANIA : Situation de la ville. — Maisons de campagne. — L'Université. — Le Storthing....................... 224

LE DOVRE FIELD : Les bords du Miössen. — Lille-Hammer. — Le Guldbrandsdal. — Église de Quam. — Le colonel Sainclair. — Jerkind. — Le Snähatten. — L'aubergiste de Jerkind. — Traversée des montagnes. — Nouveaux aspects. Traditions populaires........................ 236

DRONTHEIM : Tableau du soir. — Saint Olaf. — La cathédrale. — Munkholm. — La Munkgade. — Caractère des habitants... 266

SANDTORV : Le bateau à vapeur du Nord. — Les îles de roc. — Bodö. — La pêcherie de Lofodden. — La demeure du marchand... 282

TROMSÖ : Origine de la ville. — Assemblée de Lapons. — Aridité du pays. — Théâtre de société. — Excursion à Alten. — Les mines de Kaafiord. — Voyage en bateau. — La cabane du pêcheur. — Visite à une famille laponne. 298

HAMMERFEST : Mouvement commercial. — Le Tyvefield. — Rigueur du climat. — Hvalsund. — La fiancée laponne. — Ole Olessen. — Ryppefiord. — La vieille laponne. — La prière du prêtre.................................. 314

LE CAP NORD : Aspect des îles du Nord. — Magerö. — Mme Kielsberg. — Ascension au cap Nord. — Retour à Magerö. — Le marchand de Havsund................. 333

BOSSEKOP : Départ de Hammerfest. — Habitations de Bossekop. — Altengaard. — Raipass...................... 346

LAPONIE : Voyages dans les montagnes. — Le bivouac. — Contes lapons. — Les marais et le désert. — Le troupeau de rennes. — Kautokeino. — Suwajervi.......... 356

KARESUANDO : Le prêtre. — Le missionnaire. — Descente du Muonio. — Les cascades. — La Finlande. — Muonioniska. — Mœurs des Finlandais. — L'Eyanpaïkka. — Kengisbruk. — La maison de M. Ekström. — Mattarengi... 376

HAPARANDA : Accroissement progressif — Décadence de Torneå. — Paysage. — Caractère des Nordlandais. —

Les Nybyggare. — La société des Lecteurs. — Umeå. — Le pasteur Grafström.................................... 399

Les Féröe : Départ du Hâvre. — Le pilote des iles. — La capitale des Féröe. — L'hôpital de Thorshavn. — Troupeaux de moutons. — Chasse dans les montagnes. — Pêche du dauphin. — Kirkebo. — Costume des habitants. — Contes et superstitions. — La danse nationale. — Monopole du commerce............................ 417

Beeren-Eiland. — Le Spitzberg : Découverte de Barentz. — Aspect de Beeren-Eiland ou ile Cherry. — Voyage dans la mer Glaciale. — L'île du Prince-Charles. — La baie Magdeleine. — Tableau du Spitzberg. — La tombe du pêcheur. — La pêche de la baleine. — Essai d'installation au Spitzberg. — Mort de sept Hollandais. — Persévérance des Russes. — Hivernage de quatre Norvégiens. — Ile d'Amsterdam. — La dernière pointe du Spitzberg....... 447

FIN DE LA TABLE DES MATIÈRES.

Coulommiers. — Imp. Paul BRODARD.

LIBRAIRIE HACHETTE ET Cie
BOULEVARD SAINT-GERMAIN, 79, A PARIS

1890
ROMANS, NOUVELLES
ŒUVRES DIVERSES
Format in-16.

1re SÉRIE, A 3 FR. 50 LE VOLUME

About (Edm.) : Alsace (1871-1872);
6e édition. 1 vol.
— *La Grèce contemporaine*; 9e édit.
1 vol.
— *Le progrès*; 4e édit. 1 vol.
— *Le turco. — Le bal des artistes. — Le poivre. — L'ouverture au château. — Tout Paris. — La chambre d'ami. — Chasse allemande. — L'inspection générale. — Les cinq perles*;
5e édit. 1 vol.
— *Madelon*; 10e édit. 1 vol.
— *Théâtre impossible*; 2e édit. 1 vol.
— *L'ABC du travailleur*; 5e édit. 1 vol.
— *Les mariages de province*; 7e édit.
1 vol.
— *La vieille roche* :
  1re partie : *Le mari imprévu*; 5e édit.
  1 vol.
  2e partie : *Les vacances de la comtesse*; 4e édit. 1 vol.
  3e partie : *Le marquis de Lanrose*;
  3e édit. 1 vol.
— *Le fellah*; 4e édit. 1 vol.
— *L'infâme*; 3e édit. 1 vol.
— *Le roman d'un brave homme*;
40e mille. 1 vol.
— *De Pontoise à Stamboul. — Le grain de plomb. — Dans les ruines. — Les œufs de Pâques. — Le jardin de mon grand-père. — Au petit Trianon. — Quatre discours.* 1 vol.
Amicis (de) : *Souvenirs de Paris et de Londres*, traduit de l'italien par Mme J. Colomb. 1 vol.
Barine (Arvède) : *Portraits de femmes* (Mme Carlyle. — George Eliot. — Une détraquée. — Un couvent de femmes en Italie au XVIe siècle. — Psychologie d'une sainte).
  Ouvrage couronné par l'Académie française.
— *Essais et fantaisies*. 1 vol.

Bertin. *La Société du Consulat et de l'Empire.*
Cherbuliez (V.), de l'Académie française : *Le comte Kostia*; 12e édit. 1 v.
— *Prosper Randoce*; 4e édit. 1 vol.
— *Paule Méré*; 6e édit. 1 vol.
— *Le roman d'une honnête femme*;
11e édit. 1 vol.
— *Le grand œuvre*; 3e édit. 1 vol.
— *L'aventure de Ladislas Bolski*; 7e éd.
1 vol.
— *La revanche de Joseph Noirel*;
4e édit. 1 vol.
— *Meta Holdenis*; 6e édit. 1 vol.
— *Miss Rovell*; 9e édit. 1 vol.
— *Le fiancé de Mlle Saint-Maur*; 5e éd.
1 vol.
— *Samuel Brohl et Cie*; 6e édit. 1 vol.
— *L'idée de Jean Téterol*; 6e édit. 1 vol.
— *Olivier Maugant*; 6e édit. 1 vol.
— *Amours fragiles*; 3e édit. 1 vol.
— *Noirs et Rouges*; 7e édit. 1 vol.
— *La ferme du Choquard*; 8e édit. 1 v.
— *La bête*; 7e édit. 1 vol.
— *La vocation du comte Ghislain*;
6e édit. 1 vol.
— *Une gageure.* 1 vol.
— *Profils étrangers*; 2e édit. 1 vol.
— *L'Espagne politique* (1868-1873). 1 v.
— *Études de littérature et d'art.* 1 vol.
Du Camp (M.), de l'Académie française : *Paris, ses organes, ses fonctions, sa vie*; 7e édit. 6 vol.
— *Les convulsions de Paris*; 6e édit.
4 vol.
— *La charité privée à Paris*; 3e édit.
1 vol.
— *La croix rouge de France.* 1 vol.
Duruy (G.) : *Andrée*; 9e mille. 1 vol.
— *Le garde du corps*; 9e mille. 1 vol.
— *L'unisson*. 12e mille. 1 vol.
— *Victoire d'âme.* 7e mille. 1 vol.

Mars.

Énault (L.) : *Le châtiment*; 2ᵉ édit. 1 vol.
— *Valneige*; 2ᵉ édit. 1 vol.
— *Le château des anges*. 1 vol.
Ferry (G.) : *Le coureur des bois*; 10ᵉ éd. 2 vol.
— *Costal l'Indien*; 4ᵉ édit. 1 vol.
Filon (A.) : *Amours anglais*. 1 vol.
— *Contes du centenaire*. 1 vol.
Goumy (E.) : *La France du centenaire*. 1 vol.
Grad (F.) : *Le peuple allemand*. 1 vol.
Houssaye (A.) : *Le violon de Franjolé*. 1 vol.
— *Voyages humoristiques*. 1 vol.
Kœcklin-Schwartz : *Un touriste en Laponie*. 1 vol.
Larchey (Lorédan) : *Les cahiers du capitaine Coignet* (1799-1815), publiés d'après le manuscrit original; nouvelle édition. 1 vol.
Lemaitre : *La comédie après Molière et le théâtre de Dancourt*. 1 vol.
Marbeau (E.) : *Slaves et Teutons*, notes et impressions de voyage. 1 vol.
Marmier (X.), de l'Académie française : *En Alsace*. 1 vol.
— *Gazida*, fiction et réalité. 1 vol.
  Ouvrage couronné par l'Académie française.
— *Hélène et Suzanne*. 1 vol.
— *Le roman d'un héritier*; 2ᵉ édit. 1 vol.
— *Les fiancés du Spitzberg*; 4ᵉ édit. 1 vol.
  Ouvrage couronné par l'Académie française.
— *Lettres sur le Nord*; 5ᵉ édit. 1 vol.
— *Mémoires d'un orphelin*. 1 vol.
— *Sous les sapins*, nouvelles du Nord. 1 vol.
— *De l'est à l'ouest*. 1 vol.
— *Les voyages de Nils à la recherche de l'idéal*. 1 vol.
— *Robert Bruce*; comment on reconquiert un royaume; 2ᵉ édit. 1 vol.
— *Les âmes en peine*, contes d'un voyageur. 1 vol.
— *En pays lointains*. 1 vol.
— *Les hasards de la vie*; 2ᵉ édit. 1 vol.

Marmier (suite) : *Un été au bord de la Baltique*; 2ᵉ édit. 1 vol.
— *Histoire d'un pauvre musicien*. 1 vol.
— *Nouveaux récits de voyage*. 1 vol.
— *Contes populaires de différents pays*, recueillis et traduits. 2 vol.
— *Nouvelles du Nord*. 1 vol.
— *Légendes des plantes et des oiseaux*. 1 vol.
— *A la maison*. 1 vol.
— *A la ville et à la campagne*. 1 vol.
— *Passé et Présent*. 1 vol.
— *Voyages et littérature*. 1 vol.
— *A travers les tropiques*. 1 vol.
Mézières (A.), de l'Académie française : *Hors de France*. 1 vol.
— *En France*. 1 vol.
Michelet (J.) : *L'insecte*; 10ᵉ édit. 1 vol.
— *L'oiseau*; 15ᵉ édit. 1 vol.
Millet (P.) : *La France provinciale*. Vie sociale. — Mœurs administratives. 1 v.
Mistral : *Mireille*, poème provençal, traduit en vers français, par E. Rigaud, avec le texte en regard. 1 vol.
Poradowska (Mᵐᵉ). *Demoiselle Micia*. 1 vol.
Ralston : *Contes populaires de la Russie*. 1 vol.
Saintine (X.-B.) : *Le chemin des écoliers*; 4ᵉ édit. 1 vol.
— *Picciola*; 51ᵉ édit. 1 vol.
— *Seul!* 6ᵉ édit. 1 vol.
Topffer (R.) : *Nouvelles genevoises*. 1 v.
— *Rosa et Gertrude*. 1 vol.
— *Le presbytère*. 1 vol.
— *Réflexions et menus propos d'un peintre genevois, ou Essai sur le beau dans les arts*. 1 vol.
Valbert : *Hommes et choses d'Allemagne*. 1 vol.
— *Hommes et choses du temps présent*. 1 vol.
Verconsin : *Saynètes et comédies*. 2 vol.
Wey (Fr.) : *Chronique du siège de Paris* (1870-1871). 1 vol.
— *Les Anglais chez eux*; 7ᵉ édit. 1 vol.
— *Petits romans*. 1 vol.

2ᵉ SÉRIE, A 3 FR. LE VOLUME

Deltuf (P.) : *L'ordonnance de non-lieu*. 1 vol.
Erckmann-Chatrian : *L'ami Fritz*; 10ᵉ édition. 1 vol.
Tolstoï (comte) : *La guerre et la paix* (1805-1820). Roman historique traduit par une Russe; 5ᵉ édit. 3 vol.

Tolstoï (comte) (suite) : *Anna Karénine*. Roman traduit du russe; 5ᵉ édit. 2 vol.
— *Les Cosaques. — Souvenirs du siège de Sébastopol*, traduit du russe; 2ᵉ édit. 1 vol.
— *Souvenirs*. 1 vol.

COLLECTIONS A 2 FR. ET 1 FR. 25 LE VOLUME

3° SÉRIE, A 2 FR. LE VOLUME

About (Edm.) : *Germaine*; 60° mille. 1 vol.
— *Le roi des montagnes*; 72° mille. 1 v.
— *Les mariages de Paris*; 80° mille. 1 v.
— *L'homme à l'oreille cassée*; 43° mille. 1 vol.
— *Maître Pierre*; 10° édit. 1 vol.
— *Tolla*; 50° mille. 1 vol.
— *Trente et quarante. — Sans dot. — Les parents de Bernard*; 44° mille. 1 vol.
Bombonnel (C.) : *Le tueur de panthères*; 4° édit. 1 vol.

Énault (L.) : *Histoire d'amour*. 1 vol.
Erckmann-Chatrian : *Contes fantastiques*; 4° édit. 1 vol.
Gérard (J.) : *Le tueur de lions*; 12° édit. 1 vol.
Joliet (Ch.) : *Mille jeux d'esprit*; 2° édit. 1 vol.
Méry : *Contes et nouvelles*; 2° édit. 1 vol.
Wey (Francis) : *Trop heureux*. 1 vol.
Zaccone : *Nouveau langage des fleurs*, avec 12 gravures en couleurs. 1 vol.

4° SÉRIE, A 1 FR. 25 LE VOLUME

Achard (A.) : *Les vocations*. 1 vol.
— *La chasse à l'idéal*. 1 vol.
— *Le journal d'une héritière*; 2° édit. 1 vol.
— *Les chaînes de fer*. 1 vol.
— *Les fourches caudines*. 1 vol.
— *Maxence Humbert*. 1 vol.
— *Le serment d'Hedwige. — Madame de Mailhac*. 1 vol.
— *Olympe de Mézières. — Le mari de Delphine*. 1 vol.
— *Yerta Slovoda*. 1 vol.
Ancelot (Mme) : *Antonia Vernon*. 1 vol.
Araquy (E. d') : *Galienne*. 1 vol.
Arnould (A.) : *Les trois poètes*. 1 vol.
Bernardin de Saint-Pierre : *Paul et Virginie*. 1 vol.
Berthet (Élie) : *Les houilleurs de Polignies*; 4° édit. 1 vol.
Bertrand (L.) : *Au fond de mon carnier*. 1 vol.
Chapus (E.) : *Le turf*; 2° édit. 1 vol.
Deschanel : *Physiologie des écrivains et des artistes, ou Essai de critique naturelle*. 1 vol.
Énault (L.) : *Christine*; 10° édit. 1 vol.
— *Pêle-Mêle, nouvelles*; 2° édit. 1 vol.
— *Histoire d'une femme*; 6° édit. 2 vol.
— *Alba*; 7° édit. 1 vol.
— *Hermine*; 7° édit. 1 vol.
— *En province*; 2° édit. 1 vol.
— *Olga*; 3° édit. 1 vol.
— *Un drame intime*; 2° édit. 1 vol.
— *Le roman d'une veuve*; 4° édit. 1 vol.
— *La pupille de la Légion d'honneur*; 3° édit. 2 vol.
— *La destinée*; 3° édit. 1 vol.
— *Le baptême du sang*; 2° édit. 2 vol.

Énault (L.) (suite) : *Le secret de la confession*; 3° édit. 2 vol.
— *Irène*. 1 vol.
— *La veuve*; 2° édit. 1 vol.
— *L'amour et la guerre*. 2 vol.
— *L'amour en voyage*; 5° édit. 1 vol.
— *Nadège*; 6° édit. 1 vol.
— *Stella*; 5° édition. 1 vol.
— *Un amour en Laponie*; 2° édit. 1 vol.
— *La vierge du Liban*; 5° édit. 2 vol.
— *La vie à deux*; 4° édit. 1 vol.
— *Cordoval*. 1 vol.
— *Les perles noires*; 3° édit. 2 vol.
— *La rose blanche*; 6° édit. 1 vol.
Féval (P.) : *Cœur d'acier*. 2 vol.
— *Le mari embaumé*. 2 vol.
Figuier (Mme L.) : *Nouvelles languedociennes*. 1 vol.
Guizot (F.) : *L'amour dans le mariage*; 12° édit. 1 vol.
Houssaye (Arsène) : *Galerie de portraits du dix-huitième siècle*. 5 vol.
   Les deux premières séries sont épuisées. On vend séparément :
   3° série : Poètes. — Romanciers. — Philosophes.
   4° série : Hommes et femmes de cour.
   5° série : Sculpteurs. — Peintres. — Musiciens.
Jacques : *Contes et causeries*. 1 vol.
Joanne (Ad.) : *Albert Fleurier*. 1 vol.
Lamartine (A. de) : *Graziella*. 1 vol.
— *Raphaël*. 1 vol.
— *Le tailleur de pierres de Saint-Point*. 1 vol.
Laprade (J. de) : *En France et en Turquie, nouvelles*. 1 vol.
Lasteyrie (F. de) : *Causeries artistiques*. 1 vol.

COLLECTION A 2 FR. LE VOLUME

Laurent de Rillé : *Olivier l'orphéoniste.* 1 vol.
Marchand-Gerin (Eug.): *La nuit de la Toussaint. — Il cantatore.* 1 vol.
Marco de Saint-Hilaire (E.): *Anecdotes du temps de Napoléon Ier.* 1 vol.
Michelet (Mme): *Mémoires d'une enfant.* 1 vol.
Prévost (l'abbé): *La colonie rocheloise,* nouvelle extraite de l'Histoire de Cleveland. 1 vol.

Renaut (E.): *La perle creuse.* 1 vol.
Reybaud (Mme Charles): *Misé Brun;* 2e édit. 1 vol.
— *Espagnoles et Françaises.* 1 vol.
Viardot (L.): *Souvenirs de chasse;* 7e édit. 1 vol.
Viennet: *Épitres et satires.* 1 vol.
Wailly (Léon de): *Angélica Kauffmann.* 2 vol.

5e SÉRIE

PETITE BIBLIOTHÈQUE DE LA FAMILLE

Format petit in-16.

A 2 FR. LE VOLUME

La reliure en percaline gris perle, tranches rouges, se paye en sus 50 c.

Fleuriot (Mlle Z.): *Tombée du nid.* 1 vol.
— *Raoul Daubry, chef de famille.* 1 vol.
— *L'héritier de Kerguignon.* 1 vol.
— *Réséda;* 9e édit. 1 vol.
— *Ces bons Rosaël!* 1 vol.
— *La vie en famille;* 8e édit. 1 vol.
— *Le cœur et la tête.* 1 vol.
— *Au Galadoc.* 1 vol.
— *De trop.* 1 vol.
— *Le théâtre chez soi.* Comédies et proverbes. 1 vol.
— *Sans beauté.* 1 vol.
— *Loyauté.* 1 vol.
— *La clef d'or.* 1 vol.

Fleuriot-Kérinou. *De fil en aiguille.* 1 vol.

Girardin (J.): *Le locataire des demoiselles Rocher.* 1 vol.
— *Les théories du docteur Wurtz.* 1 vol.

Girardin (J.): *Miss Sans-Cœur.* 1 vol.
— *Les épreuves d'Étienne.* 1 vol.
— *Les braves gens.* 1 vol.
Giron (Aimé): *Braconnette.* 1 vol.

Marcel (Mme J.): *Le Clos Chantereine.* 1 vol.

Wiele (Mme Van de): *Filleul du roi!* mœurs bruxelloises. 1 vol.

Witt (Mme de), née Guizot: *Tout simplement;* 2e édit. 1 vol.
— *Reine et maîtresse.* 1 vol.
— *Un héritage.* 1 vol.
— *Ceux qui nous aiment et ceux que nous aimons.* 1 vol.
— *Sous tous les cieux.* 1 vol.
— *À travers pays.* 1 vol.
— *Vieux contes de la veillée.* 1 vol.

D'autres volumes sont en préparation.

Coulommiers. — Typ. PAUL BRODARD.

www.ingramcontent.com/pod-product-compliance
Lightning Source LLC
Chambersburg PA
CBHW060225230426
43664CB00011B/1551